风投

VC: AN AMERICAN HISTORY

【美】
汤姆·尼古拉斯
（Tom Nicholas）
◎著

田轩 ◎译

中信出版集团 | 北京

图书在版编目（CIP）数据

风投 /（美）汤姆·尼古拉斯著；田轩译 . -- 北京：
中信出版社，2020.10　（2021.1重印）
ISBN 978-7-5217-2134-8

Ⅰ.①风… Ⅱ.①汤…②田… Ⅲ.①风险投资业—
研究—美国 Ⅳ.① F837.124.8

中国版本图书馆 CIP 数据核字（2020）第 165582 号

VC: An American History by Tom Nicholas
Copyright © 2019 by the President and Fellows of Harvard College
Published by arrangement with Harvard University Press through Bardon-Chinese Media Agency
Simplified Chinese translation copyright © 2020 by CITIC Press Corporation
All rights reserved

本书仅限中国大陆地区发行销售

风　投

著　　者：[美]汤姆·尼古拉斯
译　　者：田　轩
出版发行：中信出版集团股份有限公司
　　　　　（北京市朝阳区惠新东街甲 4 号富盛大厦 2 座　邮编　100029）
承　　印：河北鹏润印刷有限公司

开　　本：880mm×1230mm　1/32　　印　张：14.5　　字　数：285 千字
版　　次：2020 年 10 月第 1 版　　　　印　次：2021 年 1 月第 3 次印刷
京权图字：01-2020-0817
书　　号：ISBN 978-7-5217-2134-8
定　　价：69.00 元

版权所有·侵权必究
如有印刷、装订问题，本公司负责调换。
服务热线：400-600-8099
投稿邮箱：author@citicpub.com

目录

引　言　历史的意义 _ V

第一章　捕鲸探险

捕鲸业的成败 _008

组织模式：基本结构和所有权 _015

航行融资 _017

作为中介的经纪人和他们的业绩 _022

船长和船员的选拔和激励分成机制 _027

周期性、泡沫、风险和多元化 _032

三个互补的要素 _034

第二章　风险资本的早期发展

棉纺织业的"高科技"创新 _041

获取前沿技术 _045

签订现金流和控制权合同 _051

棉纺织业中的风险资本和规模化 _055

通过金融中介配置风险资本 _058

创新热点 _062

资本与管理 _066

创业投资的根源 _072

第三章 私人资本实体的崛起

非正式市场：为高科技创业公司融资 _084
家族财富和家族办公室 _091
劳伦斯·洛克菲勒的角色 _095
投资公司及合伙企业 _102
J. H. 惠特尼公司及其他东西海岸实体 _106
美好的开端 _113

第四章 市场与政府

初创企业的融资缺口 _119
ARD 的成立 _122
ARD 的组织结构 _128
ARD 的投资策略和方法 _132
长尾理论的证实：数字设备公司 _140
来自准政府实体的竞争：意识形态之争 _146
小企业投资公司计划 _150
向有限合伙制前进 _159

第五章 有限合伙制结构

早期有限合伙制与法律框架的改变 _165

石油与天然气有限合伙企业和风投的纳税问题 _171

DGA 公司 _174

格雷洛克合伙公司 _181

文洛克创投 _189

政府支持：养老基金与风投资金供给 _197

资本利得税改革效果 _201

提高制度化程度 _206

第六章 硅谷和投资风格的出现

硅谷风投的先决条件 _212

投资于人才：阿瑟·洛克和仙童半导体 _223

戴维斯-洛克（1961—1968）_227

投资英特尔 _232

苹果和戴索尼克公司 _236

投资于技术：汤姆·珀金斯和克莱纳-珀金斯 _239

天腾 _247

基因泰克 _250

投资于市场：唐·瓦伦丁和通往风投的途径 _258

红杉资本 _262

投资、理念和回报 _263

为腾飞做好准备 _269

第七章　20世纪80年代的高科技、不断发展的生态系统和多元化

高科技领域的繁荣和萧条 _275

银行、IPO 中介、夹层融资和风险债务 _280

企业风投 _286

公-私实体 _288

分层、业绩基准和投资阶段 _291

规模扩张：新企业协会 _295

新一代的杰出投资者 _305

多元化问题的起源 _309

未来的机遇和警示 _314

第八章　大泡沫

20 世纪 90 年代的高科技革命 _321

风投的回报与薪酬收益 _329

关键性投资 _333

风投的结构、策略和方法 _342

电子商务混战：Pets.com 对战 Petstore.com _346

历史视角的重要性 _351

余波中的风投：合法性危机 _355

创造金融与社会价值 _361

尾　声　从过去到现在到未来 _363

注　释 _383

致　谢 _439

译后记 _441

引　言　历史的意义

可以说，风投基本上是美国的发明。这是一个追求"命中"的行业。在这门生意中，对多家创业公司的投资构成了大规模的投资组合，其中少数几笔投资所带来的优渥回报，可以弥补绝大多数收益平平或者打水漂的投资。这种"长尾"的收益分配方式在美国产生的影响比在世界上任何地方产生的影响都大。如今，尽管硅谷的领导地位面临挑战，但那里仍然是全球最重要的风投创业中心。本书将阐释美国如何获得了风投的首发优势、为什么风投是可持续的，以及历史会诉说出它怎样的未来。

美国的风投行业通常可以追溯到1946年成立于波士顿的 ARD（美国研究与开发公司），当时有一批投资公司试图以类似于现代风投行业的方式，将针对创业公司的长尾投资系统化，ARD 便是其中之一。[1] 然而，在更早的历史中，我们已经可以看到许多定义现代风投的特征，比如新英格兰捕鲸企业和上层人士们提供的早期工业化融资资金。历史展现了一些关键的金融机构和先锋是如何发展起来的，并为透视该行业的未来提供了宝贵的视角。这也有助于揭示为什么风投是如此显著的美国化。

风投关注的是为创业公司提供融资，它主要面向资本效率最高、潜在好处最大的高科技领域。现代风投主要依靠风投公司普通合伙人的中介作用实现，他们代表有限合伙人（通常是不直接投资于创业公司的养老基金、大学捐赠基金和保险公司）将风险资本引入创业公司。作为中介，风投公司以年度管理费（通常是有限合伙人承诺资本的2%）和附带收益（通常是投资基金产生利润的20%）的形式获得报酬。风投基金通常会持续7~10年，而其背后的风投公司往往同时管理着多个基金。

众所周知，风投融资模式的特点是其独特的收益方式。风投回报不像股市回报那样遵循正常的钟形分布，而是高度倾斜。位于右侧长尾上的少数优异的投资，像对基因泰克和谷歌这类公司的投资，产生了总收益中的大部分。[2] 本书将这些低概率但有高回报的结果的吸引力描述为"长尾的诱惑"，并且将对于这些结果的追求与狂热和投机泡沫相关的周期行为，以及与高风险赌注事件（例如彩票）相关的、期望值几乎为负的持续行为区分开来。[3] 在风投的语境中，长尾投资是指中介机构试图利用其专业领域特长产生巨额回报，将风险资本调集到创业公司中的系统性方法。经济理论认为，在一个信息完全对称和市场有效的世界中，中介机构是不应该存在的。[4] 风投家之所以存在，可以说是因为他们在创业投资的选择和管理方面能够持续拥有信息优势。另一种解释是，他们只是作为资本渠道和组织者发挥作用，并没有增加创业成果方面的价值。

想要获得长尾收益不是件容易事，风投有时也会很混乱，容易受到投资周期和破坏性波动的影响。然而历史表明，风投的社会效益是巨大的。通过促进对全新技术的融资，美国风投家支持了一大批高科技公司，这些公司的产品从半导体到重组胰岛素、电信发明和搜索引擎，彻底改变了我们工作、生活和生产的方式。虽然技术变革常常会干扰劳动力市场、加剧薪酬不平等，但从长远来看，创新对于生产率的提高和经济的增长至关重要。风投行业一直是创新的强大驱动力，有助于维持经济的发展和美国的竞争力。

鉴于美国在风投史上的重要性，本书将采用以美国为中心的观点。不过，本书的分析可以从更深刻的历史和全球背景开始。早期，人们希望将财务收益从合伙生意中分离出来，进而建立了类似现代风投所使用的规则和规范。地中海的一些古典文明具有稳定、高收益和发达商业企业体系的特点。虽然市场在规模和范围上往往还比较小，但交易可以超越家族关系，扩展为投资者和客商之间的公平交易。中世纪威尼斯的契约传统具有惊人的现代性，可以说威尼斯人在从事冒险的贸易航行中表现得非常像风投家。[5]制度环境和文化规范促进了企业通过商业投资进行扩张。[6]

然而，正是在美国，通过为创业活动提供资金，这种结构和契约已经成为资本主义的一部分。作为一种组织叙述的方式，本书确定了从19世纪到21世纪初风投史上的4个主要阶段。这些时间段并不总是泾渭分明的，而长尾投资的诱惑力正是贯穿始终的主题。这些阶段反映了一些最重要的金融机构和实践的发展，这些机构和实践随后得到了推进。随着时间的推移，为创业公司提供资本的风投功能从一群有钱人的行为发展成为专业公司的工作。在美国不断变化的文化和监管环境的推动下，风投行业的规模不断扩大，在创业融资领域的影响力也日益增强。

第一阶段是早期投资者将风险资本投入高风险但可能带来高回报的活动中，为风投开创了历史先例。第一章将重点介绍新英格兰捕鲸业的风险资本配置，这在组织、收益等很多方面与现代风投有着惊人的相似之处。捕鲸是19世纪初美国最大、最重要的产业之一。[7]其中，新英格兰捕鲸经纪人看起来很像现代风投家。[8]富人能够提供资金，有船长和船员愿意发起和管理航程，而捕鲸经纪人在两类人之间充当中介，类似于今天的风投家在像养老基金这样提供风险资本的实体和能够将这笔钱用于获利机会的创业公司之间充当中介。与风投家一样，捕鲸经纪人作为中介收取费用，并获得一定比例的利润；他们与最优秀的船长多次合作；他们有时联合起来以分散风险；他们当中最有能力的人连同最有能力的船长都享受着长期的持续回报。灵活的伙伴关系结构因为强有力的薪酬激励而发挥作用。如今，关于如何分配股权给创业公司中各个角色的协议仍然沿用着捕鲸航行中利润分成背后的逻辑。一次成功的、持续多年的捕鲸航行的诱惑很大，但也带有巨大风险。第一章将提供关于这一特殊行业的早期利润和激励方面的大量数据，以建立捕鲸业和现代风投之间的联系。

第二章将提供更多关于在风投历史的第一阶段，人们如何调度、运用风险资本的信息，重点关注在美国马萨诸塞州洛厄尔的棉纺织品前沿的创新融资，这实际上是美国第一个硅谷式的集群。随着新英格兰金融精英们将资本从商业贸易转向工业生产，他们对高科技知识的追求迫使他们开发新的方法来指导他们缔结契约的方式。通过考察契约的结构，很明显可以看出，现金流和控制权之间的权衡和今天的风投家在与企业家互动时所使用的契约策略类似。[9]创业、科技和金融的交集与合力是强大的。1820年，洛厄尔只有200人。在那里，除了土地和梅里马克河中湍急的流水可以作为能源之外，再没有什么值得一提。然而到1836年，洛厄尔的人口激增至17 633人，到1845年已经超过3万人。[10]新的创新热点的融资在美国西部催生了更多的硅谷式集群。最值得注意的是，克利夫兰和匹兹堡在1870—1914年成为电气照明、化工、石油和钢铁等领域的高科技中心。[11]实业家兼政治家安德鲁·梅隆成为关键的风投家，因为他为了当地企业融资，设计了一种依靠银团贷款、管理和参股的方法。[12]

第三章会对风投历史的第一阶段进行分析，展示在美国东海岸和西海岸地区，风投式融资的非正式和正式市场是如何随着时间的推移而演变的。在19世纪末和20世纪初，今天被称为"天使"或"超级天使"的高净值投资者，以及更加正式（尽管规模较小）的私人资本实体，为新创企业提供了资金。在企业生命周期的中后段，投资者利用可以转换为普通股的可转换证券获得了正向的回报，同时这些可转换证券的优先级也降低了下行风险。融资常常与董事会代表、管理协助和其他管理机制相关联。风投历史的第一阶段，可以追溯到一些基于家族财富的早期实体向各种现代风投公司的直接演变。例如，石油大亨约翰·D.洛克菲勒的孙子劳伦斯·洛克菲勒就是一位多产的风投家，成立于1969年的文洛克创投公司就是他投资活动的延伸。如今著名的风投公司贝塞麦风投成立于1981年，是从由亨利·菲普斯创建的家族办公室分拆出来的，亨利·菲普斯曾与著名钢铁大王安德鲁·卡内基合作。1946年，一个富有实业家的儿子约翰·H.惠特尼创立了J.H.惠特尼公司，这家公司至今仍在经营。20世纪四五十年代，惠特尼认识到了相比于构建针对更成熟公司的投资组合，构建针对初创企业的早期投资组合以产生长尾收益更具挑战性。这有助于解释为什么随着时间的推移，该公司逐渐从早期投资转向了后期的私募股权投资。

风投历史的第二阶段大致跨越了20世纪40—60年代，主要涉及专业公司实践以右偏收益为重点的风投模型，并逐渐转向有限合伙制结构。第四章将介绍ARD的起源、组织结构、战略和业绩，ARD是二战后由当地精英在波士顿创建的重要实体，这些精英身负为新英格兰企业和地区增长提供资金的公民责任感。从现代的角度来看，ARD的不同寻常之处在于，它是作为封闭式基金组织起来的，没有采用当今风投主要使用的组织形式，即有限合伙制结构。ARD在1957年对计算机初创企业——数字设备公司的投资非常成功，这表明风投追求"命中"模式是可行的。ARD能够建立一个投资组合，在这个投资组合中，一次重大的成功投资带来的回报可以抵消许多一般回报的投资或亏损的投资。此外，ARD成立之时，美国基本上没有向初创企业提供风险资本的机构，这个问题自大萧条以来一直存在。政府为填补"融资缺口"所做的努力在1958年的"小企业投资公司计划"中达到了高潮，该计划创建了为小企业提供资金的私营部门投资公司。鉴于这一缺口是市场失灵的一个例子，争论的焦点在于政府应该在多大程度上干预风投的配置。ARD有力地说明了基于市场的风险资本中介方法的潜在有效性。

在第二阶段，风投行业开始由有限合伙制主导，这是一种历史悠久的组织形式。[13]第五章将说明这种结构是合理的，因为它允许风投家利用税收优惠，并且避开法律对公开披露有关薪酬和基金业绩回报等敏感信息的要求。第一批有限合伙企业出现在20世纪50年代中期至70年代中期的避税时期，这绝非偶然。然而，这一组织形式也有缺点。有限寿命（通常不到10年）的有限合伙制与长期的投资焦点相悖。1959年在加利福尼亚州帕洛阿尔托成立的DGA（德雷珀-盖瑟-安德森公司）是硅谷第一家风投有限合伙企业，其回报率很低，凸显了在有限合伙企业的时间框架内想让早期投资组合实现收益的难度。[14]这一章也会介绍其他一些公司，比如1965年由曾经在ARD工作了很长时间的威廉姆·艾佛斯创建于东海岸的格雷洛克合伙公司，以及业绩要好得多、为该行业的扩张提供了动力的文洛克创投。[15]至关重要的是，在这一阶段，政府政策也发挥了关键作用，对整个行业产生了巨大的影响。20世纪70年代末，对1974年《雇员退休收入保障法》相关规定的澄清和阐释，为风投和有限合伙制模式创造了供给侧的推动力，因为它为养老基金投资于风险资产类别提供了更多余地。[16]1973年成立的美国全国风投协会曾大力游说修改立法，帮助风投家塑造了这一方面的市场框架。该协会还花了大量精力游说修改资本利得税政策，而这在当时被风投家认为是该行业繁荣发展的必要条件。

美国风投历史的第三阶段是从20世纪60年代末到80年代，这一时期风投的长尾模型被反复验证，更广泛的支持早期投资的生态系统也得到了发展。第六章将以硅谷创业融资的历史为背景，探讨各种因素是如何结合在一起的，包括当地教育机构推动的人力资本开发、政府对军事技术的投资、重点高科技公司和高技能移民。这些因素的结合意味着，到20世纪中叶，这个被称为硅谷的地区已经准备好了取代东海岸，成为创业和高科技创新的中心。风投历史上的三位关键人物——1961年成立的戴维斯-洛克公司的联合创始人阿瑟·洛克、1972年成立的KPCB[①]的联合创始人托马斯·帕金斯，和1972年成立的红杉资本的创始人唐·瓦伦丁，都对这一地区的优势进行了利用并帮助进行了巩固。他们都出生在美国东海岸并在那里接受教育，但都移居到了机会丰富的西海岸。洛克、帕金斯和瓦伦丁负责了20世纪最重要的一些投资，例如投资英特尔、基因泰克和思科系统等公司。他们不断证明着基于追求"命中"和长尾投资的风投模式，创造了惊人的基金层面的收益。他们还代表了风投行业中三种经常被引用的投资风格，因为洛克倾向于根据对人的投资来识别机会，帕金斯强调对技术的投资，而瓦伦丁强调对市场的投资。

第七章会考察风投历史第三阶段的关键10年——20世纪80年代。从1980年苹果的IPO（首次公开募股）到1984年，整个行业第一次经历了一个明显的高科技繁荣与萧条的周期。由于第五章中讨论的政府政策变化所带来的供给侧效应和第六章中所述的风投追求"命中"模型被反复验证，行业规模不断扩大。规模带来了与管理更大型

[①] KPCB，此时成立的公司名称实为 Kleiner & Perkins（克莱纳-珀金斯），为两位创始人姓氏。后于1978年在公司名称中加入了两位新合伙人的姓氏（Caufield 和 Byers），才更名为 KPCB。

基金相关的挑战，而且这10年与更普遍的行业结构变化相关。最好的风投公司以其业绩纪录而著称，由此产生了"顶级风投公司"的概念。该行业根据风投组成的不同类型进行划分，并根据公司规模、地理位置和部门（即私人风投、企业风投或政府引导投资）形成细分市场。夹层融资、专门的IPO中介和风险贷款都对该行业的发展起到了重要的支撑作用。大公司领导层的更迭催生了新一代杰出的投资者。女性在风投领域的代表性引发热议，标志着仍存在一些尚未解决的问题。

美国风投历史的第四阶段是由其投资模式的广泛采用所界定的，最终在20世纪90年代末的股市飙升和随后的崩盘中达到顶峰。第八章将介绍美国风投史上最动荡的20世纪90年代和21世纪初。20世纪90年代初的高科技革命见证了硬件、软件和电信创新的新时代，主要是为了应对互联网的商业化。[17] 重要的是，这段时期出现了软件和在线服务领域的投资热潮，为风投行业延续至今的趋势创造了先例。在线零售成为一个特别"热门"的投资领域，因为预计消费者的购买行为将迅速从"砖墙和灰泥"构成的实体店转向在线卖家。[18] 随着IPO市场变得更加活跃，流动性机会增加，预期收益也大幅上升。风投行业的承诺资本投入在2000年达到顶峰，超过1000亿美元。2001—2002年，在高科技、互联网和电信行业崩盘后不久，数万亿美元的股票市值蒸发殆尽，人们的注意力集中到风投的破坏性方面以及它的行动如何产生了非生产性的激励。然而，尽管风投家因业绩缺陷和随之而来的合法性危机受到批评，但从今天的有利时刻来看，这个时代的生产力似乎要比当时认定的高得多。回想起来，当时可以被看作美国商业史上最重要的时代之一。

鉴于不可能从历史的角度对最近发生的事件进行有效分析,我并没有试图把本书的主要分析推到21世纪初以后。不过,在结束语中,我确实试图根据近年来变化的背景和争论对历史观点进行反思,从而展望未来。这种反思建立在5个主要的贯穿本书的主题之上。

第一个,历史表明,杰出的风投式收益是零星的和罕见的,集中在特定的公司和时间段。事实上,整个行业更多地反映了一种对风险的文化习惯和对长尾投资的行为偏好,而不是朝着更系统化地实现超额回报的方向发展。

第二个,如果有人问风投公司到底是如何做自己的事情的,我们不清楚答案是否与半个世纪前的有很大不同。风投组织的主要形式仍然是基金寿命很短的有限合伙制,尽管这限制了投资回报的时间尺度。虽然也有一些组织结构和战略上的创新,但是相对于一个为重大变革提供资金的行业,创新显得出奇罕见。

第三个,尽管人们经常认为,硅谷的特殊优势可能会受到美国其他地区或全球范围内竞争模仿的挑战,但这忽略了一个事实,就是作为一个由风投推动的创业中心,该地区的发展在很大程度上是存在历史偶然性的。这主要是由于美国风投是在特定的文化和监管背景下诞生的,其他地方基本上没有复制成功的。但与此同时,随着其他国家开始寻求自己的发展道路,威胁依然真实存在。

第四个,与之相关的是,必须注意一个经常被忽视的事实,即风投行业制度化的部分原因是政府政策。立法者通过制定政策,允许机构投资者在做投资选择时提高风险容忍度、改变对投资收益的征税以及促进更多的高技能移民，从而塑造了有利的环境——推动了那些可能成为硅谷的地区的增长。在很多方面，美国政府通过为大学的基础研究提供资金扮演着美国风投公司的角色，这些研究将打开创业企业的发展道路。很明显，美国风投的未来将取决于维持这种舒适的有利环境的关键方面。

第五个，从文化的角度来看，本书所考察的风投历史不可避免地以白人男性的活动和成就为中心。这更普遍地反映了美国商业和金融精英的人群构成。[19] 从人才管理、竞争力、业绩回报以及公众对该行业的看法来看，扭转风投行业在多元化方面的糟糕记录对其未来至关重要。

最后，虽然本书的主要目的是构建风投在美国从早期的起步到近期的主要轮廓，但本书的写作考虑到了更广泛的背景。通过风投历史的视角，揭示美国式自由市场的本质，包括创业融资中不断竞争的力量，以及对资本收益不懈追求的激励机制。风投行业出现在一种文化背景下，在这种背景下，创业风险、财富积累和财务收益都得到了接纳，而这在其他国家是不那么容易被接受的。长尾诱惑可以被视为更深层次的经济和文化独特性的体现，凸显了资本主义在美国是如何演变和被接受的。

第一章

捕鲸探险

捕鲸探险和风投基金背后的投资模式被认为是可以互换的，这两个行业的收益分配也非常相似。捕鲸经纪人在提供资金的有钱人和从事航行的船长、船员之间充当中介，就像风投公司在有限合伙人和投资组合公司的创业团队之间充当中介一样。美国在捕鲸方面创造性的兴盛，反映了一种独特的文化，即创业例外论，以及风险资本的配置和对高回报的追求。捕鲸业的资本回报率可能会很高，但与这个不可预测且危险的行业相关的负面风险也可能会很高。在美国，捕鲸是最早应对风险资本中介、组织形式、所有权结构、激励机制、团队建设和委托代理权衡等复杂问题的生意之一。捕鲸生意代表着探索美国风险融资起源的一个重要起点。[1]

捕鲸在16世纪首次成为一个商业化产业，当时冰岛和西班牙比斯开的捕鲸者每年经营大约60艘捕鲸船。[2]在竞争优势转移到英国之前，荷兰人占据了主导地位（直到18世纪70年代左右），在格陵兰岛以东的地区开展业务。随着每年从沿海港口到北极寻找弓头鲸的航行次数激增，议会的奖励刺激了"商人们在这项贸易中做投机买卖"。[3] 然而，到19世纪，美国已经成为明确的行业领导者。到1850年左右，全世界900艘捕鲸船中有近75%是在美国注册的。[4]新英格兰是美国捕鲸业的中心。起初，马萨诸塞州楠塔基特是最重要的地点，该地在1768年时拥有125艘捕鲸船。后来，当更大的船只难以在楠塔基特的沙洲上航行时，新贝德福德开始崛起。[5]兰斯·戴维斯、罗伯特·高尔曼和卡林·格莱特对该行业的大量研究表明，美国的优势来自各种因素的混合，包括通过经纪人、船长和船员的人力资本实现的创业和管理，诸如船舶设计之类的技术创新，以及强大的奖金"分成"系统，这意味着捕鲸人基本上在航行中都持有股权。[6]

尽管有这些激励措施，还是很难预测捕鲸成功的可能性。想想著名的"埃塞克斯"号，赫尔曼·梅尔维尔发表于1851年的小说巨作《白鲸》正是受此启发创作的。1819年8月，有着成功的历史记录和"幸运船"美誉的"埃塞克斯"号从楠塔基特出发，驶向太平洋，这预计将是一次利润丰厚的捕鲸冒险之旅。1820年11月，在一个平常的日子里，当船员们瞄准一个鲸群时，一条85英尺①长的抹香鲸撞向了船的左舷。这艘重238吨的捕鲸船倾覆沉没，船员们匆忙登上三艘捕鲸小艇，从残骸中收集给养。1820年12月，船员们抵达了一个荒岛。一些人留了下来，而另一些人则前往大约3 000英里②外的南美洲海岸。两个月后，这些海难幸存者由在智利海岸附近工作的捕鲸船营救。[7]

乍一看，可能很难看出19世纪的捕鲸与现代风投有什么共同之

---

① 1英尺≈0.305米。——编者注
② 1英里≈1.609千米。——编者注

处。投资组合公司的创业者所做的决定,并不会冒"埃塞克斯"号船长和船员所面临的致命风险。此外,创业者可以利用专利等机制从新技术中获得回报,但与任何捕鲸冒险相关的经纪人、船长和船员所面临的主要挑战,却是寻找他们没有任何财产权的新鲸鱼种群。

然而,对两个行业的详细调查表明,它们之间十分相似,尤其是在收益分配方面。绝大多数由风投支持的公司都失败了,产生了明显的长尾。那些"命中"的投资预计将会抵消产生亏损和回报平庸的投资。一家顶级风投公司最近的业绩显示,其投资组合总回报的 52%来自仅占投资组合总成本的 6% 的初创企业。在这些风投公司做出的个体投资决策中,62% 是亏损的,而 5% 产生了超过 10 倍于原始投资的回报。[8] 收益的这种分布反映了一个事实:就像成功的捕鲸探险一样,风投的命中率也很难事先确定。

为了说明现代风投和捕鲸的收益之间惊人的相似之处,我将使用来自戴维斯、高尔曼和格莱特的捕鲸航行数据来描述捕鲸业。他们的数据来源广泛,包括亚历山大·斯塔巴克的权威作品《1878 年美国捕鲸业历史》中列出的航行数据,以及由约瑟夫·迪亚斯汇编的 1783—1906 年 4 127 次新贝德福德捕鲸航行的数据,迪亚斯本人很可能就是新贝德福德的捕鲸船船长。[9]

根据有关变量的数据,例如哪个经纪人组织了航行、航行时长、装备和补给的成本,以及运回港口的鲸脑油、鲸油、鲸须的数量,戴维斯、高尔曼和格莱特计算了单次航行的盈利能力。他们将航行的利润解释为"承担风险的报酬、知识和管理技能的租金、非均衡的利润(例如需求突然增大带来的利润)和创新的回报"的组合。[10] 尽管由于历史数据的局限性，这些估算很容易出现误差，但它们对捕鲸航行收益的性质提供了非凡的见解。

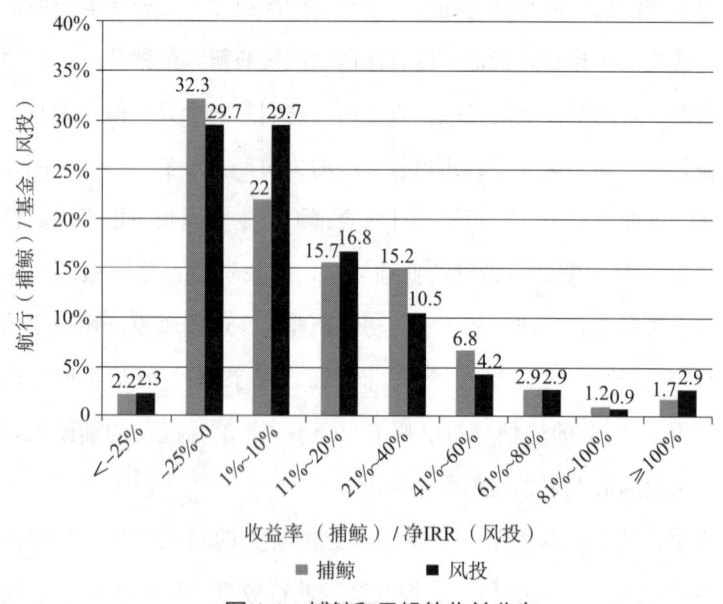

图1.1 捕鲸和风投的收益分布

数据来源：Lance E. Davis, Robert E. Gallman, and Karin Gleiter, *In Pursuit of Leviathan: Technology, Institutions, Productivity, and Profits in American Whaling, 1816–1906* (Chicago: University of Chicago Press, 1997), 450. Venture capital estimates based on Preqin Venture Capital Database, accessed March 2016

图1.1反映了戴维斯、高尔曼和格莱特计算出来的捕鲸航行盈利情况，与Preqin（风投数据的主要供应商之一）跟踪的1981—2006年风投行业所有基金实现的净IRR（内部收益率）的对比。[11]重要的是，要认识到这并不是同比的比较：时间段、产品、分析单位和度量标准都明显不同。[12]然而，这些回报的分布在形状上非常相似。请注意，

在图 1.1 中，34.5% 的捕鲸航行最终产生了零回报或负回报，32% 的风投基金产生了零或负的净 IRR。虽然 65.5% 的捕鲸航行有盈利，但是极少的捕鲸航行获得了超高的回报，例如只有 1.7% 的捕鲸航行的利润率超过 100%。同样，只有 2.9% 的风投基金的净 IRR 超过 100%。

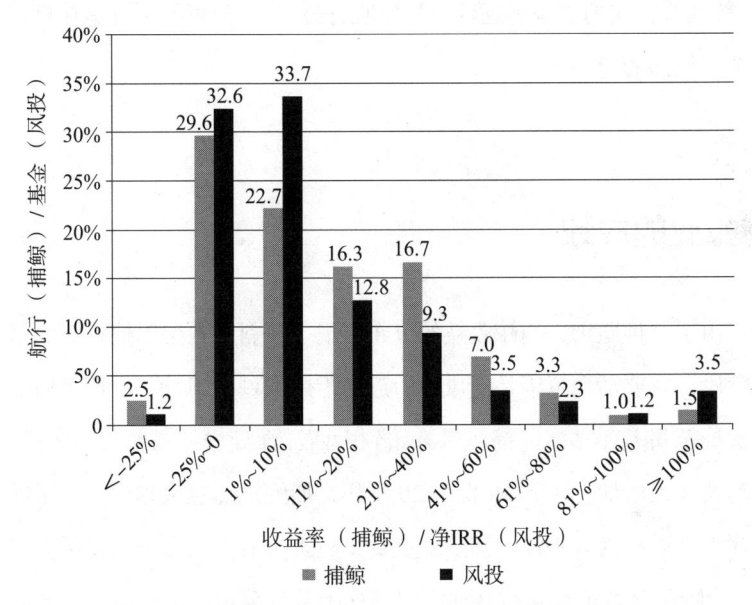

图 1.2 捕鲸业和风险资本的回报分配（排名前 29）

数据来源：Lance E. Davis, Robert E. Gallman, and Karin Gleiter, *In Pursuit of Leviathan: Technology, Institutions, Productivity, and Profits in American Whaling, 1816–1906* (Chicago: University of Chicago Press, 1997), 450. Venture capital estimates based on Preqin Venture Capital Database, accessed March 2016

分布的相似性在图 1.2 中也能看到，图 1.2 重点关注排名前 29 位的捕鲸公司（由戴维斯、高尔曼和格莱特区分的一个分组，该分组中的经纪人组织了至少 40 次航行）和 Preqin 中排名前 29 位的风投公司。

捕鲸航行的回报反映了斯塔巴克当时的观察，"虽然有些船只在航行中获得了回报，但回报很低，有时甚至带来了……对它们的所有者来说是毁灭性的损失，而另一些则表现得异常出色，为投资者带来了财富"。[13] 当彼得·蒂尔谈到与现代风投相关的严重偏斜的分布时，他说"少数几家公司的表现远远好于其他所有公司"。他可能不过是在打趣两个世纪前的捕鲸业。[14]

捕鲸业的成败

由于种种原因，捕鲸收益的分布出现了偏斜。在美国捕鲸业的早期阶段，主要活动范围是低风险的近海沿岸水域。但是，在那里的鲸鱼被捕杀得差不多了，捕鲸者开始到大西洋深处去搜捕鲸鱼的时候，风险就大大增加了。到19世纪20年代，捕鲸地点越来越远，甚至远至北太平洋和南太平洋，捕鲸地点变得越来越有吸引力，风险再次增加。[15] 鲸鱼在繁殖地和觅食地之间迁徙了数千英里，加拉帕戈斯群岛以西的一个被称为"离岸地"的地方成为捕鲸的热门目的地。一般来说，捕鲸活动会跨越大约15个地区，限于一个巨大的、大致呈三角形的海洋区域内，这个区域最南端在合恩角和新西兰附近，向北最远延伸至北冰洋。[16]

在一次典型的太平洋捕鲸航行中，一艘船会在初夏从新贝德福德这样的港口起航，以便有时间绕过合恩角航行，并能够在12月和1月在南太平洋捕鲸。然后，它可能会通过法属波利尼西亚的马克萨斯群岛以及马绍尔群岛向北航行，环绕北太平洋，途经日本海岸、美国西海岸和夏威夷，并在11月返回南太平洋。或者，它可能会直接航行到北太平洋搜捕，在再次向南转之前，会在夏威夷停靠。如果一艘船在夏末离开新贝德福德，它则会穿越大西洋，绕好望角航行以适应季节性的洋流，在3月前抵达南太平洋。大约有1/4的航行是沿着这条路线进行的，而不是绕过合恩角。[17]但是无论哪种方式，这段旅程都是漫长而危险的。到19世纪50年代，美国的一次捕鲸航行平均耗时3.6年。[18]

捕鲸者追求利润丰厚的鲸脑油、鲸油和鲸骨。一头鲸鱼身上所能产生的产品在很大程度上取决于被捕杀的鲸鱼的种类。鲸脑油来自抹香鲸的头部或外壳，是最高品质的油，可以用于照明和润滑，是以固态和液态形式提取的。固态鲸脑油也叫鲸蜡，可用于制作蜡烛，而液态鲸脑油可被用于润滑精密机械，特别是在纺织业，以及在极端温度下的应用中。鲸油是从抹香鲸、露脊鲸、弓头鲸，偶尔还有座头鲸的鲸脂中提取的。虽然人们普遍认为鲸油不如鲸脑油，但鲸油有时也被用于照明和润滑重型机械。鲸骨（实际上不是骨头，而是滤食性的露脊鲸、弓头鲸和座头鲸上颚的鲸须）被用于需要可塑性的应用场景中：加热后它可以被重新塑形，冷却后将保持新的形状，同时保持一定的柔韧性，这是被各种消费品制造商所重视的一个特点。[19]

鲸鱼的潜在价值是巨大的。抹香鲸平均可以产生约25桶鲸脑油（相当于787.5加仑[①]），露脊鲸或弓头鲸的平均产量约为60桶鲸油（相

---

① 1美制加仑≈3.79升。——编者注

当于1 890加仑）。[20] 不过，最大的抹香鲸能产出85桶鲸脑油，最大的弓头鲸能产出275桶鲸油和3 500磅鲸骨。总的来说，不断增长的美国捕鲸业在经济上具有重要意义，尤其是对新英格兰地区的经济来说。1845年，美国鲸油和鲸脑油的产量达到52.5万桶。1854年，捕鲸者获得了1 080万美元的净收入，相当于今天的3亿多美元，创下了单年度的最高纪录。1853—1857年，每年的捕鲸收入都占整个捕鲸船队资本价值的50%左右。[21] 换句话说，捕鲸探险的资产回报率可以非常高。

对于船长来说，巨额的收入和财富收益是可以实现的。虽然在19世纪很少有航行能获得价值超过10万美元（大约是今天的300万美元）的产品，但偶尔出现的巨大成功却被用来激励船长和船员。1830年，"洛珀"号完成了楠塔基特调查者所称的"有史以来最伟大的航行"。"洛珀"号主要由黑人船员掌舵，在海上航行了短短14个半月后，满载2 280桶鲸脑油返回港口。[22] 1851年，当"本杰明·塔克"号回到新贝德福德时，它载有73 707加仑鲸油、5 348加仑鲸脑油和30 012磅鲸骨，获得了45 320美元的净利润。1850年，"最爱"号捕鲸船从马萨诸塞州的费尔黑文起航，3年后带着价值11.6万美元的捕获物返航。1853年，新贝德福德捕鲸船"蒙特利尔"号因其价值136 023美元的捕获物而备受赞誉，它的航行也持续了近3年。[23] 斯塔巴克曾用"史上最好的航行"形容1864年埃比尼泽·摩根担任船长的"先驱"号航行，船上的产品价值约15万美元。[24]

收益的长尾分布意味着要接受一次航行可能满载而回或者空手而归，具体是哪个结果很难预先确定。通常，返回港口的船只没有足够的战利品来补偿船长和船员多年的努力。[25]据斯塔巴克说，捕鲸船"艾米琳"号于1841年7月起航，26个月后只带回了10桶鲸油。在那次航行的一年后，也就是1842年7月，"艾米琳"号的船长被一头鲸鱼杀死了。斯塔巴克指出，在1858年返回新贝德福德和费尔黑文港口的68艘捕鲸船中，有44艘（几乎2/3）是没有获利的。[26]一次利润微薄的航行被称为"储蓄之旅"，而一次亏损的航行则被称为"失败之旅"。那些没有满载一船鲸油回国的船长会被千夫所指，这可能摧毁他们的职业生涯和声誉。1851年4月，"希望"号船长伦纳德·吉福德从新贝德福德起航。他在1853年给未婚妻的信中写道："如果我活着回到家，没有人可以对我说，这个家伙把一次失败的航行带回了家。"[27]一次失败的捕鲸航行意味着船员们不愿意再次加入船长的下一次航行，所以这无异于行业驱逐。正是因为这一点，吉福德又把他的航行延长了三年半，去寻找鲸油。1857年，"希望"号在太平洋搜捕后返回港口。据斯塔巴克记录，当时船上有965桶鲸脑油、20桶鲸油，而且"希望"号在航行中曾将1 235桶鲸脑油通过另一艘船运回港口。[28]吉福德回到新贝德福德两周后就和未婚妻结婚了。

一次失败的航行会使船长遭受类似现代创业失败的所有耻辱。为了避免这种侮辱，船长们在努力实现利润最大化的同时，还会相应地调整决策。为了追求超额收益，他们可能会选择冒着只获得中等收益甚至完全亏损的风险。在航行中，他们有时会像吉福德一样，决定将油和鲸骨从夏威夷或旧金山运回新英格兰的港口，以延长航行并希望提高自身盈利能力。这一策略的典型案例是，1859年捕鲸船"尼罗"

号从康涅狄格州的新伦敦起航,定期用代理船送油回港,直到11年后才返回母港。[29] 因为鲸脑油和鲸油是分开存放的,而且价格也大不相同,所以船长为了给更有价值的鲸脑油腾地方,会把部分更便宜的产品扔到海里去,这在当时是很平常的事。1871年,"迈拉"号的船长在偶遇抹香鲸群时,选择将100桶鲸油倒掉。[30] 船长们试图在整个航程中最大限度地增加他们的运货价值。

然而,鉴于航海风险的本质,分布在图1.1和图1.2左侧的失败航行是一个经验事实。为了让人对捕鲸极高的失败率能有一个直观感觉,戴维斯、高尔曼和格莱特指出,在新贝德福德舰队的787艘捕鲸船中,有272艘(34.6%)在海上失踪。[31] 考虑到大多数船只都是多次航行,他们估计任何一次航行不会返回港口的概率都超过6%。天气是一个主要风险。此外,捕鲸显然是危险的,因为它涉及捕获和处理海洋中最大的生物。当发现鲸鱼或鲸群时,船员必须保持安静,他们知道要避免触怒或惊吓到他们的猎物。一旦从捕鲸船上分离出的小捕鲸艇离鲸鱼不远了,艇上的舵手,也就是大家知道的鱼叉手,就会把桨放在艇上,拿起鱼叉,把膝盖顶在艇头座板的凹口里,然后把鱼叉投出去。虽然在更早的时候,钓鱼子漂是固定在绳索上的,但到了19世纪40年代,铁鱼叉头被固定在一根结实的绳索上,从捕鲸艇底部的一个筒里伸出来。当绳索绕过捕鲸艇尾部的柱子伸向艇头时,一名船员会把海水倒在绳索上,防止绳索因摩擦起火。一旦绳索长度用完了,鲸鱼常常会把捕鲸艇拖出好几英里。在北冰洋,露脊鲸和弓头鲸通常会游向冰山,甚至在回到海面之前就把捕鲸艇弄得危在旦夕。当鲸鱼重新回到水面呼吸时,鱼叉手和船长就会交换位置。一旦鲸鱼到了船头,大副或船长就会试图切断已经筋疲力尽的鲸鱼一条重要的动脉,或者刺穿它的肺或心脏。

  捕鲸业是一个令人毛骨悚然的产业。梅尔维尔描述了一条鲸鱼的死亡:"它那饱受折磨的身体不是在盐水中而是在血液中翻滚,血液在它的尾迹中翻涌沸腾,绵延数里。"[32] 当一头鲸鱼被杀死后,捕鲸艇上的船员们就开始着手把它带回大船上处理。鲸鱼可能会把他们拖到离大船很远的地方,得划很长一段路才能回去。在船上,鲸鱼被拴牢在右舷侧的一个降至水中的凿入式平台上。不论鲸鱼的种类如何,都要将其头部单独割下。之后,要从鲸鱼身上切出一条毯子状的鲸脂,并用一条链子穿过它。卷起链条时,鲸鱼会来回翻滚,"毯子条"从鲸鱼身上分离下来。当被拖到甲板上时,"毯子条"会被切成更小的"马片",然后水平地被切成《圣经》纸[①]储存。用于把鲸脂炼成油的大铜锅("炼油间")安装在前桅的尾部。在捕鲸船上,"炼油间"会不间断地沸腾,火是由鲸鱼自己的皮肤碎片点燃的。一旦油冷却下来,就会被装到桶里,桶是由桶匠(也就是制作桶的人)用从港口运来的桶板和桶箍组装起来的,存放在甲板下面。鲸须在风干并清理掉其毛发状的筛子后,也被装了起来。

  这种用鱼叉捕鲸和处理鲸鱼的过程给船长和船员带来了巨大的风险,包括死亡和致命伤。1829 年,"胜利"号船长艾布纳·P. 诺顿在捕鲸过程中死亡,当时他被一根拖缆缠住后被拖下水,之后被鲸鱼杀死。1844 年,"佛罗里达"号船长约翰·坎宁安溺毙。1856 年,"巴

[①] 《圣经》纸,意即切得越薄越好,像《圣经》所用的纸张那么薄,因为越薄出油越多,油的品质也越好。——编者注

塞洛缪·戈斯诺尔德"号船长约翰·费舍尔"被一头鲸鱼快速吞没"。除此之外,在航行中患病的风险也很高,在海上或港口能够得到的治疗手段也相当简陋。1838年,"降落伞"号船长本杰明·德菲死于天花;1852年,"冠军"号船长约瑟夫·贝利死于肠出血。[33] 长途航行捕鲸需要至少每6个月上岸停留一次,以补充给养和替换受伤的船员,但与停靠点的土著居民打交道也可能是危险的。夏威夷的各处停靠点就经常发生暴力冲突。据记载,在"查尔斯和亨利"号的一次太平洋航行中,有一个逃兵在塔希提岛被当地人活活打死。[34]

除了这些问题,航行中还可能出现船员精神错乱、不服从命令、船员逃跑或被开除。1854年,"莫雷亚"号船长托马斯·B.皮博迪开枪自杀。1857年,"初级"号船长小阿奇博尔德·梅伦在圣诞节那天于新西兰海岸附近丧生,当时有5~10名反叛者将他和三副枪杀并斩首,随后把他们的尸首扔下船。[35] 在1850年以前,鞭刑是对美国捕鲸船船员的一种合法惩罚,而船长们对哪怕是轻微的违纪行为也不放过。但也许令人惊讶的是,尽管存在这些风险,与船员逃跑和被开除相比,死亡人数相对较少。1843—1862年,8艘不同的捕鲸船共进行了15次捕鲸航行,在起航时的489名船员中,只有16人(3.3%)遇难,相比之下,逃跑的有143人(29.2%),被开除的有166人(33.9%)。[36] 毫无疑问,有能力的船长是十分珍贵的,他们知道谁更有可能逃跑或被开除。反过来,经纪人们比资金提供者更了解船长。这就是积累领域内专业知识的价值。可以说,一个好的捕鲸经纪人是成功的关键,因为他可以筹集资金,组织航行,并减少信息不对称。

组织模式：基本结构和所有权

　　19世纪捕鲸探险的融资方式与现代风投大致相似（如图1.3所示）。风投筹资的基本模式是围绕风险资本的中介展开的。投资者作为有限合伙人，向有固定期限的基金提供资金，然后风投基金将这些资金配置到投资组合公司中。有限合伙人作为资金提供者，在试图直接投资创业公司时往往面临困难，因为他们既缺乏进行有效尽职调查的基本能力，也缺乏帮助投资组合公司开发复杂新技术的专业知识。[37] 而在捕鲸业，资金通常由相对富裕的个人投资者提供，如医生和律师。与他们在风投有限合伙企业的现代同行一样，捕鲸探险的资金提供者几乎没有动力直接投资于捕鲸航行。他们既不了解最好的捕鲸地，也没有雇用船长和组织船员的人脉。相反，他们把资金交给充当中介的捕鲸经纪人。大多数捕鲸探险都是以合伙的形式组织起来的，少数的资金提供者持有捕鲸船的大部分股份。[38]

　　图1.3中的组织结构反映了一种特殊的管理模式。与所有委托代理关系一样，捕鲸业面临的挑战是建立一种制度，为捕鲸经纪人提供充分的激励，使委托人（即作为资金提供者的所有者）的利益最大化。这种经营模式为有能力的经纪人创造了机会，也使专门的人力资本得以发展。就像风投公司的普通合伙人一样，经纪人通常会收取一定的组织服务费，再加上一部分的航行利润。他也可以是股权持有人。此外，船长和船员通过一种被称为分成系统的分红支付机制，在他们成功的航行中持有股份，就像投资组合公司的创业者持有风投支持的创业公司的股份一样，因此船长和船员也有动力确保自己积极表

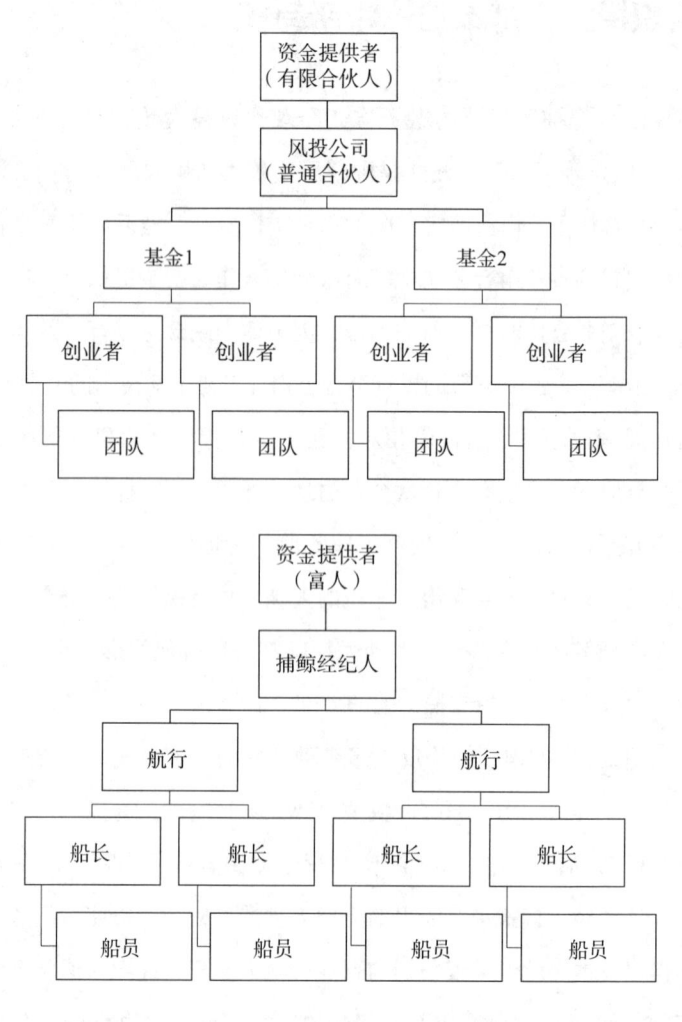

图 1.3　捕鲸和风投的基本组织结构

现。他们的机会主义的倾向可以通过风投的事前尽职调查、分阶段投资等合同设计，以及对创业者的投后监督得到矫正。从理论上讲，在组织结构中协调各方的激励机制可以创建一个集体激励机制，从而实现价值最大化。同样，捕鲸船船员并没有底薪，而是从航行所得的净收入中分得一份。捕鲸船船员的收入结构在整个体系层级中处于底层，但这加大了他们努力工作的动力。因此，即使航行大部分的所有权掌握在外部资金提供者手中，共享所有权的原则也有助于减少代理冲突。由于其重要的意义，捕鲸探险组织中的每一个要素——航行融资、经纪人和船员选择的作用及表现，以及激励分成机制——都值得进行更详细的探讨。

航行融资

在航行的整个生命周期中，捕鲸探险需要投入大量资金：船舶必须专门打造或改装，还需要为多年的航行提供给养。在早期，普通商船也可以用作捕鲸船，但是随着行业的发展，对专业装备的需求增加了。在设计上，捕鲸船具有更快的速度和更好的稳定性，以对抗抹香鲸的机动灵活性。尽管捕鲸船加上装备的成本随航行时间和船型而有所不同，但该行业开始依赖外部融资满足其资金需求。戴维斯、高尔曼和格莱特在报告中提到，"19世纪50年代典型的新贝德福德捕鲸探险需要的投资在2万~3万美元"。相比之下，美国农场的平均价值在1850年为2 258美元，在1860年为3 251美元；而制造业公司的平均资本存量在1850年为4 335美元，在1860年为7 191美元。[39] 19世纪40年代中期，美国整个捕鲸业有644艘船舶，排水量为200 484吨，船员共17 594人，因此总的资金需求量很大。[40] 1858年的一份关于美国捕鲸系统的领事报告指出了资金需求的强度，报告中说："在美国，没有任何商业或企业的部门拥有如此庞大的资金投入。"[41] 这些冒险活动都曾获得融资，证明了当时资本市场的活力，以及人们对承担创业风险的广泛偏好。

特别令人感兴趣的是，银行在融资方面所起的作用。如今，银行一般不进行风投式的投资，同样，银行也不是捕鲸航行融资的主要渠道。银行有多个不同的内部势力和收入来源，从而扭曲了对投资方向的选择。在风投的环境下，银行倾向投资于未来可能需要标准化贷款的创业公司。也就是说，银行会有条件地选择之后可以补充它们现有业务条线的早期阶段的公司进行风投。[42] 但是在现有业务中追求更高的利润率，可能与最大化绝对回报并不相符。此外，根据迈克尔·C.詹森和威廉·H.麦克林的理论，如果捕鲸航行由银行贷款提供支持，经纪人很可能会将风险提升到过高水平，因为他知道如果冒险的航行获得了回报，他将获得正收益，但是如果航行出了问题，不良的后果将由债权人承担。[43] 另一方面，使用股权融资将导致股权稀释，并且诱使经纪人产生浪费性的开支，特别是在像捕鲸航行这样的业务中，监督费用特别高昂。从理论上讲，债权与股权的最优组合是债权融资的风险效应与股权稀释的抑制效应边际相等。[44] 19世纪的银行还不适合处理这类复杂的激励机制。

在18—19世纪的新英格兰，银行业和捕鲸业之间的关系更多的是私人往来，而不是正式的关系。虽然捕鲸航行的直接融资有限，但银行业和捕鲸业人际网的交叉创造了一个利益重叠的强大网络。纳奥米·拉莫雷指出，在工业化的早期阶段，由于资本市场不成熟，而且贷款人和借款人之间的信息不对称程度非常严重，银行可以在人际和地区层面开展业务，从而有效地管理风险并为地方经济发展提供资金。[45]这种人际关系在捕鲸业中可见一斑。例如，在新贝德福德，银行总裁和董事也常常是捕鲸经纪人，或者至少与捕鲸家族关系密切。而且这种关系往往是捕鲸业先找到银行业，而不是反方向的。到19世纪50年代末，新贝德福德成为银行和保险公司的聚集地，其中一些公司的资金来源于捕鲸业创造的财富。最值得注意的是，当商业银行在1825年获得州政府特许时，其15万美元的股本使其成为马萨诸塞州波士顿地区以外最大的银行。该银行的创始人、股东和董事都是新贝德福德捕鲸业的创业者，他们还成立了紧密关联的商业保险公司。整个新贝德福德的经济基本上是围绕着亲属关系和群体监督展开的。尽管从美国较远的地理区域，包括宾夕法尼亚州、新泽西州甚至加利福尼亚州，提供资金的情况并不罕见，但正是当地社区的网络结构，催生了有利于捕鲸的融资体系。

在新贝德福德，由于该镇镇民大多信奉基督教教派之一贵格会，人际关系特别紧密。至少在19世纪30年代之前，贵格会一直掌控着这座城市的政治和财富。尽管这种以反对暴力对抗而闻名的和平信仰与捕鲸暴行之间的联系有些自相矛盾，但在某种程度上，贵格会教义与捕鲸之间的契合是很理想的。这个宗教外围群体认为，基于信任的交易是一种比较优势，可以带来"高度的商业诚信和荣誉"。[46]在这样的社区，违反社会和文化规范可能会严重有损自身声誉。这可以促使经纪人诚实且忠心，并且能防止交易关系中出现争执。信任之所以很重要，是因为对捕鲸探险的资助涉及多个支持者。由于普通投资者通常无力负担航行所需的全部资金（从投资组合的角度来看，他们也不想这样做），一种分享捕鲸航行所有权的制度很快出现了。根据戴维斯、高尔曼和格莱特的说法，"将船只的所有权划分为1/16、1/32或1/64是很常见的"。[47]这意味着，即使是社会地位较低的"中等收入者"，也可能在一次航行中拥有3%~12.5%的所有权。[48]

虽然富裕的精英阶层往往可以在一次航行中持有更多的股权，但考虑到图1.1和图1.2所示的航行结果的不确定分布，融资多元化是有意义的。乔纳森·伯恩是一位成功的新贝德福德商人，后来成为一名全职捕鲸经纪人和船主，尽管他拥有的巨额财富足以让他独自为几个捕鲸船队提供资金，他还是通过投资46艘不同的捕鲸船来管理风险。[49]在某些情况下，所有权结构相当复杂。在大约25年的时间里，"紫水晶"号从新贝德福德出发，航行了12次，共有9个不同的集团持有它的股份，其中包括有社会关系的捕鲸经纪人豪兰家族和威尔科克斯家族。[50]换句话说，风险是被联合承担的，这促进了大量风险资本池的形成。合作伙伴还可以验证投资的潜在吸引力。随着船舶规模的扩大和航行时间的延长，出现了更广泛的融资和管理的合作关系。

鉴于航行收益的分布特点，一些对下行风险的保护也成为融资结构的一部分。风投家利用金融工具达到这一目的。例如，如果一家创业公司通过出售、合并或收购进行清算，优先股在财务上属于创业者。就捕鲸业而言，可以通过保险市场获得一定程度的下行风险保护。船舶和鲸鱼产品都被视为可保利益。在新贝德福德，尤其是在波士顿，常见的保险承销商在正常情况下每年收取约 2.5% 的费用，因为这能够让他们向投资者支付可观的股息。但是在风险较高的年份，例如受恶劣天气或战争影响的年份，这一数字可能高达 9%。保险费用还取决于诸如捕鲸船的状况、捕猎地区和航行的时间长短等因素。在为期 4 年的航行中，平均的保险费用可能是船舶总价值、装备成本的 10%，再加上捕获物的溢价。[51] 严格应用海商法，包括对"装备"和"捕获物"保险的严格定义，意味着船主能够履行他们的海上保险合同。

然而，保险业通用的方法默认了与捕鲸的高度不平衡回报相关的风险-回报权衡。尽管船只不返回母港的可能性不小，但一些船主还是决定完全放弃保险，因为所需的保费会大幅削减他们的净收益。有证据表明，如果不为捕鲸灾祸投保，可能会付出多么高昂的代价。1871 年，豪兰家族遭受了 30 万美元的无保险损失，因为其船只受到了北极冰暴的破坏。1876 年，豪兰家族又损失了 81.7 万美元。[52] 部分承保提供了一些缓解措施。"木兰"号捕鲸船的船主查尔斯·W. 摩根和小塞缪尔·罗德曼，为前往太平洋和其他地方的航行购买了一份价值 1.1 万美元的保险单，远远低于一艘价值 2 万美元并且附带 1.7 万美元额外装备的船只的重置费用。根据斯塔巴克的记录，"木兰"号于 1831 年 1 月 1 日从新贝德福德起航，1834 年 6 月 15 日返航，带回了 3 400 桶完好的鲸脑油。[53] 在捕鲸航行中，保险被纳入了更广泛的激励措施。由于船员的工资是按照航行实现的净收入（即减去保险费）支付的，所以相当于船员们补贴了保险费。显然，如果一艘船在海上失踪，只有它在母港的船主才能在保险方面获得补偿。

作为中介的经纪人和他们的业绩

经纪人在捕鲸探险中起着关键的协调作用。他们像风投家一样,是组织和监督的中介。经纪人不仅负责选择捕鲸船,他们还与船长一起确定必要的装备和船员。他们与船主协调,做出有关保险的决定,并就目标鲸鱼的种类和捕猎地区的地理范围向船长提出建议。查尔斯·W.摩根的记录很好地展示了经纪人的情况。他出生于费城的一个贵格会家庭。作为合伙人加入老威廉·罗奇和老塞缪尔·罗德曼的商业公司时,他在新贝德福德首次崭露头角,后来他成为一名独立的捕鲸探险的资助人和组织者。1834年,他写信给一位船长说,他的捕鲸船"现在正准备出海,作为经纪人,我必须告诉你,这艘船将开往太平洋。它能撑30个月,我们希望你能航行20~24个月去搜捕抹香鲸,如果到时候鲸脑油还没装满船舱的话,就装满鲸油。具体前往太平洋何处,由你决定,不过我们建议到新西兰附近去,在那里可以捕到露脊鲸和抹香鲸,那将会很不错,特别是在航行快要结束的时候,可以捕到露脊鲸"。[54]

经纪人会利用以前的航海日志对捕鲸地区进行尽职调查。这些日志是船长和大副每天做的笔记,提供了有关鲸鱼出没、天气、地点和船员士气的详细信息。在航行结束时,日志变成了经纪人或船主的财产,借此积累相关知识。虽然捕鲸经纪人可以允许他们的船长使用密码本,以使船长们在类似但并非完全相同的航行合作中秘密通信,但一般来说,保密是最重要的。"这本日志交给你保管,谨记,其中内容必须严格保密。"一位船长接到这样的指示,"这是一项荣誉,除了我方船长以外,不要直接或间接地把它的任何内容告诉任何人,也不要让任何人以任何方式得到日志。"[55]

经纪人的监督功能在本国港口以外也十分重要。在捕鲸探险期间,经纪人必须与船长协调,分阶段进行投资,并确保在海外也有能力为船员提供食物和更换设备。所有这些都发生在全球通信相当落后的时代。从遥远的港口用轮船寄出或收到的信件如果没有丢失,可能需要几个月才能送达。经纪人要从收到信件的船员家属那里获取信息。例如,新贝德福德的威尔科克斯和里士满捕鲸公司在伦纳德·吉福德掌舵"希望"号的时候,曾与他的母亲、妹妹和未婚妻通信。信息有时是从最不为人知的地方传递过来的。加拉帕戈斯群岛的一个小岛圣玛利亚成为一个邮寄中心,因为它是太平洋上的捕鲸船经常光顾的地方。尽管1792年的《邮政法案》为广泛的邮政网络的发展开辟了道路,但直到19世纪中叶,在新贝德福德、旧金山和檀香山等遥远的地方才出现了系统的邮政服务。[56]

捕鲸经纪人往往有自己的动力来最大化航行的价值,因为他们持有大量的所有权股份。据记载,查尔斯·W. 摩根在1823年12月至1856年9月至少在42次航行中持有股份。[57] 1841年,以他的名字命名的捕鲸船"查尔斯·W. 摩根"号起航,斯塔巴克记录了其于1841—1877年的10次航行,大部分在太平洋。据记载,摩根只在前两次航行中担任了经纪人,这一角色在1849年传给了爱德华·M. 罗宾逊,在1853年又传给了豪兰家族,摩根去世两年后的1863年又传给了J. & W. R. Wing公司。[58] 摩根从捕鲸中获得了巨额的财富。1855年,他在新贝德福德最富有的纳税人名单上名列第八。[59]

第一章 捕鲸探险 023

从税收记录中获得的新贝德福德财富的相关数据表明，捕鲸业可以系统地积累大笔财富。[60] 在 19 世纪 50 年代早期到中期，新贝德福德的人口只有 2 万多，但应税人口（不到总人口的 3%）的人均财富达到了惊人的 34 965 美元，大约相当于今天的 100 万美元。捕鲸经纪人的平均财富几乎是这个数字的两倍（63 725 美元），而经验最丰富的经纪人的财富比这还要多得多。到 1856 年，组织过不下 20 次航行的新贝德福德捕鲸经纪人的平均财富为 112 642 美元。[61] 因此，新贝德福德贸易局在 1889 年评论说："我们的财富、人口和进步都是这个行业的成果，而且我们在世界城市中的地位和声誉都要归功于它的成功实施。"[62] 捕鲸所产生的投资回报被再投资于未来的航行，这使得财富积累的循环得以延续。捕鲸业对当地经济的影响是巨大的。1853 年，《纽约时报》自信地宣称，新贝德福德"可能是美国最富裕的地方"。

当然，捕鲸经纪人的财富积累在一定程度上取决于捕鲸航行带来的收益流。图 1.4 绘制了戴维斯、高尔曼和格莱特的数据中排名靠前的 29 位经纪人在 1 566 次航行中的平均利润率。这 29 位经纪人每人至少负责组织了 40 次航行，因此收益是在很长一段时间内产生的。因为经纪费用在这些计算中被视为成本，所以利润率代表了扣除费用后的平均航行净收益。例如，从图中可以看出，大卫·R.格林公司在 33 次航行中利润率为负，而吉迪恩·艾伦父子公司在 1830—1887 年代理的 64 次航行中利润率达到惊人的 59.2%。吉迪恩·艾伦父子公司的利润率是竞争对手同年平均利润率的 4.4 倍。吉迪恩·艾伦父子公司代理的"米尔伍德"号捕鲸船在 1864 年的一次为期 6 个月的航行中，捕获了价值 172 841 美元的战利品，利润率超过 3 000%。这超过了图 1.4 中 98.5% 的航行所获得的价值。至于剩余 1.5% 的航行，最短的也花费了 30 个月，是它的 5 倍，而其中最长的一次长达惊人的 8.6 年。[63] 尽管吉迪恩·艾伦父子公司的平均利润率为 59.2%，但利润率中位数仅为 4.9%，这显示出偶然的、巨大的命中对长尾投资组合回报产生的影响之大。

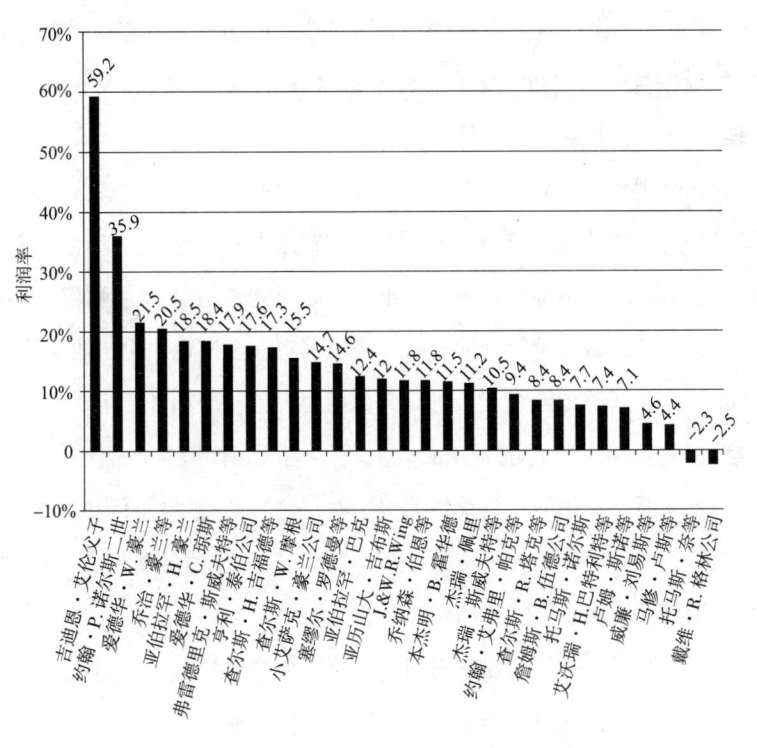

图 1.4　排名前 29 位的捕鲸经纪人的收益

数据来源：Lance E. Davis, Robert E. Gallman, and Karin Gleiter, *In Pursuit of Leviathan: Technology, Institutions, Productivity, and Profits in American Whaling, 1816–1906* (Chicago: University of Chicago Press, 1997), 448–449

为了能够客观地看待这个收益，再来看另一组收益数据。数据比较全面的纽约证券交易所的股票在1830—1887年的复合年收益率仅为7.6%。[64]在吉迪恩·艾伦的管理下，吉迪恩·艾伦父子公司的表现很出色，他的儿子吉尔伯特·艾伦在19世纪50年代积极参与公司事务，并在父亲去世后完全接管了公司。有一种解释说这种强劲的表现只是机缘巧合。事实上，一份1851年的马萨诸塞州富人榜将吉迪恩·艾伦描述为"捕鲸业的幸运者"。[65]这类似于一句经常被引用的现代风投格言——"我宁愿幸运也不愿聪明"，以及有关风投业绩的决定因素是技能还是运气的争论。[66]

在与现代风投进行类比时，还有几个关键的业绩特点值得强调。捕鲸经纪人的业绩在一段时间内表现出高度的持续性。[67]超过一年表现出色的经纪人可能会一直表现出色。如果能够招募到合适的船长和船员，并且能有效地管理航行时，经纪人将表现出色。由于收益存在持续性，最好的捕鲸经纪人可以为他们的服务收取额外费用。费用有两种形式：组织航行的费用和在航行结束时确保鲸鱼产品销售的费用。戴维斯、高尔曼和格莱特的报告称，在19世纪70年代初"卡罗"号的航行中，经纪商塔伯-戈登公司获得了2.5%的装备费和15%的产品销售额的佣金。[68]不出所料，吉迪恩·艾伦父子公司收取的费用高于其他所有在同年有船只返回新贝德福德的经纪人。

最后，经纪人以基于业绩的股权形式获得报酬，经纪人通常是航行的共同所有者。就像风投公司从基金的利润中分得一部分作为附带权益，经纪人在收获颇丰的航行中也能分到不少钱。经纪人通常持有大量的所有权股份，因为积累财富的途径要求他们既是经纪人又是所有者。对于以合伙形式（最常见和最赚钱的组织形式）组织的捕鲸探险，经纪人的所有权份额平均约为39%，而在以公司形式组织的航行中则只有1%。[69] 在捕鲸合伙企业中，经纪人的这种个人投资意味着激励措施得到了有效的协调。经纪人通过将大量的个人财富置于风险之中，分担了更多的负面风险。

船长和船员的选拔和激励分成机制

一旦一艘船获得了经纪人的担保，就会选出一名船长统理这次航行。虽然有些船长只从新贝德福德出航过一两次，但许多船长都反复多次为同一个经纪人出航。事实上，戴维斯、高尔曼和格莱特的数据显示，将近750个经纪人和船长的组合持续了至少两次航行。在少数情况下，船长航行了15次或更多。一位名叫安东·J.曼德利的船长一生中出航了20次，他作为捕鲸船船长在海上度过了非凡的40年。[70] 在捕鲸业，过去的成功对未来成功的可能性有相当大的影响，现代风投支持的企业的创业表现也是如此。[71]

在第一次担任船长之前，船长通常至少要执行过三次航行任务，可能先是当水手，然后是三副或二副，再然后是大副。有了这样的经历，船长就应该有能力决定捕鲸船的装备，选择一个有希望的捕鲸地，有时甚至能指定要捕杀的鲸种。经纪人履行管理职能，有助于使航行专业化，特别是对于经验不那么丰富的船长。[72] 他们会提供建议和鼓励。备受尊敬的经纪人查尔斯·W.摩根曾在1834年致信"秃鹰"

号的年轻船长乔治·H.德克斯特:

你现在已经是船长了,但因为你还年轻,所以我想给你一些建议。我观察到年轻的船长们最大的困难,不是对他们的船员太过纵容,就是太过严厉。规则必须贯彻执行,特别是在水手之间,要狠抓纪律。没有任何一个岗位比船长更需要控制自己的脾气了。而且你的第一次航行在很大程度上决定了你未来的成功。那么,你务必对你的船员的行为严加看管,绝不允许你的权威被蔑视或者被滥用,同时也绝不允许你或者你的助手过分严厉。我对你很有信心,我相信你不会感到这些话逆耳,我觉得我有责任给你忠告。[73]

就像一个创业团队一样,经纪人和船长会招募从大副一直到水手的船员,平均每一次航行会需要大约30个人。捕鲸船上可以有1~6名高级船员负责管理,但大多数船上会配3名。每艘捕鲸船都需要至少一名鱼叉手(或舵手),而大多数的船上会配4名。其他重要的船员还包括一名负责组装运油桶的桶匠、一名负责日常维修的木匠、一名负责准备长途航行所需食物的厨师,和一名负责服务的乘务员。有时,还会雇用一名铁匠或其他专门的手艺人。其余的船员都是水手,既有不熟练的新手,也有在海上待了几十年的人。这些新手和其他船员挤在捕鲸船的船首舱里,与高级船员、舵手、厨师和乘务员分开居住。船首舱光线阴暗、通风不良,这可能是导致船员在海上几个月时间里不断更替的原因之一。[74]

以激励为基础的薪酬体系有助于解释为什么船长和船员要经历这些航行的痛苦和危险。由于投资者和船员之间的信息不对称以及收益的不确定性，固定工资是无效的。[75] 如果船长在航行中没有股权，他可能会牺牲资金提供者的利益，转而为自己的利益服务。

在现代风投支持的创业公司中，对于关键职位上的人员，如创始人和首席技术官，在股权分配方面有着严格的惯例。同样，捕鲸船长和船员也成体系地采用绩效工资，他们从航行的收益中收取对自己服务的报酬。一名船员的所得份额被称为分成，并因级别的不同而存在显著差异。分成是分数形式的，份数少的分成比份数多的要好。新贝德福德的船长们似乎可以获得航行捕获量或利润的 1/20（5%）~1/8（12.5%）。[76] 大副可能会在分成高达 1/15（6.7%）的情况下出海，虽然这非常罕见；对于大副，1/30（3.3%）~1/20（5%）的分成比例更为常见。二副的分成大约在 1/40（2.5%），三副的分成约为 1/60（1.7%）。下一等级的是厨师、桶匠和其他被认为对这次航行至关重要的手艺人。鱼叉手和舵手可能会收到 1/90（1.1%）的分成，而水手的报酬通常在 1/250（0.4%）~1/100（1%）。在《白鲸》中，梅尔维尔经典地描述了伊希梅尔为他的分成讨价还价的过程，他希望得到 1/200 的分成，但经纪人只提供 1/777 的分成，当他最终受雇于"裴廓德"号并得到 1/300 的报酬时，他略感满足。在某些情况下，水手只有包食宿和衣物的待遇。[77]

分成在航行开始前就已经确定好了，但在航行结束后才会付清。捕鲸船返回母港时，捕获物的价值按照当时的市场价格计算，支付给船员的金额相当于捕获物的收入（减去保险和在港口处理捕获物的费用等）乘以商定好的分成比例，再减去航行期间产生的个人开销。通常情况下，个人开销是指在小卖部的购物开支，小卖部是由船长维护的出售衣服和烟草等物资的商店。船员可以在航行前或者航行中预支薪酬，但最后必须连本带息地偿还。尽管有时在航程结束时，会有人因为发现鲸群等贡献而获得特殊奖金，但在大多数情况下，报酬还是按分成比例分配的。支付完这些款项，并从捕获物的价值中扣除所有其他的费用后，最终剩余的就归船主所有。[78]允许船长和船员分享航行的收益，并不让他们承担过多的风险，这一系统有效地应对了道德风险和代理冲突的威胁。

通常情况下，船长同时也是所有权合伙人，负责支付最初的资本开支，而他的报酬来自他的所有权份额和分成。通常，船长的所有权份额只是对稀缺人才的一种简单认可，但在某些情况下，其背后的想法可能更为微妙。例如，人们认为，即将退休的船长更容易逃避责任，而额外的股权激励可以有效地遏制这种自私的行为。总的来说，捕鲸船长的收入相当不错。根据对1840—1858年从新贝德福德出发的1 000多次航行的分析，船长的平均月薪为98.31美元。相比之下，商船船长的平均月薪仅为29.54美元。[79]

船长因其服务而获得了被认为是合理的（风险调整后的）收入。然而，随着船员等级的下降，薪酬水平大幅降低。像大副和二副这样的高级船员仍有着不错的收入，大概是因为他们的技能也很抢手，但低级船员很少能赚到很多钱。根据1858年美国驻秘鲁派塔领事馆收集的数据，假设平均一艘抹香鲸捕鲸船在4年的航行后将带回1 200桶油，而一个分成比例为1/180的新手将得到210加仑的油，按照当时的市场价格，这些油将卖到262.25美元，但扣除标准的漏损油费（10%）、保险费（3%）、航行前和航行中预支薪酬及相关的利息，还有一些日常衣物和医疗用品的开销后，可能只剩下54.17美元。汇编这些惊人数字的人注意到，即使262.25美元为全部所得，这笔钱也是微不足道的。他指出，"这似乎令人难以置信，一个聪明、活跃的年轻美国人竟然要做4年苦工……并远离家人和祖国"，每月还挣不到6美元。"然而事实就是如此。"[80] 同样，风投支持的创业者的回报也是有限的，这有时很难理解。鉴于此，一项研究得出的结论是，"一旦考虑到风险，对于提供想法和长时间辛勤工作的创业者来说，奖励其实是非常小的"。[81]

不出所料，由于捕鲸业的变幻莫测，加上进行风险调整后船员所得的报酬相当少，一次航行的经历往往足以说服这个人转向其他职业碰碰运气。不过，当然也有一些向上流动和晋升的机会，因此如果能够坚持在捕鲸业工作，那么一些水手甚至是一些新手，最终也会晋升到可以指挥捕鲸航行的阶层。例如，查尔斯·伍德"出身贫寒"，但是他在新贝德福德当上船长后，最终在1851年积累了约10万美元（约合今天的320万美元）。贾里德·科芬最初是楠塔基特一艘捕鲸船上的桶匠，后来成为船长和船主，据说身家达30万美元。楠塔基特最成功的捕鲸商人之一约瑟夫·斯塔巴克最初不过是个屠夫。职业流动是通往真正的成功的唯一途径，因为分成体系意味着财务回报是倾向资金提供者的。正如现代风投有利于风投家和有限合伙人一样，捕鲸合同虽然提供了有效的激励机制，但其主要目的是最大限度地将船舶的利润分配给资金的提供者。

周期性、泡沫、风险和多元化

捕鲸业和风投业之间的一些主要相似之处也值得注意，首先是二者不可磨灭的周期性特征。[82] 捕鲸业的某些周期性与该行业的季节性有关，但除此之外，捕鲸业的特点是反复出现的繁荣和萧条期。在特定的捕鲸地，回报极其不稳定。与风投组合公司一样，航行也是一种结果不确定的高方差投资。它们极易受到捕鲸产品在港口的价格波动和海上天气的影响。

令人惊讶的是，尽管捕鲸行业的经纪人们都很老练，但他们在减轻特定类型的风险方面却收效甚微。从理论上讲，捕鲸业的总体风险包括不可分散和可分散的部分。例如，1812年美国对英国宣战，新贝德福德的捕鲸船队就暴露在英国海军面前。1812—1814年，没有新贝德福德的捕鲸船起航。后来，在南北战争期间（1861—1865），尽管北部联邦海上保卫能力强大，北部捕鲸船还是遭到了南部邦联的私掠船的攻击。对于这些意想不到的、不可分散的事件，经纪人们实在是无能为力。不过，其他风险是可以分散的。考虑到可供捕鲸的范围，即使是恶劣的天气也是可以避免的。

埃里克·希尔特在一项全面且综合的实证分析中指出，捕鲸者倾向于把注意力集中在像北太平洋这样的公共区域，在19世纪50年代中期之前，前往北太平洋的航行大约占捕鲸航行次数的一半，这意味着他们放弃了有效的地理多元化机会。[83] 虽然在其他捕鲸地区产生的回报可能要低一些，但在这些地区航行的风险与在北太平洋航行的风险其实是不相关的。因此，当白令海峡（连接北太平洋和北冰洋的狭窄水道）在1851年年末被严重的浮冰堵塞时，这个季节的捕鲸就以失败告终了。由于航行不均衡地集中在这一地区，投资者实际承担的风险比他们需要承担的还要大。投资回报之所以会受到影响，是因为原本可以分散掉的冲击反而对整个行业产生了巨大的影响。从这个意义上讲，前往北太平洋的航行被过度资助了。

认知偏见和组织选择有助于解释这种失败。关于认知，众所周知，羊群行为的产生是因为结果存在不确定性以及未来的信号不完善。先行者提供的信息会影响后动者的决策，导致经济行动者产生模仿行为，即使后动者得到的信息本应鼓励他们做出相反方向的决策。[84] 捕鲸船船长只是简单地跟随其他捕鲸船船长的行动，以至"几乎无数的船只"在相邻区域追捕鲸鱼。[85] 也许，对于一个急于保护自己声誉的捕鲸船船长来说，与其冒着独自失败的风险，不如与其他航行一起失败。同样的认知偏见也会影响风投家，导致投资集中在特定的时间段和行业。

与此同时，捕鲸业盛行的组织模式也阻碍了更好的多元化战略。如前所述，捕鲸业由合伙企业主导，而不是由所有权更分散的公司主导。由于大多数捕鲸航行都是私人持股的合伙企业，股权通常不会在公开市场上交易，而在公开市场上，股票的定价本可以鼓励航行的地理区域多元化。如果可以进行公开市场交易的话，那么在航行风险与行业风险高度相关的情况下（就像大多数美国捕鲸船驶往同一捕鲸地区一样），该航行的股票价值就会打折扣。与此同时，被派往不同地方的船只（这使得行业风险与航行风险之间的相关性较低）的股份将会有一个相对的溢价。[86] 简而言之，如果捕鲸业的风险得到了更广泛的关注，该行业的投资本可以更加多元化。

错失了创造多元化的机会是有原因的，这与前面讨论的合伙企业集中所有权的压倒性优势有关。外部投资者需要得到经纪人和船长共同持有股权的保证，但这限制了可供外部投资的股权数量。合伙企业只是一种更好的管理道德风险和委托代理动态的组织形式。因此，捕鲸涉及在复杂的权衡约束下实现航行组合预期价值的最大化。一方面，私人持股的问题限制了某些风险管理措施的实施，包括捕鲸航行的地理区域多元化。另一方面，在一个存在多层次委托代理关系的世界里，捕鲸合伙企业有助于协调船主、经纪人、船长和船员之间的激励机制。

三个互补的要素

简而言之，19世纪的捕鲸业至少可以在三个主要方面与现代风投业相比较。首先，捕鲸是一个典型的偏态分布的生意，依靠高利润但低概率的收益事件维持。为了寻找难以捉摸的鲸群，航行常常持续数年，覆盖广阔的地理区域。就像风投业依赖于极小部分投资的极端回报，利润的长尾分布对于捕鲸航行的资助人来说有着同样的吸引力。尽管历史上的黄金勘探和石油开采等其他行业都以长尾产出为特征，但没有哪个行业能像捕鲸业那样，在组织和收益分配这些方面与风投业如此接近。

其次，捕鲸的组织结构以作为中介的经纪人为中心。就像风投公司的普通合伙人一样，他们把供给端的有限合伙人所提供的风险资本分配给需求端的投资组合公司。热衷于投资捕鲸航行的富人们并不具备脱离经纪人的知识或能力。相反，为保证捕鲸航行成功而必须协调的各种活动的特殊组合需要专业人士，而拥有这一领域专业知识的经纪人可以通过组织费和股权的形式获得可观的回报。当经纪人进行事前的尽职调查、管理航行并通过反复的交易与船长和船员建立紧密关系时，他们建立了经得起时间考验的优势。技能型人力资本的回报可能是巨大的。

最后，捕鲸业充满了潜在的代理冲突——投资者和经纪人之间、经纪人和船长之间、船长和船员之间。同样，风投业也存在着大量的道德风险问题和信息缺口，风投家以中介的身份帮助缓解了这些问题。美国的捕鲸探险证明了有一种方法可以切实地管理这种风险。合伙制结构确保的所有权集中抑制了"搭便车"行为，因此避免了像那些所有权分散的公司为了监督经纪人所做的日常决策是否符合所有者的最佳利益而付出的高昂成本。分成支付系统也发挥了它的作用，使船主、船长和船员的动机一致，这样决策的权力就可以被下放到更低的层级，这对于需要频繁做出判断的远洋捕鲸航行来说是绝对必要的。

收益的长尾分布，以经纪人为中心的组织结构，以及激励机制，捕鲸的这三个要素在其影响方面是相辅相成的。由于它们之间的相互作用，生产力提高了，进而保证美国的捕鲸船在某种程度上主导了一个全球产业，就像今天美国的风投公司主导了基于风投的创业一样。

第二章

风险资本的早期发展

捕鲸是一项重要但没有可持续性的生意。由于大量捕杀，鲸鱼数量锐减，资本回报率开始下降。1800年，全球大约有110万头抹香鲸，但到1880年，由于大规模捕鲸，只剩下约78万头抹香鲸。仅在1853年一年，美国的捕鲸船队就杀死了8 000头鲸鱼。[1]在19世纪中叶的黄金时代，捕鲸业的年平均回报率在15%~24%，而到了19世纪70年代，年平均回报率只有个位数。[2]随着替代能源（特别是原油）的出现以及劳动力成本和国外竞争的加剧，捕鲸业开始衰落，资本也开始寻找新的回报来源。

在捕鲸业衰落之前，一些更有远见的捕鲸精英已开始进行多元化投资。一项研究指出，在新贝德福德的22个主要捕鲸家族中，有15个投资了棉花，14个参与了银行业，11个对铁路等其他行业感兴趣。[3]之前在第一章中介绍过吉迪恩·艾伦在捕鲸业的杰出表现，他还是商业银行的董事。他的儿子成为银行的总裁，还投资了新贝德福德铜业公司、新贝德福德煤气照明公司和其他公司。乔治·豪兰是新贝德福德捕鲸家族的领军人物之一，除了捕鲸，他还一直从事其他常见的商业活动并拥有土地，而且在19世纪40年代，他特别热衷于使自己的投资组合多元化。大约在这一时期，新贝德福德开始成为棉纺制造业的中心。事实上，豪兰家族隶属某投资财团，该财团在1846年成立了新贝德福德的第一家棉纺制造企业——瓦姆苏塔纺织厂。

要为美国经济中的创业和技术发展提供融资，有赖于在蕴含高风险和潜在高回报的投资中密集地使用风险资本。众所周知，这种风险融资功能在近一段时间内对高科技创新和创业活动的发展做出了重大贡献，但很少有人认识到它在美国历史上的地位有多么根深蒂固。本章将重点介绍最普遍的风投式的风险资本安排，包括对早期高科技企业采用的股权融资、中介、签订分配现金流和控制权的合同、少数股权以及为创业公司提供管理。

棉纺织品的生产是一个很好的起点，因为它涉及对资本主义发展至关重要的行业中的高科技创新融资。[4]对现代风投的研究展示了风投家是如何处理复杂的代理问题的。本章将着重讨论布朗家族与塞缪尔·斯莱特之间的谈判，重点突出这些类型的合同交易的历史先例。布朗家族是罗得岛州的一个富有商人家族，热衷于多元化投资棉纺织品领域，而斯莱特是一位移民创业者，能够提供有价值的技术知识。双方协议中的条款基本上决定了现金流和控制权的分配，从现代风投的角度来看，这份协议非常有远见。更广泛地说，资本提供者帮助促进了新英格兰制造业的增长和规模扩张。风险资本的发展促成了创业企业生态系统的建立。[5]

除了棉纺织业，新的风险融资在美国其他主导产业和工业地区的创建中也扮演着至关重要的角色。在某些情况下，由资本提供者直接投资，而在另一些情况下，资本通过中介流动。例如，在为铁路融资时，中介将目光投向了本地市场以外的资本。[6]考虑到所需轨道的铺设规模，资本需求是巨大的。1830—1860年，全美铺设了超过3万英里的铁路轨道，市场范围随之扩大，有助于区域经济一体化。[7]随着以资本需求为基础的经济发展，金融日益细分为早期风险资本、后期私募股权和投资银行功能等。

有时，这些融资部门之间的界限很模糊。白炽灯泡的发明者托马斯·爱迪生利用当时一些领先的金融家和投资银行家的资本进行了早期阶段的实验，这些人包括J. P. 摩根及其合伙人艾吉斯托·法布里、威廉·H. 范德比尔特、亨利·维拉德等。风险资本是第二次工业革命的主要驱动力，当时高科技企业激增。[8]克利夫兰和匹兹堡成为创业的热点地区。安德鲁·梅隆是这一地区重要的银行家和投资者，后来在哈定、柯立芝和胡佛政府担任财政部长。他经常通过参股为初创企业融资，通过参与企业治理行使一些管理控制权。风投在美国得以崛起，其原因可以从长期历史趋势的背景中看出来，即在技术最活跃的经济部门，风险资本的配置更加有效。

棉纺织业的"高科技"创新

要理解风险融资是如何成为美国棉纺织业蓬勃发展的核心，首先要考虑始于英国并传播到大西洋彼岸的技术的广泛发展。用W.W.罗斯托的名言来说，棉花可以说是英国工业发展中的"主导产业"。[9] 英国的庞大规模促成了对上下游活动的控制。在英格兰主要的制造业中心兰开夏郡（位于英国西北部，全长约 35 英里），经过培训的工人构成了人力资本优势，使当地获得了世界领先的生产力。[10] 英国在全球生产中占据了主导地位，到 1850 年，尽管其人口仅占世界人口的 1.8%，土地面积仅占全世界的 0.16%，但它生产的棉纺织品却占到了世界总产量的一半。[11]

学者对于英国在棉纺织业方面的优势存在争议。有人指出，英国的高劳动力成本、低廉的能源和资本成本是创新的驱动力。[12] 另一种观点认为，英国之所以能够推进技术前沿，是因为其独特的科学思维带来了更高的发明率和生产力的提高。[13] 无论哪种观点是正确的，可以肯定的是，纺纱和织造方面的一系列技术改进帮助巩固了英国在该行业领先的全球地位。高度竞争的国内和国际市场激励了创新，推动了 18 世纪中后期的若干突破。提高纺纱过程的效率更被认为是纺织创新的重中之重。出口商开始将纱线的供应视为增长的制约因素，而纺纱工序的劳动强度成为其发展瓶颈。

于是，由詹姆斯·哈格里夫斯发明的珍妮纺纱机成为工业革命最重要的创新之一，它的出现使纺纱工人的生产率大幅提高，从而深化了资本在经济中的应用。珍妮纺纱机不像传统的纺车一次生产一锭纱线，它允许一个工人一次生产多达 12 个纱锭。增量式的进步使得单个工人的产量进一步增加到 80 个纱锭，在某些情况下甚至多达 120 个纱锭。

生产技术得以发展，是因为资本可以正式和非正式地用于创新。

并非所有银行都不愿意承担可能带来负回报的风险，而相对富裕的个人风投家也可以满足发明家的融资需求。[14] 哈格里夫斯是一个穷困潦倒的连续发明家和手摇纺织机的织布工，既没有研发资金，又居无定所。正如罗伯特·艾伦指出的，"一开始，哈格里夫斯得到了他的'风投家'罗伯特·皮尔的支持，为他在兰开夏郡一个偏远的村庄拉姆斯克劳夫提供了住处"。[15] 尽管珍妮纺纱机的研发成本可能不超过 500 英镑（约合今天的 5 万英镑），但哈格里夫斯和皮尔都没有从这项创新中获得可观的财务回报。不过，它的社会价值是巨大的。到 19 世纪 80 年代末，英国有超过 2 万台珍妮纺纱机投入使用。[16]

尽管珍妮纺纱机代表着技术的极大进步，但是纱线的制造仍然高度依赖于熟练的劳动力。随着新型纺纱机的引入，这种情况得到了改变。理查德·阿克赖特于 1769 年获得了该纺纱机的专利。阿克赖特的机器使用滚轮拉出纤维，织出的线比珍妮纺纱机织出的要结实得多。此外，阿克赖特的创新在于新型纺纱机能够由外部动力驱动。这种新机器被称为水力纺纱机，因为它最初通常由水车驱动，也可以由马匹拉动，后来随着博尔顿-瓦特公司研发出旋转运动的创新技术，它还可以由蒸汽机驱动。将纱线生产从人工劳动中分离出来是革命性的，它使得棉纺织品的生产从个体家庭转向专业工厂，大大降低了生产成本。1780 年，英国有 20 家这样的工厂，到 1790 年，已经有 150 家了。[17] 阿克赖特的发明本身就很重要，还为他赢得了爵士头衔和"工厂制度之父"的长久美誉。然而，这也是塞缪尔·克朗普顿发明走锭精纺机的重要一步，克朗普顿将珍妮纺纱机和水力纺纱机的技术结合在一起，创造了"英国棉花产业的支柱"。[18]

在阿克赖特的创新得到初步发展之后，他在 1768 年与约翰·斯莫利和戴维·索恩利两名合伙人合作开发并商业化了这项技术。每位合伙人拥有 3 份 1/9 的股份，并且只要每位合伙人的年利润份额超过 500 英镑，阿克赖特便可多得超出部分的 10%。1769 年，当这家合伙企业在专利注册过程中为筹集资金而苦苦挣扎时，阿克赖特向金融中介伊卡博德和约翰·赖特寻求帮助，而这两人又将他介绍给了诺丁汉郡两位富有的袜子制造商塞缪尔·尼德和杰迪亚·斯特拉特。尼德和斯特拉特每人出资 500 英镑购买了 1/5 的股份，加入了阿克赖特、斯莫利和索恩利，成为理查德·阿克赖特公司的合伙人。1771 年，他们在德比郡的克隆福德开设了一家棉纺厂。阿克赖特和索恩利的年薪为 25 英镑，负责管理公司。与最初的合伙企业一样，阿克赖特保留了他享有额外盈余 10% 的权利。[19] 1774 年，据斯特拉特估计，研发成本大约为 1.3 万英镑（约合今天的 140 万英镑）。[20] 1781 年尼德去世时，阿克赖特和斯特拉特以大约 2 万英镑的价格收购了尼德的股份。[21] 1792 年阿克赖特去世时，他的净资产估计为 50 万英镑，相当于今天的大约 5 500 万英镑。[22]

在大西洋彼岸，独立战争（1776—1783）使得美国脱离殖民统治者实现了独立，但由于种种重大原因，美国的棉纺织业似乎不太可能生产出达到可交易质量的产品，更不用说发展成为出口导向型的产业了。刚独立的时候，这个国家的经济处于混乱状态，债务负担沉重，国际收支赤字显著。[23] 尽管人口在稳步增长，但国内市场仍然很小。1790 年，当时美国最大的城市纽约的人口刚刚超过 3.3 万，而伦敦的人口超过 85 万，巴黎的人口为 50 万。除此之外，美国只有 4 个城市的人口超过了1万。至关重要的是，美国没有机会获得对英国工业化至关重要的关键性创新。然而，随着风险资本的形成与技术传播的相互作用，这种情况很快得到了改变。

获取前沿技术

在英国，政府和公司试图通过正式和非正式的非竞争性政策，限制像珍妮纺纱机和水力纺纱机这样的创新流传到境外。早在1718年，英国就颁布了限制工匠及其工具外流的法律，以保护自身在纺织品生产方面的优势。到1749年，任何出口纺织品制造工具的人，一经发现即处罚款200英镑。试图招募技术人员移民美国的代理人也可能会被处监禁12个月，每次违规罚款500英镑。任何试图离开英国的熟练纺织工人都可能会被当场逮捕。为了阻止逆向推导学习，公司会严禁来访者进入棉纺厂，强迫员工宣誓保密，设计"具有中世纪城堡防御特征"的工厂，甚至在机器上加装组件，使其看起来比实际更复杂。[24]

然而，英国领先的技术创新是如此有价值，以至在美国，不仅准许使用工业间谍，这一行为甚至受到了积极鼓励。[25]在公民义务和商业利益的双重驱动下，人们为了将英国的技术引入美国做了无数努力，希望为这个年轻国家的生命力做出贡献。在一个信息严重不对称的环境中，进行有效的尽职调查是一项挑战。美国的投资者经常发现他们的雇员不称职，或者更糟的情况是，他们根本就是无赖。例如，约翰·鲍勒来到宾夕法尼亚州为约翰·尼科尔森做机器制造工，约翰·尼科尔森是宾夕法尼亚州一位卓越的商人和企业家，希望在那里建立棉纺织业务。起初，鲍勒秘密地为尼科尔森的竞争对手制造了设备，后来他卷走了尼克尔森的1万美元，逃到了爱尔兰。[26] 熟练的纺织工利用投资者信任的类似事件层出不穷，他们或者不好好工作，或者直接盗走了设备。

同样，美国的投资者也可能失信。许多具有技术知识的可靠英国发明家试图移居美国，在离开家人、经受了艰苦的横渡大西洋航行之后，发现他们的投资者无法或不愿履行承诺。一些投资者只是拥有宏大的投机设想。上面提到的约翰·尼科尔森曾经承诺要建造一座巨大的千轴纺纱机，但他后来破产了。1800年，尼科尔森因无力偿债而死于费城的一家债务人监狱。创业者们也很难找到真正专注于棉纺织业的金融合作伙伴。18世纪90年代的经济增长带动了对银行、收费公路和运河的兴趣，随着国家的"边疆"向西拓展，对土地的投机也随之增加。相对于需要长时间发展且过程中存在高度不确定性的棉纺织技术，这些机会更具吸引力。

罗得岛州普罗威登斯市布朗家族的富人相信他们能够应对这些挑战。他们将棉纺织业视为其多元化战略的一部分，因为在战争和贸易禁运时期，他们重仓投资的商业活动的风险变得更高。布朗家族于1723年首次进入商业领域，到18世纪末积累了巨额的财富，投资范围很广泛。布朗家族的一些成员从事捕鲸业：奥巴迪亚·布朗在1754年首次组织了捕鲸航行，尼古拉斯·布朗的公司在1769—1777年定期捕鲸。包括族长詹姆斯·布朗在内的其他成员以各种身份参与奴隶贸易，包括使用他们自己的船只运送奴隶。商业贸易中的商务活动是有利可图的。1787年，家族控制下的布朗-弗朗西斯商业公司派出了一艘装载价值2.6万美元货物的船只前往亚洲进行贸易。一年半后这艘船返回时，货舱里装满了价值10万美元的货物。通过运送价值20万~40万美元的货物，像布朗家族这样的公司可以实现10万美元（相当于今天的260万美元）甚至更多的净利润。[27]

布朗家族用所有这些活动中产生的资本来资助新的创业企业。例如，在独立战争之前，他们把"希望炉"建成了一个成功的生铁精炼厂，并且还成为殖民地最大的鲸蜡蜡烛生产商。这两种产品都是通过他们的贸易机构销售的。战后，当鲸鱼和铁制品的重要性下降时，布朗家族将他们的创业才能应用到许多其他行业，包括鳕鱼捕捞、朗姆酒和杜松子酒蒸馏。

布朗家族在所有这些业务中都遵循一套核心原则，首先是人才决策。年轻的一代被培养成领袖型人才，但不强迫年轻人担任特定的角色，如果在家族中找不到拥有所需专长的成员，长辈们就会从外部招聘。关于战略规划，适度和谨慎的观念占了上风。布朗家族有意识地控制蜡烛业务的快速增长，以防止其发展得"与其他部门不成比例"。他们实践了管理专家后来所称的"数据驱动型决策"，保持了非常详细的业务记录，并使用这些信息来指导规划。[28]

棉纺织业天然地契合布朗家族的多元化战略，因为它代表了一种新的收入来源，而这种收入来源与海上贸易的变迁基本无关。此外，对于摩西·布朗（领导家族企业的三兄弟之一）来说，这符合一些公益目标。在他看来，这个行业可以帮助罗得岛州摆脱其在美国建国初期的经济困境，同时避免不道德的奴隶贸易。1787年，摩西·布朗开始研究棉花生意，到1789年，他准备成立一家公司，出资让他的女婿威廉·阿尔米和他的堂兄史密斯·布朗合伙经营。新公司名为布朗-阿尔米公司，他们购买了一台珍妮纺纱机、少量原油、几台当地制造的阿克赖特水力纺纱机，以及位于波塔基特黑石河边的一幢建筑以提供电力。

然而，由于缺乏训练有素的熟练工，以及对如何改进技术一无所知，布朗-阿尔米公司的机器运转不畅。他们灰心丧气，把设备封存了起来，但没有卖掉。[29] 尽管经历了早期的失败，摩西·布朗、威廉·阿尔米、史密斯·布朗和其他家族成员仍然对纺织业保持兴趣，并相信通过正确的技术知识和战略方法可以建立一个成功的企业。摩西·布朗宣称："（布料制造）行业的机器将使其占据优势。"[30] 他们通过家族广泛的商业关系网发布消息称，如果能找到一位具备合适技术和技能的合作伙伴，他们愿意进一步尝试并签订合同。

1789年年末，塞缪尔·斯莱特响应了布朗的号召，这位21岁的英国人精通水力纺纱机，并且积极到美国一试身手。斯莱特几周前刚刚离开英国，当时他装扮成农场工人，以避免被负责阻止熟练纺织工移民的英国海关官员发现。他在纽约加入了一家棉纺织品公司，当他从一个罗得岛州首府普罗威登斯的邮船船长那里听说布朗家族对棉纺织业感兴趣之后，他对自己当时所在工厂有限的机械能力越来越失望。他在给摩西·布朗的信中写道："我自诩能让您最为满意，制造机器、纺出好纱线……都能像英国制造的一样，因为我曾有机会管理查德·阿克赖特爵士的机器，并在斯特拉特先生的工厂工作了8年多。"（详见附录1。）斯莱特虽然年轻但很聪明。用现代风投的术语来说，他的"推销"很有说服力。这封信简要介绍了斯莱特的优点，包括他与关键创新者（阿克赖特）和企业家（斯特拉特）的关系，并概述了他目前的工作情况，还为下一步建立工作关系奠定了基础。

斯莱特说的是实话。他曾为斯特拉特工作，在其工厂当学徒，合同期6年，在那里操作阿克赖特发明的水力纺纱机。学徒生涯培养了他的商业头脑和技术专长，他还学会了如何处理雇用合同。当斯莱特的父亲（斯特拉特的密友）意外去世时，斯莱特被迫与经验丰富得多的斯特拉特就合同条款进行谈判，当时斯莱特只有14岁，并且还处于学徒阶段的"试用期"。合同规定斯莱特将为他的主人服务并保守秘密，同时遵守一系列限制性的条款，包括不私通，也不缔结婚约。作为回报，斯特拉特将提供食物、住宿和少量工资。重要的是，合同规定斯莱特将接受棉花纺纱艺术的"教育和指导"。斯特拉特信守了诺言。（完整合同详见附录2。）

作为一名学徒，斯莱特尽其所能地学习斯特拉特工厂的一切知识，甚至星期天也自愿在工厂里度过。他非常彻底地掌握了机械操作，以至提出了改进设备的方案，使之能够更好地将纱线分配到纺锭上。除了技术技能，他还从斯特拉特那里得到了商业和管理方面的专业知识和个人指导，斯特拉特后来几乎成为他的第二位父亲。法律规定雇员违反合同是严重的刑事犯罪，但斯莱特对斯特拉特的义务更多是基于私人情感而非法律。事实上，他坚守对斯特拉特的承诺，即使其他学徒废除了与斯特拉特的合同，他仍然履行完了整个合同。

与现代创业者和风投家之间的签约流程类似，摩西·布朗在仅仅

8天后的1789年12月10日就回复了斯莱特（详见附录1）。他不可能在这么短的时间内对斯莱特进行尽职调查。他的信件既清楚又鼓舞人心，但也很谨慎。信中说，阿尔米-布朗公司（该公司现在的名称）"需要一位擅长纺纱机或水力纺纱的人的帮助"，并诚实地承认"已经进行过一次尝试，但失败了"。信中还勾勒了未来的合作关系，斯莱特将有权分享利润。信中明确表示，投资将分期进行（就像现代风投融资一样），预计试验期为6个月，之后"如果我们发现这项业务有利可图，我们可以扩大规模"。在这种情况下，或者更早，"如果在试行中有足够的证据"，阿尔米-布朗公司将协商达成一项附加协议，以追求"各方都同意"的冒险投资。信的结尾强调了"完善美国第一家水力纺纱厂"的目标，并表示只要合伙企业"对双方都有利且合作顺利"，阿尔米-布朗公司将"乐于与你合作"。总的来说，这封信是对斯莱特最初那封试探性信件的精彩回应。它为双方考虑建立长期的融资和创业关系提供了一个非约束性的框架。

这些书面交流的结果是，斯莱特于1790年1月搬到了普罗威登斯，不到两个月，他就成功地按照阿克赖特的原理组装了水力纺纱机。双方都看到了阿尔米-布朗公司的风险资本与斯莱特的技术相结合具有巨大的潜力。然而，他们尚未就确保业务关系延续的正式条款达成一致。在1790年阿尔米写给布朗的信中，他承认了斯莱特所做出的重要贡献，并建议他们投资一家权责明确和所有权界限清晰的合资企业。信中指出，"除了与塞缪尔签订合同，让他获得一部分利润作为其服务的报酬之外"，还应进行业务结构的调整，以便"每个人都能知道自己应该特别关注哪一部分"。[31]

签订现金流和控制权合同

阿尔米、布朗和斯莱特于1790年4月5日达成了协议（详见附录3）。该合同建立在对风险资本进行复杂配置的基础上。斯莱特相当于一位技术联合创始人，因为他在纺纱机方面拥有阿尔米和布朗所缺乏的专业知识。作为补充，阿尔米和布朗履行的职能与现代风投为其投资组合公司所做的工作类似：虽然他们不是金融中介机构，但他们的职责是提供资本和管理。风投合同的目的是在投资者和创业者之间分配现金流和控制权，从而使公司的价值最大化，为创业者的努力提供激励，并充分保护资本提供者免受下行风险的影响。[32]仔细分析阿尔米-布朗公司的条款可以发现，从现金流、控制权和合同设计的角度来看，这是一份有效的协议。

阿尔米和布朗认识到，虽然斯莱特缺乏资本为此次合作做出贡献，但他在棉纺织技术方面"非常精通"，他可以花时间管理这家企业。用今天的话来说，他可以提供人力资本。具体的分工是，委托一方管理技术，另一方提供资本以"供应材料"和管理。虽然由于意见不合而过早解散是合伙企业的固有风险，但其优势在于，这种结构使阿尔米和布朗与企业的运营保持足够密切的关系，使他们能够比松散的商业关系更快地识别和响应资本需求。这种合作模式不仅提供了正式的形式，还提供了灵活性，使他们能够创建一个我们今天所谓的精简而敏捷的创业公司。

阿尔米-布朗公司的投资不是向斯莱特或新合伙企业提供一笔初始的、大额的、一次性的资金，而是"一点一点支付工厂建设和购买设备所需的费用",以及用于购买原材料和预支薪酬的人工成本。换句话说,他们像现代风投家一样,承诺分期以降低风险。还要注意的是,在签署协议之前,阿尔米-布朗公司已经在斯莱特到达普罗威登斯后的几个月内对他进行了试用。在那段时间里,斯莱特通过复制阿克赖特的机器并使其运转起来,开发出了现代创业学研究文献所称的最小可行产品。在很短的时间内,阿尔米-布朗公司解决了信息不对称带来的潜在问题,降低了与新企业相关的不确定性,并遏制了斯莱特的机会主义行为。因此,他们可以更正式地发展这种关系。

斯莱特被认为是一半设备的所有者和经营者,而且他还有权获得(净)利润的一半,这充分证明了18世纪高科技知识的价值。尽管产品的商业化也依赖于资本和商业基础设施(比如强大的分销网络),但阿尔米-布朗公司还是心甘情愿地放弃了合伙企业中的大量股权和现金流的权利以激励斯莱特。一种可能的解释是,股权分配对斯莱特有利,可能是因为他从与斯特拉特的互动中学会了如何提高自己的议价能力。另一种可能是,阿尔米-布朗公司尊重斯莱特的人力资本价值,知道他的技能很难复制。让斯莱特开发阿克赖特的技术,却不给足股权,可能会引起其他资本提供者参与竞争,或者使斯莱特更有可能(尽管他的流动性也受到限制)另起炉灶。作为老练的投资者,阿尔米-布朗公司深知在控制权和价值之间权衡的重要性。对现代创业公司的研究表明,愿意放弃股权来吸引有才华的联合创始人的创业者,往往能让他们的企业实现更大的价值。[33]

在这一点上进一步扩展,现金流的权利是明确界定和透明的。斯莱特将获得对他全部时间和服务的充分且适当的补偿,但分给他的利润份额是净额，在扣除了业务产生的所有经营成本，包括占利润2.5%的进货佣金和4%的纱线销售佣金之后计算。实际上，阿尔米-布朗公司制定了一个最低预期回报率，规定了在斯莱特获得任何收益之前，合伙企业需要达到的利润水平。为了保证合同的客观性，阿尔米-布朗公司并没有虚报进货和销售的佣金，而是沿用了市场惯例。虽然他们在这方面拥有更多的筹码，但值得注意的是，他们选择了一些合理且易于验证的标准。

尽管合同框架表面上有利于斯莱特，但阿尔米-布朗公司受益于其中的限制性条款，可以通过调节现金流和控制权限制下行风险。鉴于斯莱特根据协议条款需要承担一半的费用，但他没有足够的资金，阿尔米-布朗公司同意预付款项，使斯莱特能够继续他的业务，前提是斯莱特之后要连本带息地偿还这些款项。此外，假设斯莱特确实从阿尔米-布朗公司借款，协议规定他从合伙企业获得的利润将用于偿还借款，这样业务才能继续发展。因此，斯莱特被束缚在了合伙企业中，因为他的收益会被分期发放（而不是一次性发放）。阿尔米-布朗公司使用的策略实现了许多互补的目标。它消除了斯莱特过早离职或"敲竹杠"的威胁，因为斯莱特只能分期获得收益，而且只有在企业生命周期的较晚阶段才会兑现，这使得他在短期内离开企业的财务成本很高。它还限制了斯莱特的自由现金流，从而降低了剥削滥用的风险。

最后，斯莱特被要求为企业"奉献其全部的时间和服务"。这一隐含的竞业禁止条款意味着，斯莱特不能在合同期间从事其他业务，无论是否相关。此外，他被禁止向任何其他实体出售他开发的设备，除非他已经履行完了对阿尔米-布朗公司的财务义务,即使到那时,他也被要求"按照最低条件"的优先购买条款向阿尔米-布朗公司提供设备。与此同时,阿尔米-布朗公司可以"雇用学徒进入公司",想必是为了悄然学习斯莱特的知识。总的来说,尽管协议为斯莱特提供了强大的现金流激励,但阿尔米-布朗公司显然把重点放在了加强控制上。

这一合伙关系最终取得了成功,一家技术上以及商业上可行的纺纱企业得以建立。斯莱特和他的合作伙伴很快意识到,要想充分利用水力纺纱机的技术,必须另择纺纱厂的位置。为了复制斯莱特在英国的专用制造设施,他们在距离普罗威登斯市中心只有几英里的黑石河附近找到了一个很有前途的地点。他们在河上筑坝、修建水车,并建造了两层楼高的厂房设施,他们于1793年在波塔基特开设了这家工厂,许多历史学家认为这是美国的第一家工厂。在一个大型的、专门建造的设施中集中生产,节省了劳动力成本,减少了交易成本和浪费,并促进了规模经济。它对美国资本主义具有里程碑式的意义。这种模式在美国东北部得到了复制。

到了1812年,罗得岛州共有33家纺织厂,水力纺纱总产能为56 246锭,与20年前斯莱特的第一台24锭纺纱机相比有了显著的增长。马萨诸塞州附近的城镇还有另外20家工厂,产能为45 438锭。[34] 合伙企业的开创性努力将风险资本的形成与前沿创新的发展联系起来,催生了一个蓬勃发展的生态系统。斯莱特在1798年之前一直与阿尔米-布朗公司合伙经营,之后又与其岳父合伙经营。斯莱特逝于1835年,其财产估计为120万美元,大约相当于今天的3 700万美元。

棉纺织业中的风险资本和规模化

事实证明，斯莱特于1789年隐姓埋名地抵达美国是美国历史上的关键拐点。同样，20年之后，弗朗西斯·卡伯特·洛威尔到访苏格兰和英格兰也是一大转折点。洛威尔出生于波士顿的一个富商家庭，毕业于哈佛大学。利用其在商界的人脉关系，他进入英国的大型纺织厂工作。1812年战争爆发之前不久，洛威尔携带大量贸易机密和专属的机械图纸返回波士顿，推出了棉纺织业的全新模式。这个全新模式被称为洛威尔体系。尽管从技术、组织架构和融资方面看，这个模式与斯莱特的模式不同，但是其仍然建立在风险资本调配的基础上。

洛威尔体系以另一个英国高科技创新的传播为基础。通常来说，把棉花原料加工成成品布料的工艺流程分为几个步骤，其中的主要步骤为纺纱和布料编织。斯莱特的模式采用了水力机械，但仅仅针对纺纱部分，而布料编织工作被外包给多个外部小型作坊，让工人以手工形式编织布料。洛威尔带回波士顿的英国设计图纸包括1785年埃德蒙德·卡特赖特获得专利的水力织布机的设计图。这个织布机可以通过水力实现机械化编织。凭借这个创新，就有可能在同一家工厂内同时实现纺纱和织布。这样做可以提高劳动生产率，增加规模经济，降低运输成本，并提高产品的一致性。

洛威尔也意识到，由于新技术有助于实现更大规模的生产，他没有必要将纺织厂设立在劳动力密集的地方。相反，他应该在具有最佳水力条件的地方设立大型纺织厂，从而吸引足够多的劳动力。如此一来，新的社区将以大型纺织厂为核心发展起来。洛威尔去世以后，布特纺织厂于1835年开设，位于水流湍急的梅里马克河边。布特纺织厂充分证明了洛威尔的远见。到1860年，约6.2万名妇女（其中大多数是来自马萨诸塞州和新罕布什尔州的单身女青年）在新英格兰的纺织厂里工作。[35] 尽管洛威尔一直醉心于财富累积，他也有一定的社会良知。到访英格兰和苏格兰期间，洛威尔曾目睹大型纺织厂的恶劣工作条件。因此，他希望美国的纺织厂可以提供良好的住宿环境和更高的薪资。

通过将纺纱和织布集成化，洛威尔体系显著地扩大了一家公司可以从事的业务范围。随着业务范围的扩大，资本需求也相应地增加了。阿尔米-布朗纺织公司是一家斯莱特模式的企业，其第一年的增量投资额只有1 560美元，但是洛威尔仅在启动阶段就打算筹集40万美元（相当于今天的1 100万美元）。[36] 同时，洛威尔体系的资金筹集过程更加复杂。在洛威尔体系中，需要采购的资产是非常庞大的、高度集成化的、定制化的纺纱和织布设备。一旦出现财务危机或公司最终解散，这些设备很难分配给各个合伙人。为了应对这些挑战，洛威尔采用了一种创新的手段为纺织厂安排风险资本，这使得洛威尔体系与斯莱特模式截然不同。

多数纺织厂采用相对非正式的合伙制结构。相反，洛威尔于1813年在马萨诸塞州沃尔瑟姆市以股份制企业的形式创立了波士顿制造公司，甚至向州立法机构申请成立公司。洛威尔邀请其家人和亲密的生意伙伴（通俗来说就是"波士顿同乡会"）认购其公司的100股股份，每股价格为4 000美元，其中，交割时应立即向公司支付1 000美元。总共12人购买了洛威尔的公司的全部股份，这些人也就是当时的天使投资人。作为资本提供者，这 12 个投资人是一个很小的集体，很容易管理。但是，如果参与日常运营，这个集体就显得太大了。因此，公司的管理委托给了洛威尔及其妹夫帕特里克·特雷西·杰克逊，后者被任命为公司的第一位代理人。股份制模式不仅使投资人摆脱了日常运营的负担，还提供了足够的流动性：如有必要，投资人可以出售其持有的股份。这种方法十分有效。不久，洛威尔就将投资资本池扩大到了 100 万美元。[37]

事实证明，棉纺织业中的创新技术、全新的组织结构设计和创造性融资模式的组合十分成功。到 1828 年，沃尔瑟姆市和洛威尔市（曾用名为"切姆斯福德市"，后来于 1826 年为纪念弗朗西斯·卡伯特·洛威尔而重新命名）一共有 5 家大型纺织厂。尽管利润波动很大，但是普遍的高利润让这个行业形成了投资与扩张的良性循环。到 1840 年，洛威尔市成为马萨诸塞州第二大城市，拥有 9 个独立的纺织厂，获得了 800 万美元（约合今天的 2.25 亿美元）的资本支持。[38] 1820 年，洛威尔市人口只有几百人，但是到 1850 年，洛威尔市成为美国最著名的工业型城市之一。1853 年，洛威尔市拥有 35 家棉纺织厂，雇用 1 万多名工人操作 320 732 个纺锭和 9 954 台织布机，每周可生产 200 多万码（约合 183 万米）的棉布。[39] 这一切都源于时至今日仍旧可以在风投融资体系中见到的融资先例和融资制度。

斯莱特融资模式与洛威尔体系的不同点在于：前者是资本提供者通过合伙制操控企业运营，而后者利用企业结构从外部股东处融资。正如查尔斯·卡罗米利斯与卡洛斯·拉米雷斯指出的那样，"实际上，每个金融交易都涉及至少一个中介，因此，利用中介与利用市场之间

第二章　风险资本的早期发展　057

的区别是一个伪两难推理"。[40]洛威尔体系的一个特点是将波士顿制造公司视作一个募集资金的中介实体。洛威尔及其合伙人既担任外部资本的代理人，又自己持股、担任公司的委托人，这使得他们的利益与那些更加被动的投资者的利益统一起来。这些人非常擅长采集和交流私人信息，以弥补信息缺口，促进合同伙伴之间的有效交流。最终，大量纺织企业引入了风险资本。作为股权所有者而非债权人，投资者既享受这些企业的上涨收益，又承担其下跌风险。本质上来讲，这是一种长尾投资。而且，根据罗伯特·戴尔泽的观点，这是"一种纯粹的风投"。[41]

通过金融中介配置风险资本

风投需要金融中介，而促成这项功能性活动在美国发展的因素，在新英格兰的纺织业发展之前，甚至在该地区组织捕鲸探险之前就已经存在。尽管在殖民地几乎不存在金融机构，但殖民者们开发了一些创造性的方式，得以开展那些单凭自身无法满足资本需求的活动。例如，新英格兰的鱼类贸易最初获得了伦敦商人的支持。新英格兰人与殖民者签订合同，装载满船的风干鱼，运往欧洲南部。这些商人利用与殖民者团体的私人关系进行尽职调查，克服了远距离签约的限制。[42]

商业贸易涉及与第三方的频繁互动。因此，金融中介的出现是一个自然而然的过程。1781年，商人罗伯特·莫里斯在费城成立了北美银行，这是美国第一家商业银行，它通过贴现票据和汇票为商人和企业家提供短期信贷。1790年，美国的所有主要城市（纽约、波士顿、费城和巴尔的摩）都有了银行。1800年，只有4个州（佛蒙特州、乔治亚州、北卡罗来纳州和新泽西州）尚未成立银行。[43]美国的第一家投资银行是总部位于巴尔的摩的艾力克斯·布朗投资银行，由一名精于亚麻贸易的爱尔兰移民于1800年创立。在1837—1865年的所谓自由银行时代，银行业的大门是完全敞开的，因为大多数州都是通过一套通用的监管原则（如活期存款余额）对银行进行监管。到19世纪，一套有效的金融中介系统开始发展起来，这有助于资本投资于创业活动。[44]

但是，随着19世纪中后期经济规模的扩大，中介的性质发生了重大变化。虽然关系型借贷和股权融资已经能够满足当地中小型企业的需求，但支撑新英格兰地区纺织业的这些主要融资手段根本无法满足与工业化相关的超大型企业的融资需求。对运河、铁路和其他交通基础设施的资本投资需要新的配置方式。尽管在大多数时候，新英格兰地区在这些领域依然坚持采用股权融资的方式，但债券开始变得更受投资者青睐，因为其风险更低，收入流也更稳定。

19世纪30年代，美国开始修建铁路。铁路与在通航水道上经营的运输企业展开了直接竞争。1830年，美国首条铁路——巴尔的摩与俄亥俄铁路建成通车，长度13英里。从那之后，美国铁路的里程数和资本配置就开始以惊人的速度增长。1840年，铺设的铁轨长度达到了3 000英里；1850年，这一数字超过了9 000英里；1870年，铁轨长度约为53 000英里。1897年，《街道铁路杂志》指出，铁轨长度已达184 428英里；铁路行业从业人员为823 476人；铁路公司的股本总计达到54亿美元（约合今天的1 610亿美元），其中包括44亿美元的普通股和10亿美元的优先股；另外，这些公司的长期债务为53亿美元。这种规模的融资需要中介机构提供的服务。阿尔弗雷德·D.钱德勒曾表示："如果没有此类帮助，美国铁路很难获得外部资金。"[45]

在铁路建设尚处于起步阶段时，费城的中介机构就将铁路建设公司与伦敦的投资者联系了起来。美国第一银行（1791—1811）和美国第二银行（1816—1836）均成立于费城，后者充当了在伦敦货币市场上发行美国证券的渠道。19世纪40年代，波士顿一跃成为铁路金融中心，大约10年后，纽约取而代之。代理商收取一定的佣金或费用帮助销售债券，同时还担任铁路建设公司的顾问。随着金融部门日益制度化，它们开始提供更全面的工具。商业票据市场应运而生，投资银行集团也初现雏形。

的确，随着经济的发展，金融中介的性质发生了改变，进入了我们如今称为风投、私募股权和投资银行的多个领域。规模较小的公司需要的是创业融资，但这些金融创新大多只面向规模较大的成熟公司。例如，众所周知，金融家J. P.摩根在19世纪末至20世纪初金融资本主义兴起之时充当过多次铁路和产业投资及重组的中间人。通过基本的金融工程、表决权信托和联席董事等多种机制，摩根获得了其持股公司的实际控制权。[46]在这一过程中，关系网发挥了尤为重要的作用。当J. P.摩根公司的主要成员查尔斯·科斯特于1900年逝世之时，《铁路公报》称他"可能是世界上曾担任最多家公司的董事的人"。科斯特在59家公司担任过董事，这表明存在大量的关联活动。尽管公司间普遍存在潜在的利益冲突，但这种管理方法也带来了可观的回报，可能会促使投资者持有他们知之甚少的公司的股票。从这层意义而言，银行家扮演着委托监督者的角色，负责对借款人进行审查并填补信息缺口。[47]

此外，摩根不只是一位投资银行家，因为"他还扮演着风投家的角色"。[48] 在此期间，电力的早期发展在很大程度上归功于通过中介获得的创业融资。包括摩根及他的一些合伙人在内的众多知名投资人为托马斯·爱迪生的实验室所开展的工作提供了资助。爱迪生经由格罗夫纳·劳里结识了许多投资人。劳里是一位纽约知名的企业律师，拥有丰富的中介经验。在劳里的指导下，爱迪生电力照明公司于1878年在纽约成立，其总资本为30万美元，负责爱迪生发明的授权许可和开发。随后，该公司以及爱迪生的其他公司与另外数家公司合并，最终于1892年成立了通用电气公司。摩根是此次合并的中介，他与科斯特都加入了管理新实体的董事会。

从更广泛的层面而言，1870—1914年发生的第二次工业革命见证了生产组织的变革浪潮，以及电力等行业对突破性创新的引入和传播。制造业内出现的规模经济和范围经济、交通网络发展引起的市场规模扩大、获得扩张所需资金的渠道，在这些因素的促成下，公司的规模开始扩大，远远超过了新英格兰地区最大的纺织企业。由于"可以广泛应用于各个领域"，电力具备经济学家定义中的"通用产品"的特征。[49] 因此，电力脱颖而出，被称为最重大的创新。电力成为家庭照明的主要方式，以及工厂的能量来源。电力的影响类似于微处理器和信息通信技术的影响，在20世纪后期给企业管理和日常生活的许多方面带来了革命性变化。爱迪生于 1879 年发明了白炽灯。到 1900 年，灯泡的效率提升至 1880 年的 2 倍，成本却下降了 80%。随着时间的推移，电力对生产力以及工业生产的本质产生了重大影响。[50]

创新热点

金融中介为美国的创业活动系统地提供了风险资本，并由此产生了明显的创新热点地区。风险资本在地理上往往存在集群倾向，硅谷就是现代的典型例子。正如第一章所讨论的，创新融资对新贝德福德崛起为捕鲸中心至关重要，而新英格兰的创业融资为棉纺织业引进前沿技术提供了基础，从而形成了产业集群。

19 世纪末，风险融资在美国其他地区的发展中也发挥了相当显著的作用。匹兹堡的创业增长得益于"新的供应商而非老牌金融机构"的影响。[51]内奥米·拉莫罗、玛格丽特·莱文斯坦和肯尼斯·索科洛夫的研究表明，克利夫兰是"高科技创业公司的温床，就像今天的硅谷一样"。[52]这些城市作为创新热点的重要性如图 2.1 所示，它展示了美国专利和商标局授予匹兹堡和克利夫兰的发明者的专利数量与全美专利数量的比较。19 世纪六七十年代，这两个城市都经历了专利申请活动的激增，这种势头一直持续到 20 世纪 20 年代末。尽管很明显，这种以专利为基础的优势在 20 世纪 30 年代开始减弱，到 20 世纪 70 年代左右，随着美国"铁锈地带"的重型制造业的衰落，这两个城市的表现都差强人意，但同样不容置疑的是，一个世纪之前，匹兹堡和克利夫兰还是创新的领头羊。

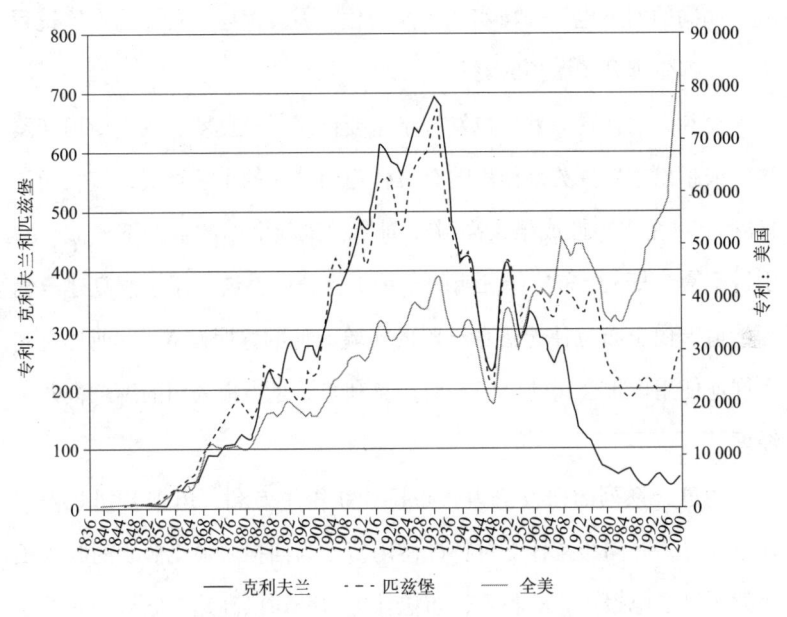

图 2.1 授予全美、克利夫兰和匹兹堡发明者的专利

数据来源：美国专利和商标局的专利数据

这两个城市都位于一个重点发展电力等"新兴"产业的地区。它们见证了创业公司的成长，在创业领域充满活力。著名的连续创业者乔治·威斯汀豪斯在朋友和亲密伙伴的资助下，于19世纪60年代末在匹兹堡开始了他的铁路空气制动生意。1881年，威斯汀豪斯成立了联合道岔与信号国际公司，以制造他的铁路信号和道岔发明。1888年，他购买了尼古拉·特斯拉的专利权。1884年，托马斯·爱迪生短暂聘用了尼古拉·特斯拉担任他的纽约工厂的初级工程师。爱迪生认

第二章 风险资本的早期发展 063

为特斯拉的交流电力系统是行不通的。两人相互尊重，却意见不合。特斯拉离开了爱迪生的企业，他的发明通过成立于1886年"电流大战"期间的西屋电气公司实现了商业化，在美国电力行业的发展过程中与爱迪生展开了激烈的竞争。

克利夫兰在这一领域也发挥了重要作用。拉莫罗、莱文斯坦和索科洛夫指出了发挥关键作用的布拉什电力公司的重要意义，该公司于1880年，在实验性成果、高科技创新和风险资本的辅助下成立。它引进了查尔斯·F.布拉什发明的一种弧光照明系统，用于照亮建筑物和街道。由于布拉什无法自己资助实验，他的好朋友乔治·斯托克利允许他使用电报公司的设备，斯托克利当时是电报公司的副总裁兼总经理。

经过一系列的研发努力，布拉什获得了专利，电报公司获得了独家许可，并向布拉什支付特许使用费作为回报。弧光照明的收入很快就超过了电报业务的收入，布拉什电力公司以高达300万美元的法定资本成立。几年之内，布拉什每年获得的特许使用费超过20万美元（约合今天的530万美元），因为该公司负责了美国4/5的弧光照明系统。1879年，布拉什在旧金山建立了美国第一个弧光照明系统。1889年，布拉什电力公司被汤姆森–休斯顿电气公司收购。

匹兹堡和克利夫兰的创业实例说明，投资者和创业者之间的个人关系至关重要。即使在正规金融机构发展壮大的同时，它们也继续发挥着重要作用。例如，1906年，《邓氏评论》报告说克利夫兰的银行和信托公司持有2.33亿美元（约合今天的59亿美元）的存款。匹兹堡的金融业也很繁荣。据说，乔治·威斯汀豪斯之所以避免通过银行融资，是因为"他不会将控制权交给任何个人或群体"，不过他确实依靠银行获得过短期贷款，而且有证据表明，他也利用银行进行过长期融资。[53] 此外，随着公司规模的扩大，正式融资确实成为早期风险资本的补充。运作良好的证券交易所为投资者提供了交易股票和获得流动性的机会，这是私人市场所无法实现的。匹兹堡证券交易所成立于1864年，克利夫兰证券交易所成立于1900年。

随着创业者和资本提供者的动态集群围绕西屋电气和布拉什电力公司等支柱企业蓬勃发展，新兴高科技企业的融资也可能对当地经济产生更广泛的影响。乔治·威斯汀豪斯在匹兹堡创立了多家公司，他利用内部资本市场，在整个风投网络中分配资金。由于布拉什电力公司的经济优势，克利夫兰涌现了许多新企业。布拉什电力公司不仅孵化了新公司，还吸引了大批技术娴熟的发明家和工程师，促进了技术理念的进一步交流和验证。反过来，资本提供者更有可能投资于拥有良好业绩记录的发明家。

19世纪80年代，布拉什电力公司的两名员工，工程师沃尔特·H.奈特和专利律师爱德华·M.本特利，发明了一项新技术并申请了专利，该技术可以输送电力至地下，为有轨电车供电。两人在公司的地位给了他们足够的知名度，使他们能够在1884年吸引到纽约的风投资金，组建他们自己的公司——本特利-奈特铁路公司，并说服东克利夫兰铁路公司铺设一条试行线路。[54] 总体而言，在至少有一家大型创新企业与大量创业企业并存的地方，可以产生强大的外部效应。[55] 19世纪末的克利夫兰和匹兹堡就是这种创新发展模式的典型代表。

资本与管理

克利夫兰和匹兹堡还见证了另一种特征的强势兴起，这种特征将成为现代风投条款的核心：金融与管理之间的联系。在某些情况下，正如塞缪尔·斯莱特与布朗家族的互动那样，合同安排了现金流和控制权，从而保证了管理。在其他情况下，则意味着董事会席位。在有关风投的文献中，事前选择优质的投资和在企业生命周期中进行管理，二者究竟谁是风投收益的驱动因素向来存在分歧，因此了解监督与咨询的作用如何发展是十分重要的。

匹兹堡颇具影响力的金融家安德鲁·梅隆将资本投资与管理明确挂钩。理查德·佛罗里达和马克·桑伯认为梅隆的行为"通过提供财务资源和管理协助，在许多方面反映了当代风投家的活动"。[56] 梅隆代表托马斯·梅隆父子银行进行了第一笔投资，该银行由他父亲于1869年创立，主要从事抵押贷款和不动产收购。梅隆的父亲曾资助过钢铁企业家安德鲁·卡内基，并在19世纪70年代向弗里克煤炭公司提供了一系列贷款。随后，卡内基和亨利·克雷·弗里克成为合伙人。弗里克自己也认识了安德鲁·梅隆，二者建立了高产的投资关系，弗里克与梅隆家族的金融投资活动紧密地结合在了一起。[57]

从与现代风投相似的角度来看，梅隆的投资方法有几个不同的要素。首先，梅隆在从事债务融资时，发现上行空间会受到利息支付的限制，他很快调整了自己的风格，纳入股权投资包，从而实现了长尾收益。他参与了一系列早期风投组合的股权融资，通常是在高新技术行业。例如，1889年，梅隆收到了匹兹堡冶金公司的贷款请求，该公司成立于1887年，旨在开发一种从氧化铝中提取铝的新型专利技术。在接下来的5年中，梅隆不仅提供了贷款，而且获得了股权，并成为公司的董事。这家创业公司后来成长为行业巨头——美国铝业公司，这一事实表明梅隆"在发现和培养有前途的优秀人才方面拥有非凡的天赋"。[58] 同时，他对股权的坚持，可能会成为那些想要维持对企业强大控制权的创业者的阻碍。1891年，当乔治·威斯汀豪斯寻求融资以扩大他的空气制动器企业时，梅隆坚持基于股权的投资方式并要求担任管理职务，最终导致谈判破裂。[59]

其次，梅隆还是风险资本的中间人，创立了一种组织结构以促成投资。联合信托公司成立于1889年，梅隆和他的兄弟理查德·梅隆以及亨利·克雷·弗里克共同持有控制权。选择信托组织形式是有意为之：信托公司不受以银行为中心的法规的监管。在运营的头10年内，联合信托公司表现平平，但创造了可观的资金基础和投资资金池。它的资本在1889年约为23万美元（今天的620万美元），1990年为700万美元（今天的2.06亿美元），1901年为2 000万美元（今天的5.83亿美元），1903年为3 700万美元（今天的10亿美元）。它的投资组合在1889年估值为103 625美元（今天的280万美元），1901年超过1 000万美元（今天的2.91亿美元），1903年达到了1 400万美元（今天的3.94亿美元）。[60] 1889—1903年，资本实际增长了约160倍，投资组合价值增长了约139倍。联合信托公司逐渐融合了梅隆家族的各种金融利益，并在其投资结构中发挥了关键作用。通常，一旦梅隆在某家公司获得了足够的股权，他就会将联合信托公司董事会的某位成员调至该公司，并分配给他相应职责。因此，梅隆可以管理多项投资，与其他资本提供者联合起来，进行多元化投资，在长尾收益分配中寻找罕见的"命中"。从这个意义上说，联合信托公司"是一种风投公司"。[61]

最后，梅隆了解创始人和职业经理人如何在企业生命周期的不同阶段脱颖而出。建立新企业所需的技能与在企业成长阶段进行管理所需的技能完全不同。例如，梅隆遇到爱德华·古德里奇·艾奇逊时，艾奇逊是著名发明家，曾在托马斯·爱迪生和乔治·威斯汀豪斯的实验室担任电子化学师和工程师，积累了丰富的经验。艾奇逊致力于制造金刚砂（碳化硅），这是一种用于研磨和其他工业应用的创新型磨料。

19世纪90年代中期，梅隆首次投资了艾奇逊金刚砂公司，包括购买了5万美元的债券。作为交易的一部分，梅隆获得了公司6.25%的普通股和董事会席位。艾奇逊提出利用尼亚加拉瀑布的水力发电制造金刚砂，以便满足日益增长的需求，这需要大量资金。梅隆提供了更多的资金，不仅获得了贷款利息，还获得了更多的股权作为回报。不可避免的是，在一系列这样的融资之后，艾奇逊的股权被严重稀释，梅隆获得了实际控制权。虽然艾奇逊因工业时代最重要的发明之一而广受赞誉，但是由于他在管理上的无能，他于1898年被梅隆和他的兄弟理查德从CEO（首席执行官）的职位上撤了下来。梅隆兄弟安排了他们的长期合作伙伴弗兰克·哈斯克尔接任，他们知道弗兰克是一名"优秀的会计师和高效的管理者"。[62]梅隆频繁地重复这种将投资与管理结合在一起的模式，追求现代风投文献所描述的创业公司的"专业化"。[63]

梅隆在创业和战略方面也很在行。1891年，他和他的兄弟进军宾夕法尼亚西部的石油行业，并在 J. D. 洛克菲勒收购他们的管道和炼油厂时获利。几年后，詹姆斯·格菲和约翰·盖雷想在得克萨斯州寻找石油，梅隆为他们提供了新的风险资金，帮助格菲和盖雷在亚瑟港创立了海湾石油公司，该公司是20世纪20年代初世界上最大的炼油厂。[64] 梅隆还资助了创立于1899年的联合钢铁公司。1903年该公司被 J. P. 摩根公司旗下的美国钢铁公司收购时，梅隆获得的报酬至少是其原始投资金额的40倍。[65]

像 J. P. 摩根一样，梅隆利用联席董事制度控制公司和行业。1906年，他在匹兹堡的41家企业的董事会中任职，与250名不同的董事一起工作，利益覆盖了超过200家公司。[66] 尽管梅隆倾向于通过纵向整合促进企业增长（这种模式被称为"梅隆体系"），但他也很有灵活性，懂得根据追求的技术、市场和生产方式调整自己的战略。在能够进行垄断的领域，他掌控一切，尤其是通过专利权。美国铝业公司曾被描述为"史上最牢固的金属垄断企业"。[67]

最后，梅隆对所有权结构的挑战十分敏感。他根据情况选择了少数持股与多数持股的组合。例如，他投资了由德国工业家海因里希·考伯斯创立的创新型焦炉公司。1917年这家公司根据《外国人财产法》被出售时，梅隆控制的财团用超低价收购了考伯斯的股份。梅隆从少数持股变成了多数持股，这并非偶然，这样做有经济意义。

尽管梅隆在职业生涯的大多数时间都习惯于保密，但由于其政治生涯的披露要求，他的投资活动广为人知。当他为出任哈定政府的财政部长一职做准备时，他辞去了至少51家公司的董事职务，让他的兄弟理查德管理他的投资。[68]

图2.2和图2.3展示了梅隆投资活动的巅峰。梅隆和他的兄弟一起在匹兹堡和美国其他地区积累了广泛的投资组合。其中海湾石油公司尤为突出，约占他全部公司资产的1/3。梅隆的投资活动积累了无与伦比的财富。1931年他担任胡佛政府的财政部长时，这些投资总额超过了19亿美元（约合今天的300亿美元）。

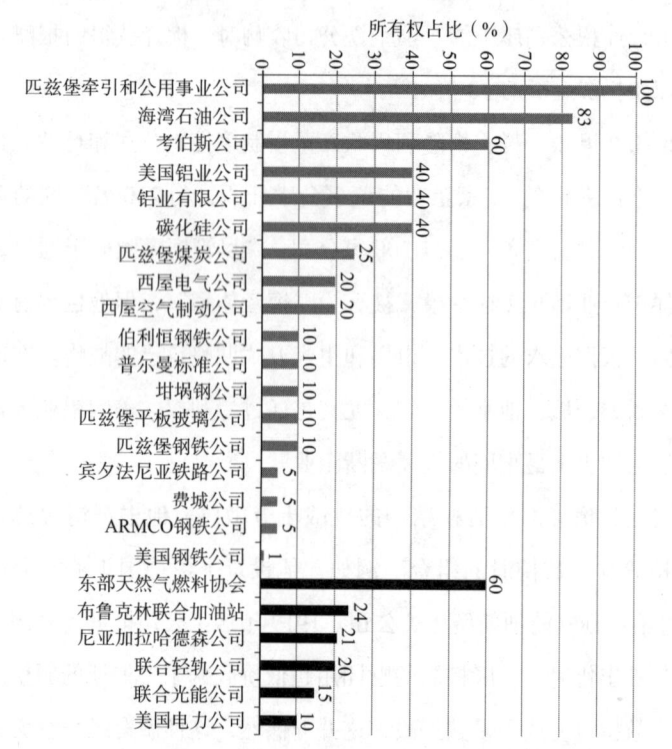

公司	所有权占比（%）
匹兹堡牵引和公用事业公司	100
海湾石油公司	83
考伯斯公司	60
美国铝业公司	40
铝业有限公司	40
碳化硅公司	40
匹兹堡煤炭公司	25
西屋电气公司	20
西屋空气制动公司	20
伯利恒钢铁公司	10
普尔曼标准公司	10
坩埚钢公司	10
匹兹堡平板玻璃公司	10
匹兹堡钢铁公司	10
宾夕法尼亚铁路公司	5
费城公司	5
ARMCO钢铁公司	5
美国钢铁公司	1
东部天然气燃料协会	60
布鲁克林联合加油站	24
尼亚加拉哈德森公司	21
联合轻轨公司	20
联合光能公司	15
美国电力公司	10

图2.2　1931年的梅隆工业金融控股情况：公司资产所有权占比

数据来源：Mark Samber, "Networks of Capital: Creating and Maintaining a Regional Industrial Economy in Pittsburgh, 1865–1919" (PhD diss., Carnegie Mellon University, 1995), 188

所持公司资产价值（百万美元）

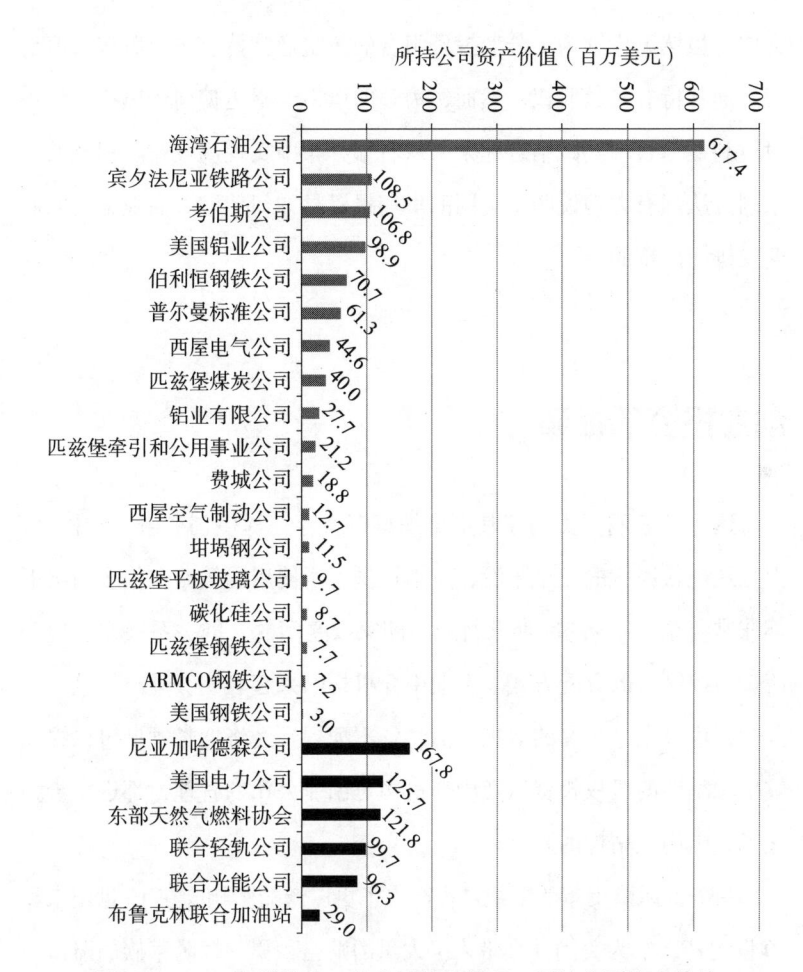

公司	价值
海湾石油公司	617.4
宾夕法尼亚铁路公司	108.5
考伯斯公司	106.8
美国铝业公司	98.9
伯利恒钢铁公司	70.7
普尔曼标准公司	61.3
西屋电气公司	44.6
匹兹堡煤炭公司	40.0
铝业有限公司	27.7
匹兹堡牵引和公用事业公司	21.2
费城公司	18.8
西屋空气制动公司	12.7
坩埚钢公司	11.5
匹兹堡平板玻璃公司	9.7
碳化硅公司	8.7
匹兹堡钢铁公司	7.7
ARMCO钢铁公司	7.2
美国钢铁公司	3.0
尼亚加哈德森公司	167.8
美国电力公司	125.7
东部天然气燃料协会	121.8
联合轻轨公司	99.7
联合光能公司	96.3
布鲁克林联合加油站	29.0

图 2.3 1931 年的梅隆工业金融控股情况：所持公司资产价值

数据来源：Mark Samber, "Networks of Capital: Creating and Maintaining a Regional Industrial Economy in Pittsburgh, 1865–1919" (PhD diss., Carnegie Mellon University, 1995), 188.

最重要的是，这些数据表明，尽管梅隆常常被认为是风投家的早期典范，但他其实是早期投资家、后期私募股权投资家和银行家的混合体。虽然风投家为了分散投资组合的风险通常持有少数股权，但是梅隆通常持有多数股权。然而，梅隆的风格一贯更偏向于风投。他将股权利益与管理实践结合起来，从右偏分布中实现高收益。梅隆的一系列方法强有力地说明了美国的早期投资是如何伴随着商业融资的后期安排而出现的。

创业投资的根源

这一章表明，美国在其历史的早期就存在提供创业融资的机制，而且从现代风投的角度来看，资本提供者所使用的策略在很多情况下都非常复杂。塞缪尔·斯莱特与布朗家族之间的合同关系决定了现金流量与控制权的分配方式。专业中介机构的兴起表明，某一领域的专业知识可以带来丰厚的回报，而将资本配置到经济增长领域可以提高效率。早期的股权投资以及中介机构对创业公司的管理，都进一步强化了美国创业精神的影响。

另外，风险资本的组织过程产生了更广泛的影响。在 19 世纪末和 20 世纪初，它为美国社会带来了大量的财富积累。梅隆家族的财富便是典型的例子之一，当然还有许多其他的例子。在 20 世纪初期，0.1%最富有人群的财富占比达到了约 25% 的峰值。[69] 在第三章中，像家族办公室这样的私人资本实体成为协调和投资财富的渠道，通常会对整体经济产生实质性影响。风险资本池的不断扩大推动了一系列的发展，这对美国的创业融资组织以及现代风投行业的兴起都产生了深远的影响。

附录 1　塞缪尔·斯莱特与摩西·布朗的初次通信

资料来源：E. H. Cameron, Samuel Slater, Father of American Manufactures (Portland, ME: Bond Wheelwright Co., 1960), 37–39

1789 年 12 月 2 日，塞缪尔·斯莱特致摩西·布朗

先生，

几天前我听说您在招聘纺纱方面的经理。在这方面，我自诩能让您最为满意：制造机器、纺出好纱线，无论是织长筒袜还是捻纱，都能像英国制造的一样。因为我曾有机会管理查德·阿克赖特爵士的机器，并在斯特拉特先生的工厂工作了 8 年多。

如果您还没招到人，我很乐意为您效劳。我从英国过来已经 3 个星期了，现在在纽约的一家工厂工作，但是我们只有一台梳棉机、两台机器、两台珍妮纺纱机，我认为这些都应淘汰。我的待遇是相当不错的，但我对永转的梳棉机和纺纱机更感兴趣。我有志于建造一台永转的梳棉机和纺纱机。（我是指阿克赖特的专利。）

先生，看在布朗上尉的面子上，如果您能写信回复您能给予的待遇，本人将不胜感激，愿做您最谦卑顺从的仆人。

塞缪尔·斯莱特

1789年12月10日，摩西·布朗致塞缪尔·斯莱特

朋友，

我于本月2日收到了你的信，很感兴趣。我，或者更确切地说是阿尔米-布朗公司，经营棉布生意。这家公司由我创立，现在由我的女婿和我的亲戚两个人经营，我们需要一个擅长纺纱机或者水力纺纱的人的帮助。我们已经进行了一次尝试，但失败了，因为我们没有人熟悉这项业务，纺纱机也不完善。

我们缺少一个熟悉纺纱机的人，但是你目前所在的工厂经营状况不错，我们很难想象能够给予你更好的待遇，使你离开目前的工作岗位。我们也是第一次在美国尝试建造这样的纺纱机，它真的是太不完美，前景不明。我们几乎不知道该对你说些什么，但如果你认为你能够完善它，并经营获利，你会得到全部的利润，除去设备成本的利息和损耗。我们将提供资金，你可以用纱线偿还，期限为6个月。以上就是我们能为你提供的关于这项业务的信息。

此后，若这项业务有利可图，我们可以扩大它，或在此之前，如果在实践中有确凿的证据，我们可以达成进一步协议，使各方都满意。目前我们只是暂时尝试，但如果这项业务有利可图，就可以长久合作。

如果你对此不满意，那么请向我们引荐其他合适的人选。同时，欢迎告知你是否要来。如果你对自己目前的状况不满意，而且根据你的业务知识，可以判定我们工厂所拥有的优势，从而决定来这里工作的话，你会获得完善美国第一家水力纺纱厂的声誉以及收益。只要对双方都有利且合作顺利的话，我们将乐于与你合作。

你的朋友——代表我自己、阿尔米和布朗

摩西·布朗

附录2　塞缪尔·斯莱特与杰迪亚·斯特拉特的协议（1783年）

资料来源：华盛顿特区史密森学会美国国家历史博物馆档案

本协议是为德比郡贝尔珀的塞缪尔·斯莱特给德比郡杜菲尔德教区新米尔斯的棉纺织家杰迪亚·斯特拉特当学徒事宜而签订的，签订目的是师从其艺（以学徒的方式），期限为6年半，从本文件所载日期起计。

在此期间，学徒应忠实地为其师傅保守秘密，且在任何地方都乐意遵守其师傅的一切合法命令，不得损害其师傅的利益，也不得让别人这样做；在其职责范围内，须就有损其师傅利益的行为向其师傅发出预警；不得浪费其师傅的财物，也不得非法将它们借予他人；在学徒期内，不得有私通行为，亦不得缔结婚约。未经其师傅的许可，不得玩棋盘游戏或其他非法游戏，以免在学徒期给其师傅或他人造成财物损失。不得进行买卖，不得出没酒馆或游乐场，也不得在白天或夜间擅离职守。作为一个忠实的徒弟，在所述的学徒期内，须在其师傅面前事事表现得体。

鉴于塞缪尔·斯莱特真实和忠诚的服务，杰迪亚·斯特拉特须教育和指导或安排他人教育和指导该学徒。且在学徒期内，向该学徒提供充足的肉类、饮料，并为其安排洗涤和住宿服务。

为真实履行上述所有契约和协议，上述任何一方均应通过本协议约束另一方。兹证明，协议双方已于蒙上帝保佑的大不列颠、法兰西和爱尔兰的国王乔治三世在位第23年（1783年）的1月8日，共同签署本协议并盖章。

塞缪尔·斯莱特
杰迪亚·斯特拉特

在J.李普尔和杰奥·威廉姆斯在场的情况下加盖印章并交付

附录 3　塞缪尔·斯莱特与威廉·阿尔米、史密斯·布朗的最终协议

资料来源：George S. White, Memoir of Samuel Slater, the Father of American Manufactures (Philadelphia: No. 46 Carpenter Street, 1836), 74–75

双方达成以下协议，其中一方为威廉·阿尔米与史密斯·布朗，另一方为塞缪尔·斯莱特。鉴于上述双方均同意参与和开展水力棉纺织生产（其中，塞缪尔声称自己是一名技师，熟练掌握水力棉纺织的各项技能），协议条款如下。

阿尔米与布朗应以成本价格提供其已经采购的设备，供应相关材料以建造两台梳棉机（即头道梳棉机和末道梳棉机）、一台粗纺和并条机，并将纺织厂或纺纱机扩张到100个纱锭的规模。

塞缪尔承诺将奉献其全部的时间和服务，倾尽全力发挥其技能，以工人的身份工作（就像其在英国基于同样目的所做的那样）。

上述双方均同意：塞缪尔应被视为上述一半设备的所有者和经营者，承担建造、采购或修理上述设备已经或即将产生费用的一半，但是不得向任何人出售、移交或以其他任何方式处置上述设备的任何部分，阿尔米与布朗除外；塞缪尔不得利用从本协议中已经或可能获得的权利，让任何其他人有权获得上述设备的任何部分的相关权利、利益或所有权，除非满足以下条件——事先获得阿尔米与布朗的明确书面同意，塞缪尔准时支付了上述设备的一半成本及相应利息，塞缪尔以书面形式按照最低条件优先向阿尔米与布朗提供上述设备；若塞缪尔将向任何其他人出售或处置其拥有的上述设备的任何部分，必须告知阿尔米与布朗或其指定的人其全部的设备使用知识以及水力纺纱的工艺。

上述双方均同意：塞缪尔将获得一半的利润（利润视情况不定期确定，并扣除企业经营成本，成本包括占利润2.5%的进货佣金和占利润4%的纱线销售佣金）作为其投入的时间和服务（包括架设和制造设备，准备、管理和开展纺织活动）的报酬；阿尔米与布朗则作为另一方获得另一半利润，并且负责进货和销售纱线。

上述双方承诺：阿尔米与布朗（一方）和斯莱特（另一方）之前达成的全部协议条款和条件无效，以本协议为准；自公司开办起，本协议正式生效，其条款和条件应约束双方，并且塞缪尔将开始投入其时间与服务。

上述双方同意：阿尔米与布朗有权选择雇用学徒进入公司。雇用期限（阿尔米与布朗认为合理的雇用期限）内，学徒维护产生的成本和学徒服务产生的收益（根据上述公司成本和利润分配条款）应由双方平均承担和分配。

上述双方理解：阿尔米与布朗为斯莱特本人或为开展其工作而预先垫付的款项（无论何种性质）均应由斯莱特连本带息地偿还。因此，阿尔米与布朗有权获得全部生产出的纱线（包括自己的一半和以斯莱特名义接收和处置的另一半）以及即将分配给斯莱特的纱线净收益，并储存斯莱特的设备，以便让公司顺利运营。

双方已于1790年4月5日正式签署本协议，特此证明。

威廉·阿尔米
史密斯·布朗
萨缪尔·斯莱特
见证人：奥齐耶尔·威尔金森、亚伯拉罕·威尔金森

第三章

私人资本实体的崛起

随着美国经济扩张,由富有个人组成的非正式关系网成为早期创业企业的主要融资来源。投资银行中介机构为成熟企业筹集资金,包括铁路和工业企业,这些企业更依赖于外部融资。资本配置的日益专业化并不意味着创业者不再面临流动性约束。他们常常难以获得资金,而且以银行为基础的融资是相当有限的。然而,随着时间的推移,一个多层次的融资体系开始出现了,在这个体系中,"企业在成熟的过程中逐步提升财务意义上的'啄食顺序'"。[1]如果一位创业者能够通过储蓄或非正式的融资关系网为创业企业融资,那么该企业在其生命周期的后期就可以转向以银行为基础的融资。

在美国风投制度化的初始阶段,为创业企业配置资金的投资实体的范围开始在这种"啄食顺序"下扩展。图3.1简单概述了20世纪40年代和50年代初成立的早期金融实体。尽管这些实体之间的界限并不总是泾渭分明的,但将其分类有助于说明与现代风投行业相关的投资结构的演变。鉴于这些实体带来的变化的广泛性和重要性,第

三、第四章会对它们进行专门分析。第四章将研究公开出售股份的公司，并着重指出于1946年成立的ARD的特殊意义，还会探讨政府通过投资公司向小企业提供创业投资的努力，这些投资公司都是根据1958年《小企业投资法》成立的。本章的重点是介绍个人投资者非正式地提供风险融资的情况，以及家族办公室、私人合伙企业和股份有限公司这三种组织形式的作用。

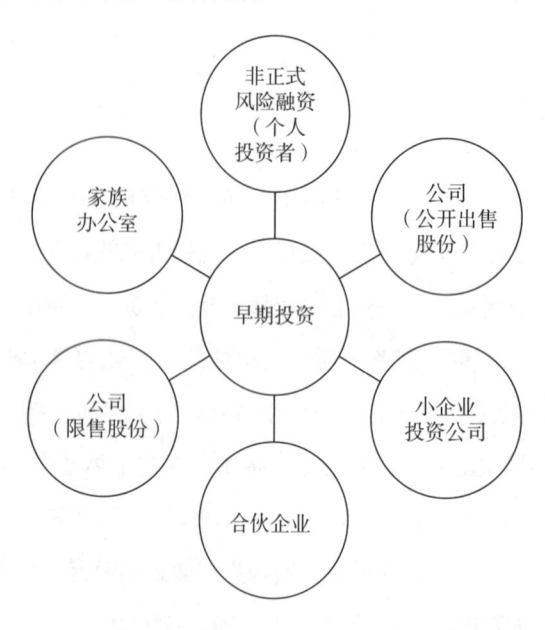

图 3.1 早期投资实体的基本分类

个人投资者相当于今天的"天使"和"超级天使"投资者，这是一个被认为不同于风投家的群体。天使投资者倾向于用自己的钱进行早期投资，而不是作为中介，利用有限合伙人提供的资金。超级天使通常不仅用自己的资金投资，还会从个人关系网的成员那里筹集资金。20世纪中期，这种类型的融资是在高度本地化，而且常常是在银团化的基础上进行的。前一次创业的失败并不妨碍获得投资，而且融资常常与以指导和管理协助形式进行的管理联系在一起。

随着家族办公室形成，更正式的组织结构开始出现，与现代亿万富翁用来管理财富的结构类似。从19世纪后期开始，与美国经济增长相关的财富积累规模以及对代际计划的渴望，都需要一种正规化和纪律化的结构。尽管家族办公室倾向于保守管理资本，但是一些家族办公室进行的投资为新兴高科技产业的发展做出了贡献。此外，现代风投公司可以直接追溯到富有家族。文洛克创投公司（详见第五章）是由石油大亨 J. D. 洛克菲勒的孙子劳伦斯·洛克菲勒于 1969 年创立的。另一个现代著名的例子是贝塞麦风投公司，该公司成立于 1981 年，是从钢铁大亨亨利·菲普斯所创建的家族办公室中剥离出来的，亨利·菲普斯在与工业巨头安德鲁·卡内基的合作中创造了巨额的财富。

在二战刚刚结束的那段时期，在向众多新兴企业和行业配置风险资本方面，股份公司和合伙企业也颇具影响力。值得注意的是，成立于 1946 年的 J. H. 惠特尼公司，由多个富有家族的接班人联合创立，与美国风投的起步密切相关。这些私人资本实体与现代风投公司有许多共同之处，包括强调在选择投资对象时要进行尽职调查、对投资组合公司的管理，并且致力于在长尾投资组合中获取可观的回报。这些早期投资实体共同构成了美国风投行业崛起的关键一步。

非正式市场：为高科技创业公司融资

纵观美国创业史，新公司的创始人都会通过非正式渠道寻求资本。第二章记录了这种风险资本在工业化早期阶段的重要性，如第二次工业革命期间的新英格兰以及克利夫兰和匹兹堡周边地区。尽管很难对非正式融资渠道所涉及企业的数量进行评估，但一系列坊间证据表明了这一渠道在美国几家高科技企业的发展过程中多么重要。

美国的一些创业者和技术专家先驱把他们的成功归功于为投资和扩张提供资金的富人。1881年，26岁的变革型摄影行业先驱乔治·伊士曼辞去了罗切斯特储蓄银行的工作，当时他在那里的年薪约为1 500美元（约合今天的36 000美元）。作为一位对摄影感兴趣的实践型工匠和业余爱好者，伊士曼设计了一种比传统湿版摄影方法更好的拍照方法。为了深入创新，他与来自纽约州罗切斯特市的亨利·斯特朗合作。亨利·斯特朗是在马车时代靠制造马车皮鞭而发家的。亨利·斯特朗承诺初期投资1 000美元，随后再追加5 000美元。[2] 几年后，当他们的伊士曼干版公司以每股面值100美元、注册资本20万美元注册成为股份公司时，斯特朗得到了新公司的750股股份，相当于他为创立原始企业提供的资本，而伊士曼得到650股股份。[3] 这家公司就是伊士曼柯达公司的前身，该公司于1888年以25美元的价格推出了革命性的低成本相机，由此开启了业余摄影行业。[4] 尽管在企业生命周期的后期，伊士曼可行使的所有权和控制权超过了斯特朗，但很明显的是，斯特朗的资本是伊士曼进行试验和商业化尝试的关键因素。

作为一名汽车制造商，亨利·福特也把他的起步归功于富人，他在生产线创新方面的独创性使美国受益匪浅。在20世纪初期，汽车业备受追捧，仅在底特律就有大约500家创业公司。福特的第一家企业——底特律汽车公司是由底特律富商威廉·墨菲出资成立的，墨菲扮演了原始风投家的角色，安排了创业融资。[5]在此之前，福特只是底特律的爱迪生照明公司的总工程师，所以他没有足够资金用于创办公司。而作为劳动资本和设计蓝图的回报，他获得了底特律汽车公司的少数股权。然而，由于大股东要求获得控制权，并鼓动对他进行严密监督，福特很快就退缩了，公司于1901年解散。同年，他的下一家企业——亨利·福特公司成立了。福特获得了17%的股权，但是面对股东的监督，他又一次做出了消极反应。在获得了1 000美元（相当于今天的29 000美元）股权回报的情况下，福特同意离开公司（或者说是被解雇了）。1902年，公司进行了重组，并更名为凯迪拉克汽车公司。[6]

尽管这些失败都涉及福特与投资方之间的不愉快，但从市场对福特能力的预期来看，福特似乎并未遭受太多打击。1903年，底特律最富有、人脉最广的煤炭商人之一亚历山大·马尔科姆森找到福特，俩人开始了一项新的生意。马尔科姆森设计了商业计划，两人同意先建造一辆原型车，然后寻找投资者并成立公司。在将原型车（后来成为A型车）的制造外包给底特律的道奇兄弟公司（这些公司都以股权代替收费）后，马尔科姆森成为"福特的新风投家"，从当地投资者那里融资。[7]

福特汽车公司成立于1903年，注册资本10万美元，实收资本

28 000美元。福特和马尔科姆森各持有25.5%的股权,但马尔科姆森通过与其他股东的密切关系掌握了实际上的控制权。马尔科姆森还聘用约翰·格雷做总裁,同时聘用詹姆斯·卡曾斯等人以"专业化"公司。格雷是马尔科姆森的叔叔,同时也是一位受人尊敬的金融家,而卡曾斯则与马尔科姆森有长期的工作关系,负责运营大部分业务。此外,格雷和卡曾斯都是利益相关者:格雷投资10 500美元购买了105股,卡曾斯投资2 500美元购买了25股。尽管新公司在一年内实现了盈利,但福特和马尔科姆森的关系很快就恶化了。1906年,马尔科姆森以17.5万美元的价格把他的股份卖给了福特。随后,福特继续巩固了他的地位,到1908年他拥有了福特汽车公司59%的股权。[8]也正是在这一年,T型车上市了,公司的资本增加到了200万美元。1913年,福特引入流水生产线,使得T型车的价格大幅下降——从1908年的950美元下降到1923年的269美元。[9] 1919年,卡曾斯以2 930万美元(约合今天的4.06亿美元)的天价出售了他在福特汽车公司的11%股权,反映了早期阶段长尾金融投资可能带来的回报。[10]

就像19世纪70年代的克利夫兰和匹兹堡,乔治·伊士曼所在的纽约州罗切斯特市和亨利·福特所在的密歇根州底特律市在19世纪末和20世纪初已经成为制造业带上的成熟中心。其他地区也存在非正式的投资关系,例如西海岸快速发展的地区。1860年,也就是加利福尼亚州加入联邦的第10年,旧金山的人口只有5万人,但到1900年,其人口已经达到342 782人,成为美国的第九大城市。成立新公司的机遇与快速的城市化相伴而来,而铁路的普及又提升了市场的开放性。与此同时,教育的普及大大促进了国家人力资本的发展。1891年,参议员利兰·斯坦福(他与马克·霍普金斯、科利斯·亨廷顿和查尔斯·克罗克并称为"四巨头")修建了横贯全美的铁路的东段——中央太平洋铁路,并捐赠了加利福尼亚州帕洛阿尔托市约32.37平方千米的农场用来建立斯坦福大学。他的愿景是培养出"有用的""有文化的"毕业生,既聪明又具有务实心态,从而为创造有利于发明和创业的环境做出贡献。[11]

旧金山地区的重要企业是通过富有的天使投资者、教育工作者和企业家之间的互动发展起来的。1909年,刚刚从斯坦福大学电气工程专业毕业、热衷于研究电报系统的西里尔·埃尔威尔创立了浦耳生无线电话电报公司,他使用的私人资本来自斯坦福大学的三位领导人:校长戴维·乔丹(出资500美元)、土木工程系主任查尔斯·D.马克思,和地质系主任兼教授约翰·卡斯珀·布兰纳(同时也是当地一位无线电爱好者的父亲)。这家公司的名字来自其核心技术的发明者。1902年,丹麦工程师浦耳生发明了一种用于产生连续波无线电信号的电弧转换器,这极大地改进了当时流行的马可尼电火花系统,因为它支持传输语音,而不仅仅是摩斯电码。埃尔威尔前往丹麦,获得了使用这项技术的许可,为此他同意支付45万美元(约合今天的1 300万美元)。不久,公司重组为控股公司和运营公司——浦耳生无线公司和联邦电报公司。由于美国海军坚信无线传输的好处,加上一群旧金山投资者的资金支持,联邦电报公司意外地从政府那里获得了订单,并建立了一个基站网络来支持这项新技术。[12]

这个创业企业的融资具有重要意义,有以下几点原因。联邦电报公司成为一家典型的公司,就像19世纪80—90年代克利夫兰的布拉什电气公司（详见第二章）或半个世纪后的硅谷的仙童半导体公司（详见第六章）。它吸引人才，催生了包括米罗华公司（消费电子）、费希尔研究实验室（金属探测器）和利顿工业公司（国防承包）在内的子公司；诞生了金融、技术和创业精神富有成效的结合体。伟大的发明家李·德·弗雷斯特曾于1911—1913年在联邦电报公司担任研究实验室主任，他发明了用于放大电信号的真空三极管，这被形容为"整个无线电通信发展中最重要的一步"。[13] 著名的斯坦福大学学者兼行政长官弗雷德里克·特曼年轻时曾在联邦电报公司实习，他后来成为斯坦福大学的重要人物，以在该校学者和业界人士之间建立联系、鼓励两个群体之间的技术转让、充当金融中介而闻名。[14]

联邦电报公司的故事反映了本地化的西海岸风险资本及其早期和后期投资者关系网的成功。埃尔威尔最初曾向华尔街金融家寻求资金，希望将浦耳生的发明商业化，但遭到了拒绝。实际上，这是一个幸运的突破，发明者浦耳生同意就他对埃尔威尔的授权接受分期付款。后来在1910年，斯坦福大学校友、当地投资者比奇·汤普森收购了埃尔威尔在公司的股份，接替他担任公司总裁，埃尔威尔调任为首席工程师。汤普森将公司财务交由威廉·H.克罗克管理，克罗克是旧金山一位德高望重的金融家，也是查尔斯·克罗克（铁路企业家、"四巨头"之一）的儿子。虽然克罗克拥有从房地产到石油的广泛的投资组合，但他之所以被称为"硅谷第一位真正的风投家"，是因为他参与了联邦电报公司和其他高科技创业公司的融资。[15]

20世纪20年代，威廉·H.克罗克和他的儿子威廉·W.克罗克还为开发了图像电子传输系统的"被遗忘的电视机之父"费罗·法恩斯沃思提供了风险融资和管理。[16] 法恩斯沃思 19 岁时在犹他州的一家慈善机构工作，他联系了加利福尼亚州的两名顾问——乔治·埃弗森和莱斯利·戈雷尔，这两个人在平等的合伙结构下提供了 6 000 美元的种子资金用于实践他的想法。他们还将法恩斯沃思介绍给了克罗克和他的同事，克罗克曾在洛杉矶和埃弗森、戈雷尔在加州理工学院共同学习了一段时间，后于 1926 年搬去了旧金山。作为 25 000 美元（约合今天的 34 万美元）资本的回报，旧金山的投资者获得了该合伙企业 60% 的股份。[17]

法恩斯沃思的支持者们利用类似于第二章中所讨论的安德鲁·梅隆的做法，将资本与管理联系起来，努力规范研发和创新的商业化过程。他们为一个研究实验室提供了资金，为完成原型设定了一年的时间期限，并安排旧金山的一名专利律师保护这项发明的知识产权。两年后的 1928 年 9 月 3 日，《旧金山纪事报》报道："发明者是费罗·T. 法恩斯沃思，以威廉·W. 克罗克和罗伊·N. 毕肖普（一名工程师）为首的当地资本家为实验提供了资金，并帮助他获得基本专利。"从 1926 年到 1929 年 3 月，研发和专利费用共计 139 759 美元，相当于今天的 200 万美元。[18]

20 世纪 30 年代初，法恩斯沃思已经为商业化做好了准备，他的投资者也准备退出投资。尽管投资者希望进行完全收购，但他们最终还是对费城一家主要的收音机制造商飞歌的合同安排产生了兴趣。飞歌急于将业务扩展到电视领域。作为获得法恩斯沃思专利发明的非排他性开发权的回报，飞歌提供了运营资金和实验室场所。威廉·W. 克罗克和他的同事们早期坚持获得专利被证明是至关重要的，因为法恩斯沃思和RCA（即美国广播唱片公司，该公司拥有弗拉基米尔·茨沃科基的相似电视技术专利）之间很快就爆发了激烈的诉讼。双方的侵权指控最终在1939年得到解决，法恩斯沃思同意将他的专利技术授权给RCA。法恩斯沃思是他那一代最伟大的发明家之一，但要将他巧妙的想法转化为商业现实，仍需依赖于创业资本和有效管理。在20世纪的发明中，电视以其对消费者和信息传播的深远影响而引人注目。[19]

诚然，这些都是极端的故事，但仍可以从中得出普适性的结论。首先，为这些早期的高科技企业投入资本的投资者必须接受风险-回报的权衡，这意味着与他们所追求的巨额回报相比，更有可能的是回报平平或是损失惨重。卡曾斯对福特的投资获得了惊人的79.8%的名义年复合收益率（不计股息）。然而，他的整体投资组合也反映了底特律许多早期汽车企业的长尾收益分布：他们的失败率约为60%。[20]卡曾斯后来回忆道，作为福特汽车公司的业务经理，他在1903年的底特律为福特汽车公司筹集资金时遇到了极大的困难，甚至有一天他坐在路边痛哭。[21]尽管电视的发明创造了巨大的社会价值，但法恩斯沃思和他在旧金山的投资者并没有从中获得多少回报。[22]

其次，这些突破性创新的例子集中体现了投资关系，即努力为创始人提供强有力的激励。由于囊中羞涩，伊士曼、福特、埃尔威尔和法恩斯沃思很少或根本没有投入资金，但考虑到他们的技术知识的重要性，他们都持有相应股份。发明者和投资者在开发技术和运营管理方面有明确的分工，这和第二章中塞缪尔·斯莱特和布朗家族之间的分工是一样的。因此，这些关系解决了一些现代风投合同面临的"现实世界"激励问题。创业者以股权作为自身非现金贡献的回报，期望实现可观的长期回报。

最后，投资者在地理位置上与创业者非常邻近，这有助于联合投资（因为经常有多位投资者参与）和投后监督。风投家联合起来分散风险，并充分调动关系网。虽然伊士曼在创业阶段只依靠斯特朗的支持，但福特从底特律的多位资本提供者那里获得了融资，埃尔威尔和法恩斯沃思则有来自西海岸的一群投资者提供融资。位置上的邻近使监督变得更加容易。作为一名当地投资者，斯特朗成为伊士曼柯达公司的职业经理人；福特在早期受到了密切监督；埃尔威尔的公司位于旧金山湾区，靠近与斯坦福大学有联系的投资者和顾问；法恩斯沃思则从犹他州搬到了旧金山的实验室，在那里他的投资者可以观察他的进展并施加影响。虽然有关潜在创业机会的信息往往在本地流传，但风投学术文献强调，投资者和创业者之间的地理邻近也是战略性的，因为它有助于对新企业的监督和专业化。[23] 总的来说，这些新公司成立的历史实例表明，投资者可以熟练地使用各种控制机制来管理风险和他们的投资。这还不是正式的风投，但已经非常相似了。

家族财富和家族办公室

随着公司创始人和金融家获得的回报越来越可观，对正式的资本管理结构的需求也在不断增加。美国社会顶层的财富积累速度快得惊人，因为创业者们开发了巨大且不断增长的市场。到20世纪20年代末，美国最富有的1%家庭的收入占国民收入的近1/4，拥有超过一半的国民财富。[24]的确，"许多超级富豪在消费和慈善事业上大手大脚，因此在去世前就挥霍了大部分的财富"。[25]不过，出于长期资产管理和确保代际转移的考虑，富有家族也开始构建投资工具。正如第二章所指出的，梅隆家族从一开始就成功地做到了这一点。之前讲到的克罗克家族提供了另一个例子；它成立了一家银行，该银行于1906年成为克罗克国家银行和旧金山第一国家银行，同时运营着一系列独立的投资公司。

菲普斯家族也是这方面的先驱。亨利·菲普斯通过与安德鲁·卡内基的合作在钢铁行业创造了可观的财富。19世纪中期，在匹兹堡的一家铸铁厂内，两人与其他几家公司成立合伙企业，该企业是贝塞麦炼钢法的早期使用者，卡内基从英国发明家亨利·贝塞麦那里获得了特许经营权。贝塞麦炼钢法是在熔融的生铁中吹入空气以去除杂质，由于这种方法可以大规模地实施，所以比传统炼铁炉效率更高。卡内基和他的合伙人在宾夕法尼亚州布拉多克建立了著名的埃德加·汤姆森钢铁厂，于1875年开始生产贝塞麦钢铁。类似的工厂很快就如雨后春笋般涌现。1886年，卡内基-菲普斯公司作为一个组织实体成立，其权益于1892年并入卡内基钢铁公司。

在铁路建设、框架建筑等领域普遍使用钢材的时代，卡内基钢铁公司产生了可观的回报。1900年，其年利润达到4 000万美元（约合今天的12亿美元）。J. P. 摩根认为，为了避免毁灭性的竞争，钢铁行业必须进行整合，为此他以4.8亿美元的价格收购了卡内基钢铁公司。1901年，该公司与其他几家企业合并，成立了美国钢铁公司，成为第一家资本超过 10 亿美元（确切地说是 14 亿美元）的公司。卡内基的股份约为 2.25 亿美元，而菲普斯收到的股份和债券价值超过 6 700 万美元，相当于今天的 15 亿美元。[26]

卡内基和菲普斯对财富的配置持相反的观点。卡内基的观点在他 1889 年写的一篇文章——"财富的福音"中有概述。简而言之，他热衷于慈善事业。菲普斯也是一位慈善家，但他选择将自己的大部分资产整合成贝塞麦投资公司，该公司持有价值约 1 750 万美元的房地产和股票，以及价值约 2 300 万美元的债券。菲普斯的财富结构和向风投演变的路径如图 3.2 所示。

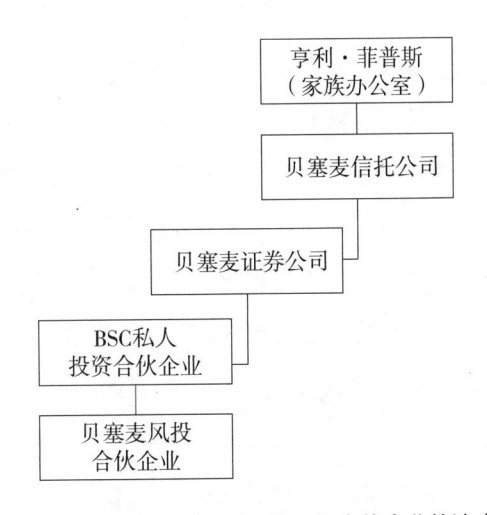

图 3.2 从家族办公室到现代风投合伙企业的演变

1907 年，菲普斯安排贝塞麦信托公司为他的 5 个孩子管理信托基金。1911 年，他写信给他们，指出每个人将获得 200 万美元的债券和 200 万美元的股票（总计约合今天的 1.04 亿美元），他们应该以"谨慎和保守"的方式进行投资。[27] 贝塞麦证券公司成为菲普斯家族资本的主要投资机构。在其有生之年，菲普斯向他的孩子们转移了4 500万美元，向他的妻子转移了2 800万美元，这笔钱最终也归孩子们所有。到1930年他去世时，菲普斯本人的资产仅有大约300万美元（约合今天的4 300万美元）。[28]

在20世纪，贝塞麦证券公司保守地投资于国际纸业公司、英格索兰公司和W. R.格雷斯公司等美国主要公司，同时多元化投资于房地产经营和航运企业等风险较高的领域。20世纪60年代，该公司承诺每年向贝塞麦证券公司管理的风投业务投资超过600万美元。该部门于1977年正式成立为BSC私人投资合伙企业。随后，1981年，在母公司有限合伙人的支持下，贝塞麦风投合伙企业成立。从1967年到20世纪80年代，贝塞麦证券公司的私人投资平均年回报率为17%，远远超过同期标准普尔综合指数11%的年回报率（包括股息）。[29]

其他一些积累了大量财富的家族也为从事风险资本投资创造了类似的方式，其中许多家族甚至比菲普斯家族更早地转向了风投。与梅隆家族和克罗克家族一样，范德比尔特家族也发挥了一定的作用。威廉·A. M.伯顿是海军准将科尼利厄斯·范德比尔特的曾孙，范德比尔特是通过航运和铁路创业发家致富的。1949年，伯顿在纽约成立了威廉·A. M.伯顿公司的有限合伙企业，并将家族的"风险资本投资"交由伯顿投资服务公司处理。[30] 1946年，《商业周刊》报道了一种"管理世袭财富的新趋势"，即财富正从家族控股公司结构（用于税收目的）转移到私人资本实体。[31] 这些实体虽然数量不多，但会对几代人的资本循环和美国风投产业的形成产生重大影响。

劳伦斯·洛克菲勒的角色

洛克菲勒家族在这方面特别有影响力。约翰·D.洛克菲勒的致富之路众所周知，所以只需简要说明一下。19世纪末，因为与五大湖和铁路相连，克利夫兰成为重工业转运中心，十几岁的洛克菲勒在一个偶然的机会下随家人搬到了克利夫兰。作为第二次工业革命中许多新兴产业的基地之一，克利夫兰也是创业和风投的重要中心。

1863年，年仅23岁的约翰·D.洛克菲勒创立了安德鲁斯·克拉克公司，参与新兴的炼油工业。1865年，他以7.2万美元的价格收购了合伙人克拉克的股份。1867年，克利夫兰的一位富有的投资者斯蒂芬·哈克尼斯出资10万美元（约合今天的170万美元）购买了一份股权，条件是他的亲戚亨利·弗拉格勒必须成为合伙人和职业经理人，来监督这笔投资。1869年，洛克菲勒的各种合伙企业合并，1870年成立了标准石油公司。洛克菲勒毫不留情地垄断了宾夕法尼亚州和西弗吉尼亚州油田提炼原油的生意。截至1872年，标准石油公司控制了美国日炼油总量的25%以上。仅仅6年后，它就控制了90%以上的产量。通过将运输、生产、开发、批发和零售等不同的活动整合在一个结构下，洛克菲勒主宰了整个行业。[32]

洛克菲勒开展这些活动的结果是积累了大量财富。1937年，他的净资产估值为14亿美元（约合今天的235亿美元），相当于美国GDP的1.5%。1882年，洛克菲勒成立了家族办公室来管理他的财产。他持有的投资包括一些他试图整合的成熟企业，比如美国亚麻籽油公司，他的儿子小约翰·D.洛克菲勒是该公司的董事。洛克菲勒还积极投身于慈善事业，他一生中捐赠了数亿美元给芝加哥大学、洛克菲勒卫生委员会等机构，后者是为了根除钩虫病成立的，极大地改善了当时美国南方的公共卫生状况。[33]

洛克菲勒家族与风投的联系来自洛克菲勒的孙子、小洛克菲勒的儿子——劳伦斯·洛克菲勒。在他的兄弟姐妹倾向于关注慈善事业或成熟企业的同时，劳伦斯选择了投资早期高科技企业。他通过自己的账户和从洛克菲勒家族办公室演变而来的实体进行投资。作为一名狂热的科技爱好者，劳伦斯热衷于解决创业公司的融资难题。他曾谈到自己的投资理念："我们想要做的是与旧制度——在某一领域或某一想法被证明完全可行之前不进行投资——完全相反的事情。我们正在推进一些具有开创性的项目，这些项目将得到适当的支持，以鼓励在新领域中取得良好的科学和经济进步，这些领域有望在未来实现巨大的发展。"[34]

本着这种精神，劳伦斯帮助改变了航空业的早期发展。随着20世纪初莱特兄弟通过技术开发使载人飞行成为可能，此后到20世纪20年代，航空业成为创业公司的沃土。例如，成立于1925年的国家航空运输公司（后来成为联合航空公司的一部分），提供从纽约到芝加哥的特快专递服务，拥有1 000万美元的风险融资。殖民航空运输公司于1926年由一群风投家建立，负责在纽约、哈特福德和波士顿之间运送邮件。正如亨利·福特早期在底特律时汽车制造商激增一样，到1929年美国已有286家飞机制造商。[35]

劳伦斯进行了一系列的航空投资。他与一战期间著名战斗机飞行员埃迪·里肯巴克的合作广为流传。[36]1938年，他和里肯巴克联合注资，试图扭转美国东方航空公司的不利局面。东方航空公司成立于 1926 年，最初是执行纽约—亚特兰大航线的航空邮递公司。在劳伦斯进行投资时，它成为通用汽车旗下一家陷入困境的航空客运子公司。除了直接提供资金和建议外，劳伦斯的参与还拓展了资本获取渠道。里肯巴克为此次收购筹集了 350 万美元（约合今天的 6 000 万美元），使东方航空得以盈利并成长为美国最大的航空公司之一。[37] 到 20 世纪 50 年代，劳伦斯持有该公司大约 3% 的股份。

严格说来，劳伦斯对东方航空公司的投资更接近于今天所说的后期私募股权交易。在创业投资方面，劳伦斯于 1939 年投资了小詹姆斯·麦克唐纳在密苏里州圣路易斯附近创立的麦克唐纳飞机公司。尽管麦克唐纳在 1929 年的一次创业中失败了，但据报道，他只花了很短的时间就说服劳伦斯预付了资金。劳伦斯对麦克唐纳建造一架先进战斗机的计划和对喷气推进的看法印象深刻，于是提供了 1 万美元的创始资金，此外，还有麦克唐纳自己的 3 万美元储蓄，以及从圣路易斯金融家那里筹集到的 12.5 万美元（总共 16.5 万美元，或约合今天的 290 万美元）。[38] 虽然原计划的飞机从未量产过，但麦克唐纳飞机公司后来在二战期间成为五角大楼的主要承包商。1943 年，美国海军授予麦克唐纳一份合同，为航空母舰研制第一架喷气式飞机。1967 年，该公司与道格拉斯飞机公司合并，巩固了其作为领先的国防供应商和航空制造商的地位。

二战期间，劳伦斯成为海军助理部长詹姆斯·福里斯特尔的航空事务顾问，战争结束后，他继续投资于这个领域。1946 年，他与小菲利克斯·杜邦和道格拉斯·狄龙联合投资 50 万美元（约合今天的

610万美元），收购了工程师兼飞行员弗兰克·皮亚塞茨基创建的皮亚塞茨基直升机公司的部分股权。其他投资包括反应发动机公司，该公司是液体推进剂发动机这一新兴领域的先驱，1958年该公司被齐柯尔化学公司收购，回报很高。劳伦斯在1950年投资了马夸特飞机公司，这是一家成型的冲压发动机推进企业，但这一投资的回报平平。

虽然劳伦斯把重点放在长尾投资上，而且这些投资的回报通常都还不错，但他的主要目标不是财务回报。1959年，《时代周刊》称劳伦斯为"太空时代的风投家"，因为他通过缓解对创业公司和成熟公司的融资限制，拓展了技术发展的前沿。[39] 作为极其富有的洛克菲勒家族的一员，劳伦斯认为自己对社会的贡献是至关重要的。

劳伦斯的投资风格围绕着对风投的纪律职能和良好管理原则的信念。有时，他的承诺是分阶段的，这与分阶段投资有助于缓解与信息不对称相关问题的观点一致。例如，到1941年，他已经将自己在麦克唐纳飞机公司的投资提高到47.5万美元，占20%的股权。[40] 有好几次，劳伦斯用职业经理人取代了创始人兼CEO，这是现代风投支持的公司常用的控制策略。1938年，他成为东方航空公司的董事。当他发现公司在里肯巴克的领导下开始摇摇欲坠时，于1963年迫使里肯巴克让贤。从投资皮亚塞茨基直升机公司开始，他就认识到了弗兰克·皮亚塞茨基的创造天赋，但也注意到了皮亚塞茨基缺乏商业头脑。因此，皮亚塞茨基被调离了管理层。

但或许劳伦斯的风险融资方式最显著的特点是，他在二战后的投资方式比本章前面所述的非正式风投市场的典型方式更为结构化。劳伦斯从东方航空公司和麦克唐纳飞机公司时期的个人投资者，演变为以系统化的方式配置资本，就像如今一些富有的创业投资者所做的那样。例如，彼得·蒂尔通过一系列复杂的投资工具进行投资，其中包括他于2011年在旧金山创立的私人投资公司——蒂尔资本。

1946年，劳伦斯和他的兄弟姐妹成立了家族办公室的私人资本部门——洛克菲勒兄弟公司，将他们的资本集中起来，专注于风投。他们在纽约RCA大楼（洛克菲勒广场30号）集结了一个小组，负责筛选商业计划和进行尽职调查，团队中包括大通银行（该银行于1930年被小约翰·D.洛克菲勒收购后，迅速成为航空业最大的银行贷款机构）的一名金融专家、一名战时技术采购专家和一名MIT（麻省理工学院）航空专业的工程师。

在这家新投资实体宣布开始接收商业计划的几周内，就收到了400份商业计划。截至1951年，洛克菲勒兄弟公司已经投资了大约500万美元（约合今天的4 600万美元），持有大约25家公司的投资组合。尽管以现代风投有限合伙企业的标准来看，风险资本只是在小规模上配置，但投资方法在复杂性上是相似的。1947年，劳伦斯写下了一份"航空投资政策"，以规范其投资方法。[41] 其航空投资一般仅限于符合以下某些标准的项目。

- 如果成功开发，具有持续增长的能力。
- 能继续现有或后续开发的企业或业务，不需要成立新的商业实体，且新资本投资总需求不低于30万美元。
- 有一个称职的管理团队；最好是已经通过对相关特定业务的实际管理证明其能力的；在确保进行适当的管理并选出所需的任

何新人员之前,在任何情况下都不应做出投资承诺。
- 飞机制造企业应具有获得政府合同的合理预期,尤其是在研发工作方面。

这些标准中的每一项都揭示了其投资策略。首先,劳伦斯的目标是开拓一个新的、不断增长的市场:航空业。有关创业商业计划的现代文献表明,在一个不断增长的市场中获得份额,通常会比在更成熟的市场空间中与现有企业竞争更为有利。[42]其次,值得注意的是,劳伦斯的目标是那些已经有一定业绩表现的公司,即符合"不需要成立一个新的商业实体"这一标准。他回避在风险最高的种子期进行投资。再次,通过规定需要一个"称职的管理团队",他承认"人的问题"是新企业业绩平庸的重要原因。最后,背景非常重要。他明确指出,研发计划应考虑与政府签约,着眼于销售什么产品和向谁销售的大局问题。

在实践中,劳伦斯的行为与现代风投的定义也很接近。比如其在1957年对依泰克公司的投资,该公司是卫星相机侦察领域的创新者。依泰克公司以生产在冷战时期所使用的 U-2 侦察机的照相机而闻名。其创始人理查德·莱格霍恩当时是伊士曼柯达欧洲分部的一名高管,他最初提出以49%的股权置换劳伦斯200万美元的创业资金(约合今天的7 110万美元)来发展一家信息处理公司。莱格霍恩预计依泰克公司将在这个价值10亿美元的行业中占据30%的份额。

劳伦斯提出以其要求的1/3的价格与莱格霍恩签约,他相信只需少量的创业资金就可以取得足够的进展。此外,他的出价是以分阶段融资为条件的。他建议第一阶段融资总额为10万美元，包括股票、债券和认股权证，6个月后第二阶段的融资为55万美元，其中股票和可转换债券各占约50%。为了控制下行风险，劳伦斯也可以在第二阶段投资完成之前，在没有损失的情况下退出投资。当时的协议规定，莱格霍恩有权以原价购买劳伦斯投资的股份。莱格霍恩同意了这些条款，但在合同上做了一些小的调整。[43]

劳伦斯在洛克菲勒广场30号的工作人员密切监督着这笔投资，定期撰写报告更新进展。此外，劳伦斯经常乘坐他的私人飞机前往依泰克公司的工厂。1958—1959年，依泰克公司的收入增长了7倍多，从350万美元增长到2 500多万美元（约合今天的2.06亿美元）。1957—1973年，劳伦斯总共向依泰克公司投资了300万美元。在退出时，他投资的总价值接近1 400万美元，是投资额的3.6倍。[44] 而同期标准普尔综合指数的回报率仅为2.1倍。

尽管个别投资取得了成功，但是劳伦斯的整体投资组合并没有产生风投式的回报，尤其是在航空业。1938—1969年，他进行了59笔投资。大约44%的投资没有产生正回报，这些投资占总投资额的1/4以上。只有7%的投资实现了10倍于投资成本的实际销售价值，而这些罕见的"命中"并不能完全弥补亏损。

总体而言，劳伦斯投资组合的回报率为3.2倍，而同期股市的回报率为8.6倍。此外，考虑到投资和分配的时机是可以观察到的，因此有可能进行更精确的PME（公开市场等价）分析，其中包括评估假设投资组合投资于公开交易股票的表现。[45] 劳伦斯的投资组合所产生的PME或"市场调整倍数"为0.86，这表明其回报率仅为假设投资股市指数的86%。尽管劳伦斯做了很多工作来规范风投式的投资，他也强调了长尾收益分配所需的毅力。他恰如其分地评论道："风投不适合那些没有耐心、缺乏勇气的人，（或）可怜的失败者，也不是为寡妇、孤儿或输不起的人准备的。"[46]

投资公司及合伙企业

劳伦斯·洛克菲勒为将风投运用到创业公司中所做出的努力，应该放在二战后美国，尤其是东西海岸地区发展起来一系列更广泛的私人资本实体的背景下看。在1951年《金融学期刊》对这一新兴行业的调查中，两位金融学教授卡尔·道滕和默尔·韦尔尚在评论"最近出现的一种新形式的金融组织"时，将其形容为"私人设立的营利组织，其主要职能是为新的和不断发展的企业提供风投资金"。[47]他们将这些实体称为"投资开发公司"。根据该研究和相关资料，表3.1列出了活跃在这一领域的实体。

表 3.1 二战后建立的主要私人资本实体

名称	成立时间（年）	地点	初始资本规模（万美元）	结构
ARD	1946	波士顿	500	公司制（公开股票）
J. H. 惠特尼公司	1946	纽约	1 000	有限合伙制
洛克菲勒兄弟公司	1946	纽约	500	有限合伙制
新企业公司	1946	波士顿	30	公司制（限制股票）
T. 梅隆父子公司	1946	匹兹堡	—	协会

续表

名称	成立时间（年）	地点	初始资本规模（万美元）	结构
工业资本公司	1946	旧金山	200	公司制（限制股票）
太平洋海岸企业公司	1946	旧金山	100	公司制（限制股票）
佩森-查斯克公司	1947	纽约	500	有限合伙
亨利·西尔斯公司	1949	纽约	—	合伙制
威廉·A.M.伯顿公司	1949	纽约	—	有限合伙制
福克斯·威尔斯公司	1951	纽约	—	合伙制

数据来源：Carl A. Dauten and Merle T. Welshans, "Investment Development Companies," Journal of Finance 6, no. 3 (1951): 276–290; Martin Kenney and Richard Florida, "Venture Capital in Silicon Valley: Fueling New Firm Formation," in Understanding Silicon Valley: The Anatomy of an Entrepreneurial Region, ed. Martin Kenney (Stanford, CA: Stanford University Press, 2000), 104–105; and "Capital That Takes a Chance," BusinessWeek, no. 1134, April 14, 1951.

这些实体大多是小规模经营。1945—1954年，只有大约十几家风投公司成立。即使到了20世纪60年代中期，也只有10家左右的风投公司具有"举足轻重的影响力"，通常它们会同时投资5~10家公司。[48]从这个角度来看，1979年，当这个行业还处于发展的初期阶段时，共有225家风投合伙企业成立，到1989年，这一数字已上升至674家。[49]2000年是风投公司数量的一个高峰年，当时共有861家风投公司。此外，与现代标准相比，早期私人资本实体所配置的资本规模较小。到20世纪60年代末，劳伦斯·洛克菲勒在59家公司总共投资了2160万美元（约合今天的1.8亿美元）。而在现代，这仅相当于一只规模低于平均水平的基金。[50]从规模来看，相对于公司债务和股票市场，风投行业显得微不足道。[51]

表3.1中的许多私人资本实体都集中在东西海岸地区，这种提供

第三章 私人资本实体的崛起 103

风险资金的地理格局一直持续至今。对这种空间集中的一种解释是，金融在有新的风险机会的地方就会发展，反之亦然。同样，由于风险融资常常与投资组合公司的管理联系在一起，东西海岸的分割可能反映了与投资组合公司之间距离的限制。虽然劳伦斯·洛克菲勒可以乘私人飞机穿越整个国家，但他的情况是独一无二的。20世纪40年代中期，从纽约到旧金山的飞行需要11个小时，而飞机最多只能载客60人。这条航线直到20世纪50年代末才开始使用DC-7C之类的大型飞机。[52]

私人资本实体采取了各种不同的法律安排。虽然风投行业最终由有限合伙制结构主导，但早期的实体并不总是采用这种组织形式。例如，梅隆父子公司采用了一种混合形式。它的结构被认为是一个"协会"，或者是一个让家族成员考虑投资的协调机制，而不是一家公司或合伙企业。一些实体采用了不销售证券的组织形式，这样就不受美国证券交易委员会的监管。以少数私人投资者作为股东，他们可以采取灵活的风投政策。虽然有限合伙制结构作为传递实体具有实质性的优势（投资收入在实体层面不征税，并转嫁给潜在的投资者），但纳税义务也可以公司形式承担。具体而言，投资者将直接投资于投资组合公司，而不是通过中介实体间接持股。这避免了双重征税的问题，即投资者和中介机构在同一投资中作为不同的法律实体被征税。

由于表3.1所示的组织结构是可变的，风投"基金"的概念没有被明确界定，投资者须遵守管理费和利润分成规则。在现代风投有限合伙企业中，基金的寿命通常预计在7~10年，但从历史上看，投资期限可能会短得多，也可能会长得多。表3.1所列的一些实体，例如新企业公司，拥有周转资本，但似乎没有具体说明期限。就以家族财富为基础的实体而言，如洛克菲勒兄弟公司或威廉·A. M. 伯顿公司，其投资基金池更像是永久资本，这与具有特定寿命的现代风投基金截然不同。关于费用和激励支付的历史信息有限，但外部投资者似乎确实为中介支付了费用。例如，新企业公司保留了其投资组合公司约10%的股权，用于支付管理成本。[53]

尽管表3.1中实体的组织形式多种多样，但道滕和韦尔尚认为，就风险融资的基本方法而言，"投资活动和整体目标大致相同"。[54] 从他们的文章中可以看出，投资活动的一些主要特征如下：

- 重点关注特定的投资领域，主要是"特别感兴趣的领域"；
- 通过"严格审查"风险提案进行广泛的尽职调查，其中"非常高比例"的提案将被否决；
- 融资企业的"权益状况"（贷款资本的有限使用）；
- 在融资中使用"债券和优先股"；
- 大部分为少数股权，涉及"1%~50%的权益"；
- 后续融资，向需要融资的企业提供"持续的财务援助"，直到它们能够"从其他来源获得所需资金"；
- 联合投资，"不止一个"实体参与"同一项目的融资"；
- 通过"新企业董事会"的代表以及"管理顾问和指导"进行管理；
- 投资者和创始人之间的"相互信任和尊重"是"绝对必要的"。

投资的这些特点构成了一种非常现代和正式的风投配置方法。这些要点涵盖了尽职调查、投资选择、优先股融资、少数股权、联合和管理——所有这些都是现代风投教科书式的特征。最后，值得强调的是列表中的最后一点，强调创始人和投资者之间相互尊重的互动。这意味着风投的整体方法是一种不仅形式化，而且关系化的正规投资方法。

J. H. 惠特尼公司及其他东西海岸实体

通过对表3.1中的实体进行更详细的分析，可以进一步证实上述列表所述的风险融资方法。特别是J. H. 惠特尼公司被认为是风投历史上的重要一笔，这不仅仅是因为"风投"一词进入现代白话要归功于该公司创始人约翰·海伊·惠特尼。[55] 不过，到1946年J. H. 惠特尼公司成立时，这个词已经被广泛使用。1938年,《华尔街日报》指出，杜邦公司的负责人拉莫特·杜邦配置的"风投"是一种"没有明确保证的投资"形式。在1940年的国会报告《投资信托和投资公司》中，"风投"一词被使用了24次。美国证券交易委员会的鲁道夫·L. 韦斯曼在其1945年出版的《小企业与风投》一书中，将风投描述为一种可识别的投资类别。纽约大学金融学教授朱尔斯·I. 博根在他1946年出版的《风投市场》一书中反复使用了这个词。

惠特尼进入风投领域的道路与劳伦斯·洛克菲勒非常相似。他的父亲威廉·佩恩·惠特尼出生于一个显赫而富有的家庭，在石油、铁路和采矿等众多重工业领域积累了财富。到1927年威廉·佩恩·惠特尼去世时，他持有烟草公司价值5 000多万美元的股票，净资产约为2亿美元（约合今天的27亿美元）。惠特尼继承了父亲的大部分遗产，成为美国最富有的人之一。和劳伦斯一样，在正式成立投资实体之前，他是以个人投资者的身份起家的。1932年，他和堂兄科尔内留斯·范德比尔特·惠特尼投资18万美元，收购了特艺集团15%的股权，为彩色电影这一新兴高科技领域的创新和扩张提供了资金。1934年，在他的帮助下，先锋影业公司成立了，该公司与特艺集团签订了在好莱坞拍摄电影的合同。

在惠特尼提供了1 000万美元的投资资本（约合今天的1.23亿美元）后，他与6名合伙人成立了惠特尼公司。公司的第一笔投资投给了总部位于堪萨斯州的化肥生产商斯宾塞化学公司，结果非常成功。这笔投资涉及价值125万美元的优先股和价值25万美元的33%的普通股，不到一年，普通股投资的价值就翻了几倍，超过了1 000万美元。[56]这代表了一种典型的风投，即仅一次投资的收益就超越了风投基金的总资金。另一个早期的成功案例是对美汁源公司的投资，这家冷鲜橙汁生产商最初名为佛罗里达食品有限公司，创始人是MIT和慕尼黑大学的物理学家理查德·莫尔斯，隶属于国家研究公司。国家研究公司成立于1940年，是马萨诸塞州剑桥市的一个类似于孵化器的实体，专门从事研发和创新。1947—1949年，美汁源的普通股和优先股共获得了150多万美元的投资。1950年，该公司还获得了50万美元的贷款。美汁源的投资者在1960年公司被可口可乐公司收购时成功退出。[57]

作为一家私人资本实体，J. H. 惠特尼公司不需要披露其业绩或经营方法的细节。然而，通过其合伙人之一查尔斯·弗雷德·彼得斯迈耶 1958 年在《小企业投资法》国会简报会上的证词，人们可以对 J. H. 惠特尼公司有一个清楚的了解。[58] 彼得斯迈耶表示，到 1958 年，J. H. 惠特尼公司已有 13 名合伙人，他们的专业知识涉及商业、法律、金融和学术界，另外还有 20 名支持人员帮助进行尽职调查。彼得斯迈耶简洁地阐述了 J. H. 惠特尼公司的投资政策。公司会对那些"有价值、（具有）与风险相称的盈利潜力"的企业进行投资，每笔投资为 50 万~100 万美元，以获得较大比例的股权，预期可以在 5~10 年内实现 3~5 倍的回报。投资者预计的退出渠道是并购或 IPO，收益通过公司收取，以便进行更多投资。J. H. 惠特尼公司没有投资过上市公司。

毫无疑问，这是首次提到经营风投合伙企业的挑战性这一经济学问题。彼得斯迈耶强调需要持续不断地筹资，以筹集"足够的资本"进行证券组合投资，并为支持人员提供报酬，让他们对提交的计划书进行尽职调查。他还强调，考虑到 5~10 年的投资期限，流动性不足产生了一些问题。他指出："你所开展的业务没有实质性的持续收入供你维持公司运营。"彼得斯迈耶实质上是在倡导收取中介投资的管理费，以抵消成本。

彼得斯迈耶强调了风投是以投资选择为基础的观点，他指出，1946—1958 年共筛选了 7 000 多份投资提案，其中只有 50 个（不到 1%）得到了资助。投资决策是在合伙人的"集体"判断下做出的。J. H. 惠特尼公司参与了大量的投后管理工作。1958 年，13 位合伙人在投资组合公司中拥有 40 个董事席位。彼得斯迈耶估计，合伙人 95% 的时间（几乎是每天）都花在了与管理团队的互动上。他说，有一次，J. H. 惠特尼公司的两名合伙人花了三个月的时间为他们的一家投资组合公司寻找总裁。J. H. 惠特尼公司的目标是通过尊重现有的管理层，在投资者和创始人之间建立起信任的纽带。不过，彼得斯迈耶表示，公司持有的股权使得他们在投资组合公司有了"话语权"，"以便在必要时做出改变"。

作为 J. H. 惠特尼公司的一个投资重点，彼得斯迈耶指出："我们对仍处于实验或发明阶段的商业计划书不感兴趣……我们喜欢能看到、感觉到和触摸到的产品，这些产品将用于销售，并作为开展业务的基础。"对 J. H. 惠特尼公司来说，这是在经历了早期投资的艰辛之后选择的立场。正如公司的另一位合伙人于 1958 年 6 月告诉《商业周刊》的那样，"对我们来说，风投的整个概念已经发生了改变。我们对全新的公司不再感兴趣，但我们首先会寻找一个成长型行业，然后在该领域内挑选载体。"[59] 尽管 J. H. 惠特尼公司仍在继续寻找早期投资机会，但其主要关注点已转向为成熟业务提供股权，所占比例越来越高。就目标行业而言，J. H. 惠特尼公司涉猎很广，它在冷冻食品、电子产品、石油和天然气、核能、铀、新工具产品和电视广播等领域都拥有投资。

彼得斯迈耶在简报会上就 J. H. 惠特尼公司的整体投资表现发表了一份坦率得令人吃惊的声明。不过，在估计公司在过去 12 年中投入的原始资本几乎翻了两番的同时，他也对这些收益进行了剖析："我简要说一下，如果在 1946 年 J. H. 惠特尼公司成立之时，一家公司获得了同样的资本,并将其投入上市公司股票的多元化投资组合(即使是那些没有超常增长机会的投资组合),也会获得三倍的增长。如果我们把资金用来购买上市公司股票,业绩跟现在差不太多,而麻烦和风险要小得多。"彼得斯迈耶的公开股票市场基准与学术界的一个长期争议点有关,即通过中介进行的早期和后期投资能在多大程度上胜过消极投资策略。[60]

从这个基准的角度来看,J. H. 惠特尼公司的早期投资表现尤其不佳。彼得斯迈耶指出,在 J. H. 惠特尼公司进行的 38 项此类投资中(每项投入都在 50 万美元以下),有 39% 的投资血本无归,6% 的投资盈亏平衡,11% 的投资回报为中低水平,34% 的投资在 5~6 年内获得成功。彼得斯迈耶估计,这一投资组合的年化回报率"不到 2%"。他还表示,即便是成功投资的年化回报率在 9%~10%,也不足以"覆盖 J. H. 惠特尼公司的管理费用"。

在试图解释为什么消极管理的公开股票投资组合可能是更好的选择,而 J. H. 惠特尼公司却坚持其投资策略时,彼得斯迈耶承认了偶然性和路径依赖的作用,这在今天的风投行业中也可以观察到。[61] "时机对我们有利。"他在谈到斯宾塞化学公司时说道,"如果没有这些早期的成功,惠特尼公司可能不会这么大胆,也没有能力进行后来的重大投资。"正如劳伦斯·洛克菲勒发现的那样,长尾投资很诱人,但在实践中很难操作。

对于表 3.1 中所列的其他实体的投资和方法,我们知之甚少。然而,仍可以从现有的证据中获得重要的发现。与之前关于家族财富重要性的讨论相关的一个因素是,东海岸实体之间的关系网。例如,佩森-特拉斯克公司就是由惠特尼的妹妹琼·惠特尼·佩尔森用家族资金创办的。亨利·西尔斯公司是由亨利·西尔斯创立的，他出身于美国东海岸的精英阶层。大多数东海岸的实体都位于纽约，这并非偶然。纽约的家族财富是在金融和社交网络高度融合的情况下增长的。正如《商业周刊》在1958年6月报道的那样，"打算积累资本收益"的富裕家族"仍然是风险资本业务的支柱"。

在这个时候，风投与家族财富的直接或间接联系是惊人的。J. H. 惠特尼公司的主要投资之一——斯宾塞化学公司在1963年被海湾石油公司以1.3亿美元（约合今天的10亿美元）收购。如上一章所述，海湾石油公司一直是安德鲁·梅隆的主要投资项目之一。这种相互关系促进了信任和联合。J. H. 惠特尼公司和佩森-特拉斯克公司一共进行了4次联合投资。[62] 在另一个例子中，J. H. 惠特尼公司在20世纪50年代与福克斯·威尔士公司联合，通过投资米尔顿·J. 夏普创立的杰罗尔德电子公司支持有线电视的发展。J. H. 惠特尼公司获得了50%的股权，福克斯·威尔士公司获得了10%，杰罗尔德电子公司获得了剩下的40%。与J. H. 惠特尼公司一样，福克斯·威尔士公司也在大量投资机会中进行了挑选。该公司的一位创始人估计，提交的提案中大约有2%最终得到了融资。[63]

虽然许多实体跟随J. H. 惠特尼公司的做法，转向了后期投资，但总部位于波士顿的新企业公司仍专注于早期投资。新企业公司的目标是使"具有科学性质的、未经试验的商业企业能更轻松地获得融资"，以便发明家可以试验、建立公司并将他们的想法商业化。新企业公司利用波士顿在这一领域的知识优势，为研发设施提供资金，或者与当地大学签订外部合同。该公司的创始人威廉·A.柯立芝曾通过 ARD 为示踪实验室公司提供融资，该公司是 MIT 在辐射检测仪器领域的分支机构。柯立芝还对国家研究公司进行了投资，进一步凸显了风投的连通性，国家研究公司催生了几家创业公司，其中包括 J. H. 惠特尼公司的主要投资组合公司之一——美汁源。下一章中所讨论的关键人物乔治斯·多里奥特是 ARD 的总裁，他是新企业公司的董事。像 J. H. 惠特尼公司一样，新企业公司努力通过长尾投资获得成功。到 1949 年，它已经进行了 5 次投资，但它在 1950 年后销声匿迹。亨利·埃茨科维茨将新企业公司描述为"由一群富人组成的投资俱乐部"。[64]

工业资本公司和太平洋海岸企业公司是两家总部位于旧金山的重要实体，它们代表着"西海岸风投的先驱"。[65] 工业资本公司通过其总裁兼董事 S. 马歇尔·肯普纳与东海岸的精英阶层建立了联系，肯普纳在二战后搬到旧金山，此前他是纽约的知名银行家。太平洋海岸企业公司是由个人投资者创立的，这些投资者大多是当地人，决定集中资本进行投资。这两家实体的目的都是利用创业公司在融资方面明显的缺口，尽管太平洋海岸企业公司在这一领域更为专注，但工业资本公司采取了更全面的方式，为创业者提供融资，并向中小企业提供并购咨询等中介服务。[66]

然而，最终，考虑到当地创业者的大量资本需求，这两家实体的规模都太小，以致无法产生有意义的影响。1946 年的一份名为《加州小企业的可用资本》的报告估计，当时初创企业的创业资本需求在 1 亿~2 亿美元（约合今天的 12 亿~24 亿美元）。[67] 然而，工业资本公司和太平洋海岸企业公司总共只持有300万美元。西海岸的风险资本行业规模较小，主要原因在于有多余资金可供投资的富有的本地资本家并不多。因此，1946年的报告得出结论，"中小企业股权资本市场……主要是地方性的和非正式的"。[68]然而，在接下来的几十年里，这种情况将会改变。正如第六章所描述的，有一群人，有些来自旧金山，有些是移民过来的，开始通过风投公司将创业者与创业融资联系起来，这将从根本上推动高科技创新和经济增长。

美好的开端

本章首先概述了个人投资者在新创企业风险融资的非正式市场中的重要作用。在以银行为基础的早期资本供应不足的环境下，个人投资者可以满足创业者的需求，从而为美国一些最具影响力的公司和行业提供融资。以这个非正式的关系网为基础，一个正式的风险融资市场开始出现——特别是在二战之后，当时一些重要的像风投机构一样的私人资本实体成立了。这些机构通常扮演着复杂的中介角色，包括在投资者之间汇集资金、发展用于审查和选择投资组合公司的尽职调查技能、分阶段进行投资以降低风险、管理投资组合公司以从长尾收益分布中获得更高的回报。有些甚至以有限合伙的形式运作，将资金从富有个人转向创业者。

然而，通往一个成熟的风投行业的道路仍然不完整，存在至少两个相互关联的原因。第一，每个实体的资本供应要么局限于一个富有家族，要么局限于一群富有的个人投资者。中介的规模需要变得更大才能对初创企业产生真正的影响。第二，或许更重要的是，这些实体都没有达到与现代风投预期一致的投资业绩水平，这有助于解释为什么投资规模仍然很小。尽管像劳伦斯·洛克菲勒和 J. H. 惠特尼这样的个人"做风投主要不是为了获得财务回报"，但他们仍在尝试通过长尾投资产生巨额收益。[69] 为了更大规模地筹集资金，有必要证明一个投资组合能以一种系统的方式构建，这样那些命中的投资将大大抵消亏损和平庸的投资。表 3.1 中的任何实体都没能经常性地实现这一目标。人们争论于市场能否有效引导资本进入创业企业，第四章将展示在这一背景下，ARD 是如何试图解决这一问题的。

第四章

市场与政府

二战后的那段时间是美国风投行业发展的一个转折点。尽管私人资本实体已开始为初创企业提供创业融资，但整个行业仍处于发展的萌芽阶段。有限合伙制结构尚未成为风投的通用形式，当时的风投行业存在各种组织结构形式，包括公司和合伙制。而且行业规模尚小。一位观察人士指出"风投公司现在的数量不到10家，其资金总额可能不超过2 500万美元"。[1]长尾投资模式基本尚未得到证实。

在二战刚结束的那几年，企业家们有机会利用此前几十年开发出的许多科学技术，特别是战争成果的那部分。然而，政策制定者有所顾虑，因为创业融资领域显现出市场失灵的迹象。商业银行无法系统地部署风险资本，也无法为新的高科技公司提供实质性的管理指导，它们确实缺乏相关领域的专业知识。虽然人寿保险公司、投资信托公司和其他机构投资者持有大量资金，但由于监管限制、保守的投资风格以及缺乏提供帮助的中介机构，它们无法将资金配置到高风险的资产类别上。资本市场不完善是创业发展和创新商业化的主要障碍。

正是在这种背景下,一群新英格兰的学术、政治和商业精英在1946年创建了ARD。ARD位于波士顿金融区,旨在将机构的投资基金引入风投以提振区域发展。ARD被广泛认为是现代风投行业发展的关键实体。[2] 它是第一家获得机构投资者资金的风投公司,其1957年对小型机时代的行业先锋——数字设备公司的投资,为长尾投资模式的概念提供了证据。这也证明了风投实体可以构建一个高科技行业的投资组合,其中大部分投资回报为零或很低,但其中一小部分,甚至也许只有一项投资,可以成功到足以产生抵消其他投资的损失的高额回报。虽然ARD根据1940年《投资公司法》的规定被设计成具有可流通份额的封闭式基金,但它对这种组织形式的持续试验揭示了其优势和劣势。[3] 从此,现代风投的有限合伙制结构开始出现。

然而,目前尚不清楚风投是否可以仅仅通过市场机制提供。同期的另一个刺激创业部门的尝试源于美国政府,此举颇受争议。在20世纪30年代后期的政治讨论中,关于公众共同努力通过融资渠道促进新企业成立的争论一直存在,这个话题因为1958年的小企业投资公司计划而终结。该计划允许组建支持小企业的投资公司,这些投资公司不仅可以利用私有资本投资,还可以利用以优惠利率从政府借入的资金。小企业投资公司还能获得特殊的税收优惠。考虑到这种杠杆作用,小企业投资公司可以达到私营风投公司无法实现的规模。20世纪60年代,有700多家小企业投资公司投入运营,起到了关键性的"帮助"作用,与此同时,私营风投行业自行发展成熟。[4]

对小企业投资公司的结构、绩效和投资方法方面的分析非常重要。虽然它们往往在回报率方面表现不佳,但它们的存在极大影响了美国风投的演变。小企业投资公司计划是美国政府为创业融资创造良好环境的前期承诺。其众多有益的溢出效应之一，就是培育出了丰富的支持性企业网络，包括私营风投后来依赖的专业律师事务所。[5] 小企业投资公司还为很多人创造了进入小企业融资行业的人口，其中一些人后来成立了有影响力的风投公司。美国政府在20世纪五六十年代推动风投融资的努力有助于形成市场主导方法机构化的环境。

初创企业的融资缺口

经常有传闻证明，即使是在美国历史上最具挑战性的时期，富有创意的企业家也能够获得资金。例如在大萧条时期，埃德温·H. 兰德于1932年在马萨诸塞州韦尔斯利山的一个谷仓里与他人共同创建了兰德·惠尔赖特实验室，开发和生产合成偏振片。1937年，一群华尔街金融家提供了75万美元（约合今天的1 250万美元），支持兰德成立宝丽来公司，商业化了这项发明。到1950年，宝丽来公司拥有429名员工，净销售额为650万美元（约合今天的6 480万美元）。1958年，它拥有2 500名员工，净销售额约为9 000万美元（约合今天的7.6亿美元）。[6] 另一个通过金融上的精益方式创建成功的高科技企业的例子来自斯坦福大学的两名毕业生，威廉·休利特和戴维·帕卡德。他们只用了538美元（约合今天的9 300美元）的启动资金，于1939年在加利福尼亚州的一座车库里建立了一个后来成为强大创新集团的企业——惠普。[7]

第四章 市场与政府 119

然而，其他例子体现了为新企业融资的困难。复印机的发明者切斯特·卡尔森为了将自己的静电复印机原型机转变为商业现实，耗费了1938—1946年的8年时间四处筹款。[8]（他最终从哈罗伊德公司获得了资金，该公司在1958年改名为哈罗伊德·施乐，1961年改名为施乐公司。）处于更成熟发展阶段的企业更容易获得私人资本，这些企业有收入流水可查，但是很少有早期投资向企业家提供资金，支持他们对有前途的想法进行实验和商业化——人们逐渐形成共识，资本市场的不完善正在削弱美国的创业活动。[9]

大企业不必费太多心思去获得风险资本，因为它们通过留存收益为研发提供资金，而小企业往往对从外部获得的风险资本有更大的需求，以促进技术开发、企业扩张和增长。问题的关键在于，由于这些业务活动的高风险性质和收益不佳的可能性，企业家无法系统地获得启动资金或长期融资。此外，这些限制似乎正随着时间的推移而恶化。一位著名的芝加哥银行家在1939年的国会资本形成听证会上这样说道："在我看来，小企业一直难以获得风险资本。我认为，很多原因导致现在中小型企业获得专门的风险资本的困难比前几年更大。"[10]

资金短缺的一个原因是税收环境的变化。然而，在20世纪20年代，美国财政部长安德鲁·梅隆已经为富人阶层降低税赋，并在20世纪30年代提出更进一步的累进税制。这一举措通常被认为减少了创业融资的供给。作为新政改革的一部分，罗斯福总统在一系列增加税收负担的税收法案中选择了"向富人多征税"政策。1936年，常规收入的最高联邦税率为79%，资本收益的税率达到39%。即使20

世纪30年代末这些政策被撤销，减轻了资本收益的税收负担，个人所得税的最高税率却有所提高。1939年，美国投资银行家协会主席对这种情况感到遗憾，他说："如果沉重的税负抵消掉成功投资带来的大部分利润的话，高所得税阶层中没有人会提供风投资金，并承受新企业创业和扩张所冒的风险，而这些新企业本可以提供就业机会。"[11] 许多观察人士认为，在20世纪40年代，当个人所得税最高税率高得异常的时候，情况变得更加糟糕了。

此外，有人认为税法对正式的风投组织起到了强烈的抑制作用。个人能够更直接地用损失抵消资本收益，而投资公司结构下产生的资本收益却要交更多的税。与此同时，企业家在企业扩张时面临巨大的税收障碍，因为交了税，营运资金就相应减少了。企业家几乎没有机会平滑现金流或进行资本采购。从货币市场获得资金的机会有限，今天所谓的"风险债"在当时尚未出现。

矛盾的是，这正是风投式资本最具影响力的时期，因为美国经济中的创新和创业机会有所增加。即使在大萧条时期，创新和创业也没有停止。随着大公司通过内部实验室研究推进基础和应用科学，研发工作岗位在1933—1940年增加了近三倍。随着新发现的不断发展和商业化，其中出现了一些革命性的创新。1931—1934年，杜邦公司投入了超过100万美元研发合成纤维并成功投产。到1937年，杜邦公司40%的销售额都来自1929年前不存在的产品。当然，这些发展为更大范围的经济带来了溢出效应。一位经济学家形容20世纪30年代是"20世纪技术最先进的10年"。[12]

二战期间，美国政府为拓宽知识库而承担了巨大融资风险开发新武器——特别是原子弹，以及基于雷达的导航系统和新通信技术所需的先进电子设备。大学和企业研发部门也为战争出力，创造了一个管理创新人才的强大互联系统。美国科学研发办公室是于1941年成立的新联邦机构，在1947年被淘汰之前，一共在技术合同上花费了4.5亿美元（约合现在的49亿美元）。它由MIT的范内瓦·布什领导，范内瓦在1945年发表了影响深远的报告《科学：无尽前沿》，为战后美国政府对美国科学机构进行资助奠定了基本框架。

随着"大科学"的进步为商业开发创造了大量机会，美国政府也参与了经济中人力资本的形成。国家对教育的支持以1944年《退伍军人权利法案》的形式体现，该法案将大批退伍士兵送往大学，提升他们的能力，增加了潜在创业企业家的数量。美国从这个不断增长的人才库及其有用的技术知识中获益匪浅。在公司的盈利能力方面，能够获得资本的小公司往往比成功的大公司表现更好。[13]然而，总体而言，启动资金不足可能是美国经济进一步发展的一个主要障碍。

ARD 的成立

ARD于1946年6月成立，其成立背景是人们越来越关注小企业创建的节奏。这家组建于波士顿的公司试图解决预期中的战后时期风投短缺问题。就如何最好地提供创业金融服务这一问题，著名的区域发展协会新英格兰委员会的成员间也一直存在争论，ARD的成立也是这一争论的结果。新英格兰委员会成立于1925年，在20世纪40

年代中期由来自学术界、工业界和金融界的知名人士管理,他们都有共同的公民责任感,并希望通过创业和创新促进区域增长。

大多数关于 ARD 历史的叙述都强调了乔治斯·多里奥特的关键作用,他是一位富有的法国移民和商学院教授,经常被称为"美国风投之父"。[14] 多里奥特于 1921 年来到美国就读于哈佛商学院,1926 年加入该院担任助理院长兼副教授,1929 年成为正教授。二战期间,他加入美国陆军后勤部队军需官军团,其间升任准将军衔,并获得了杰出服务奖章。在 1959 年退役之前,他曾担任多个军队职务。多里奥特的戎马生涯在他的学生中享有盛名,他们亲切地称呼他为"将军"。

虽然 ARD 的大段历史都与多里奥特有关,但需要注意,他实际上并非 ARD 的创始人。尽管多里奥特参与了新英格兰委员会对一个与 ARD 同类型的实体的早期讨论,但直到 1946 年 12 月才被任命为这个新实体的总裁并开展业务。虽然多里奥特在某些方面经常被视为一个有远见的人——主要是他关注投资者和公司创始人之间人际互动的作用,但是他作为早期投资者可能过于谨慎,而且往往不愿意放弃 ARD 投资组合中表现不佳的资产,不利于其整体的回报。[15]

此外,他倾向于以现代标准来看会令人不快的方式行事:他可能是个狭隘而且非常偏执的人。他的管理风格过于专制,对同事和下属不屑一顾。[16] 虽然他支持了他的行政助理多罗茜·罗维的职业生涯,后者后来成为 ARD 的高级副总裁,但他通常会表现出强烈的性别偏见。即使哈佛商学院于 1963 年开始招收女性 MBA(工商管理硕士)报考人,多里奥特几乎成功地拒绝了所有想要来上他很有影响力的二年级制造业课程的女生,并且自称"为之骄傲"。[17] 他曾于 1967 年 1

月在哈佛商学院布法罗俱乐部发表讲话，从中可以看出他对女性在社会中作用的傲慢态度。"我确实接受了一个女孩来上制造业课程，"他对听众们说，"我让她上课是因为她告诉我，她不会结婚而会专心工作很多年。两个月后，她与课上坐在她旁边的学生订婚了。所以现在有一对制造业夫妇在加利福尼亚幸福生活。他们都在工作。上周我收到她的老板的来信，告诉我她的表现非常好。我们都可以为这唯一的制造业女孩感到骄傲。"[18] 多里奥特教育并影响了哈佛商学院的一代人，这些人后来在美国和其他地区的主要风投机构的组建中发挥了重要作用，而他的偏见即使在当时也算很强烈，由此种下了整个行业至今仍在尽力克服的性别歧视的种子。

虽然对于是谁最初提出创立 ARD 仍存在分歧，但在多里奥特看来，答案是明确的。他于 1967 年在国会就小企业的现状和未来提供证词时，在开场白中说："20 年前我的工作是创办新公司，帮助小企业。这个想法来自参议员弗兰德斯。"[19] 拉尔夫·弗兰德斯与多里奥特截然不同。他于 1940 年当选为新英格兰委员会主席，并于 1946 年当选为佛蒙特州参议员。其任职前几个月，ARD 成立了，他出任第一任总裁。弗兰德斯出生在佛蒙特州巴尼特，家境贫寒（他的父亲是木工），没有受过多少正规教育，但善于自我激励。他从学徒开始接受工程师培训，最终获得了 20 多项机床相关技术的美国专利。1944 年，因其在公司和行业协会的工作以及对公共政策的贡献，弗兰德斯被授予著名的胡佛工程奖章。颁奖词是这么说的："很少有人像他一样，将在工程、行政管理和金融方面的实际经验与对经济和社会情况的广泛了解紧密结合在一起。"[20]

除弗兰德斯外，在 ARD 的组建过程中最具影响力的新英格兰委员会成员包括 MIT 校长卡尔·康普顿、哈佛商学院院长唐纳德·戴维、杜威和艾米尔化学公司总裁布拉德利·杜威、塔夫脱·皮尔斯制造公司总裁小弗雷德里克·布莱科尔和马萨诸塞投资信托基金（新英格兰最大的投资信托基金，经常被称为第一支现代共同基金）董事会主席梅里尔·格里斯沃尔德。这是一个很好的组合。康普顿的影响力尤其大。他曾在两次世界大战之间那些年的美国国家创新政策制定中，以及在讨论如何更好地促进新英格兰地区的创新活动中发挥关键作用。虽然他的重点是利用 MIT 的独特能力创建一个以科学为主导的企业生态系统，但他认识到了社会上对有组织的风投的迫切需求。康普顿认为，与创业融资相关的最紧迫的问题是需要一个可以系统地评估投资机会的有效框架。[21]

像康普顿一样，唐纳德·戴维作为哈佛商学院第三任院长，与政府和业界都有很深的联系。他曾出任多家美国大公司的董事。MIT 毕业生布拉德利·杜威成立了一家行业领先的化学制品公司（后来成为格雷斯公司的一个部门），专注生产乳胶密封剂和合成橡胶。小弗雷德里克·布莱科尔是一位富有的机床工业家的儿子，他于 1946 年成为新英格兰委员会主席。马萨诸塞投资信托基金在梅里尔·格里斯沃尔德的指引下成为风投方面的先驱：该公司对其投资对象进行广泛的尽职调查，并设立顾问委员会进行监督。总的来说，这群人在学术界、政界、业界和金融方面的影响力体现了新英格兰人际网的力量。

ARD 起源的关键时刻发生在 1939 年，当时康普顿受邀担任新英格兰委员会中有影响力的新产品委员会主席。当时纺织品等传统行业

第四章 市场与政府 125

正在衰退，新产品委员会广泛的职权范围包括考虑如何通过开发创新工业产品获得新的比较优势。鉴于新英格兰地区有良好的科学和教育基础设施，新产品委员会专注于新创企业利用商业机会所需的能力。它向新英格兰委员会提交的最后报告强调了动员资金和将资源重新分配到新的创新领域的困难之处。该报告认为："新英格兰地区的大部分资本采取信托基金形式，不适合用作风投。"[22]

委员会强调了一个至关重要的事实。据估计，新英格兰地区约有45%的财富由信托和保险公司等机构持有。弗兰德斯估计，机构持有资金超过250亿美元（约合今天的2 500亿美元）。[23] 由于传统的投资理念限制和监管合规的需要，受托人的资产管理策略非常保守。而且，即使这些机构投资者能够克服他们的保守思想，也不太可能对创业公司进行直接投资。"由于我们没有为此配备人手，我们在任何情况下都不会直接投资高风险的新企业，"格里斯沃尔德后来发表评论，"我们对新企业的技术一无所知，如果进行尝试，我们最终可能会出丑。"[24]

在投融资的供给侧释放机构资本池对于ARD，或者更广泛的，对于风投行业的发展来说都是至关重要的。格里斯沃尔德表达了在长尾方面对像ARD这样的实体的需求。"将资金投入一个全新的项目风险很高。其中一些肯定会失败，"他警告说，"但如果能确保多元化，通过一家特殊的公司间接投资15~20个项目，那么其中四五个失败了也无关紧要，因为其他项目很有希望能弥补损失甚至盈利。"[25] 尽管以康普顿为首的委员会在增加新英格兰风投资金供给的实际行动方面做得不够，但已经在具有人际关系网和能力将其变为现实的那些人心中植入了关键的观念。

然而，ARD建立的途径尚未确定。20世纪40年代早期，在关于如何创办提供创业融资的实体这一问题的争论逐渐深入的时候，有两家类似风投公司的机构建立了。首先成立的是新英格兰工业发展公司。然而，为了筛选潜在投资对象，必须做进一步的尽职调查，那么相应费用是否应在敲定股权投资之前就向选定的企业收取，该公司的模式没有解决这个问题。在康普顿的帮助下，随后成立的新英格兰工业研究基金会提供付费的情报服务，用于对潜在投资对象进行尽职调查。[26] 这些早期实验体现了在建立ARD之前犹豫不决，甚至可以说有时混乱的想法。这两个机构都没有留下流传后世的遗产。

与此同时，拉尔夫·弗兰德斯在1940年首次竞选美国参议院席位时失败，一年后他加入波士顿联邦储备银行。在那里，他对宏观经济环境和地方融资动态有了更深入的了解。1944年，他成为该机构的总裁。几年后，人们形成了一种共识，即可以在机构资本的基础上建立风投实体（最初称为发展资本公司），同时选择最有前途的企业进行投资，创造资本回报，推动区域和国家经济发展。1946年，弗兰德斯阐述了这种策略和宏伟愿景背后的主要推动力：

> 作为波士顿联邦储备银行总裁，我开始为国家流动性资产越来越集中于受托人手中感到深深担忧。这本身是一个自然的过程，但随着时间的推移，这确实使得为新企业提供资金愈发困难。美国战后的繁荣在很大程度上取决于为相对较少的新构想和新开发找到财政支持，这些构想和开发有望扩大生产和就业，并

提高美国人民的生活水平。我们不能躺在前人的进取和远见上吃老本。为了确保我们的经济欣欣向荣而非萎缩，应该有更多新企业成立。有两个大型财富储备库与国家的未来，以及那些应该为战后时期的繁荣发展打下坚实基础的人特别息息相关：人寿保险公司和投资信托。我们有几个项目在过去几个月中取得了巨大进展，都是在很大程度上由这两类机构资助的发展公司，由商业和技术领域最有能力的人员担任董事和管理人员。[27]

通过使用机构资本和对风险融资进行系统性整合，弗兰德斯设想了一种与当时的私人资本实体完全不同的结构，当时的大多数私人资本实体操控的是家族财富。这种方法具有前瞻性和创新性。然而，尽管如此——或许正因如此，并非每个人都和弗兰德斯一样有对成功的热情和信心。弗兰德斯征求了其他人的意见，其中包括通用汽车公司负责研发的副总裁查尔斯·凯特林，他是汽车工程领域最受尊敬的发明家之一。"我的预测一定会成真，"凯特林悲观地回答，"如果你这样做，5年内（ARD）将会死亡，被摧毁，并被遗忘。"[28]

ARD 的组织结构

ARD 于 1946 年 6 月由弗兰德斯（担任总裁）、杜威、布莱科尔和霍勒斯·福特（此人是 MIT 的财务主管，同时担任 ARD 的财务主管）建立。在这个阶段，ARD 只是几个人聚在一起做事，这些人在新英格兰委员会有关提供企业融资的新实体的必要性讨论中具有相当的影响力。康普顿担任顾问。但弗兰德斯任期很短暂。1946年11月被任命为美国参议员后，他将ARD总裁职位交给了多里奥特。

图4.1反映了ARD的组织结构。它的使命是将外部资本与投资组合联系起来，然而其架构与现代风投有限合伙制形式截然不同，因为ARD是根据1940年《投资公司法》第12条（d）（1）设立的封闭式基金。ARD有一个永久资金池，而不是像现代风投公司那样运营具有特定时限的基金。除执行委员会外，ARD还有董事会提供全面监督服务，董事会的部分成员是股东，还组建了杰出的技术顾问委员会提供专业知识方面的支持。为了证明建立顾问委员会的意图，范内瓦·布什甚至被邀请加入——他最终拒绝了。尽管ARD具有很强的新英格兰特色，但它打算成为"全国性企业"，并计划在全国各地设立区域顾问委员会，以吸引交易并为投资组合公司提供援助。

ARD结构中的一个特别突出的问题在于，它是封闭式基金。这个选择是合理的。不仅因为有限合伙制结构尚未成为有组织的风投的通行标准，在任何情况下，考虑到ARD的特殊情况，这种结构也并不合适。弗兰德斯概述的ARD职权范围包括使用机构资本和鼓励个人投资者广泛参与。ARD视股东为"最广泛意义上的业务合作伙伴"。[29] 相反，有限合伙制将控制权交给普通合伙人。当时保守的机构投资者不会同意将管理权委托给风投实体。此外，由于ARD对个人投资者和机构开放，其股东基数——到1949年达到484个——排除了有限合伙制结构这种形式带来的所有不透明性。封闭式基金更为合适，也让ARD更具合法性。

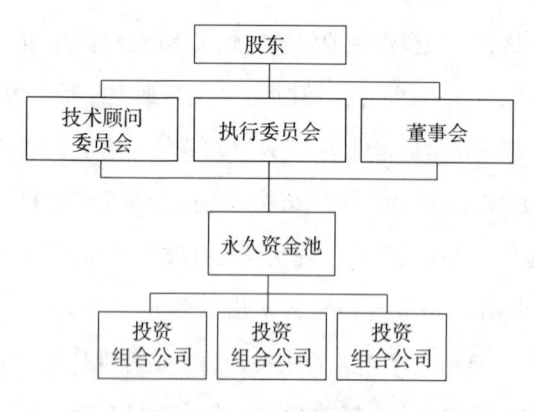

图 4.1 ARD 的组织结构

封闭式基金形式意味着 ARD 可以发行在二级市场上交易的总额固定的基金份额。它没有义务应投资者要求赎回基金。这与新投资者拥有赎回权的开放式基金不同，而且开放式基金可以持续发行新基金份额并出售，以满足流动性需求或扩大基金规模。鉴于这种差异，ARD 选择封闭式结构是有道理的。美国证券交易委员会首席顾问在 1940 年说："事实上，如果一个人拥有一家开放式公司，他就无法开展风投业务。为什么？因为如果他要为小企业提供资金并获得股权，他就没有上市证券，他也没有可销售的证券，但他有流动性不足的股票。"他进一步解释说："如果允许赎回，公司无法清算非流动性股票来筹集现金以兑现赎回。如果一家投资公司要履行为小型企业提供资金的职能，那么它就不能是一家开放式公司，这是显然的。"[30]

然而，即使选择封闭式结构，ARD 也面临着与监管合规相关的重大障碍。由于拥有大量股东，因此 ARD 面临比第三章讨论的私人资本实体更严格的法律标准。事实上，鉴于美国当时的法规，ARD

需要美国证券交易委员会的特别豁免才能建立。两次世界大战之间的那些年，人们对投资公司的投机和金字塔式控制股权普遍厌恶，这意味着像 ARD 这样的实体面临严格的监管标准。1940 年的《投资公司法》是该领域的一项重要立法。

这种监管形势使得投资公司不能持有另一家投资公司超过 3% 的有表决权股票，这将削弱 ARD 从马萨诸塞投资信托基金这样的实体筹集机构资本的能力。幸运的是，该法案包含一项 ARD 可以利用的豁免条款——第 12 条（e）。它允许美国证券交易委员会做出先例设定决定，为了"公共利益"批准 ARD 注册。机构投资者可以持有 ARD 高达 9.9% 的股份，只要 ARD 在第一轮募资中能够筹集 300 万美元（约合今天的 3 680 万美元），其中 150 万美元需要来自机构投资者。[31]

尽管获得了美国证券交易委员会的豁免，但 ARD 从它有意吸引的另一组机构投资者——人寿保险公司处筹集资金仍有些麻烦。在马萨诸塞州，人寿保险公司可以将其储备金的 25% 及其全部盈余投资于另类资产类别——但购买额度不能超过公司资本存量的 10%。其他州的限制更多。在 ARD 成立时拥有大量人寿保险资产的 15 个州中，有 2/3（最值得注意的是纽约州）不允许人寿保险公司将资金投入 ARD 这样的实体。因此，ARD 创始人在早年花了大量时间游说当地官员和联邦政府放松这些监管限制。

最后，ARD 还面临着筹集资金的另一重障碍，因为它在税收方面不被视为传递实体。虽然严格来说它可以获得投资组合公司任意数额的股份，但如果超过该公司有表决权股票的 10%，ARD 将失去作为渠道的税收待遇。因此，ARD 的投资组合产生的任何资本收益都将按资本收益的税率被征税，投资者的收益分配将被"双重征税"。格里斯沃尔德注意到这对筹款的负面影响："有人提醒一些富裕人士对这个问题进行详尽调查，富人们发现税务问题后就不会对公司进行投资了。"[32]

因此，ARD 最初很难从机构和个人投资者那里筹集资金并非偶然。它以每份 25 美元（约合今天的 300 美元）发行了 20 万份基金，最低认购额为机构投资者（包括投资公司）1 000 份，其他投资者 200 份，包括个人投资者。之后将对可购买份额数量设置上限，这一限制旨在控制风险容忍度高的有经验投资者的持有量。[33]

由于美国证券交易委员会对机构用户的严格要求，ARD "差点胎死腹中"。[34] 但它最终成功筹集到了必要的资金。1947 年，ARD 从机构（投资公司、保险公司和教育捐赠基金）、经纪人和公司募集的金额占总数的 57%，个人投资者占余下的 43%。鉴于养老基金在 20 世纪七八十年代作为风投基金的资本提供者所发挥的作用，ARD 财务主管在 1949 年很有预见性地指出："还有一个资本集合将被包括进来，此前在风投看来或多或少有些神圣，那就是养老基金。"[35] 永久资金池得到保证后，ARD 的挑战就在于制定和执行其投资策略。

ARD 的投资策略和方法

虽然 ARD 配置风险资本的方法为现代风投开创了先例，但一开始并不清楚它是否会投资创业企业。ARD向美国证券交易委员会递交的招股书暗示将遵循保守的策略,很少提及令ARD引人注目的创新性的创业投资方法。招股书表示ARD不会进行投资,除非"根据公司董事会的判断,已进行的研发工作显示新企业所涉及的产品或工艺流程在商业上可行,并且有最终盈利的前景"。[36]虽然这种措辞可能是为了安抚那些担心ARD承担过多风险的机构投资者,但它的早期投资确实反映了一种谨慎的态度。

ARD的第一个投资对象是位于克利夫兰州的车用液体公司瑟科产品,该公司获得了利率为5%的15万美元(约合今天的180万美元)贷款,可转为优先股。瑟科产品公司需要资金开发一种通过将汽化溶剂输送到外壳中对汽车变速器进行脱脂的工艺。[37]但瑟科产品公司并不是一家新公司。20世纪30年代以来,它一直在车用液体这个广泛领域申请美国专利。[38]此外,ARD在1947年投资或收购了几家当时还在运营的公司的资产,它们各自创造出了渐进式创新产品,包括康涅狄格州开发木材胶粘剂的施耐德化学制品公司、新泽西州将喷射推进技术应用于熔炉制造的杰特·希特公司、得克萨斯州持有用于去虾肠的机器专利的食品生产商科尔特公司。[39]

然而,其他三项早期投资确实涉及更具突破性的技术。这三项投资都是由可靠人士介绍来的当地项目。首先,ARD对示踪剂实验室公司投资了15万美元,该公司于1946年3月由MIT毕业生威廉·巴伯带领的团队创立,生产和销售用于测量辐射的设备。示踪剂实验室起初自力更生,但随后在为技术开发筹集资金的时候遇到了困难。他们被波士顿当地投资者拒绝后,又拒绝了仅愿意投资以换取51%股权的华尔街投资者，巴伯通过 MIT 的关系网接触到了 ARD，ARD 进行尽职调查后提供了更合理的融资条款。[40]

第二项投资发生在 1946 年，在卡尔·康普顿的建议下，ARD 在可转换债券上投资了 20 万美元（约合今天的 250 万美元），获得了高创新性的粒子加速器制造商高压工程公司 80% 的股份。[41] 多里奥特后来对 ARD 的这笔投资评论说："有一天，卡尔·康普顿打电话给我，说 MIT 的范·德格拉夫博士发明了一种机器，可以用于治疗某些类型的癌症。我说，但是卡尔，如果我开办公司制造这种范·德格拉夫机器，我要与两个美国小公司竞争，其中一个叫通用电气，另一个叫阿利斯·恰莫斯制造公司。而卡尔·康普顿说，嘿，这东西会很有用的，咱们做吧。"[42]

ARD 的第三个本地投资对象是于 1948 年 12 月成立的离子公司，投资额为 10 万美元（约合今天的 100 万美元），获得了 75% 的股权。[43] 离子公司最初位于 MIT 校园中的一间地下室里，大学负担了基础设施费用，ARD 的融资被该公司用作工资、运营资金和研发支出。[44] 该公司致力于开发离子交换相关技术，以瓦尔特·朱达发现的盐水转化膜为基础。瓦尔特拥有里昂大学的物理化学博士学位，是哈佛大学的研究化学家。离子公司申请了这项发明的相关专利，后来成为净水技术的领导者。

从整体的投资组合来看，ARD 的投资在前 10 年偏向于后期阶段，早期投资的相对重要性随着时间推移逐渐增加。这是有道理的，ARD 在试图证明其风投模型的同时限制了风险敞口。此外，发展评估和管理真正创业项目的能力需要时间。ARD 意识到投资组合在不同阶段必须要有多元性。"像美国研发这样的公司必须有一两件不会在短时间内（三个月、六个月、两年后）就能完成的事情，"ARD的财务主管指出，"可以说你必须要坚持不懈才能继续下去。"[45]

ARD的投资风格在许多方面与第三章中讨论的私人资本实体相似。进行严格的尽职调查，从大量方案中筛选投资对象。通过其技术顾问委员会、专业投资人员和外部联系人对项目进行评估。1946—1950年，它评估了1 869个方案，仅进行了26笔投资（1.4%）。事实上，在ARD整个历史中，其投资率从未超过4%。[46]只有通过要求严格的筛选过程，一家公司才能进入ARD的投资组合。项目最初由ARD的员工进行筛选，最有希望的项目将被报送技术顾问和董事会。然后ARD员工将与项目创始人会面，并编写"运营表"来描述他们的业务计划和未来18个月的资金需求，以此进行更多的尽职调查。如果提交给董事会的运营表获得批准，该项目将由ARD的法律顾问及其执行委员会进行最终审查。

虽然很难确定ARD的投资项目来自哪里，但至少在早期阶段，许多投资来自卡尔·康普顿等联系人。如果需要更多资金，或者另一个融资合作伙伴可以为投资组合公司提供专业知识，ARD将与其他金融集团共同投资。引人注目的是，鉴于当地的管理比较宽松，1946—1950年，ARD超过3/4的投资对象都是位于马萨诸塞州或东海岸其他地区的公司。然而，随着时间推移，ARD的投资对象在地域上变得更加多样化，1966—1973年约有1/4的投资对象是西海岸公司。[47]除了投资银行和经纪公司，ARD还从公司内部的投资专业人士（在20世纪50年代，有4~7个）的人际网中寻找投资项目。

第四章　市场与政府　135

有趣的是，ARD 还与大型公司的研究实验室接洽，寻找从这些机构中涌现的发明，这些发明可能是其公司产品线的外围产品，因此也可能成为建立新实体的候选者。这表明 ARD 在积极开发创意市场。

ARD 的投资方法以技术为驱动，以团队为导向。其许多投资涉及获得专利保护的企业，而且 ARD 愿意参与理论科学的商业化。图 4.2 显示，在早期，ARD 专注于化学制品和工业设备公司，但在后期，其投资也包括电子产品等新兴领域。企业背后的人是至关重要的。正如多里奥特所说，ARD 的职责是"寻找人才并寻找创意"。ARD 的文件表明，它"只投资那些由确实有能力和诚实守信的人管理的公司"。[48]

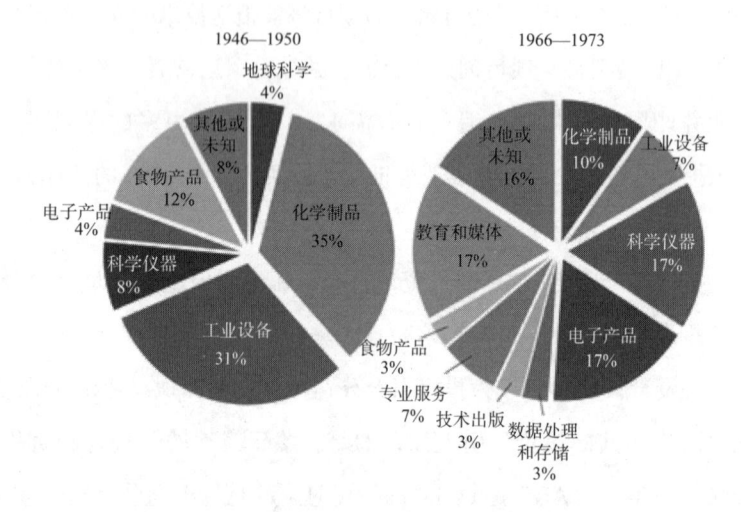

图 4.2　按行业划分的 ARD 投资项目占比

数据来源：David H. Hsu and Martin Kenney, "Organ izing Venture Capital: The Rise and Demise of American Research & Development Corporation, 1946–1973," Industrial and Corporate Change 14, no. 4 (2005): 579–616, 593

ARD 也非常重视公司治理。对于 ARD 的所有投资，多里奥特断言："实际上我们没有遇到过技术上的失败。所有失败都是人这个层面上的失败。"[49] 为了缓解因人导致的问题，ARD 实施严格的监控，同时也赋予了创始人一定程度的自主权。ARD 会派遣投资专业人士协助管理投资组合公司，并在必要时调整人员配置。多里奥特的观点是"最有能力创办公司的人很少成为优秀的经营者"。[50] 虽然 ARD 通常不会对公司拥有控制权，但它确实要求入驻董事会，以便影响管理方向，并且识别及纠正任何可能正在萌芽或已产生的代理问题。ARD 通常要求两个董事会席位。卡尔·康普顿和梅里尔·格里斯沃尔德都被选入示踪剂实验室的董事会，而多里奥特则在高压工程公司和离子公司的董事会任职。

除监督外，多里奥特认识到需要采用投后指导来灌输卓越的管理措施。他了解到"研发、新技术理念和年轻的小企业本身并不是取得巨大成功的关键。它们必须得到有力的管理、充足的融资、合格的生产方法和积极的商品推销的补充"。[51] 多里奥特考虑本地问题的同时也具有全球化视野。为了建立一个将投资组合公司与海外市场联系起来的基础设施，多里奥特在 20 世纪 60 年代早期成立了 ARD 的同类型实体——欧洲企业发展公司和加拿大企业发展公司。[52] 两个公司都有杰出的股东，以促进"人员上的帮助"和各国之间的"技术思想交流"。对于多里奥特来说，成功的风投需要企业融资、人员、思想和关系网的融合。

凭借具有永久性资本的封闭式基金的组织结构，ARD 可以采取较有耐心的风投策略，让它的管理措施发挥作用，等待投资组合公司随时间推移逐渐成熟。档案证据表明，ARD 在 1946—1973 年进行的 120 笔投资，平均投资期限为 6.5 年，而投资中占比较小但重要的一部分需要 10 年或以上才能完成。与此同时，ARD 受到股东的压力，需要展示业绩成果。它需要长期投资，同时需要创造流动性为运营提供经费。ARD 应对这一挑战的方式不同于大多数风投实体，从一开始，它的商业模式就包括向被它投资的公司收取管理费。1948 年，收取的管理费占 ARD 员工工资成本的 12% 左右。[53] 当然，这需要权衡：虽然管理费可以满足 ARD 对临时流动性的需求，但这就要动用投资组合公司实现长期增长所需的运营资金。

对流动性的需求影响了 ARD 为其投资组合公司提供资金的方式。ARD 通过可转换债券和可转换优先股产生现金流。投资于瑟科产品、示踪剂实验室和高压工程公司的总计 50 万美元产生了 5% 的利息或优先股息，这是当时政府证券回报率的两倍多。[54] 请注意，尽管现在的可转换票据也普遍存在高回报率，但投资者通常不期望实际现金兑付；相反，在未来债券以票面值转换，同时应计利息转换为额外股权的时候，转换就会发生。

ARD 使用复杂的方法来构建融资合同。除了通过董事会代表施加影响，它还会将限制性条款写入协议，迫使投资组合公司在某些条件下遵守 ARD 的目标。瑟科产品公司于 1950 年进行财务资本重组的时候，限制性契约被用于获得公司控制权。ARD 不太可能对研发密集型企业仅仅进行债务投资，这与资本最优化理论是一致的。由于研发支出几乎全是无形资产，并且往往只对使用它的公司有用处，因此它的清算价值有限。通常来说，债务的使用倾向于随着无形资产的增加而减少。[55]

　　从合同的角度来看，ARD 也相信创始人激励机制。用多里奥特的话说："持有公司股权的管理层的参与被认为对公司的增长非常重要。"[56] 他还提醒说："有很多理由说明为什么对新公司的启动资金进行限制是明智的决定。"其中最主要的是，"在一个没有经验的人手中，所有类型的承诺往往都是相当鲁莽的，资本会以极快的速度消失"。[57] 因此，ARD 分阶段进行投资。例如，示踪剂实验室在 1946 年和 1948 年接受了分阶段注资，然后又在 1949 年的公开发行中筹集了 130 万美元。

　　然而，尽管 ARD 采取了精密的投资选择、管理和融资策略，但它早期也遭遇了与第三章所讨论的私人资本实体同样的基本问题。在其运营的最初 10 年中，ARD 没有产生风投式的回报，这严重限制了其筹集和投入更多资金的能力。多里奥特采取了一项策略，每当 ARD 的流动资产达到 100 万美元时，就会向市场募集更多资金——他在 1949 年和 1951 年就是这么做的。但 ARD 的基金份额往往以大幅折价交易，使得这种筹款形式缺乏吸引力。1955 年，ARD 的基金交易价格仅为其资产净值的 65%。[58]

　　另一个形成流动性的选择是出售成功的投资组合公司，ARD 也确实开始更频繁地这么做了。然而，与此同时新项目的数量也从 1947—1951 年的平均每年 382 个减少到 1954 年的 127 个。1954 年，ARD 没有进行新的投资。显然，管理风险资本的周期动态、从融资到将资本配置到投资组合公司，以及适时退出投资是一项艰巨的任务。ARD 策略造成的负面影响是更关心风险最小化而不是预期回报最大化。[59] ARD 的一些投资在短期内产生了不错的回报，但其他投资需要更长时间才能实现回报，或以亏损告终。在与蓬勃发展的股票市场的竞争中，多里奥特似乎失去了努力的热情。"见证七八年前对风投的巨大兴趣是如何消失的，以及当时流行的大胆和勇气现在如何减弱，是一件有趣的事情，"他反思道，"风投不再时髦了。一个好的上涨的股票市场似乎已经扼杀了战后时期的巨大希望……一般说来，银行家、投资者、经纪人等与制造商相反，他们得出的结论是，创造性的风投是过去的幻想，由于无法快速实现回报，大部分都应该被放弃。"[60]

从对 ARD 财务状况的评估来看，多里奥特的悲观是合理的。1946—1956 年，ARD 在投资组合中投入了 1 000 万美元（约合今天的 9 240 万美元）的风险资本，每股资产净值的年复合增长率为 5.2%，其中包括 ARD 在 1954—1956 年支付给投资者的股息。包含股息的每股市值年复合增长率为 -1.3%。[61] 与此同时，标准普尔综合指数仅指数的年复合增长率就有 8.9%，包含股息的增长率为 15.2%。到 20 世纪 50 年代中期，ARD 作为风投实体自我维持的能力受限于业绩。它的目标是通过长尾模式投资创业公司获得资本收益，但与股票相比却表现不佳。

长尾理论的证实：数字设备公司

1957 年的一笔投资改变了 ARD 的投资组合业绩，这笔投资的对象是位于马萨诸塞州的最初名为数字计算机公司的新兴企业。这家后来改名数字设备公司的高科技创业公司也确立了 ARD 在美国风投史上的地位。数字设备公司是肯尼斯·奥尔森和哈伦·安德森的心血结晶，他们二人毕业于 MIT，都在由联邦政府资助的研发中心 MIT 林肯实验室工作。20 世纪 50 年代中期，奥尔森被借调到 IBM 从事电脑化飞机监控和防御系统 SAGE 的相关工作。回到林肯实验室后，他帮助设计了 TX-0 电脑，这台电脑足有房间大小，使用晶体管存储和处理信息。TX-0 具有 64K 的 18 位字节磁芯内存，虽然按现在的标准来看是微不足道的，但在当时算是很大了。虽然实际体积很大，但 TX-0 的空间效率明显高于使用真空管制造的同功能的第一代计算机。与 SAGE 系统一样，它可以通过阴极射线管显示器进行交互，为用户提供一些实时功能。IBM 凭借使用真空管的 709 型机（于 1959 年被晶体管版本的 7090 型机取代）在 20 世纪 50 年代后期成为科学、商业和管理计算技术的领先提供商，但它提供的强大数据处理器可能需要花费数百万美元。

1957 年 8 月，奥尔森和安德森离开林肯实验室，组建数字设备公司。他们打算为需要更便宜但保持高计算性能解决方案的研究机构和企业制作电路板模块。公司最开始设在马萨诸塞州梅纳德镇的一家从前的纺织厂里。在 1967 年国会关于小企业融资的听证会中，多里奥特回忆起 ARD 如何与数字设备公司建立联系：

> 大约 10 年前，一位年轻人从马萨诸塞州贝德福德的林肯实验室来见我。他告诉我他想创办一家公司制作模块。模块是计算

机的组件。他说："如果我们做得不错，以后可能会制造电脑。"参议员，现在回想一下10年前，一个年轻人来拜访你并描述他想做的事情：他想和一家名叫IBM的美国小公司竞争。好吧，我们创办了这家公司。你会对这些数字感兴趣。10年后，该公司售出了价值3 000万美元的电脑，成功地成为IBM的竞争对手。我们给了这个人7万美元作为公司的启动资金，今天我们估计这笔投资的价值为5 200万美元。[62]

在ARD与数字设备公司的这段投资关系中，多里奥特的评论有三方面值得注意。首先，ARD的投资反映了事前的选择受制于未来技术发展方向和市场收益潜力的事后不确定性。现有优势企业的威胁——在这个例子里，就是IBM——是一个重要影响因素，这似乎一直是ARD投资战略的一个主题，可以追溯到与通用电气竞争的高压工程公司的融资。多里奥特可能会因为来自强大的现有企业的竞争感到担忧而又受其吸引。通过投资像数字设备公司这样的创业公司，他觉得自己正在通过促进商业活力创造价值。即使投资事后没有取得成功，ARD也通过为新的技术创新提供资金推进了实验进程。如果确实有所回报，ARD将在可承受的风险水平上最大化其财务回报。

其次，由于技术和市场的这种不确定性，创始人的资本成本很高。ARD通常投资5万~100万美元。ARD向奥尔森和安德森提供的7万美元（约合今天的60万美元）处于这个范围中的较低一侧。除了现有企业的威胁之外，数字设备公司还面临来自其他创业公司的竞争，例如大型电脑的开创性制造商数据控制公司。对数字设备公司的7万美元投资使ARD获得了78%的股权。[63]这与ARD采取的在"这些人需要很多帮助"的高风险项目中获取大多数股权的策略是一致的。这也反映了多里奥特的信念，即风投需要理解创新理念所创造的价值在根本上与熟练执行所创造的价值不同。他看出奥尔森和安德森"是非常优秀的工程师"，但"他们没有管理经验"。[64]根据ARD的一贯做法，多里奥特在数字设备公司的管理中发挥了积极作用，并为其提供贷款以促进增长和发展。与此同时，多里奥特尊重创始人。奥尔森后来回忆说，ARD"给了我们自由，他们没有干涉，无论事情进展顺利与否"。[65]

最后，ARD的收益证实了长尾投资方法，证明了其他风险资本实体尚未实现的可能性。事实上，数字设备公司是长尾投资组合的缩影。得益于其革命性的PDP（编程数据处理器）电脑系列，数字设备公司将低廉的价格与令人印象深刻的功能以及高端性能相结合。1960年，PDP-1的售价为12万美元（约合今天的100万美元），但到了1965年，PDP-8的价格降至18 000美元（约合今天的14万美元），成为第一台大规模生产的小型计算机。[66]受其成功的推动，数字设备公司于1966年IPO，随后市值大幅增长。虽然多里奥特在1967年3月将ARD对数字设备公司的投资的市值定为5 200万美元，但《邓氏评论》估计它在1968年11月价值2.32亿美元，到1971年年底，数字设备公司为ARD创造的未实现收益价值达到了3.55亿美元。[67]除此之外，它还证实了ARD创始人的愿景，即投资创新型公司将加速区域增长。数字设备公司成为马萨诸塞州最大的雇主，也是仅次于IBM的美国第二大电脑制造商。

数字设备公司的重要性引起了 ARD 的注意，ARD 称之为"可能是现代最成功的风投"。后来，另一位风投家着重说明了这一先例，他指出"真正的风投家渴望，至少是梦想着，复制数字设备公司的成功经验"。[68] 此外，值得注意的是，ARD 在 1946—1971 年投资的资金中只有 11.3% 发生了损失。[69] 因此，投资数字设备公司的重要性并不在于它弥补了全部损失，而是提高了 ARD 投资组合中大部分公司产生的中等收益。

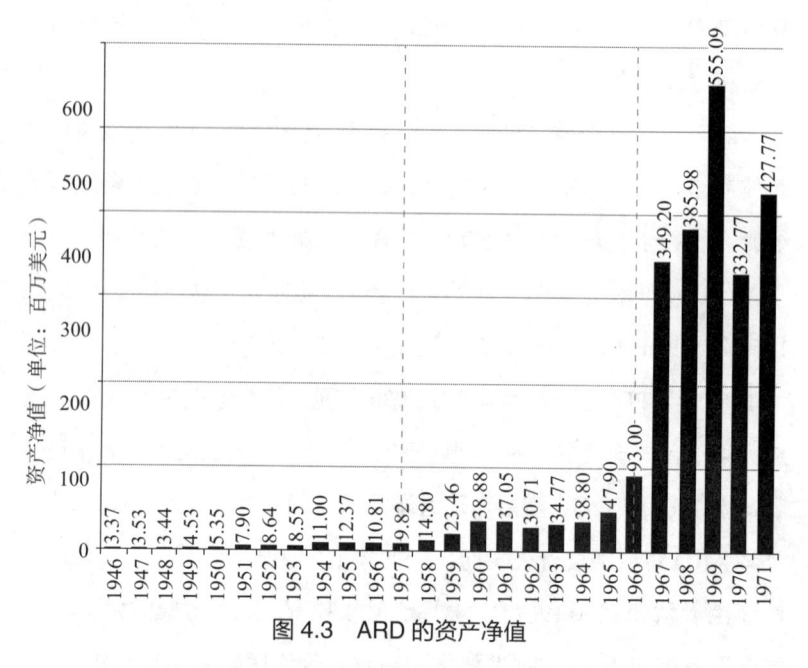

图 4.3 ARD 的资产净值

注：图中虚线表示 ARD 投资数字设备公司的年份（1951 年）和数字设备公司 IPO 的年份（1966 年）。

数据来源：Georges F. Doriot papers, 1921–1984, Baker Library Business Historical Collections, Business Manuscripts Mss 784 1921–1984 D698, Harvard Business School

图4.3 清楚反映了数字设备公司对 ARD 投资组合的重要性，显示了数字设备公司 IPO 后 ARD 资产净值的显著飙升。这对投资者来说是一个关键的信号时刻。图4.4 显示了 ARD 的财务回报。ARD 在 1946—1971 年实现的包含股息的每股资产净值的年复合增长率为 15.8%，包含股息的每股市值的增长率为 14.7%。但如果从投资组合中剔除数字设备公司，回报率约为一半。鉴于同期标准普尔综合指数的回报率为 6.9%（含股息的回报率为 11.6%），包含数字设备公司的 ARD 投资组合表现优于股市，但如果没有数字设备公司，其表现将逊于股市。因此，数字设备公司对 ARD 的整体投资组合表现产生了重大影响。

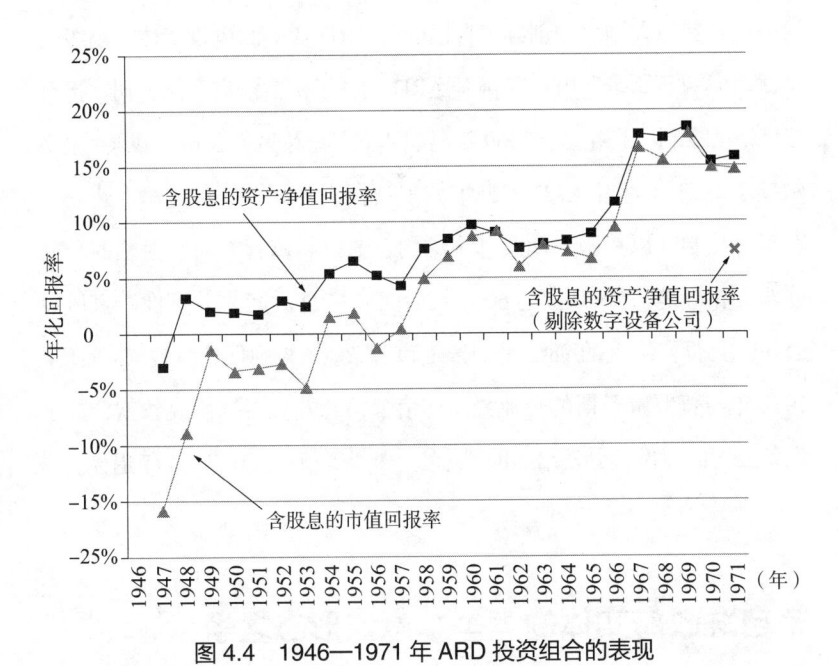

图 4.4 1946—1971 年 ARD 投资组合的表现

数据来源：Patrick R. Liles, *Sustaining the Venture Capital Firm* (Cambridge, MA: Management Analysis Center, 1977), 83

然而具有讽刺意味的是，ARD越成功，它的商业模式就越受到破坏。由于它是一只封闭式基金，法规规定ARD的员工不能持有其股票或其投资组合公司股票或这些股票的期权。他们只能获得工资和奖金。这意味着，如果成功退出，投资组合公司的创始人可以赚取数百万美元，而ARD的投资专业人士可能只会得到几千美元的奖金。在20世纪60年代的一个例子中，一个投资组合公司的创始人最终身家达1 000万美元，而负责投资的ARD投资专业人士获得的奖金仅为2 000美元。[70]

ARD的一些最优秀的专业人士跳槽去了其他拥有更优惠薪酬条件的公司，其他人则离职创办了自己的与ARD竞争的风投实体。高级副总裁威廉·艾佛斯于1965年离开ARD创办了格雷洛克合伙公司，接替艾佛斯的亨利·霍格兰于1969年离职建立了富达风投公司，威廉·康格尔顿于1971年离开ARD创办了帕尔默合伙公司。三家公司都建立了有限合伙制，以克服封闭式基金结构在薪酬和监管方面所面临的一些问题。相应地，到20世纪60年代后期，ARD看起来并不像一家风投公司。其投资组合的98%是公开上市股票。[71]为确保连续性，ARD于1972年与普罗威登斯的企业集团达信公司合并。根据协议条款，数字设备公司的股份被分发给ARD股东。多里奥特最终于1974年退休。

来自准政府实体的竞争：意识形态之争

在成立十多年后，ARD发现自己不仅仅是在与新的有限合伙制风投企业竞争。风投行业的另一个趋势也对其构成了挑战。1958年，《小企业投资公司法》通过，催生了一批有潜质与ARD竞争的新投资实体。多里奥特非常了解新立法的含义。1967年，他在国会针对这一问题提供证词时，主持参议员问他："将军，美国国内有其他公司正在从事您的美国研发所承担的工作吗？"多里奥特讥讽道："哦，是的，先生。由于国会所做的一切，我有750个竞争对手以小企业投资公司的形式出现。你们对我很好啊，先生！"[72]

小企业投资公司是美国政府长期致力于发展创业的结晶。这一雄心壮志根植于大萧条时期的银行危机，当时资本主义制度处于崩溃的边缘，政府介入以缓解信贷状况。1931年，由时任财政部长安德鲁·梅隆支持的私人集中贷款机构国家信贷公司计划从银行和著名金融家那里筹集5亿美元。[73] 当危机的影响超出国家信贷公司的可用资金时，时任美国联邦储备委员会主席尤金·迈耶认为，应该储备一个政府计划来解决国家所面临的问题。

复兴金融公司成立于1932年，由迈耶担任主席。该公司最初的设计寿命为10年，但经过立法延期，直到20世纪50年代初才关闭。复兴金融公司从美国财政部获得了5亿美元（约合今天的88亿美元）的资本，并获准通过发行债券再筹集了15亿美元（约合今天的260亿美元）。其借贷额很快增加到33亿美元。1933—1935年，它从私人银行收购了超过10亿美元的优先股，以帮助它们恢复资本储备。它的活动也扩展到银行的资本结构之外，进入公共工程项目和小企业贷款等领域。[74]

然而，在企业融资方面，复兴金融公司在许多层面受到批评。统计数据支持其对创业企业不利的普遍观点。截至 1940 年 2 月，复兴金融公司近 1/3 的贷款发放金额不超过 10 万美元。[75] 贷款主要用于帮助希望避免破产的现存企业，而不是新企业。此外，近 1/4 的行业贷款最终违约，这引发了人们对于政府机构能否正确筛选投资对象的质疑。这场争论与当时美国正在发生的一场更广泛的争论有关，即政府如何在创业部门的发展中起到适当作用。[76]

金融业代表认为小企业融资应主要保留在市场领域。商业银行担心政府参与将对其短期贷款业务产生负面影响，而投资银行家则反对所有可能破坏其利润丰厚的金融中介业务的创业或增长融资来源。然而，政府机构、研究团体和学术界进行的一些研究表明，小企业需要更好地获得公平和长期的资金来源，这使得保护以上这些利益的成本逐渐增高。争论交锋中的论点产生了深远的影响。一项研究告诫说，如果私人控制的资本未能填补机构投资的空缺，"社会控制的资本将发挥作用"。[77]

毫不奇怪，政治分歧的一边是自由市场企业的支持者，另一边是政府行为的倡导者。被民主党视为小企业发展助推剂的复兴金融公司的借贷权力在 1953 年被共和党政府撤销。作为对民主党的让步（20 世纪 50 年代的大多数时间，民主党和共和党在国会两院中势均力敌），联邦政府在同年成立了小企业管理局。它的职责是与银行互动，以确保为小企业提供充足的资金，并提供抵押贷款。从市场需求的角度来看，问题在于该机构本身并不提供股权投资。虽然风投实体当时是存在的，但缺乏大规模提供此类融资的有组织的机构投资者。一项估计认为，股权融资的缺口约为每年 5 亿美元。[78] 为了从经济视角理解这种缺口，我们可以参考 ARD 在 1946—1971 年的整个历史中筹集的外部资本，总共也就是 1 950 万美元。[79]

20 世纪 50 年代后期，鼓励为新企业融资的努力在美国变得更加急切。虽然胡佛委员会和经济顾问委员会的两份报告没有发现提高小企业资金可得性的必要性，但美联储的一项有影响力的研究提倡发展"专注于小企业融资的新型私人投资机构"。[80]随着苏联提高对高科技产业的投资并最终发射了"伴侣号"卫星，风气发生了变化。冷战时期的新优先事项是增加人才和资本回报。1958 年，艾森豪威尔总统签署了《国防教育法》，旨在加强技术和科学教育。同年，美国国家航空航天局成立，负责管理美国的太空探索政策。这是国会审议小企业融资问题的背景，1958 年 8 月《小企业投资法》被签署成为法律。政策声明总结了颁布这项法律的意图："这是国会的政策，它的目的是通过制定一项刺激和补充私募股权资本和长期贷款资金的计划，来改善和刺激国民经济及其小企业部门。小企业需要优质融资以满足业务运营以及它们的增长、扩张和现代化，但资金的供给并不充足。"

不是每个人都热情地接受了这项立法。一位芝加哥经济学家在《金融学期刊》上发表的论文中指出，小企业部门具有"实力和经济稳健性"，认为政府所有的纠正政策都并无必要。[81]辩论集中在政府应该参与何种类型的融资活动。在 1958 年 11 月的一篇社论中，《巴伦周刊》提出了这一强有力的论点："如果国会真的希望提供帮助，方法很简单。对小企业进行扶持的方法应该是通过财政审慎和合理的政府政策，寻求促进所有企业蓬勃发展的经济环境。小企业不需要联邦的扶持。它所需要的一切——以及它能合理要求的一切——就是机会。"[82]《巴伦周刊》的观点是,《小企业投资法》意味着政府在监管之外的范围进行了不恰当的扩张。这篇社论的主旨是政府没必要在新的风险融资领域采取行动。焦点应该与税收政策相同：创造有利环境，让自由市场繁荣发展。

小企业投资公司计划

根据《小企业投资法》，私营小企业投资公司得以建立，并由小企业管理局下属部门及美国各州发放执照。融资机制是这样的：新的小企业投资公司要想成立，必须拥有最低 15 万美元的可投私人资本。然后小企业管理局将收购该小企业投资公司的次级债券以匹配私人实缴资本，从而使其达到 30 万美元的法定资本门槛。之后小企业投资公司可以多借出最高不超过法定资本 50% 的贷款，因此，小企业投资公司的可用投资资金总额至少为 45 万美元（约合今天的 370 万美元）。除了能以名义利率向政府借款外，小企业投资公司还获得了相当优惠的税收待遇。投资组合的任何投资损失都可以从常规收入中扣除，并且在计算所得税之前可以扣除 100% 的股息收入，而不是正常的 85%。此外，股东可以从常规收入而非资本收益中扣除所有已发生的损失。

作为这些优惠条件的交换，小企业投资公司必须遵守一系列法规。投资期限不得少于 5 年（除非相关小企业提前倒闭）。"小企业"被定义为在投资前的两年税后收入不超过 25 万美元，净资产不超过 250 万美元，资产不超过 500 万美元（意味着它拥有最多几百名员工）。小企业投资公司是中小投资者，取得控股权需要得到小企业管理局的特别批准。单独一笔投资不能超过小企业投资公司资金的 20%。最初，投资必须采取债券形式（允许使用可转换债券），但这一限制很快被取消以方便小企业投资公司进行股权投资。目标是让小企业投资公司充当为具有高增长潜力企业融资的风投家。原则上，这是一个很具有吸引力的计划。一位记者用现代风投的利润分享规则这样解释："美国政府是一个有限合伙人，不需要公司 80% 的投资收益，只希望本金得到返还。"[83]

尽管小企业投资公司计划提供了机会，但如图 4.5 所示，最初的实施速度很慢。ARD 拒绝了本要授予它的第一个小企业投资公司执照。[84] 然而，一些先行者都是非常有影响力的实体。其中一个很重要的实体是大陆资本公司，由弗兰克·钱伯斯在旧金山创办。弗兰克·钱伯斯是哈佛商学院的毕业生，深受多里奥特的影响。钱伯斯成为湾区风投圈的焦点投资家，关注高科技领域。1959 年，他和一名合伙人建立了大陆资本，原始净资本为 550 万美元，之后又在 1960 年和 1969 年分别募集了 300 万美元和 250 万美元（总计约合今天的 8 600 万美元）。在 20 年的运营中，大陆资本进行了 100 多项投资，其中近一半投资于创业公司，配置现金和证券约 9 000 万美元（约合今天的 5.9 亿美元）。[85] 钱伯斯最重要的投资之一是美国微系统公司，这是一家于 1966 年在圣克拉拉成立的技术创新的半导体公司。钱伯斯于 1969 年投资的 48 000 美元（约合今天的 314 000 美元）在不到两年内增长了 30 倍。

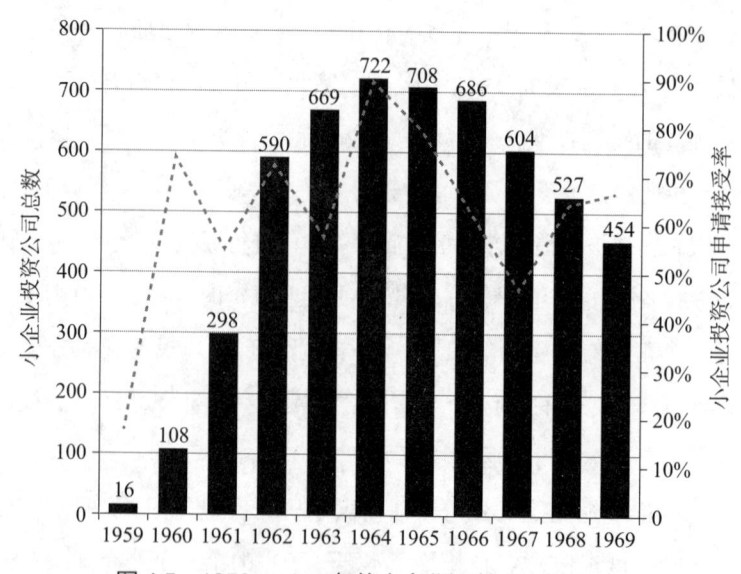

图 4.5　1959—1969 年的小企业投资公司数量

注：图中虚线反映的是接受率，也就是申请通过百分比。

数据来源：Charles M. Noone and Stanley M. Rubel, *SBICs: Pioneers in Organized Venture Capital* (Chicago: Capital, 1970), 90

波士顿资本公司是另一个先行者，其规模远超大陆资本。它成立于 1960 年，在刚刚卸任小企业管理局首任行政官职位的温德尔·B. 巴恩斯的帮助下，由一群备受尊敬的投资者创立。曾向 ARD 提供第一个小企业投资公司执照的就是巴恩斯。这两家公司的缘份不浅，被聘为波士顿资本公司总裁的小约瑟夫·鲍威尔在 20 世纪 50 年代初曾担任 ARD 的副总裁，之后为了更好的薪资待遇跳槽去了一家位于俄亥俄州克利夫兰的信息处理公司。波士顿资本筹集了 2 060 万美元的股权基金，它可以利用这笔资金加杠杆创造约 1 亿美元（约合今天的 8.1 亿美元）的投资池，这使其成为当时规模最大的小企业投资公司。

在刚开始运营的18个月内，波士顿资本投资了超过1 000万美元的资金，投资数额与ARD相比是非常大的。[86]

与ARD一样，波士顿资本也对投资对象精挑细选。在第一年的投资中，它收到了250多份来自寻求融资的小企业的方案，仅投资了其中的7家（2.8%），所有得到投资的企业都在高科技领域。与ARD的投资方法一致，波士顿资本也表示将"为小型企业提供顾问和管理咨询服务"，至少有一位来自波士顿资本的代表进入各个投资组合公司的董事会。[87]此外，它还依据收益的长尾分布建立投资组合。这个策略成功了，因为波士顿资本在伯基照片公司的投资价值在前5年增加了5倍。[88]

波士顿资本并不是唯一一个进行了成功投资的小企业投资公司。电子资本公司于1959年在马萨诸塞州作为小企业投资公司成立，以每股10美元的价格向公众出售了180万股股票。1961年5月，其股票交易价格比发行价高出440%。大华盛顿工业投资公司于1960年作为小企业投资公司成立，专注于华盛顿特区的投资机会。在9个月内，其对计算机服务公司C-E-I-R（前身为非营利性的经济和工业研究委员会）的90万美元（约合今天的730万美元）可转换债券投资的市值超过700万美元（约合今天的5 670万美元）。[89]因此，小企业投资公司的数量很快开始激增。1961年，共有29个小企业投资公司公开交易，占当年所有运营中的小企业投资公司的10%。就像封闭式基金结构适用于ARD一样，公开上市让个人投资者有机会参与这个投资领域。从某种意义上说，小企业投资公司计划使风险资本活动民主化。

然而，小企业投资公司的回报很快反映出它们中的大部分都并不

第四章　市场与政府　153

理想，新进者的涌入也开始放缓。相比那些较小的小企业投资公司，较大的小企业投资公司利润更高，但即使是表现最佳的公司（资产超过500万美元的那些）平均回报率也只有8%（衡量标准为净收入占资产的百分比），与标准普尔综合指数差别不大。[90] 图4.6 从另一个角度审视了小企业投资公司的表现，将ARD和波士顿资本公司在其整个生命周期内的年复合回报率进行了对比。对两家公司来说，长尾回报率的计算结果都是显而易见的。如果最成功的单项投资包括在总回报率中，两只基金的表现都优于标准普尔综合指数，但如果该投资被排除在外，则表现都不如标准普尔综合指数。这意味着无论风险融资

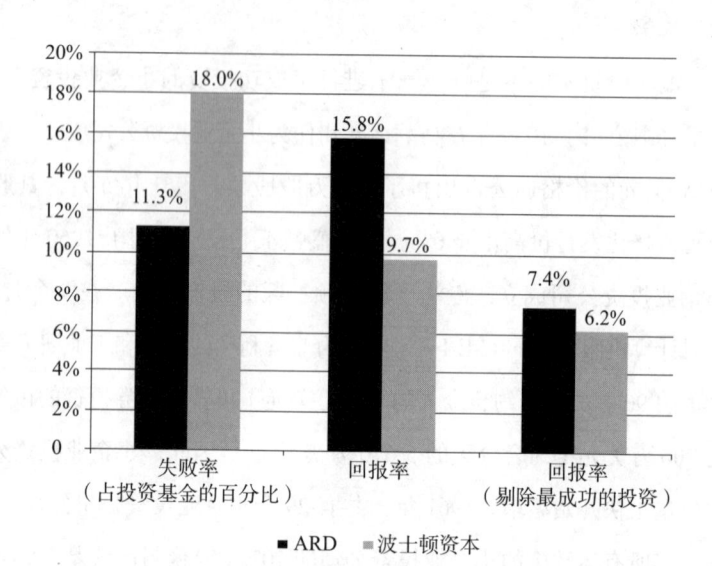

图4.6 ARD与波士顿资本的投资组合表现对比

数据来源：Patrick R. Liles, *Sustaining the Venture Capital Firm* (Cambridge, MA: Management Analysis Center, 1977), 150

是通过纯粹市场导向体系还是政府补贴体系，都很难从长尾投资的方法中系统地获利。面对这种商业模式日益增长的压力，波士顿资本于1970年停止投资。

小企业投资公司的早期经验暴露了若干严重阻碍实现超额回报的计划层面的核心问题。到20世纪60年代中期，有超过700家小企业投资公司在运营，但大多数都是资本不足的小型公司，它们的实缴资本只有几十万美元。这限制了大多数小企业投资公司雇用有才能的投资专业人员，以及为风投的多元化投资组合提供资金的能力。此外，由于存在风险，很少有小企业投资公司实际从事创业或小企业增长投资。据估计，90%的小企业投资公司违反了它们建立时依照的法规，这些违规行为包括财务报表的造假和延迟申报。政府借款的优惠利率导致了逆向选择，欺诈和营私舞弊行为很常见。[91]

国会对此的反应自然是加强监督，但这加重了现有的负担。美国证券交易委员会针对投资组合公司的注册规则尤其严格，尽管有税收减免，但小企业投资公司及其股东仍面临双重征税。基于大陆资本的经验，钱伯斯明确指出："法案通过后的20年内，监管在大多数公共小企业投资公司的倒闭中都起了很重要的作用。"有趣的是，他接着说："大陆资本的委托人打算利用机构资金和我们自己的资金建立合伙人形式。我们将在有限合伙制企业中占相当大的份额。"钱伯斯意识到了这种转变的广泛影响。新结构避免了监管，但他指出："个人投资者将无法参与我们的新企业。"[92]他知道有限合伙制企业将是排他的。

然而，尽管计划的设计存在这些基本缺陷，但小企业投资公司的经验有助于通过一些重要的方式影响美国风投行业的发展。即便是直言批评小企业管理局的钱伯斯也把1958年的法案描述为"一项具有非常高的洞察力的立法"。它建立了一个在市场导向的风险资本供应有限的背景下对风险资本配置进行设计的思考框架。最初制定的法律可能会因为意外后果和环境变化而进行修改。这样，法律才能产生长期影响。监管界限发生变化并产生了各种豁免，有助于创造现代风投行业运营的环境。例如，1974年对投资组合公司的风险资本投资被免于遵守耗时的美国证券交易委员会的注册法，从而消除了资本分配决策中的过度延误。[93]

通过提供财务和管理指导，小企业投资公司还对风投实体构成了竞争。通常来说，竞争对创新毫无疑问是有益的。多里奥特注意到风险融资中的啄食顺序会形成有利的竞争动态："如果有人来找我们，并被告知我们愿意投资他，那么他可以轻易找到一家小企业投资公司并告诉他们，'ARD愿意资助我'。通常小企业投资公司会尽力给他投资。"[94] 小企业投资公司为创业和成长阶段的高科技公司提供了至关重要的资金。例如，1969年，英特尔（成立于1968年）收到了小企业投资公司富国银行投资公司的299 390美元（约合今天的200万美元）。一项研究（尽管是由美国小企业投资公司协会委托进行的）发现，接受小企业投资公司投资的公司在平均雇用人数、销售、税前利润和资产增长以及联邦税收方面的表现优于同等公司。它还计算出小企业投资公司引发就业增长的成本约为政府在创造就业机会的各类项目上投入成本的1/4。该研究的结论是，小企业投资公司计划具有福利效应。[95]

小企业投资公司以支持企业集群发展的积极外部性的形式创造了间接利益。鉴于小企业投资公司计划的规模——在计划开始的前 10 年涉及约 30 亿美元的投资基金——对中介服务的需求有所增加，例如解决风险合同问题的专业律师。当经济参与者之间存在强大而有益的联系时，往往会形成集群，随着社区的发展，这些集群又会吸引新的参与者。从 20 世纪 60 年代后期开始，硅谷的律师事务所在该地区发挥了关键作用，因为它们发展出了促进风投家和企业家之间的互动的专业能力。[96]

最后，小企业投资公司为有才华的创业投资者提供了一个参与风投行业的切入点。其中一个例子是萨特山创投，一家由威廉·德雷珀三世和保罗·韦瑟斯于 1964 年通过合并两家小企业投资公司创建的帕洛阿尔托的风投公司，这两家小企业投资公司是德雷珀-约翰逊投资公司以及萨特山地公司。[97] 在谈到募集投资资金的困难时，德雷珀说如果没有这家小企业投资公司，"我永远不会进入风投行业"。这使得有投资能力和"没有钱无法投资"大为不同。[98] 1970—2000 年，萨特山创投的年回报率达到 37%。[99] 德雷珀的合伙人富兰克林·"投球"·约翰逊承认小企业投资公司计划"孕育了"风投行业的种子，并创造了"像我们这样的骨干"。正如他所认为的那样："像我们这样经验不足的人，没有小企业投资公司是不可能筹集到资金的。"[100] 另一个突出的例子是乔治·奎斯特，他在 1968 年离开一家小企业投资公司，与他人共同创建了旧金山的汉布雷克特-奎斯特创投，一家被风投广泛用作 IPO 中介的实体。

通过所有这些机制，政府的影响力与现代风投行业的崛起紧密地联系在一起。虽然政府会扭曲市场，导致不理想的结果，但重要的是记住市场之所以能有效运作，是因为它们得到了政治权威决定的管理体系的支撑。[101] 换句话说，市场通常需要"游戏规则"才能有效运转。如图 4.7 所示，相对于小企业投资公司，风投公司在 1963 年的确仅占投资总额的一小部分，但几十年后市场导向的投资方法开始在风投行业占主导地位。然而，政府在这一发展过程中并不是一个被动参与者。小企业投资公司计划加深了人们对政府政策以及恰当的法律和金融机构如何使创业和风投蓬勃发展的理解。

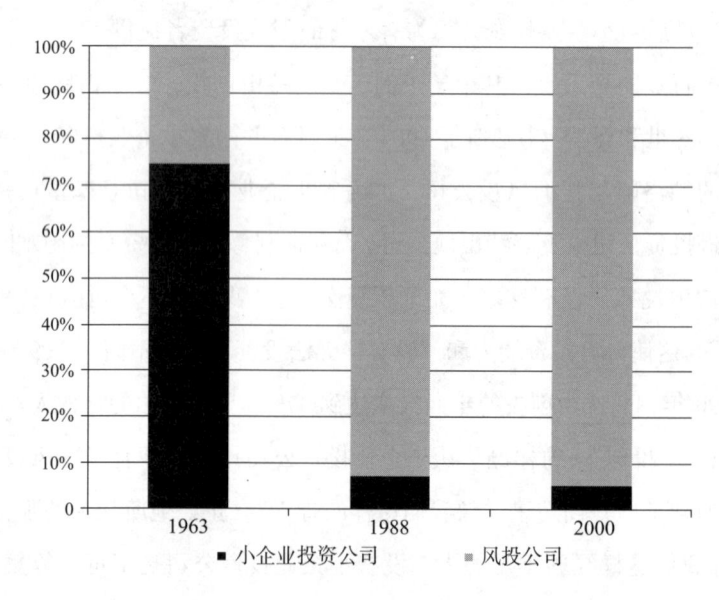

图 4.7　小企业投资公司和风投实体的相对重要性（在总投资中的占比）

数据来源：National Venture Capital Association yearbooks and Paul Gompers, "The Rise and Fall of Venture Capital," *Business and Economic History* 23, no.2 (1994): 1–24, 8

向有限合伙制前进

到20世纪60年代中期,现代风投模型的各个方面开始建立起来。将资本与管理专业知识联系起来的理念,以及通过进行严格的尽职调查从大量方案中选择投资对象的观念,都是从第三章研究过的私人资本实体中延伸而来的。此外,风投行业的概念现在有了证据。ARD对数字设备公司的投资表明,长尾风投模式有可能产生可观的回报。ARD利用机构资本控制住了风险,实现了超额收益,促使其他投资者在更广泛的早期投资中承担类似的风险。新企业协会是一家成立于1977年的杰出风投公司,它指出"ARD对数字设备投资的精彩记录"导致更多的投资资金流入风投行业。[102]

然而,此时的风投仍是一个小规模行业。虽然ARD成功动员了机构投资者并从长尾投资组合中获得回报,但封闭式基金方法的可行性却很低。在接下来的20年里,由于政府塑造有利环境的努力和风投家的个人能动性相结合,风投行业确实开始扩大规模。这种规模的扩大通过激励和能力体系得以实现,通过有限合伙制的组织形式得以运作。

第五章

有限合伙制结构

风投行业与有限合伙制结构密切相关。到 20 世纪后期，这种组织形式占美国风投总额的 4/5 以上。[1] 虽然第三章讨论的私人资本实体中存在有限合伙制，以惠特尼公司和洛克菲勒兄弟公司为主要例子，但是这种公司结构通常不用于提供创业融资。这种组织形式主要存在于富有家族的内部，这些家族利用它将自身财富转化为早期和偏后期的投资机会。

拥有封闭式基金结构的 ARD 是向家族财富以外的机构投资者筹措资本的先行者，并展现了长尾投资模式产生超额回报的能力。但正如上一章所讨论的，这种组织模式效率不高。比起封闭式基金，有限合伙制在纳税金额和薪酬激励方面具有主要优势，强调在短时间内产生收益。它还创造了针对监管的有效变通方案。保罗·"皮特"·班克罗夫特是 DGA（德雷珀-盖瑟-安德森公司，本章稍后将会讨论）的普通合伙人，他强调有限合伙制背后的理念是"获取资金并尽量少报告相关事宜"。[2]

然而，风投中的有限合伙制并非特有创新。人们甚至可以质疑为什么风投行业需要这么长时间才选定这种组织模式。从法律角度来看，有限合伙制的起源可以追溯到中世纪。1882年，英国法学家弗雷德里克·波洛克爵士在他的《法理学和伦理学论文》中评论说："这种形式的合伙制在欧洲大陆已经有几百年历史了。中世纪的地中海地区贸易主要通过这种方式进行。"[3]在美国，商业组织的有限合伙制形式最初出现在19世纪早期的纽约，在那里"促进了只有在这种组织形式下才能发生的投资"。[4]到20世纪初，法律已经演化到能以分清楚需要承担无限责任的"普通合伙人"与承担有限责任的外部投资者之间的区别。

本章将描述有限合伙制的起源，然后聚焦于三个在早期就采用该结构的例子，以检验其在风投行业中的实践。硅谷的第一家有限合伙制风投公司——DGA于1959年在帕洛阿尔托成立。尽管这个公司作为有限合伙企业的寿命很短暂，但它就中介机构如何运作以及管理费和利润分享规则最初是如何建立的这些问题提供了重要的见地。[5]而且，DGA通过早期投资组合获利的过程困难重重，这反映了有限合伙制形式不是规避所有管理风险的灵丹妙药。本章要介绍的第二家公司——格雷洛克合伙公司，由威廉·艾佛斯离开了长期任职的ARD后于1965年在马萨诸塞州成立。格雷洛克是一个更成功的有限合伙企业。此外，通过对与洛克菲勒家族有关的、1969年在纽约成立为有限合伙企业的风投实体文洛克创投的形成和业绩表现进行考察，我们会再度介绍劳伦斯·洛克菲勒（第三章介绍过）的职业生涯。

最后，本章将展示有限合伙制风投企业的普及并非孤立事件。有限合伙制风投企业的建立可以让风投家成为创业融资的供给侧（主要是养老基金和其他机构投资者）和需求侧，也就是初创企业之间的中介。政府政策对供需双方都有强大的作用。20世纪70年代后期，与1974年《雇员退休收入保障法》相关的法规放宽，为风投行业的供给侧带来了巨大的提升，因为此后养老基金可以投资于高风险资产类别。[6] 此外，在风投家屡次强烈主张下，同样发生在这段时间的资本利得税收减负创造了促进创新和创业增长的激励机制。资本利得税政策辩论凸显了风投家如何成为税制改革的有力倡导者。[7]

最终，有限合伙制结构开始与美国风投行业演变的历史背景进行了有力的互动。在ARD努力形成足够的激励措施来留住组织内最有才能的投资家们的时候，小企业投资公司（如第四章所述）受到了过度监管的限制。在减轻纳税义务是首要问题的环境下，有限合伙制为这两个问题提供了解决方案。长尾风投在有限合伙企业的实践中得到了成功的应用，政府政策促进了这种组织形式日益增长的重要性和持久性。

早期有限合伙制与法律框架的改变

想要了解有限合伙制在风投行业中的重要性，就要从过去说起。商业组织的有限合伙制形式于1822年被引入纽约州，以中世纪的法国有限合伙制模式为基础，该模式随后发展为《法国商法典》以促进资本配置和管理权与所有权的部分分离。[8] 纽约州根据法国标准颁布的有限合伙制法规具有历史意义，因为它代表英国以外国家的成文法首次在美国得到运用和遵守。[9]这个理念很快在各地传开。康涅狄格州和宾夕法尼亚州分别于1824年和1836年引入该法规。到19世纪后期，大多数州都存在有限合伙制法规，法律规定的内容几乎没有实质性的差异。

在引入有限合伙制法规前，企业主通过公司经营以外的被动来源筹集资金的能力受到限制。采用合伙制的小企业面临着习惯性的合同规则，这意味着外部投资者将对合伙制企业未履行的义务承担个人责任。在信息不完善的世界中，这些风险很难管理。有限合伙制的一个重要优势是，它可能通过"为共同和公共利益将拥有资本并愿意承担有限风险的人"以及"没有资本但具有企业经营技能的人带来合作"，从而释放被动投资资本。[10]

有限合伙制为富有投资者提供了投资渠道，将他们的资金投入他们看好的具有高生产力的企业——如果出现问题，可以免于承担企业债务或侵权责任（超出其出资额的部分）。这种对责任的限制开辟了比普通合伙制更多的投资者群体，普通合伙制的结构更多基于亲属关系，可能是为了缓解信息不对称问题。出于这个原因，大多数有限合伙企业的外部投资者本身也是普通合伙企业的普通合伙人，而且这些个体在多个有限合伙企业中进行投资的情况并不少见。

当然，允许外部投资者承担有限责任会构成道德风险问题，因为它创造了将高风险活动的负担转移给债权人的动机。因此，有限合伙制成为一种有争议的商业组织形式。[11]为了减轻与承担有限责任相关的潜在下行风险，纽约州于1822年颁布的法律包括了对有限合伙企业严格的注册要求，以及对违规行为的处罚。法院认真地解释了这些规则。消极投资者如果干涉企业经营，可能会失去其有限责任身份。作为注册过程的一部分，有限合伙企业必须在报纸上公开声明。在一个例子中，由于打字员的失误，一位有限合伙人的出资额被错误地公布为5 000美元而不是实际的2 000美元。这位有限合伙人在随后的纠纷中被当作普通合伙人追究责任。[12]

从埃里克·希尔特和凯瑟琳·奥巴契尼对纽约企业进行的全面实证研究中，可以获得对有限合伙制结构的重要见解。研究表明这种模式在初期的时候接受率较低，但随着时间推移，新的组织形式势头变强，特别是在更多风险资本可用于投资的经济繁荣时期。1822—1858年，有1 098家有限合伙企业成立。虽然到19世纪中期，有限合伙企业仅占所有合伙制企业的4%左右，但它们往往比普通合伙企业拥有更高的资本总额。尽管普通合伙人不被要求提供资金，但显然很多人都出资了。平均而言，有限合伙人在纽约的一般合伙制企业中贡献了总资本的约53%，当时有限合伙人的平均净资产为19万美元，约合今天的600万美元。[13]有限合伙人的出资额必须在注册证书中明确描述，因为这是"合伙制企业条款的重要组成部分"。[14]在有限合伙企业的存续期内，基本禁止撤回资本。

根据希尔特和奥巴契尼的数据，有限合伙企业非常独特。普通合伙企业的成员们通常住得很近。与之相反，虽然有限合伙企业的普通合伙人往往居住在纽约或布鲁克林，但消极投资者往往沿东海岸居住得更为分散。在行业方面，有限合伙制与贸易活动密切相关。与第一章中描述的捕鲸业一样，消极投资者通过中介寻求资本回报是有道理

第五章　有限合伙制结构　167

的。这种集中也是由于选择这种组织形式的地区的法规带来的限制。通常，有限合伙制只能在贸易、机械和制造业部门形成，银行和保险业几乎总是被排除在外。与现代风投基金一样，19世纪纽约的有限合伙企业的运营时长是有限的。平均预期存续时间为3.6年，实际存续时间略短于3.2年。一些有限合伙企业特别长寿，甚至需要新的许可证。在希尔特和奥巴契尼的数据中，有限合伙企业的最长存续时间为20年出头。

在现代风投的背景下，有限合伙企业的历史中有两个截然不同的方面值得强调。首先，风投行业通常会遵守标准费率和收益分成标准（特别是"2+20"规则，意为管理年费为承诺资本的2%，同时风投公司可从利润中分走20%），但在19世纪运营的有限合伙企业中没有这种标准。相反，人们普遍认为，有限合伙人"以现金形式提供一定金额的股本，他将在合伙制企业终止时收回本金和利息"，并且"他也有权分享利润"。[15] 有限合伙人通常每年收到利息，并按照他们的承诺资本获得利润分成。重要的是，这意味着一部分收入在合同中事先约定，而另一部分来自公司的收入，分配情况取决于董事会事后的批准。

其次，与现代风投行业一样，消极有限合伙人和积极投资者之间的分工是有价值的。根据《纽约补充条例》，人们期望"鼓励有资本的人成为有技能的人的合伙人"。[16] 或者，正如里昂·利维的《商业法》中指出的那样，"有限合伙制基本上就是劳资双方的联盟"。[17] 最重要的是，这种分工会带来绩效提升。希尔特和奥巴契尼的分析表明，有限合伙企业的表现优于其他条件相似的普通合伙企业。对这一发现的一种解释是，该结构非常实用，因为普通合伙人有能力部署从消极投资者那里获取的资金，并更有效地管理企业。通过中介，有限合伙制形式可以使资金被分配到能被最有效利用的地方。

尽管希尔特和奥巴契尼的分析强调了有限合伙制的积极表现，但普通合伙人必须要承担的义务和责任阻碍了这种商业形式的扩散。法院对法律的解释因地域而异加剧了这种威胁，特别是在法律严格有利于债权人的情况下。直到20世纪初，才引入立法缓解这种紧张局势。1916年颁布的《美国统一有限合伙法》是一项广泛倡议的一部分，旨在同化美国各州的法律，特别是平衡增加有限合伙人供给与保护债权人权利的需要。这项法案具有重要意义，因为它构成了60年来有限合伙制法律的基础。

通过《美国统一有限合伙法》引入的诸多变化，旨在标准化并加强有限合伙企业的严格注册要求。根据新法律，需要更详细的注册证书，包括有关有限合伙人具体出资额和支出的信息。与此同时，放宽了其他法律要求。为了扩大参与，新法律允许有限合伙人提供不动产等资产，而不要求现金注资。如果证书内写有相应条款，他们也可以作为第三方与企业进行交易，并在任何时候撤回资金。至关重要的是，只要有限合伙人没有积极参与和干预业务，他们就不再受到过去法律规定的严格责任划分标准的约束。这是一个重要的进展，因为它暗示了企业分工。正如《哥伦比亚法律评论》于1922年所指出的："（有限）合伙人的地位已经从具有一定豁免权的普通合伙人转变为投资者"。[18]

在这种背景下，有限合伙企业和收益分配的具体标准开始出现。斯坦利·霍华德在一项精彩研究中记录了20世纪20年代根据纽约、新泽西和费城的法规，在证券经纪业务中形成了一批有限合伙企业。[19]尽管霍华德的研究开展于制度化风险资本出现之前，但两者的回报结构存在相似之处。他发现，以"工资"名义向普通合伙人支付的款项与他们对"利润"的权利之间的区别说明了风险资本的管理费与投资基金利润份额之间的区别。此外，他研究的有限合伙企业根据风投行业所谓的"门槛率"运作，即保证有限合伙人获得特定回报率之后，普通合伙人才能以"剩余索取权"为基础获得利润份额。通常情况下，霍华德观察到的有限合伙人在普通合伙人取得利润分配之前会获得6%~10%的回报，如果业绩表现更好，他们甚至可以获得更高的回报率。在一个例子中，如果企业净收入低于25万美元，有限合伙人的资本收益率为12%；如果净收入超过50万美元，则为18%。在一组有限合伙人中，有些人被授予霍华德所描述的"先到先得"的待遇。他的分析表明，有限合伙人在谈判中拥有有利地位。由此可见，消极资本是稀缺资源。

然而，尽管这些重要的例子说明了有限合伙制如何运作，即使是霍华德也认为有限合伙制并未在企业的重要领域"确立稳固的立足点"。他对平平的接受率提出的一个解释是，"很难指望积极的企业家会一直认为这是一种有吸引力的企业组织形式，在这种组织中他们必须被剥夺授予消极合伙人的有限责任特权"。[20]如上述例子中的收益所示，这将增加普通合伙人可能获得的财务优势所受的潜在限制。

一般而言，尽管有限合伙人似乎能获得非常有利的条款，但一些观察者对这种形式带来的好处持更加谨慎的态度。例如，1938年的《耶鲁法律评论》认为，"对于仅希望分享部分利润和有限责任的投资者而言，今天的有限合伙制并没有提供通过其他方式无法获得的优势。因为现在几乎每个司法管辖区都可以让投资者获得企业的部分利润，然后将其责任限制在他希望投资的金额上"。[21] 在研读各类报纸文章和贸易期刊时，没有任何证据证明这种组织形式的采用在20世纪初出现重大增长。

石油与天然气有限合伙企业和风投的纳税问题

税法改革以及在石油和天然气行业（一个很不寻常，但表面上和风投很相似的行业）中的成功应用，促进了有限合伙制结构在风投行业中的采用。[22] 在避税时代，即20世纪50年代中期到70年代中期，有限合伙制变得普遍。[23] 有限合伙企业将公司股票投资的有限责任方面与合伙制企业的税收优惠相结合。虽然公司需要根据1954年《国内税收法》第701条为其收入单独缴税，但合伙制企业不需要。相反，通过合伙制企业获得的收益，合伙人将各自按比例分配，并作为自己的收入进行申报。虽然风险资本与石油和天然气勘探之间的基本联系此前在文献中被提到过，但税法对这些行业运作机制的影响尚未得到探索。

这两个行业在结构和收益方面的相似程度是很值得关注的。在当时典型的石油或天然气勘探企业中，公司（或发起人）将自己确立为普通合伙人，并从有限合伙人处寻求外部资本以资助勘探的进程。可能有许多种投资配置，但在一种构架下，有限合伙人会购买该企业股份，同意通过支付大部分临时勘探成本来"支持"普通合伙人。作为普通合伙人在石油和天然气行业方面专业知识的回报，他们有权分享利润或"附带权益"。[24] 附带权益原则是现代风投的基础——事实上，它主导着行业的发展方式。[25] 有限合伙人向基金注资，普通合伙人的报酬就是管理费和根据他们对投资组合公司进行投资的能力所获得的附带权益。

就收益而言，就像在初创企业中一样，从地层中开采石油或天然气可能需要大量的前期资本支出，大的趋势是在前期发生损失并在后期获得收益（假设企业发展成功）。勘探会产生可观的回报，但发现石油和天然气是一个低概率事件。例如，在20世纪60年代为勘查而钻探的19口井中，只有1口（5.3%）生产出具有商用品质的石油或天然气。在石油和天然气勘探中，这些不确定性意味着"最重要的考虑因素是普通合伙人的经验、商业信誉、财务资源和业绩记录"。[26] 风投行业也是如此。

在20世纪中后期，通过有限合伙制为石油和天然气投资提供资金，使有限和普通合伙人具有明显税务优势。处于联邦所得税税率高等级的消极投资者从3个主要方面受益。首先，他们可以从收入中扣除与勘探相关的所有无形成本，例如调查工作——这些成本通常约占总成本的2/3。其次，20世纪初引入的生产损耗津贴是高风险勘探的激励措施，它允许通过类似折旧费回收对油井的资本投资。[27] 最后，因为有限合伙人的股权被税法视为"在贸易或商业中使用的不动产"，通过出售或交换该股权而获得的任何财务收益均在税务上等同于转让资本资产。因此，有限合伙制可以将来自勘探的一般收入转变为长期资本收益。

　　普通合伙人从中受益是因为尽管有限合伙企业的注册证书中明确了他们有权获得附带权益，但该收益直到企业生命周期的后期才会支付。根据 1954 年合伙制企业（包括有限合伙制形式）相关税法的解释，这些收益可以被评估为长期资本收益，因为它们反映了资本回报而不是基于绩效的劳务薪酬。1963 年的一份报告《选择商业组织形式》指出："合伙制企业从被收购到被处置期间的任何合伙人股权价值增加，一般来说，都作为资本收益纳税。通常价值的增加是由于……合伙人多年来的努力。这意味着合伙人努力成果的一部分回报要按照资本利得税率来纳税。"[28]

　　实际上，法律允许税收优惠和延期缴税。这为石油和天然气勘探和风投等高风险行业采取有限合伙制提供了明确的激励，特别是对于早期损失和后期可能获得的潜在收益。[29] 此外，法律实际上允许普通合伙人将来自有限合伙人的一部分资本用于投资，并允许将其利润份额视为资本收益，而不是按一般所得税的税率对其征税。针对这种附带权益的优惠待遇仍是公共政策辩论中一个有争议的问题。

　　这就是税收优势的重要性，1963 年的《避税实践百科全书》建议企业家通过"筹集风险资本"将自己的企业组建为有限合伙企业，因为"早期经营亏损可以抵消合伙人的其他收入"。这本书指出，"在企业开始盈利后，投资者可以出售他们的合伙权益。或者他们可以成立公司，然后出售他们的股票。无论何种方式，他们获得的利润都以资本利得税率纳税。"[30] 虽然企业家通常不采用有限合伙制，但风投家却会这样做。

第五章　有限合伙制结构　　173

最后，重要的是要认识到选择有限合伙制结构对金融合同具有更广泛的影响。值得注意的是，1963年的《避税实践百科全书》暗示了有限合伙制与使用主导现代风投行业的工具——可转换优先股——进行的融资安排之间的互补性。它指出，给予投资者"将其股票转换"为普通股的"选择权"，可"使他的收益以资本利得税率纳税"。[31] 可转换优先股对风投家是有利的，因为它在清算时优先于普通股。它还允许风投公司将其优先股转换为特定比率的普通股，因此它们在企业上行价值中的份额基本没有上限（与存在上限的固定优先股息分红正好相反）。当这些证券附加参与权时，风投可以获得对其投资的额外保护。这相当于一个风险管理工具。[32] 1986—1999年的一项关于风投合同的研究表明，213轮融资中有204轮（96%）使用了可转换优先股，其中参与分配优先股也被广泛使用。[33] 金融经济学中的大量有影响力的文献将可转换优先股与合同效率，以及风投家和企业家之间的激励联系起来。虽然这些因素很重要，但在公司融资的早期历史中也可以观察到这些因素，当时"可转换证券"被用来为投资者提供"收入安全性"与"本金实质性升值的可能性"的理想组合。[34] 在20世纪六七十年代，有限合伙制结构和税收原因进一步促进了这种形式的证券在创业融资中的应用。[35]

DGA 公司

在这一历史背景下，DGA于1959年在加利福尼亚州帕洛阿尔托成立，通常被认为是美国第一家有限合伙制风投企业。[36]虽然第三章讨论过的一些私人资本实体已经采用了这种组织结构，但DGA毫无疑问是硅谷有限合伙制风投企业的原型。[37]DGA汇集了来自公司经营者以外的来源的资金。它是一个中介实体：普通合伙人将有限合伙人的消极资本投入投资组合。

DGA由一群知名的普通合伙人创建：小威廉·H.德雷珀、H.罗恩·盖瑟、弗雷德里克·L.安德森和劳伦斯·G.杜瑞格。他们的军事、政治、法律和金融背景为他们的事业助力。德雷珀曾在迪里昂利德公司的纽约投资银行公司工作，二战期间在美国陆军服役，成为一名少将。他在和平时期担任陆军部副部长，然后在1949年成立的北大西洋公约组织中担任美国驻北约大使。盖瑟是一名旧金山的律师，于1942—1944年担任MIT辐射实验室的助理主任。他曾在兰德公司和福特基金会任高级职务，并在艾森豪威尔政府担任有影响力的国家安全顾问。人们说他具有"强大的智慧、丰富的经验和无懈可击的性格"。[38]安德森是美国陆军少将，与德雷珀一起执行过帮助欧洲战后重建的马歇尔计划。作为投资者，安德森是DGA成立背后的关键推动力——尤其是在对1957年在加利福尼亚州门洛帕克成立的瑞侃公司的投资中，该公司后来成为工业电子巨头。最后，杜瑞格在DGA负责行政管理方面的工作，但《商业周刊》还是称他为"杰出的证券分析师和投资顾问"。[39]

有一个5个人的助理小组在这4位普通合伙人的领导下工作，小组中大部分成员都30多岁，负责筛选投资对象并进行尽职调查。这些人通常与创始人有紧密联系。例如，威廉·H.德雷珀三世是小德雷珀的儿子，而 A. 克劳福德·库利是盖瑟律师事务所合伙人亚瑟·库利的儿子。皮特·班克罗夫特于 1962 年加入 DGA 担任初级助理，通过在耶鲁大学的朋友，他在迪里昂利德公司认识了一位资深合伙人，从而与小德雷珀在二战之前工作过的公司联系起来。除此之外，DGA 还与投资界，特别是与 ARD，关系匪浅。小德雷珀和多里奥特很熟悉，盖瑟和 MIT 的卡尔·康普顿合作过。DGA 本质上是一个人脉资源丰富的有限合伙制风投企业。

关于将 DGA 组建为有限合伙企业的决定没有详细记录，但人们普遍认为"提出有限合伙制形式的人是罗恩·盖瑟的律师合伙人爱德华·赫德尔森……"[40] 此外，弗雷德里克·安德森之前进行过一些采用有限合伙制的石油和天然气投资，所以他了解这种结构及其优势。[41] 有限合伙协议在 1959 年被提出，并实行到 1964 年年底。[42] 基于上述时代背景，这种结构提供了税收优惠。一位当时的观察者认为"用税收缴纳的美元而不是实实在在的现金来资助高风险企业更合理"。[43] 回想一下，有限合伙企业避免了 ARD 所遭受的约束性监管限制。这也使私人实体免于遵循与公开交易的投资工具相关的更烦琐的披露标准。

DGA 成立时的资金为 600 万美元（约合今天的 5 000 万美元），按现在的标准来说规模很小，类似专注于"种子轮"或"A 轮"投资的早期现代基金。DGA 的有限合伙人包括投资银行拉扎德公司、洛克菲勒家族成员以及爱德华·H. 海勒及其家人。（海勒在旧金山的投资银行业务中发了财。）DGA 的普通合伙人对该基金投入了 70 万美元（约合今天的 580 万美元），约占总筹资额的 12%。[44]

根据有限合伙协议，DGA 的基金期限只有 5 年。DGA 对投资激励的看法十分有趣。现代风投专注于分成规范：年度管理费为承诺资本的 2%，普通合伙人还会得到 20% 的利润分成——其目的是使消极有限合伙人和积极普通合伙人的激励一致。虽然 DGA 的管理费是未知的，但高级合伙人的年薪上限为 25 000 美元（约合今天的 20 万美元），初级合伙人的年薪通常为 10 000 美元（约合今天的 8 万美元）。[45] 在 4 名普通合伙人和 5 名助理的薪资处于此水平的情况下，DGA 仅工资支出就占基金价值的 2.5%。相比之下，1964 年，小企业投资公司的工资和咨询费用占其管理资金的 1.04%，中型小企业投资公司为 1.39%，大型小企业投资公司为 1.41%，最大型小企业投资公司为 1.23%。而 1966 年的 ARD，这一比例仅为 0.77%。[46]

DGA 的普通合伙人基于利润分享原则获得了相对于现代标准特别优厚的报酬，获得了该基金实现利润的 40%，之后根据他们为该基金提供的资本比例进行分配。[47] 有限合伙人获得剩下的 60%，这只是现在常规"2+20"规则下的 3/4。

DGA 普通合伙人的回报非常高，特别是与当时的两个突出例子相比。1949 年，阿尔弗雷德·温斯洛·琼斯在他 48 岁时成立了被普遍认为的史上第一家对冲基金，并于 1952 年改为有限合伙制。他支付了 100% 的工资成本和 80% 的其他费用，同时获得了已实现利润的 20%。[48] 1956 年，沃伦·巴菲特在 25 岁时成立了巴菲特合伙公司，7 位有限合伙人贡献了 105 000 美元（约合今天的 100 万美元），其中大多数是家族成员。巴菲特没有收取任何管理费，只有在他的有限合伙人每年收到 6% 的回报后才分得剩余部分的 25%。[49] 当然，阿尔弗

第五章 有限合伙制结构　177

雷德·温斯洛·琼斯和沃伦·巴菲特一开始都寂寂无闻。因此，DGA的普通合伙人相对于有限合伙人的有利经济地位可能反映了创始人群体的声望和控制力。值得注意的是，《商业周刊》将DGA描述为"一流蓝带"风投公司。[50]

由于DGA基金规模较小，该公司无法为初创企业提供高额投资，原因很简单，因为大额单笔投资会给基金带来过多的风险。因此，它专注于10万~20万美元的投资（约合今天的100万~200万美元）。[51] 为了提高其与投资组合公司在股权谈判中的地位，除了单纯进行注资之外，DGA同意担任贷款担保人，帮助投资组合公司获得增长资本。因此，DGA被描述为"在介于投资银行和商业银行之间的中间区域运营，主要关注新兴技术领域"。[52]

DGA试图利用北加州学术机构周围，特别是斯坦福大学附近不断扩张的科学产业。尽管在这个时间点，帕洛阿尔托地区的大学与商业的联系相对不发达，但斯坦福工业园区作为一个"商业、学术和政府利益可以在未来的协同愿景中团结一致"的实体，在1951年得到授权开发。[53]

DGA的投资方法遵循了第三章中讨论过的私人资本实体的几个基本原则，主要有以下6个主要标准[54]：

1. 公司必须拥有独特的产品线或服务；
2. 产品或服务必须已经大体开发完成，并且将其投放市场的时间或成本应该是可预测的；
3. 产品或服务必须有切实可见的销路；

4.公司必须已经雇用或能马上聘请合格的管理人员；

5.在可预见的未来，必须有销售和收益大幅增长的前景；

6.公司的所有权必须是有限的，并且其证券由私人持有。

这些投资标准强调 DGA 在那些开发具有强大市场潜力的突破性创新的公司中寻求少数股权，这些公司的管理团队也有能力在整个生命周期中管理公司。在这种背景下，能够留意到潜在投资机会并在地理位置接近的地方监督投资组合公司，对于 DGA 来说也是非常重要的。其投资组合的 4/5 由位于加利福尼亚州的公司组成，特别是旧金山湾区和洛杉矶附近的公司。[55]

DGA 旨在投资于为大型的可进入市场开发激进创意的公司。虽然它的一些投资组合公司处于低技术领域，如凸轮轴轴承，但它也以医疗电子产品为目标，后者在 20 世纪五六十年代成为热门投资领域。二战后的技术进步将诸如用于诊断、治疗和监测人类健康的微型电子产品等革命性概念带入了实际可操作的范畴。DGA 投资了一家 1960 年在帕洛阿尔托成立的健康设备公司——科宾-法恩斯沃兹公司，它是外部除颤器的早期开发者。史克制药（现在是葛兰素史克公司的一部分）于 1964 年以 150 万美元收购了科宾-法恩斯沃兹公司。[56] 美国的公司主导了这一领域。考虑到强大的创新、增长和收益潜力，医疗电子产品预计将在 10 年内发展成为价值数十亿美元的产业。[57]

然而，DGA 的投资组合整体表现不佳。该公司受到了 1961 年罗恩·盖瑟因癌症去世、一些主要有限合伙人退出，以及弗雷德里克·安德森健康状况恶化的影响。此外，小威廉·H.德雷珀和他的儿子都退出了。小德雷珀的儿子先是成立了一家小企业投资公司，后来成立了萨特山创投。到此时，DGA 退出了其投资组合中 46 家公司中的 18 家，实现的收益大约为被动投资者可以从标准普尔综合指数中获得收益的 1/3。此外，DGA 持有的投资市值约为 780 万美元，仅比原始成本高出 20 万美元。[58]

三位新的普通合伙人——1961 年从助理晋升的唐·卢卡斯和 A. 克劳福德·库利以及 1963 年晋升的皮特·班克罗夫特——的努力使投资组合的业绩产生了逆转。他们制定了新的投资政策，例如向投资组合公司做出资本承诺，条件是满足其里程碑要求。使 DGA 发生转变是一件值得骄傲的事情——也是因为受到 DGA 普通合伙人仍然会获得该基金已实现利润的 40% 这一事实的激励。在总利润中，初始创始人杜瑞格获得 12.8%，库利获得 12.2%，卢卡斯获得 12.2%，班克罗夫特获得 2.8%。[59]

新合伙人的影响是显而易见的。DGA 的基金期限在延长 3 年后于 1967 年结束，其投资的 760 万美元（原始的 600 万美元再加上 1962 年筹集的 160 万美元）挣到了 590 万美元，相当于内部收益率 8.5%。相比之下，同期标准普尔综合指数的年化收益率为 6.4%，含股息的话为 9.8%。虽然 DGA 通过基于有限合伙制的组织结构为风投行业建立了重要的蓝图，但它也强调了长尾投资策略产生超额回报的长期挑战。

相对 DGA 的基金规模来说，它维持了相对大量的投资组合投资，但它无法充分进行管理。更严重的是，DGA 还发现很难及时清算其投资组合中表现不佳的公司。最后，历史大背景也对 DGA 不利,因为"市场,特别是年轻的科技公司市场,在1968年爆炸式增长"——正好是DGA期限结束一年后。[60] 英特尔成立于那年,并于1971年成功IPO。鉴于基金期限的数年之差可能导致的差异,DGA至少在某种程度上是时机不好的受害者。

格雷洛克合伙公司

虽然DGA在试图达到ARD所取得的卓越表现的过程中遭遇了困难,但另一家由ARD资深人士威廉·艾佛斯于1965年创立的新兴风投公司,成功地利用有限合伙制结构创造了风投式的回报。这家公司最初名为格雷洛克公司,后来改为格雷洛克合伙公司,并作为一家行业领先的风投公司存续至今。

艾佛斯于1943年毕业于哈佛商学院,二战期间担任美国海军中尉,此后加入ARD。他很快成为ARD交易的重要来源,并成为负责该公司大部分运营工作的执行官。1951年,艾佛斯成为ARD的高级副总裁,直接向乔治斯·多里奥特汇报工作。他在投资界享有很高的地位。1958年,他就《小企业投资法》向国会提供证词,该法案创造了第四章讨论过的小企业投资公司。因为看起来多里奥特很可能会一直担任ARD总裁,艾佛斯对留任的热情有所减退。面对继续担任副手还是探索新机遇,艾佛斯在与妻子讨论后决定为自己的公司寻求财务支持。"在妻子的热情支持下,我对离开我的老板和同事感到有些遗憾,但一点也不害怕,"他后来回忆说,"我决定尝试组建一个小

第五章 有限合伙制结构 181

型私人合伙制风投企业。"[61] 他没有像 DGA 的创始人那样用自己的名字来命名公司,而是选择了"格雷洛克"这个他在马萨诸塞州韦尔斯利山居住的街道的名字。

与作为封闭式投资基金运作的 ARD 不同,艾佛斯遵循 DGA 的组织结构,给格雷洛克找来了一系列有限合伙人,由一组精选的美国富有家族(及其投资代理人)和后来加入的大学捐赠基金组成。虽然艾佛斯本可以从一个家族筹集全部资金,但他拒绝了,选择从一组有限合伙人那里筹集资金。根据他的说法:"格雷洛克是第一批采用多家族方式的私营风投机构之一,而不是与惠特尼公司一样选择单一有限合伙人。"他相信"格雷洛克所享有的成功直接来源于(它的)……普通和有限合伙人及其顾问……以及他们是如何团结一致的"。[62] 到 1965 年 10 月底,艾佛斯组织了一批愿意投资具有巨大增长潜力的年轻科技公司的有限合伙人。大多数有限合伙人都是艾佛斯在 ARD 的多年工作中结识的老朋友或商业伙伴。

与 DGA 一样,格雷洛克采用多家族方式组织有限合伙人。其中包括在铁路和石油业中发了大财的康宁家族的负责人沃伦·康宁。康宁和加利福尼亚州的几个堂兄弟一起,投资了 200 万美元(约合今天的 1 520 万美元)。与兄弟兰登一起控制投资银行业务的埃德温·索恩也加入了。另一个加入的富有家族后代小路易斯·F. 波尔克是艾佛斯在哈佛商学院的同学。艾佛斯还在这个群体中加入了几位著名的工业家,包括发明家和企业家谢尔曼·费尔柴尔德。格雷洛克初始有限合伙人的最后人选是,IBM 总裁托马斯·J. 沃森和 IBM 国际销售子公司 IBM 世界贸易公司总裁亚瑟·K. 沃森。1966 年,艾佛斯迎入艾尔斯家族作为格雷洛克最后的有限合伙人。艾尔斯的财富建立在19世纪专利药品销售的基础上，由此获得的丰厚回报被投资于马萨诸塞州劳伦斯和洛厄尔的纺织厂。费尔柴尔德、波尔克和索恩都认识沃森兄弟，康宁家族和波尔克家族在俄亥俄州就彼此认识。因此，除了所有与艾佛斯的个人关系之外，这也是一个紧密结合的投资者网络。

作为一家风投公司，格雷洛克比DGA更具有体系性和专业性。为了提供管理监督，艾佛斯创建了格雷洛克管理公司，"通过每个有限合伙人家族在格雷洛克管理公司董事会的董事代表席位为他们提供信息渠道"。[63]然而，艾佛斯仍然限制了有限合伙人的作用，因此他们不参与战略制定或选择投资组合公司。"必须在公司管理层和董事会之间营造一种合作氛围，"他坚持说，"必须由经理来管理，而不是董事。董事只能帮助制定政策并监督其执行情况。"因此，只有普通合伙人才拥有投资决策权。事实上，内部法律文件指出，"未经普通合伙人一致同意，不得进行或出售任何投资"。[64]

在和其有限合伙人共同面试后，艾佛斯于1966年将波士顿的投资经理丹尼尔·S.格利高里招募为该公司的联合创始人和第二位普通合伙人。1967年，查尔斯·韦特成为第三位普通合伙人，1973年，亨利·麦坎斯成为第四位。所有人都和艾佛斯一样拥有哈佛商学院MBA学位。该公司的另一位重要成员小霍华德·E.考克斯1969年从哈佛商学院毕业后于1971年加入格雷洛克。

格雷洛克在有限合伙人和普通合伙人层面上都具有社交联系。格雷洛克管理公司的董事会会议作为主要沟通媒介，巩固了这种社交关系。在会议中，董事们批准年度预算、薪酬决策、合伙人价值以及由普通合伙人编制的审计过的财务报表。最初，格雷洛克管理公司每年与纽约和波士顿的有限合伙人举行 11 次董事会会议，这种做法一直持续到 20 世纪 70 年代中期。后来会议安排减少到每年 8 次，然后减少到每年 4 次。

格雷洛克于 1965 年发行的备忘录反映了对其投资策略的深刻理解。这份名为《一般投资政策》的备忘录详细说明了它寻求的投资机会类型：

1. 在所有前景良好的领域中需要发展资本的年轻成长型公司。
2. 正着手实施新计划，或迈出引入外部所有权的第一步，或从不活跃的创始人那里获得控制权的已成立的中小型公司。
3. 基于新产品、新工艺、新服务或新构想的投机性新公司，通常具有高科技性质。
4. 看似会因即将到来的经营改善拥有良好前景的被低估的证券。

《具体投资特征》提供了更多细节，它提出了一系列指导性问题：

1. 拟投资的企业是否由诚信和能力出色的人管理？
2. 参与投资是否为获得可观的资本收益提供了实际可行的机会？
3. 提议中的美元投资是否代表了对企业的重要参与？
4. 其他合伙所有人，包括管理层，在目标上是否兼容？
5. 这种情况是否会带来非常有吸引力的销售增长可能性？
6. 如果是新公司，产品或工艺是否度过了早期原型开发阶段，而且在形成期是否受到专利或尖端技术知识的充分保护？

7. 是否能以商业顾问和投资者参与的形式做出重要贡献，从而促进公司情况的成功发展？

虽然这些列表模仿了许多 DGA 的主要标准，但有几个方面值得强调，因为它们使格雷洛克的策略独一无二。首先，虽然格雷洛克在其投资政策中包括"投机性新公司"，但其重点是"成长的资本"、并购以及未被认识到真实价值的上市股票。与现代风投公司不同，它的资金主要用于追求额外增长资本的发达公司，而不是在其生命周期早期的初创企业。考虑到新企业的风险，这是有道理的。ARD 对数字设备公司的投资为早期投资模型的概念提供了证明，但此后尚未有成功复制的例子。正如艾佛斯所指出的，格雷洛克的战略"旨在产生良好的财务记录，以证明有限合伙人的持续支持是正确的。与其他风投路径（如果这么说合适的话）相比，发展资本在某种程度上更具可预测性和安全性"。[65] 这种观点在格雷洛克的合伙人会议中得到了回应，而会议大多关注优化投资组合公司业绩以及议程后面的新交易。

其次，投资策略围绕着现代风险资本投资的老生常谈——"人，技术和市场"，这个组合将在第六章详细讨论。虽然 ARD 做得同样多，但格雷洛克的重点明确地被编入投资策略。格雷洛克专门寻找"由诚信和能力出色的人管理"的企业。能力至关重要，但格雷洛克还强调了公司融资的目标人群，重视诚实、正派和"目标上兼容"。

与 ARD 的策略一致，格雷洛克还对获得专利保护的技术企业，或者拥有创造竞争优势的隐性技术知识的企业感兴趣。最后，出于对市场规模的重视，投资候选对象被要求具有"非常有吸引力的销售增长可能性"。有理由认为，所有这些因素都必须让格雷洛克看到"获得可观的资本收益的实际可行的机会"。

尽管格雷洛克通过选择投资后期阶段的公司降低风险，但它并不认为自己是被动投资者。相反，其主要目标是通过"商业顾问和投资者参与"实现更高价值。为实现这一目标，格雷洛克意识到需要"深入参与企业"。此外，它需要合适的投资人员。正如艾佛斯还在 ARD 时所强调的："我认为这一点再怎么强调都不为过，也许最重要的是一家小企业投资公司的管理质量。"他接着说，"没有什么可以替代经验丰富的全职人员"进行尽职调查、选择投资对象，并协助投资组合公司。他告诫说："如果由外行人来管理这种类型的投资公司，那么你真的有可能会用错人。"[66]

基于对管理的重视，艾佛斯在选择他的普通合伙人时格外谨慎是可以理解的。多里奥特在 ARD 一直是不容置疑的决策者，艾佛斯的这段经历也可能是他在格雷洛克营造更加协作的环境的诱因。与多里奥特不同，艾佛斯愿意为下一代让出空间，认识到"应该尽快给予有生产力的年轻伙伴更多责任和认可"。[67] 1976 年，艾佛斯放弃了重要的业务角色。格利高里成为格雷洛克管理公司的首席执行官兼董事长，韦特取代艾佛斯成为总裁，艾佛斯转而担任董事会执行委员会主席。从长远来看，培养合适的人才是有回报的。艾佛斯选择的普通合伙人没有一个离开，也没有一个同事离开格雷洛克创办自己的风投公司。[68]

所有这些因素共同推动了对风投很重要的另一个关键领域的发

展：交易量。早期，格雷洛克投资目标的主要来源是其他风投机构，其次是朋友和"通常也是朋友"的投资银行家。艾佛斯注意到很少有交易来自他的老东家 ARD，并且"没有一个是自己找上门来的"。[69]为了寻找交易机会，格雷洛克加入了由许多类似投资实体组成的小联合会，包括柏尚证券（菲普斯家族的投资部门，在第三章中讨论过），加德纳家族办公室和马萨诸塞州小企业投资公司。格雷洛克受益于这些共同投资关系，同时发展出了自己的投资策略和特性。"风投计划不是一锤子买卖，"艾佛斯说，"相反，它是持续不断的技术、商业和财务管理者以及董事们不断变化和发展的友谊、关系以及经验。"[70]

尽管关注焦点是后期投资并且拥有专业投资策略，格雷洛克仍然处于风险资本业务中，要面对这种策略带来的所有下行问题。格雷洛克最初的几笔投资均未成功。例如，对总部位于芝加哥的高端闭门器制造商里克森公司的大额投资，尽管有经验丰富的管理团队、"诱人的财务参数"以及良好的客户声誉，仍仅获得了平庸的回报。格雷洛克收购了里克森公司半数以上的股权，并拉来富达风投公司作为联合投资者。"董事会里全是我们的代表。"艾佛斯后来回忆道。尽管他们为扩大里克森公司的产品领域做出了巨大努力，并且通过小额 IPO 筹集资金进行收购，但收购没有成功。管理层从根本上反对超越其现有的利基市场。里克森公司最终以高于发行价的价格出售给了一家在纽约证券交易所上市的公司。[71]

格雷洛克的一些表现不佳的投资可能是由其"多面手"的投资方式引起的。它涵盖的行业范围非常广泛——从"外围数据处理设备"到"休闲时间消费品"再到"海洋学"，希望实现广泛和跨行业的高效资本配置，但同时牺牲了在任一特定领域的专业深度。这种方法可能会增加投资组合中问题投资的数量：事实证明，在范围如此广泛的行业中进行充分管理是不可能的。艾佛斯指出这个策略在金钱和时间方面的成本都很高，因为"一个成功的公司……需要得到的帮助比问题公司要少，而问题公司需要数个白天和夜晚的救援行动"。他接着说："管理合伙人必须确保问题公司不会独占组织的注意力，确保健康公司也受到合伙制企业的关注，帮它们取得成功并合理利用其资产。"[72]这种"多面手"的投资方式很难做到这一点，需要合伙制企业拥有广泛的专业知识和深度的领域知识。20世纪80年代，格雷洛克采取了纠正措施，专注于信息处理、电信、软件和医疗保健方面的投资。

尽管如此，格雷洛克的第一只基金表现非常好，其存续期为1965—1977年。其非常成功的投资中包括达蒙国际设备公司，其中涉及对国际设备公司（一家位于马萨诸塞州尼德姆的医用离心机公司）管理层的收购，然后将该公司与附近的电子产品产业领导者达蒙工程合并。这些投资抵消了更多有问题的投资，例如对里克森公司的投资。

格雷洛克在此期间用980万美元的基金（约合今天的7 450万美元）投资了58家公司。回报为1 070万美元的现金分配、2 500万美元的股票分配，以及460万美元的资本回报分配。虽然艾佛斯指出他最初与纯初创企业的合作"令人失望且没有结果"，但其收购记录要好一些。[73]根据报告的数据和一定假设，该基金的净内部收益率可能为16.3%。相比之下，同期标准普尔综合指数的年回报率仅为0.89%，即使包含股息也仅为4.5%。

格雷洛克最初的成功促进了进一步的资金筹集和交易量增长。尽管与长尾投资相关的结果存在固有波动性，但在后续基金中，格雷洛克增加了风险偏好并且开始更"冒险"投资初创企业。艾佛斯强调"初创企业是游戏中最危险的部分"，因为"显然你挣钱或赔钱的数额都可能很大"。[74] 提到管理的重要性，艾佛斯评论说："初创企业成功时可能会非常惊人。然而，对初创企业的投入和消化需要漫长的合作时间。"[75]

格雷洛克进一步指出，其投资策略要求有限合伙人具有较长远的目光。格雷洛克引起了哈佛管理公司的注意，该公司管理着哈佛大学的捐赠基金，并有长期目标。哈佛大学的顾问刚一认可其小部分捐赠资产适用于风投，其他大学便紧随其后。哈佛——随后还有达特茅斯学院、杜克大学、MIT、斯坦福大学和耶鲁大学——参与了格雷洛克的投资。实际上，从20世纪70年代后期开始，在每个格雷洛克合伙制企业中，来自大学的资金都占新资本的一半左右。[76] 格雷洛克因其产生的回报、与杰出共同投资者建立的关系以及强大的有限合伙人群体，成为风投行业中受人认可的参与者。

文洛克创投

在格雷洛克成为东海岸模范风投公司的同时，另一家著名有限合伙企业——成立于1969年的文洛克创投，还沉浸在东海岸的"老钱"

和悠久的创业金融市场活动传统中。文洛克创投的成立是为了安排劳伦斯·洛克菲勒的风投活动，他从20世纪30年代末开始从事这种形式的投资（如第三章所述）。文洛克创投遵循劳伦斯的祖父J. D. 洛克菲勒的指导原则，他坚持认为，"如果你想成功，就应该开创新的道路，而不是走在已经成功的旧路上"。[77] 文洛克创投与家族办公室同在纽约洛克菲勒广场30号，约有150名员工从事三种形式的投资：标准投资（即股票和债券）、房地产投资和风投。

最初劳伦斯·洛克菲勒根据需要引入家族成员进行投资，但文洛克创投旨在将流程系统化，并成为洛克菲勒家族风险融资活动的核心。洛克菲勒家族的规模随着世代相传自然增长，文洛克创投成立时，大约有84名子孙。通过系统资金池，家族成员可以进行多样化投资，同时通过有限合伙制结构实现对债权人的法定保护。

文洛克创投的启动资金为770万美元（约合今天的5 040万美元），其中包括约350万美元投资和420万美元现金。劳伦斯在文洛克创投的个人投资额为证券120万美元、现金60万美元，并承诺再投资40万美元。除了投入额外的投资资金，该合伙企业还有权向主要家族成员再募集170万美元。像劳伦斯一样，戴维·洛克菲勒承诺投资40万美元，而约翰三世、温斯洛普和艾比每人承诺投资30万美元。[78] 剩下的兄弟尼尔森·洛克菲勒当时从政，于1974—1977年（福特政府期间）担任美国第41任副总统。他的政治活动意味着他的投资能力受到更多限制。

与DGA或格雷洛克不同，文洛克创投是一个具有永久资本的常青基金，类似于ARD的封闭式结构。有限合伙人可以增加资本而不受苛刻的时间表限制。同样，文洛克创投的普通合伙人可以专注于投资，而不受每隔几年就需要为新基金筹资的限制。在洛克菲勒家族的支持下，文洛克创投可以获得源源不断的资金，这意味着可以为后续投资提供融资。由于其稳定的有限合伙人（这些是格雷洛克必须努力才能获得的），文洛克创投还避免了在中期投资时不得不撤回所部署资金的风险。到1974年，文洛克创投拥有由33个家族成员和40个信托基金提供的960万美元资产。

随着时间的推移，劳伦斯在投资过程中的活跃度逐渐下降，因为他的兴趣更多地集中在环境问题和慈善事业上。因此，文洛克创投由一组核心普通合伙人管理。自1960年加入以来，文洛克创投的联合创始人彼得·克里斯普一直积极与洛克菲勒家族合作。泰德·麦考特尼于1970年从麦肯锡咨询公司离职加入文洛克创投。安东尼·叶夫宁于1974年作为物理和生命科学专家加入，他曾在斯托利化学公司和联合碳化公司工作过。亨利·史密斯被描述为长着"络腮胡子"的"加州辍学者"，于1974年作为信息和通信技术专家加入，他曾在英特尔、仙童半导体公司和IBM工作过。[79] 安东尼·孙于1979年作为软件和人工智能专家加入。戴维·哈撒韦于1980年加入，他是计算机系统、电子产品和软件专家。文洛克创投没有固定的收费结构。相反，它有支出预算，而且普通合伙人会收到附带权益。麦考特尼后来回忆说："附带权益应该激励我们进行良好的投资，因此如果我们的有限合伙人获得有吸引力的回报，我们作为普通合伙人可以分享这些回报。"[80]

档案证据表明，文洛克创投在投资策略中考虑了投资组合公司的基本目标、活动和标准。以下是公司投资策略的概述。[81]

1. 目标：
    a. 通过对创新型企业的投资寻求长期资本收益。
    b. 促进新业务和新技术的发展，从而产生社会、技术和经济效益。
2. 活动：
    a. 筛选新的投资方案。
    b. 经过广泛审查后进行投资。
    c. 监督和协助投资组合公司。
3. 投资标准：
    a. 管理团队的素质和能力。
    b. 能应用在多个产品中的技术先进性。
    c. 完善的商业计划。
    d. 回报率目标。
    e. 清晰可见的流动性路径。

第一个目标，追求"长期"资本收益，沿袭了劳伦斯早期投资策略的传统。例如，他与东方航空公司之间的关系持续了40多年，他对这家公司的首次投资是在1938年。人们都说文洛克创投"坚韧不拔"，经常与投资组合公司保持长期合作关系。文洛克创投为其所有投资组合公司都没有破产这一事实感到自豪。[82]然而，这种坚持投资于投资组合公司的倾向可能反映了东海岸的保守主义和对失败的过度厌恶。

作为保守主义的进一步体现，直到1984年，文洛克创投和格雷洛克才分别在公司成立的15年和19年后在硅谷开设了风投办公室。

第二个目标是发展具有"社会、技术和经济效益"的企业，这也是劳伦斯的最初目标，即将社会和私人回报结合起来考虑。文洛克创投与格雷洛克早期的"多面手"的投资方式一致。然而，与较晚引入具有专业背景的普通合伙人的格雷洛克不一样，文洛克创投的早期普通合伙人就在广泛的行业领域拥有专业知识。1975年的文洛克创投备忘录《风投评论大纲》表明，在高科技增长领域寻找交易的过程中普通合伙人之间存在分工：麦考特尼积极参与能源相关的投资，叶夫宁专注于微生物学和发酵反应以及分析和诊断仪器，史密斯专注于计算机外围设备。[83] 有趣的是，如果技术领域具有"高技术进步率"，创造了"商业机会而不仅仅是科学进步"，并为一家新的小型创新公司提供"特定机会"，它就会被选中。换句话说，文洛克创投为高科技领域的早期投资勾勒了基本蓝图。

上述活动和投资标准与格雷洛克的方法有许多共同特征。投资需要进行广泛筛选。孙被认为是更为注重细节的文洛克创投普通合伙人之一，他与众多行业期刊保持联系，能够在"科学的远端"对投资机会进行尽职调查。[84] 像格雷洛克一样，文洛克创投表示其目的是"监督和协助"或管理投资组合，因此关注公司管理团队的"质量"和"能力"。在"完善的商业计划"背景下具有多种应用的技术，可以说比应用范围更狭窄的技术更好，因为投资组合公司可以有多种机会实现高回报率。最后一点，"清晰可见的流动性路径"在当今业内的重要性是不言而喻的，但在风投的早期历史中并非如此。回想一下，这是 DGA 的一个弱点。

在这种投资策略的基础上，文洛克创投在 2/3 的投资中赚钱，在另外 1/3 中亏损。[85] 也就是说，它遵循长尾经济学，以其中一大部分超额回报弥补其他亏本的投资。文洛克创投于 1969 年成为英特尔的第一轮投资者。该公司投资了 30 万美元（约合今天的 1 960 万美元），并于 1978 年退出投资，获利 1 360 万美元（约合今天的 5 000 万美元）。这不仅为文洛克创投带来了健康的财务回报，还将公司与英特尔投资者、企业家和员工的"老同学人脉网"联系起来。这最终带来了文洛克创投史上最重要的风险资本投资之一：其在 1978 年对刚刚起步的苹果投资了 288 000 美元（后来加至 499 998 美元），仅 3 年半后收益就为 1.166 亿美元（约合今天的 2.89 亿美元）。[86]

有趣的是，考虑到文洛克创投对苹果的投资取得了惊人成功，对这项投资的决策几乎是在偶然下做出的。虽然文洛克创投对微型计算一直很感兴趣，但该技术仍处于起步阶段，而且苹果的发展轨迹极不稳定。1977 年苹果向潜在投资者发出的私募融资备忘录明确表示，它只"申请了一项专利"，并且"不保证该专利肯定会被授予，或者即便真的被授予也无法保证该专利是有价值的"。而且，苹果当时只有克里斯普所谓的"不完善的管理团队"。[87]

史蒂夫·乔布斯、迈克·马克库拉和迈克·斯科特（时任苹果总裁），与文洛克创投在该行业的专家史密斯一起，出席了在洛克菲勒广场文洛克创投办公室举行的投票会议。史密斯后来回忆说，他赞成这项投资很大程度上是因为他了解并信任马克库拉，两人曾在仙童半导体和英特尔共事。投资完成后，史密斯被任命为苹果的董事会成员，克里斯普于1980年10月接任其职位。在苹果于1980年12月IPO时，根据其招股说明书，文洛克创投拥有7.6%的普通股。当IBM于1981年8月宣布推出个人电脑时，苹果的产品已经广受欢迎，对社会产生了深远的影响。回顾一下，对苹果的投资集中体现了文洛克创投的理念，即为"社会、技术和经济利益"相结合的公司提供融资。

图5.1鲜明地展示了对苹果的投资对于文洛克创投投资组合的重要性，这张图反映了对文洛克创投成立后第一个10年的31项投资的年化回报估算。这些投资是在1969—1978年进行的，每项投资的退出价值记录在1971—1993年。请注意，文洛克创投在1973年和1974年没有投资，因为这两年的油价冲击导致了令人困惑的经济不确定性。对苹果的投资在收益的长尾分布中是一个突出的巨大成功，图5.1所示包括苹果的所有投资的总内部收益率为26.8%，但剔除苹果后仅有3.4%。文洛克创投在这31项投资中产生了令人震惊的PME——13.3，也就是说它的投资回报是假设投资上市股票的回报的13倍以上。然而，如果没有对苹果的投资，PME为2.3，这意味着文洛克创投的回报大约是投资上市公司股票的2倍。纵观1969—1996年的整个时期，文洛克创投共进行了214项投资，PME为3.9，这意味着文洛克创投的长期表现优于上市股票。

如图5.1所示，对苹果的投资很重要，因为文洛克创投也需要对失败和平庸的投资组合公司的投资进行补偿，包括1969年对兼容公司投资的100万美元（约合今天的660万美元），兼容公司是用于小型计算机数据检索的连续环式磁带的生产商；以及1977年对高能锂电池制造商阿尔特斯公司投资的423 358美元（约合今天的170万美

第五章 有限合伙制结构 195

元）。与 ARD 对数字设备公司的投资一样，文洛克创投对苹果的投资抵消了投资组合中其他投资的不佳表现。

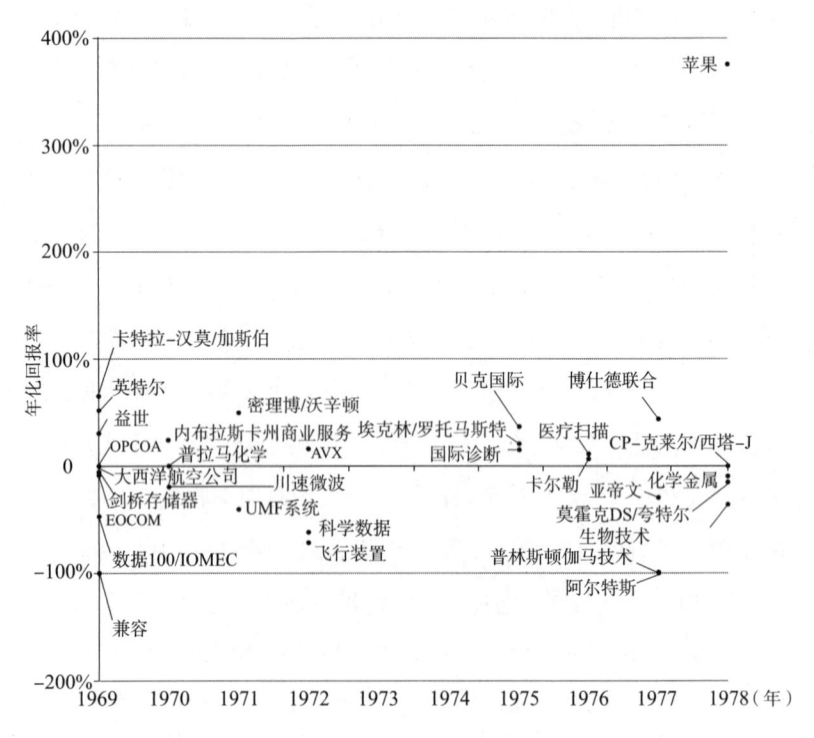

图 5.1　文洛克创投 1969—1978 年的投资回报

数据来源：Peter Crisp Papers, Baker Library Business Historical Collections, Business Manuscripts Mss 784 1946–2008, Harvard Business School

值得注意的是，文洛克创投仅在几年后就退出了苹果的投资，这反映了不断变化的投资期限，而且"清晰可见的流动性路径"这一理念确实很重要。虽然文洛克创投在正式投资结束后仍然可以与一家公司合作，但在其生命周期内（1969—1978 年）从正式投资到投资退出的平均时间为5.8年。此外，这些投资大部分都是早期投资，因此风险极高。在1969—1978年进行的31项投资中，16项（51.6%）为种子轮投资，8项（25.8%）为第二轮投资，7项（22.6%）为第三轮投资。总之，文洛克创投展示了看起来与成功的现代风投有限合伙企业非常相似的投资和回报动态。

政府支持：养老基金与风投资金供给

这些有限合伙企业的实践案例揭示了该行业在20世纪六七十年代的演变过程。但是，尽管有限合伙制结构已经在DGA的引领下成为当时的主要组织形式，但该行业还没有得到广泛发展。截至20世纪70年代中期，全美各地实质性的风投公司还不超过30家。而这些实质性风投公司，包括格雷洛克和文洛克创投在内，按照现代标准来看投资资本池都相当小。20世纪70年代后期，当风投的供给侧受到关于将养老基金用于投资目的的政府政策关键变化的强烈影响时，情况开始发生改变。

养老基金问题很早就在政治辩论中变得突出，而且正在通过改变其资产配置领域为养老基金的发展助力。通过给予养老基金更大的自由度来投资包括风投在内的其他领域，政府刺激了企业融资供给。[88]尽管ARD成功释放了机构资本，但有限合伙制并没有达到同样的效果。这不可避免地限制了行业的规模。

这项养老基金政策转变主要是由劳埃德·本特森推动的，他是来自得克萨斯州的民主党参议员，拥有保险业经验，是改革的主要支持者。1977年，在向参议院财政委员会私人养老基金计划和附带福利附属委员会以及参议院小企业专责委员会提供的国会证词中，他提到"私人养老基金资产由位于少数地区的极少数金融机构管理"。本特森这种金融集中的言论，与马萨诸塞州投资信托基金董事会主席梅里尔·格里斯沃尔德在20世纪40年代末创立ARD前几年的言论非常接近。正如第四章所述，格里斯沃尔德痛斥新英格兰地区近一半的财富集中在信托和保险公司手中的事实。但相比格里斯沃尔德，本特森看到了更加严重的后果，并指出这种集中使这些机构"对美国的经济生活产生了令人不安的权力"。他继续在证词中主张说："由单一养老基金的基金经理组成的投资委员会主导股市交易，会对股票市场价格产生重大影响，甚至形成实际上的价格操控。"[89]

虽然本特森的证词主要提倡实施保障措施以防止股票市场中养老基金权力的集中，但他也主张进行更广泛的改革。本特森试图改变针对1974年《雇员退休收入保障法》中的谨慎人规则的严格解释，该法案旨在制定信托标准，以保护持有私人养老基金和健康保险的个人。谨慎人规则源于1830年马萨诸塞州关于尽职调查和过程的普通法判例。它指出："可以要求受托人忠实行事，并行使合理的自由裁量权。他要观察谨慎、慎重和聪慧的人如何处理自己的事务，不能投机，而要在考虑可能的收入以及投资资本的充分安全性的情况下对资金进行永久处置。"[90]

《雇员退休收入保障法》将违反谨慎人规则的行为定为联邦罪。它制定了统一信托标准，要求基金管理人员"在细心、有本事、谨慎和勤奋的前提下采取行动,也就是说以同样能力行事且熟悉此类事项的谨慎人在经营一个具有类似特性和目标的事业时同样需要拥有的细心、本事、谨慎和勤奋"。这项立法带来了两个问题。首先,基金经理可能会因为投资行为不当而承担违反信托义务的责任。此前养老基金经理只受国家法律的约束,他们可以通过在免责条款的基础上签订合同从而创造性地绕过这些法律。其次,因为涉及投资实践,"谨慎"的标准没有明确规定。由于存在违反信托义务的巨大不确定性,为职业生涯考虑的基金经理会合理的避免进行风投。正如本特森所说:"没有人会因为通用汽车或 IBM 的股票下跌而对基金经理提起诉讼,但如果基金经理投资不知名的小公司,他们可能会这么做(即提起诉讼)。"[91]

虽然该规则旨在使计划参与者和受益人的投资更安全且投机性更低,但实际上适得其反,因为它有悖于与最优投资策略相关的一些基本原则。原则上,该规则将投资视为单一资产,而非可以在特定市场风险水平下对其进行优化以最大化预期回报的投资组合中的资产集合。相应地,它忽视了多元化的好处。最后,它优先考虑保护资本和避免投机,这将导致对政府债券等"安全"证券的过度投资,养老基金极易受到通胀风险的影响。[92]

本特森提出的证据表明,《雇员退休收入保障法》解释下的谨慎人规则严重限制了投资流入风险资本,无论养老基金进行直接投资还是通过与风投公司的中介关系进行投资。另一位专家提供了定量证据,"自《雇员退休收入保障法》通过以来,养老基金几乎没有对风险资本进行投资。据我们所知,1974 年和 1975 年的水平为 0,而在

1976年投资额可能为500万~600万美元"[93]。

普遍而言,本特森的论点与20年前提出的支持小企业投资公司的论点类似。他表示:"近年来,小企业连起步都变得特别困难……我们可能永远不会知道有多少潜在的'施乐'或'宝丽来'未能创建……就因为缺乏启动资金。"本特森主张修改谨慎人规则,允许养老基金将2%的资产投资于已缴资本不足2 500万美元的公司,或者投资于投资这种性质的公司的风投公司。[94]

在国会听证会上,本特森倡导改革的努力受到了一系列行业专家的支持,其中包括一位关键人物——戴维·T.摩根泰勒,他是俄亥俄州克利夫兰市风投公司摩根泰勒创投的高级合伙人和创始人。[95]值得注意的是,当时摩根泰勒是国家风投协会的主席,该协会成立于1973年,是一个代表风投和私募股权行业利益的行业协会。

在摩根泰勒提供证词时,该协会有大约70名成员。它存在的事实表明风投行业的演化已经度过了新生阶段。在他的证词中,摩根泰勒加入了该协会撰写的一份报告——《新兴创新公司:濒危物种》。报告主题是创业企业是美国经济增长和就业最强大的引擎,但由于各种因素,包括《雇员退休收入保障法》中的谨慎人规则,创业部门正在萎缩。国家风投协会还推动修改税收立法,以加强资本形成,并为投资者创造激励机制。这份报告很重要,因为它强调了风险资本市场并非孤立于更广泛的监管环境。实际上,它表明对公共政策的关注是风投行业蓬勃发展的重要先决条件。最重要的是,该协会的报告预示风投家将继续成为积极的游说者。

尽管1977年两次试图引入正式立法允许养老基金投资风投均

以失败告终，但在1979年夏天，针对《雇员退休收入保障法》的一项明确修正案被悄然引入。[96]这使得对谨慎人规则的解释更为灵活。只要"特定投资"被计入"为了进一步实现（养老基金）计划的目的……考虑到与投资相关联的损失风险和收益机会……"，就算尽到信托责任。[97]换句话说，这使得养老基金计划可以通过整体投资组合方法管理总风险敞口，而不是对每一项投资单独进行风险分析。通过明确投资规则，《雇员退休收入保障法》修正案为养老基金创建了一条参与投资高风险资产类别的途径。

新法律带来了养老基金对风投投资的急剧增加。1978—1979年，养老基金对风投的承诺份额增加了一倍多。保罗·冈珀斯和乔希·勒纳的研究表明，《雇员退休收入保障法》的修正案与1979—1994年养老基金在风投行业的实际承诺资本相对于修正前时段大幅增加相关。[98]虽然一些风投公司对这种发展不屑一顾——因为养老基金经理仍然强调短期业绩，这阻碍了创建可持续的初创企业——但这代表了该行业历史的重大转变。这个转变恰逢其时，因为当时高科技企业的创业机会与日俱增，这是包括半导体芯片和微处理器在内的创新商业化的时代。风投行业的需求和供应正在趋同，在接下来的几十年里，供求双方将越来越多地处于同步状态。

资本利得税改革效果

资本利得税政策的变化进一步促进了20世纪70年代末和80年

代初有限合伙制的发展。摩根泰勒出现在审议养老基金计划的国会附属委员会面前的时候,他的大部分证词都集中在确保降低资本利得税率以刺激风险资本投资的必要性上。作为其协会报告的补遗,他提出了一系列联邦税务修订建议。其中大多数建议都集中在这个理念上,即除非采取措施纠正"投资者为启动和支持新生的和成长中的企业所冒的高风险而换取的税后所得越来越少"这个事实,否则风险资本以及美国的就业增长将会停滞不前。[99]

养老基金不承担纳税义务,因此改变资本利得税率不会对其产生任何影响。然而至少还有另外两个相关机制。首先,如前所述,1954年的《国内税收法》定义了合伙制企业税收法规以及风投公司的普通合伙人可以获得的收益。作为向合伙制企业提供服务的报酬而收取的合伙制企业利润中的附带权益,按规定须缴纳资本利得税而非一般所得税。因此,较低的资本利得税率对于绩效式薪酬中大部分是通过风投基金的"附带权益"获得的普通合伙人是有利的。其次,在职业选择方面,较低的资本利得税可能使潜在的企业家更愿意离开日薪工作转而创业,从而增加风投公司可以投资的机会。这两种机制的结合效应可能很强大。

资本利得税可能影响创业精神、发明和经济增长的论点早已存在。纽约证券交易所总裁 G. 基斯·芬斯顿在 1953 年雄辩地指出:"对资本收益征税以及对股息双重征税是联邦政府建立的双重水坝,阻碍了赋予美国工业生命的资本自由流入。"[100] 1963 年,肯尼迪总统断言:"资本利得税会直接影响投资决策、风险资本从静态向更活跃的情况转移的活性和流动性、新企业获得资本的难易程度,从而影响经济增长的力度和潜能。"[101] 尽管如此，国会还是提高了资本利得的最高税率，并延长了适用期限。1969 年《税收改革法》中税法的变化导致资本利得的最高个人税率上升。20 世纪 70 年代，税率达到了 35% 的峰值。[102]

来自威斯康星州的年轻共和党国会议员威廉·斯泰格是资本利得税改革的主要支持者。他在 1978 年 6 月向税务和债务管理附属委员会提供证词时，提到了肯尼迪政府对降低资本利得税的支持立场。他认为从那时起税法有利于消费而非投资：它削减了中低收入家庭的个人所得税，同时增加了资本的税务负担。"我们现在的税收制度阻碍了资本的形成，"他宣称，"毫无疑问，我们的经济正受到投资不足、通货膨胀和增长缓慢的困扰。"[103] 斯泰格提倡 25% 的资本利得税率——与 1969 年前盛行的税率相同。

斯泰格在 1978 年作证时找到了一批专家证人助阵，他们中的许多人都与风投行业有很强的联系。其中最引人注目的是备受尊崇的罗伯特·诺伊斯，英特尔的联合创始人和董事长。诺伊斯表示，自 1969 年成立以来，英特尔创造了 8 100 个工作岗位并纳税 1.05 亿美元。他甚至主张完全取消资本利得税。最重要的是，他提出了一个反事实场景，暗示如果英特尔成立时政府采取的税收政策更为沉重的话，英特尔可能不会成立。他说："在 1969 年的税法通过前，风险资本随时可供新公司使用时，我们很幸运地成立了公司。"[104]

小 E. F. 海泽是成立于 1969 年的芝加哥商业发展公司海泽公司的董事长兼总裁。他也主张资本收益激励对于充满活力的创业部门至关重要。[105] B. 吉卜林·哈格潘提供了或许最有启发作用的证词，他是洛杉矶合伙制风投企业布伦特伍德创投（成立于 1972 年）的创始合伙人，以及国家风投协会的董事。他提出了三个问题："除了那些拥有资本的人，谁会做出这些必要的投资？如果我们不向他们提供获得更高回报的可能性，我们怎样才能刺激拥有资本的人投入更多资金？如果能够服务于整体公共利益，我们为什么要在乎少数富人也会受益？"[106]哈格潘最后的问题可以说是直言不讳，其隐含的讽刺指向当时执政的卡特政府的进步原则。尽管卡特总统个人反对这项有利于"几乎仅限富人"的改革，斯泰格修正案还是得到了两党的支持。资本利得税率从35%降至28%。

从1985年向美国国会联合经济委员会提交的报告《风投与创新》中可以看出，哈格潘的观点在风投行业中有多普遍。[107]这篇报告发布于资本利得税率进一步降低到20%的时候，报告中包含对277家风投公司的调查结果，约占全美总数的一半。虽然这些公司不是促进降低资本利得税的最客观的观察者，但该报告的一个主要结论是"资本利得税差异是且仍然是1978年后可用风险资本激增的主要因素"。[108]它还强调了其他决定因素，例如养老基金法规改善（指《雇员退休收入保障法》和对谨慎人规则的澄清）、减少小企业向美国证券交易委员会报告的法规，以及总体而言更好的IPO环境。

图5.2显示了报告的调查结果，即风投家眼中资本利得税率的重要程度。当被要求按照10（高）~0（低）的等级评定每项措施对创建初创企业的帮助时，资本利得税的进一步减少得到的平均得分为9.2，是所有列出措施中最高的。进一步放宽《雇员退休收入保障法》要求排在第三位，得分为8.2。可以肯定的是，这些人从税法修订中获益最多，因此与政府补贴或针对小企业部门的贷款计划相关的因素

得分较低也就不足为奇了，甚至被许多人认为是"不恰当和适得其反的"。这项调查的结果表明，政府的角色纯粹是为了创造一个有利的监管结构，可以让初创企业生态系统在其中发挥作用。在风投家眼中，这一角色涉及以更高的税后收益形式为风险资本投资创造激励。硅谷税务和会计公司格林斯坦-罗戈夫-奥尔森公司的创始人兼管理合伙人莫雷·格林斯坦回忆说，他经常被业内领先的风投家问道"如果我这样或那样做会带来什么税务后果"。[109]

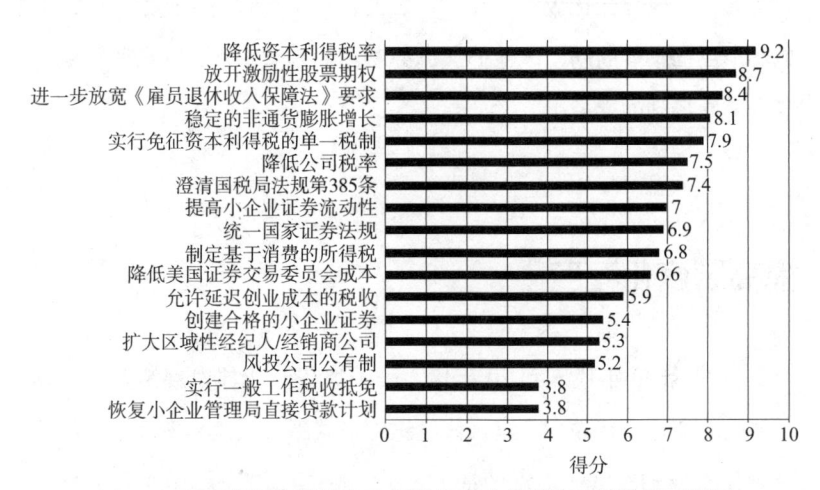

措施	得分
降低资本利得税率	9.2
放开激励性股票期权	8.7
进一步放宽《雇员退休收入保障法》要求	8.4
稳定的非通货膨胀增长	8.1
实行免征资本利得税的单一税制	7.9
降低公司税率	7.5
澄清国税局法规第385条	7.4
提高小企业证券流动性	7
统一国家证券法规	6.9
制定基于消费的所得税	6.8
降低美国证券交易委员会成本	6.6
允许延迟创业成本的税收	5.9
创建合格的小企业证券	5.4
扩大区域性经纪人/经销商公司	5.3
风投公司公有制	5.2
实行一般工作税收抵免	3.8
恢复小企业管理局直接贷款计划	3.8

图5.2 风投家眼中联邦政府促进初创企业措施效果的调查结果

数据来源：Robert Premus, "Venture Capital and Innovation: A Study," prepared for Joint Economic Committee, US Congress, 98th Session, December 28, 1984 (Washington DC: US GPO, 1985), 48

从经验上看，资本利得税到底是不是像风投家认为的那样重要这一问题不好回答。风险资本供给对资本利得税率变化的反应并没有特别强烈。詹姆斯·波特伯的分析表明，被认为对税率变化最不敏感的群体——免税投资者——随时间推移在风投资金池中所占份额越来越大。1977—1987年，他们的份额从11%增长到34%，而个人投资者——最可能受到资本利得税率变化影响——所贡献的份额实际上从18%降至15%。然而，从需求侧来看，波特伯的分析显示较低的资本利得税率可能会导致寻求风投资金提供机会的企业家和雇员数量增加。[110] 这一看法得到了最近实证证据的进一步支持，证据表明作为创业创意来源的"超级"发明家，在进行企业位置决策时可能对于所面临的税务风险变化极其敏感。[111] 然而，对于当时的风投家来说，这是一个更加本能的问题。他们遵循的基本原则是"对某样东西征税越多，通常得到的就越少"。

提高制度化程度

20世纪50年代末到70年代，美国风投行业的发展涉及3个相互关联的变化。首先，有限合伙制组织形式得到采用。虽然这个结构没有什么特别新颖或新奇的地方，但在随后的几十年中它将无处不在，代表了与ARD选择的封闭式结构的重大背离。重要的是，有限合伙企业能提供税收优惠，而且受监管审查的程度要低得多。这些因素似乎是选择组织形式时的重要驱动因素。

其次，长尾投资的收益变得不像早期ARD首次证明这一概念时那样难以捉摸。数字设备公司的回报不算丰厚，但格雷洛克和文洛克创投都获得了优异的回报。尽管重大的技术变革，例如文洛克创投对苹果的投资，为超额回报创造了机会，但格雷洛克和文洛克创投的回报都超过了投资上市股票指数可实现的回报。两家公司都试图通过广泛的尽职调查和参与投后管理选择合适的早期投资，从而系统地实践长尾投资策略。两个有限合伙企业的历史反映了风投公司的日益专业化。

最后，风投公司的运作环境因政府政策转变而发生变化，这更有利于早期投资活动和有限合伙制结构的蓬勃发展。由于《雇员退休收入保障法》法规的变化，来自养老基金的风投承诺资金的增加导致了该行业的爆炸性增长；同时，资本利得税率的降低通过提高税后净支出增加了对需求侧企业家的激励（根据风投家所说）。在这些变化中，风投行业本身并不是被动的旁观者。相反，它积极游说美国政府支持对风投有利的政策。

这些变化意味着风投行业变得越来越制度化，对那些愿意寻找能够增强长尾投资组合的初创企业的个人来说，风投成为一个有吸引力的金融领域。与本章的主题相呼应，第六章将会展示这种持续发展也受到了政府的影响。独特的风险资本投资风格开始出现，这在硅谷的发展过程中体现得最为明显——在那里，公共投资在创建和培育风投支持的创业公司集群方面发挥了关键作用。

第六章

硅谷和投资风格的出现

在1977年关于修改养老基金投资规则（见第五章）的国会证词中，戴维·摩根泰勒对风投行业及其发展发表了深刻的洞见，他提出风投的发展应该被置于更广阔的经济背景下考虑。他认为，投资机会往往"出现在大学和研究中心周围"，因此，"当我们的国家未能跟进研发活动，特别是未能获得联邦资金支持时，风投家总会感到担忧"。根据摩根泰勒的说法，这种融资失败对风投行业不利，因为它通常意味着"风投机会减少"。[1]

与摩根泰勒的讲话一脉相承的是，任何对美国风投行业历史的记录，如果不强调硅谷和美国政府在其崛起中所发挥的强大而广泛的作用，都将是不完整的。目前，硅谷拥有美国绝大多数的风投基金，同时是大多数风投行业龙头的所在地。然而，一个半世纪以前，我们现在所知的硅谷地区还是一片橘林、野花和农田，距离仙童半导体公关人员唐·霍夫勒在1971年《电子新闻》发表的系列文章中称之为"硅谷"的地方还差得很远。

关于硅谷的历史已经有大量的记载。[2] 本章会将这一记载编入风投的历史。现在俗称的"硅谷"是指旧金山海湾一片横跨五大郡县的区域，其成功的种子在 19 世纪末就已种下。其与风投相关的扩张过程在很大程度上归功于三个主要因素的交汇：大学直接和间接的影响，政府军费开支对高科技的推动，还有特殊的文化、法律和自然气候。强大的创新集群的形成创造了对风险资本的需求，以资助尚未成功的人、技术和产品。

随着特定投资风格在 20 世纪六七十年代的出现，硅谷有力地影响了风投行业的文化。人们常说，风投意味着投资于三个领域：人才、技术和市场。尽管格雷洛克、文洛克创投和其他早期风投公司认识到了这些因素在投资中的重要性，但三个关键人物真正定义了人-技术-市场的分类法。阿瑟·洛克是一位举足轻重的风投家，参与过硅谷一些最有影响力的投资，他的关注点主要集中在人才这一方面。KPCB 的联合创始人汤姆·珀金斯以技术为标准筛选投资。红杉资本的创始人唐·瓦伦丁强调市场规模的重要性。因养老基金改革而导致风投融资增加的大潮，因他们利用有限合伙制结构从长尾投资组合中获得高回报的能力而进一步气势汹涌。

硅谷风投的先决条件

学术机构与摩根泰勒认为对于风投增长至关重要的投资机会类型之间的一些主要历史联系，已在第三章中进行了概述。然而，我们有必要把时间往回推,详述一下弗雷德里克·特曼的贡献。弗雷德里克·特曼于1922年从斯坦福大学毕业,利用3年时间从MIT获得电气工程博士学位后回到母校。1941年,特曼成为斯坦福大学工程学院院长,14年后出任斯坦福大学教务长。在这些岗位上,他通过将科学与工程相结合,把学术界和当地公司联系在一起,制定了实现学术和实践双丰收的战略。特曼经常被认为是硅谷演变过程中的主要人物之一。[3]

特曼在斯坦福大学的行动并非没有自身利益考量。他鼓励企业家参观校园,目的是改善斯坦福大学当时拮据的财务状况。但至关重要的是,他将资金筹集的需求与有效的大学战略相结合。1937年,他提出的大学应该拥有授予其研究人员的任何专利获得了大学董事会的同意。[4]这非常重要,因为特曼坚信可以通过提供和分享空间实现大学与工业界的联系。那一年,拉塞尔·瓦里安和西格德·瓦里安兄弟受邀使用斯坦福大学的物理实验室,在那里他们开始了联合工作,工作成果后来成为雷达技术的基础。一起工作的还有他们的学术伙伴威廉·汉森,他是移民出身的量子物理学家菲利克斯·布洛赫的亲密同事,后者于1952年成为斯坦福大学的第一位诺贝尔奖得主。斯坦福大学提供空间和实验室用品并获得专利许可收入,包括著名的速调管真空管专利,该专利用来产生用于机载雷达探测技术的高功率微波。[5]斯坦福大学孵化了20世纪举足轻重的创新,并由此获得了大约200万美元(约合今天的1 800万美元)的特许权使用费。[6]

20世纪50年代早期,作为强调拉近学术界和私营企业之间物理距离的延续,特曼将大学一部分未开发的土地指定为斯坦福工业园区，主要出租给电子和高科技公司。1953年，瓦里安兄弟在那里开设了瓦里安合伙人事务所，是第一批入驻的公司之一。惠普公司（特曼是其首批投资者之一）紧随其后。截至1961年，超过25家公司入驻这片占地650英亩的园区，雇用了1.1万人，最终甚至东海岸的成熟企业，包括通用电气、伊士曼柯达、洛克希德和施乐，都在那里开设了分公司。（在施乐公司的案例中，这里就是被称为PARC的帕洛阿尔托研究中心。）为了使公司更接近斯坦福大学的教师和学生，特曼于1954年启动了荣誉合作计划，该计划允许当地电子公司的工程师直接选修一些研究生课程。到1961年，32家公司向斯坦福大学输送了超过400名员工。在校外，特曼在附近的门洛帕克进一步扩展了斯坦福与工业企业共享空间的愿景。斯坦福研究所于1946年在此成立，网罗了大量以"可能与大学的传统角色不完全兼容"的方式追求"实用科学"和"协助西海岸企业"的教师。[7]

在后特曼时代，大学领导人们继续发展了这种斯坦福大学和工业界相联系的强大而宝贵的传统。例如，在1964年，斯坦福说服了肖克利半导体的工程师开设一个新的集成电路实验室，并帮助学校将新技术融入技术课程。[8] 几年后，斯坦福大学扩大了"斯坦福工业附属计划"，该计划允许公司只交纳少量费用，就可以使用学术实验室、接触学生和教师、参加研究会议，以及进行特殊招聘活动。对于这项联合附属计划中涌现的新发明，大学于1969年建立了许可办公室，帮助新产品商业化。即便是规模最小的科技公司也能够在讨论和改进技术想法的环境中茁壮成长。从1975年开始，斯坦福大学开始在大学的直线加速器中心举办家酿计算机俱乐部的会议。该俱乐部是初出茅庐的发明家和企业家的聚集场所，成员包括史蒂夫·乔布斯和史蒂芬·沃兹尼亚克，他们想要展示他们最新的技术发明并分享他们的想法。[9]

风投家强调了这种日益增长的区域优势的重要性，因为"尽管MIT和哈佛大学成就卓越，但到20世纪60年代中期，波士顿在科技创业中心的竞争中已经输给了硅谷的半导体专家们"。[10]回首这种地理转变的原因和后果，著名风投家阿瑟·洛克提出过一个理论："所有精力充沛的科学家都在斯坦福大学周围成长起来了。在我看来，虽然存在些特例，但这主要归功于弗雷德里克·特曼。他是斯坦福大学工程学院的院长，他鼓励学生，特别是博士和博士后学生，组建公司并继续在斯坦福大学任教。当时，这在任何其他学校都是一个全新的概念——而且显然没有发生在MIT、哈佛大学或普林斯顿大学，或任何一个优秀的工程院校。MIT的人如果创办公司就会被解雇。"[11]

特曼是旧金山湾区电子产业发展的催化剂，然而也可以说，他是其发展的产物。[12]值得注意的是，在20世纪20年代初到MIT攻读博士学位之前，特曼在帕洛阿尔托一家无线传输技术的核心创业公司——联邦电讯公司做过一段暑期实习（详见第三章）。此外，虽然斯坦福大学毫无疑问地对硅谷区域优势的演变起到重要作用，但其他因素的影响同样重要。加州的旗舰高等教育机构也在高科技领域建立了高质量的中心。1939年物理学家欧内斯特·劳伦斯被授予诺贝尔物理学奖后，加州大学伯克利分校成为科学重地。劳伦斯伯克利国家实验室成为基础科学前沿发展的枢纽。革命性的硅谷工程师和企业家戈登·摩尔在转学到加州大学伯克利分校之前曾就读于圣何塞州立大学，并于1950年获得化学本科学位。[13]20世纪70年代，从圣何塞州立大学毕业的科学家和工程师比斯坦福大学或伯克利大学还要多,加州系统内的当地社区学院也提供了重要的技术培训课程。[14]

这些教育机构的影响意味着资本、专业知识和想法被吸引到该地区,由此创造了一系列的经济活动和大量潜在的与风险并存的机会。一旦风投机构开始进驻,这些作用力就会自我强化。20世纪八九十年代,风投的可能性会随着风投机构所在地与创业公司之间地理距离的上升而显著下降,即使不同地点公司之间的联合投资为投资组合实现地理多样化提供了渠道。[15]一般而言,在地理上就近投资管理起来更容易。

虽然大学的积极影响帮助硅谷成为首屈一指的高科技中心,但对其专业产品需求的一个巨大而意外的冲击,使得其进一步的扩张和创新成为可能。由于美国军队在二战和朝鲜战争期间的推动,该地区的电子公司名扬全美,强化了早期的优势。一战期间,联邦电讯公司为美国海军创造了浦耳生电弧长波无线电,这种产品迅速成为"一战期间海军的宠儿"。[16]联邦电讯的分拆机构美格福斯为美国海军战列舰制造了公共广播系统,还为飞艇生产了抗噪麦克风。1940年6月—1945年9月,联邦政府参与规模急剧增加,加州获得了164亿美元的战时供应合同,以及超过25亿美元的针对军事和工业设施的投资。在这次被《旧金山纪事报》称为"第二次淘金热"的过程中,加州在总支出方面仅落后于纽约和密歇根。[17]

加州由于各种原因获得了大量资金,其中包括在与战时需求相关的技术领域的擅长。军事采购的微波管是湾区的技术专长之一,采购量从1940年的几百万美元飙升至1959年的1.13亿美元。军事采购的急剧增加使得加州的优质军事合同份额从 1951 年的 13% 增加到 1953 年的 26%，在军事合同总支出方面一跃超过之前排名第一的纽约。[18] 1955—1959 年，武装部队对晶体管的采购从 180 万美元增加到 9 900 万美元，国防部很快成为这类产品的最大消费者。[19] 事实上，直到 1967 年，美国军队消费了湾区公司生产的所有集成电路的一半以上。[20] 鉴于军方是早期采用者，它对签约公司施加了严格的技术标准，还通过资助学习曲线使生产成本下降到合理区间。军事需求是消费市场扩张的重要前提。例如，1963—1968 年，集成电路的单价从 31.60 美元下降到 2.33 美元。[21]

企业家通过延续创办新公司的传统，响应着军方对高科技产品需求的增加。融资往往通过类似于第三章讨论的非正式机制进行。出生于俄罗斯的电气工程师亚历山大·波尼亚托夫是战时蓬勃发展的圣卡洛斯潜艇天线制造商代尔莫维克多的一名雇员。1944 年，他从老板那里拿了 25 000 美元，加上他自己的 5 000 美元储蓄和一笔从第一国民银行获得的贷款，创办了阿姆派克斯公司，从事军用飞机天线的设计。后来波尼亚托夫异常成功，不到两年后他就不得不将公司搬到一片更大的场地。瓦里安兄弟于 1948 年从朋友、员工和周围的投资者那里为瓦里安合伙人事务所筹集了 12 万美元，事务所后来发展成为创业者的跳板。[22] 该公司的员工在 20 世纪 60 年代后半期创办了 20 多家高科技公司。[23]

尽管有军事承包的保障，但湾区公司仍然为提高生产力而共同努力。1942 年，联邦电讯的工程师设计了一种新型真空管生产技术，将产量从 35% 提高到 95% 以上。这使得公司的产量得以扩大，收入从每月 4.7 万美元增长到每月超过 60 万美元。[24] 1941—1944 年，惠普重组了其电子测量设备和接收器产品线，将产值从 3.7 万美元增加到 100 万美元，增加了 26 倍，同时雇员从 9 人增加到 100 人，增加了 10 倍。[25] 瓦里安合伙人事务所在 1949—1959 年将速调管的销量提高了 125 倍，而员工规模只增加了 4 倍。这使得瓦里安成为美国最大的微波管制造商，超越了通用电气、雷神和美国无线电公司。[26]

联邦资金的增加伴随着人力资本的涌入。1940 年 7 月—1945 年 7 月，整个加州净流入了 198.7 万人。[27] 随着企业扩大规模以满足军事生产需求，到 1960 年，高科技领域的就业人数增加到 58 000 多人。[28] 仅在圣马特奥和圣克拉拉这两个县，电子元件制造业的就业人数从不到 1 000 人增加到了 1 万人。[29] 这使得圣何塞成为美国高技能工人密度最高的城区。[30] 随着一批最优秀的创新者来到湾区工作，他们吸引了更多的高技能移民涌入。例如，诺贝尔奖得主威廉·肖克利从小在帕洛阿尔托长大，他曾在纽约和新泽西州的贝尔电话实验室工作，曾是晶体管发明团队的一员，之后他回到湾区照顾自己的母亲。1955 年（也就是他获得诺贝尔物理学奖的那年），肖克利在加州山景城成立了肖克利半导体实验室，目的是将新技术商业化。

当军事承包开始缩减时，湾区企业活动的持久力开始彰显。20 世纪 60 年代，美国国防部长罗伯特·麦克纳马拉减少了在高科技设备上的军费开支。例如，美国国防部购买的微波管总价从 1962 年的 1.46 亿美元下降到 1964 年的 1.15 亿美元。利润丰厚的成本加成合同（支付生产费用以及保证固定费用的合同）曾帮助建立了当地制造业的基础，但这类合同在所有合同中的占比在 1960—1965 年从 35% 降至 15%。[31] 作为该地区创新能力的证明，现有公司通过改变其产品线迅速适应新的现实。艾特尔麦卡洛公司于 1934 年从定制无线电设备制造商海因茨-考夫曼分拆出来，开发了一套电网管生产线，旨在改进调频收音机。[32] 利顿工程实验室于 1932 年由查尔斯·利顿（他拥有两个斯坦福大学工程学位：1924 年取得机械工程学位，1925 年取得电气工程学位）成立，实验室改造了其微波管部门用以生产微波炉。瓦里安合伙人事务所开始生产科学和医疗仪器，以至于该公司在短短 8 年内对军方的销售额占比从 90% 下降到 40%。[33]

湾区的这种公司内部资源重置代表了一种其他地方缺少的适应性水平。波士顿的 128 号公路是数字设备公司（详见第四章）等重要公司的所在地，却无法以同样的方式进行调整。现有企业转移产品线的速度较慢。例如，雷神公司是东海岸最依赖军方的公司之一，到 20 世纪 60 年代后期仍然将其产量的 55% 以上出售给军方。1960 年以后的创业浪潮也没有像在湾区那样横扫 128 号公路。1959—1976 年，加州北部新建了 40 多家半导体公司，而马萨诸塞州只有 5 家新企业。[34] 加之现有公司的惰性，20 世纪 70 年代早期 128 号公路的高科技行业失去了超过 3 万个工作机会。[35] 到 20 世纪 70 年代中期，128 号公路的技术衰退异常严重，以至于就业和产出开始向西移动。风险资本被吸引到高科技机会最多的地区也就不是偶然了。

如果大学和军事投资是创业机会激增的有形贡献者，那么硅谷文化的影响就更加无形。文化很难界定，但它表现在很多方面，吸引了特定类型的人，这些人认同，而且也帮助建立了与东海岸不同的商业风气。安娜李·萨克瑟尼安认为"该地区的文化鼓励风险并接受失败",并且"没有任何年龄、地位或社会阶层的界限可以阻止人们有一个新的开始。"[36] 实用型大学,连同起伏的山丘、普照的阳光和温和的气候吸引着对技术感兴趣的人,他们中的许多人对寒冷的冬天和东海岸更有条理的秩序不感兴趣。在向国会提供的关于如何培养"美国创业和创新氛围"的证词中,英特尔公司的罗伯特·诺伊斯强调了硅谷的地理优势。"是什么吸引我们来到这个地方?"他问道,"首先是世界上最宜人的气候之一。这里有好的天气和至少在当时没有被破坏的地形。"[37] 英特尔的员工可以在其位于山景城的公司的果园里采摘梨子。

硅谷吸引了那些想要在技术知识前沿工作,却偏好更灵活、层级更少的组织的人。一些最早的例子包括20世纪一二十年代的业余无线电爱好者。短波无线电爱好者在新生的湾区电子产业中建立了一种友好、协作和开放的文化。类似圣克拉拉县无线电俱乐部的组织在20世纪20年代中期成立,它们不关注传统的阶级或教育方面的差异。新的技术发现会在旧金山电台等新闻媒体中公开发表。海因茨-考夫曼的联合创始人拉尔夫·海因茨回忆说,在电子行业"我们互相学习"。[38] 刚刚崭露头角的企业家可以在一块新的文化画布上写下自己的规则,而不被东海岸几十年的传统所束缚。

文化开放可以成为创造力和创新的强大动力。[39] 在湾区,它有助于培养可能与移民一起到来的技术进步。矛盾的是,鉴于上文强调的湾区企业的发展与军事技术的联系,移民发明者在私营部门产业的发展过程中发挥关键作用,正是由于可供他们选择的与国防相关的就业机会有限。诺伊斯在国会证词中称,1985年英特尔新聘用的80%的博士和50%的硕士都在国外出生。诺伊斯甚至打趣道，这些人往往"比我们这里的学生准备得更充分"。他接着列出了移民取得的一系列高科技研发成果。"我只想说，第一个微处理器是由一位名叫费德里科·法金的意大利工程师完成的，他之后组建的齐洛格公司成为该领域的主要公司之一，"他说道，"英特尔的第一个可擦除可编程只读存储器，同时也是我们最重要的产品之一，是由在英特尔工作的以色列人开发的。一位日本工程师设计了8080微处理器。以色列人阿里耶·芬戈尔德创立了黛西系统，一家主要的计算机辅助设计/计算机辅助工程公司。来自韩国的菲利普·黄创办了图文，硅谷最成功的终端和微处理器/微型计算机公司之一。来自印度的西江·莱·坦登创办了坦登电脑。"[40]

这里商业文化的特色是民主。早在20世纪40年代末，瓦里安兄弟就选择"瓦里安合伙人事务所"这个名称来强调他们的组织将是一个"平等的协会"，而不是一个由雇主和雇员构成的公司。[41]瓦里安合伙人事务所没有详细的报表，每个工程师都是部分所有者。员工投票选举进入管理咨询委员会的同事，帮助高级工程师设计公司政策。同样，惠普维持了一种非传统的、分散的组织结构，因为相信这种架构能够鼓励团队合作、开放和创造力。包括两位创始人在内的高级管理人员经常与新工程师合作。管理者被倡导要"四处走动"并且让员工能够接触到。他们培养了与员工的非正式、非计划的对话，也鼓励员工追求自己的想法。[42]随着这种做法的推广，一种新的管理模式出现了。汤姆·沃尔夫于1983年12月为 *Esquire* 杂志撰写的关于硅谷的知名文章中称："这些新公司的氛围非常民主，让来自东部的商人感到震惊。"

湾区科技公司是最早提供非货币附加福利的公司之一，这些福利在设计之时也最能体现雄心勃勃。1939 年，艾马克公司为其工人建立了一个现场的医疗部门和一个有补助的自助餐厅。利顿工业公司（成立于 1947 年）于 1949 年更进一步，购买了位于西拉亚山区的杰克逊湖周围的大片土地，作为员工的度假胜地。利润分享和员工持股计划越发普遍，部分目的是留住人才。当微波管主要制造商电动力学公司在 1953 年收购利顿时，它为每个利顿管理层人士都提供了股票期权，作为留在合并后的实体并参与其经营的激励。[43] 而在当时，基于期权的薪酬并不常见。[44]

因为建立了保证员工忠诚度的能力，这种管理实践对劳动力市场产生了深远的影响。与此同时，希望离开公司创业的员工并没有受到限制。加州的监管环境创造了一个真正自由流动的劳动力市场。回溯 1872 年加州民法典一项具有里程碑意义的规定，国家为劳动者提供了更多的权利，并否认公司有权执行它们可能设定的任何限制性就业合同——例如禁止雇员在离职后的一段时间参与和原雇主竞争的竞业禁止协议。虽然这种规定因加州融合了西班牙、墨西哥和英国的法律传统而意外产生，但它具有长期的效应。加州商业和职业法典第 16600 条规定："任何限制参与合法的职业、贸易或任何形式的商业活动的合同均属无效。"这和许多允许公司实施限制性劳动力市场规定的州都有所不同。[45] 经验证据表明，加州等州不对员工流动设限的做法促进了创新创业。[46] 显然，许多硅谷主要公司都是在没有与原雇主的竞业禁止协议严重阻碍新企业创立和区域经济发展的大背景下建立的。

投资于人才：阿瑟·洛克和仙童半导体

鉴于西海岸对创业的吸引力，美国最知名的风投家之一阿瑟·洛克在那里开始他的职业生涯并不会令人惊讶。阿瑟·洛克于1926年出生于纽约罗切斯特，一直在东海岸生活工作。他的父亲是俄罗斯移民，母亲是第一代美国人，两人在纽约拥有一家糖果店和冰激凌店，洛克从小就在店里摆货架和当出纳。1944年高中毕业后，他入选了美国陆军，但从未在海外服役过，因为战争结束时他刚完成了基础训练。之后，他通过《退伍军人安置法案》入读雪城大学，并于1948年获得了政治学和金融学学士学位。随后，他在曼哈顿工作了一年，然后在哈佛商学院就读。1951年MBA毕业后，洛克回到纽约，加入海登斯通证券公司的企业财务部门，担任证券分析师。

在参与了海登斯通的一系列新股承销后，洛克逐渐因其在高科技领域的专业知识而闻名。1955年，他在为大型电子企业通用晶体管公司提供融资方面发挥了关键作用。肖克利和同事们在贝尔电话实验室的工作将晶体管于1951年推向市场。通用晶体管公司是无线电感受器公司的子公司，也是20世纪60年代中期在这个商业领域活跃着的26家公司之一。在战后时期军事需求的推动下，技术实现了进步，整个行业不断学习，生产力也有所提高。虽然行业处于扩张的早期阶段，但洛克看到了工业应用的巨大潜力："我从商业角度了解半导体产品并了解它们的可能性。"[47]

正如通用晶体管公司的案例所展现的，在那个时代，半导体行业充斥着从现有公司分拆出来的新公司，主要原因是在没有限制性就业合同的环境下，人才保持了高度的流动性。[48] 一个著名案例是，1957年，8位科学家向洛克写了一封信寻求帮助；他们想从现公司跳槽至另一家公司。罗伯特·诺伊斯、戈登·摩尔、尤金·克莱纳、让·霍尼、谢尔顿·罗伯茨、杰·拉斯特、朱利亚斯·布兰克和维克多·格里尼克，这些年轻博士被威廉·肖克利招募，在山景城肖克利半导体实验室工作，然而，老板严厉的管理风格和经常改变的方向逐渐引起他们的不满。在实验室建立的一年内，肖克利放弃了制造硅晶体管的想法，转而开展其他项目。肖克利实验室是在贝克曼仪器公司的支持下成立的，所以这些沮丧的科学家首先恳请作为肖克利老板的阿诺德·贝克曼指定其他负责人，以使他们能够完成硅晶体管的研究工作。随着关系恶化，克莱纳总结道："我们不喜欢他，他也不喜欢我们，但我们彼此喜欢。"[49] 年轻博士小组开始探索其他选择。摩尔后来回忆道："尤金·克莱纳给他父亲的投资公司写了一封信，说'我们这群人喜欢一起工作。你觉得有一家公司会聘请整个团队吗？'投资公司是海登斯通。他们派出了两个人，其中一人是阿瑟·洛克。"[50]

在加州的第一次会议上，这群后来被肖克利称为"八叛逆"的科学家给洛克留下了深刻的印象。洛克鼓励他们组建一个新的公司，而不是转投一个新的雇主。他们提出了一份10页纸的商业计划和80万美元的融资需求。[51] 融资之初非常费力，但洛克最终在总部位于纽约赛奥赛特的仙童摄影器材公司创始人谢尔曼·菲尔柴尔德处取得了成功。菲尔柴尔德帮助他们创办了仙童半导体，作为其公司的一个部门。仙童摄影器材公司提供了150万美元的贷款，几乎是商业计划要求的两倍，用以换取一个关键的期权：如果公司连续三年保持净收入超过30万美元，菲尔柴尔德可以以300万美元收购该公司；如果期权在第三年到第八年之间行使，则可以以500万美元收购该公司。每位科学家持有新公司7.5%的股权，海登斯通持有17%的股权，其余的留下来作为新员工的股权池。[52]

1957年，仙童半导体在山景城开业，位置上紧邻肖克利实验室。该公司计划开发将晶体管放置在小块硅片上的技术，而不是采用通用晶体管公司等使用的主流锗晶体管方法。仙童半导体在开业仅6个月后就实现了盈利。1959年，其销售额突破300万美元，净利润率达到10%。[53] 遵照事前约定，仙童摄影器材公司收购了仙童半导体。公司很快赢得了大量来自政府的合同，为航天工业研发硅晶体管。其绝大部分销售额与军方相关。

图6.1显示，仙童半导体的成立恰逢硅谷创新性质发生显著转变的时期。1957年，在所有居住于美国的发明者获得的信息和通信技术专利中，硅谷地区占到2%，10年后占到8%。硅谷持续占据着这个领域的主导地位，到20世纪末，在美国发明者获得的信息和通信技术专利中占到20%以上。1968年和1969年这两年，共有24家新半导体公司成立，其中13家位于硅谷——有8家是由仙童半导体的前雇员创立。[54] 正如"八叛逆"当年离开肖克利单干，其他公司又由仙童员工离职后创办。用一位观察家的话来说，"一个典型的情况是，随着产品的推出，仙童半导体开发团队的一部分成员会离开，创办独立的公司"。[55] 例如，1961年3月，在仙童半导体推出一系列新的集成电路的6个月后，一位首席研发工程师带领团队创办了西格尼蒂克。随后的1963年，另一位仙童员工创办了通用微电子公

司；1967年，另一个团队从仙童离职，准备拯救陷入危机的国家半导体公司，离职的原因据说是仙童摄影器材公司对授予股票期权过于吝啬。

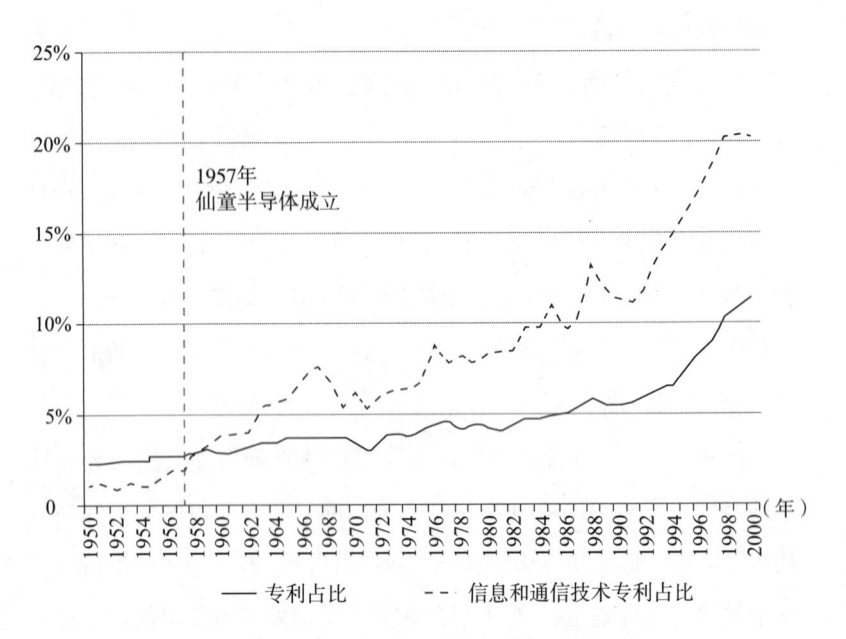

图6.1 硅谷在全美专利中的占比（1950—2000）

数据来源：美国专利及商标局

然而，值得人们铭记的是，虽然仙童的投资在硅谷崛起的历史中具有传奇色彩，但这并不符合风投的风格。仙童摄影器材公司和创始人之间原始收购合约的性质意味着，无论取得何种成功，收购资金的上限都在300万~500万美元。创始人不会有超额收益。当仙童摄影器材公司根据最初的协议条款收购仙童半导体时，这8位科学家在母公司中获得了公开交易股票并成为其员工。[56] 此外，尽管洛克与8位创始人保持着联系,但他并没有参与仙童半导体的管理。海登斯通也不是一个风投风格的中介,与前几章中描述的 DGA、格雷洛克或文洛克创投等早期风投公司有所不同。

尽管如此,洛克对这 8 位科学家的帮助是他以人为本思路的早期表现,这随后成为他风投风格的重要特征。虽然技术方面的投入对仙童半导体很重要,但显而易见的是,是洛克发现了仙童团队的价值和能力。这群人都是刚毕业的博士生,年轻且当时没有什么可以证明自己的成就,但洛克在融资方面遇到困难时仍坚持不懈。"我真的很喜欢他们 8 个人,"他后来说道,"并且认为他们会有所成就。"[57] 在他的标志性的投资风格中,洛克强调,"好主意和好产品有很多……优秀的人才却是罕见的",他解释说:"我通常更关注准备商业计划的人而不是计划本身。"[58]

对于洛克而言,从东海岸搬到西海岸是必然的,因为他在这个刚刚起步的行业及其他行业中看到了创造和捕获价值的潜力。他发现"加州的人比东部的人更爱冒险。东海岸都是些传统公司和传统贵族……我发现西海岸的人更聪明,更富有想象力,更具冒险精神"。[59]

戴维斯-洛克(1961—1968)

洛克正式进入风投行业开始于他和托马斯·戴维斯共同创办有限合伙人企业。托马斯·戴维斯是洛克通过旧金山的共同朋友认识的律师和金融家。戴维斯一直受到弗雷德里克·特曼在技术领域投资的指导。戴维斯和洛克的性格极为不同。戴维斯被认为"开放友好,天生善谈",而洛克则被认为"沉默思考,是一个敏锐的倾听者,却很少有所回应。"[60] 洛克要求卓越,有的时候极其令人生畏。一位同事表示:"在我认识他的前 10 年里,我怕他怕得要死。"[61]

戴维斯-洛克起步时,从大约 25 位投资者手中获得了 500 万美元,这些投资者大多是熟人。"八叛逆"中的几人也是该基金的投资者。曾在 1960 年接受过洛克融资帮助的亨利·辛格顿也是投资人之一,当时洛克还在海登斯通工作。辛格顿在那年离开了利顿工业公司,成立了泰莱达,后来发展成为技术和科学相关业务的大型集团,而洛克在 1960—1994 年一直在泰莱达的董事会任职。虽然按照规定,有限合伙人不会直接参与业务,但是他们经常帮助完成尽职调查和交易流程。例如,克莱纳说他参与评估的公司"每年有 4~5 家"。戴维斯-洛克在其 7 年有限合伙生涯中投资了 15 家公司,其中就包括最具影响力的投资之一——泰莱达。有限合伙企业的结构使戴维斯-洛克作为普通合伙人获得了 20% 的基金利润作为附带权益。[62]

人们可以从风投行业历史上一份重要文件的细节中了解戴维斯-洛克的投资策略。1966 年 9 月,戴维斯在帕洛阿尔托的西部电子制造商协会上发表的一篇题为《如何选择电子行业的优胜者》的演讲广为人知。在文洛克创投的彼得·克里斯普持有的版本中有以下注释:"我认为讲得很好,有效、连贯,至少作为'增强聚焦'的文章是值得阅读的。"[63] 戴维斯在演讲的一开始,概述了"优胜者"的实际定义。从金融意义上讲,它意味着"我们的初始投资在 5~7 年内至少会升值 10 倍的情况"——这可能会被一些人错误地认为"过于严格"。他说，人们经常不会意识到"小公司的风险是如此巨大"，以至"有些公司会因为几乎不可预见的原因而失败"，而"还有些公司只会混日子"。戴维斯评价道，整体投资组合的回报将取决于"少数确实超过10倍标准"的企业，并且这些企业的"上行潜力对我们来说比下行风险更重要"。他还承认戴维斯-洛克的投资策略不止包括初创企业，还包括"在业务上开展过足够长的时间进而拥有某种类型市场"的企业。他认为，对于这些类型的投资，由于风险水平较低，"4~5倍"的收益似乎是合理的。

关于如何选择投资组合公司的问题，戴维斯是明确的："支持合适的人。"从根本上说，他说"人造就产品；而产品不会造就人"，"只有极少数人拥有管理和激励能力来建立非凡的成长型公司"。他接着罗列了用于确定"合适的人"的6个标准：

1. 诚信。这是基本，但往往被忽视或假定已有。诚信不仅仅意味着财务上的诚实，还包括承担责任、承认错误、面对事实的勇气。

2. 动机。这是关键标准。人们是否想要创立他们可以创立的最大、最好的公司，而不是仓促鲁莽，或者是冒愚蠢的风险？是否希望在一个漂亮、舒适的公司里保守前进？是否希望从深度的开发中获得声望，这些开发可能会持续数年，甚至永远无法实现批量销售？抑或，是否想要公司提供的汽车、高工资、特许经营权……

3. 市场导向。我想支持的人应该是完全以市场为导向的。他只关心人们想要购买，并且会很快、大量购买的东西。他会以此为起点——而不是以他自己想要的产品的构想为起点，因为虽然后者会衍生出一个精致的作品或者宏伟的方案，但只能解决少数人想要解决的问题……

4. 技能和经验。我所支持创办公司的人必须具备在所选领域进行创造的技术能力。他还应该具有实际大规模管理的经验。此外，他所计划的行动应该和他所管理的类型一致。对于投资者而言，负担管理者的学习是很昂贵的。

5. 财务能力。一个真正的经理对财务在他的公司中所扮演的角色有深刻的认识。如果没有关于成本的准确信息，真正精明的人就会知道他不能对产品进行适当的定价，或者不能把握对合同进行的投标。而且他无法分辨减少哪方面成本的投入……

6. 领导力。他必须具有很强的领导力。我不会试图描述这种特质，许多书籍和文章都尝试过，但大多没有成功。即便如此，花费一点时间和拉近一点距离，你通常可以很好地感受到这种特质。

尽管可能很稀有，但戴维斯认为，"所有上述特质有时会聚集在一个真正有管理能力的人身上"，这就是他"需要支持的人"。就这些企业家可能活跃的行业而言，戴维斯说他更喜欢制造业而不是服务业，因为"销售得越多，越有利可图"。他看中的是针对"现有市场"的"复杂创新产品"，销量要达到"约1亿美元，而且仍在快速增长"。虽然支持"合适的人"意味着必须支持他背后的技术和市场，但戴维斯以人为本的方法却非常明确。

这也是戴维斯-洛克于1962年投资28万美元帮助创办计算机制造商科学数据系统公司时采用的方法。[64] 戴维斯找到了这个投资项目,而洛克最终选择支持它,至少部分原因在于其创始人马克斯·帕列夫斯基。帕列夫斯基出生于芝加哥的一个移民家庭,曾在帕卡德贝尔公司主管计算机部门。当公司开始面临经济困难时,他大胆决定出去单干。洛克有一定程度的先见之明:"我确信(帕列夫斯基)会赚钱。很少有人会像他那样打动我。"[65] 此外,洛克经常说:"马克斯一直是一个非常有趣的人……他是一个非常非常好的经理人,风格却与大多数人不同。他很随和,会拍拍你的背,让你放松。我想他是我遇到的第一位不打领带的企业高管。"[66]

就像肖克利的"八叛逆"所面临的融资困难一样,帕列夫斯基最终以98万美元让出了公司80%的股权。[67] 随着风投资本的进入,戴维斯-洛克也开始参与公司管理。在戴维斯的坚持下,洛克进入董事会,并随后成为董事长。1965年,科学数据系统公司的销售额约为4 500万美元,净利润为300万美元。三年后,销售额达到了1亿美元,是数字设备公司的两倍。施乐当时草率地认为必须进入计算机领域(因为它的主要竞争对手IBM正在进入复印机领域以实现多元化),因此将科学数据系统公司视为收购对象。施乐以已身价值9.9亿美元的股票进行收购。洛克很快离开了董事会。不幸的是,施乐在其多元化的领域缺乏核心能力,而20世纪70年代早期的经济衰退加剧了其多元化战略失误的问题。施乐最终在几年后关闭了科学数据系统公司,总亏损约为20亿美元。[68] 然而对于戴维斯-洛克来说,这笔交易异常成功。正如洛克回忆的那样:"根据1967年6月16日的招股说明书,戴维斯-洛克拥有415 000股科学数据系统公司的股份,占完全调整后的已发行股票的10.8%。施乐公司为获得科学数据系统公司的股份,以大约9.9亿美元的本公司股票交换。因此似乎戴维斯-洛克的收入是投入的380倍。可能会有一些调整,我不记得了,就按300倍算吧。"[69]

除了对于戴维斯-洛克的重要性,科学数据系统公司的投资对整个风投行业而言也很重要。戴维斯-洛克证明了,组合风投的有限合伙制结构可以在合理的时间范围内以系统的方式为其有限合伙人和普通合伙人带来巨大价值。通过长尾分配收益管理一系列投资,他们基本能够确保基金的整体成功。戴维斯-洛克被认为是谨慎的投资者;实际上,他们非常注重选择合适的投资,以至在募集来的500万美元中,他们投出的还不到200万美元。该基金最终向投资者分配了约9 000万美元的资本收益。戴维斯-洛克从中获得了超过1 600万美元的附带权益。[70]

投资英特尔

如果科学数据系统公司是风投历史上最重要的投资之一,接下来发生的事情对风投的不断发展和洛克作为以人为本投资者的声誉具有更为重要的意义。1968年,随着7年周期的结束,戴维斯-洛克解散了。1969年,戴维斯作为联合创始人建立了西海岸另一家著名的风投公司,梅菲尔德基金。与此同时,洛克重新考虑了他与"八叛逆"的长期关系。

20 世纪 60 年代中期,仙童摄影器材公司的东海岸管理风格对于仙童半导体构成了越来越大的问题,同时仙童半导体本身正在集成电路价格大幅下跌的环境下苦苦挣扎。到 20 世纪 60 年代末,原先的 8 人中只剩诺伊斯和摩尔二人还留在公司。虽然诺伊斯是仙童半导体的实际负责人,而且该公司几乎创造了仙童摄影器材公司的所有利润,但在母公司首席执行官的选拔中,他并没有被考虑在内。于是,他和摩尔决定出售他们的股权并离开。摩尔当时是研发负责人,正因为毫无生气的产品线而感到越发沮丧。[71]

洛克和诺伊斯自对仙童半导体进行最初的投资以来一直关系亲密,并且不时就商业选择进行讨论。事实上,洛克鼓励诺伊斯离开仙童半导体。洛克后来回忆道:"1968 年,诺伊斯打电话给我说,'哎呀,我想也许戈登和我确实是想离开仙童半导体,自己开展业务了。'随后我们讨论了一段时间,我问他需要多少钱,他说 250 万美元。我说'你们自己愿意出多少钱?'他想了一会儿说'嗯,我们每个人会出 25 万美元',这是他们当时净资产中的相当一大部分。"[72]

诺伊斯和摩尔的想法是用硅制造计算机存储器设备,这也是摩尔在仙童一直致力于研发的领域。即使其他公司(包括 IBM)也对该领域感兴趣,但该领域仍未实现商业化。诺伊斯和摩尔都觉得这个想法在技术上和经济上都是可行的,可以构成一个独立公司的基础。1965 年,摩尔根据观察得出所谓的"摩尔定律",即自发明以来,每平方英寸集成电路上的晶体管数量每年都会翻一番。这种日益增长的复杂程度意味着集成电路可以成为计算机的储存器。洛克意识到这项工作有多困难，但他后来回忆说："我绝对百分之百肯定（新公司）会因摩尔和诺伊斯而成功。"[73]

1968年7月，NM电子公司成立，之后很快更名为英特尔，是"集成电子产品"的简写。当时，诺伊斯40岁，摩尔39岁。不到42岁的洛克成为公司董事长。起初，诺伊斯和摩尔各持有45%的股份，洛克持有10%。现金流通过诺伊斯和洛克安排的150万美元贷款获得。薪酬的设置与硅谷今天创始人所获得的薪酬相当：诺伊斯的薪酬为3万美元（约合今天的20万美元），相当于其在仙童薪酬的1/3。[74]为了获得进一步的融资，诺伊斯和洛克写了一份简短的商业计划，洛克开始筹集250万美元的可转换债券，转换价格为每股5美元。可转换债券的使用在公司失败的情况下为投资者提供了一些保护，同时通过转换为普通股提供了金融上行收益。就是这份与投资相关的兴奋之情使得洛克在48小时之内筹足了资金，投资者包括仙童半导体的其余6位创始人。[75]

这项投资的若干方面及其结构阐明了风投业的发展。首先，虽然严格来说，洛克当时并不是风投家（因为他与戴维斯的合作关系已经终止），但他确实像风投中介一样行事。他没有收取交易费用，相反，他以自己账户购买的30万美元可转换债券使其成为仅次于诺伊斯和摩尔的最大投资者。[76]能够如此迅速地筹集资金这一事实表明了他的中介价值。诺伊斯后来反思道，他当时或许可以跳过中介自行筹集资金，但他"根本不知道如何去做"。[77]此外，洛克还带来了额外的价值，因为他是第一批参与其中的风投，他通过个人的参与为投资背书。正如红杉资本的杰出投资人迈克·莫里茨后来写道,"在金融领域,阿瑟·洛克的电话被其他风投公司、承销商、商业银行家和股票经纪人视为梵蒂冈烟囱冒出的白烟"。[78]

其次,对英特尔的投资展示了反复创业、交易流程和薪酬激励在一个风投式的创业公司中的重要性。当他们和同事创办仙童半导体时,诺伊斯和摩尔不得不为融资而牺牲大量的所有权。然而现在,他们是经验丰富的企业家,可以获得更高的所有权份额。洛克在英特尔的可转换债券融资计划中明确规定:"投资者支付 250 万美元,将拥有公司股权的 50%,创始人支付 50 万美元,同样拥有公司股权的 50%。"英特尔保留了一部分股权用以激励关键员工。安迪·格罗夫于 1968 年以三十出头的年纪加入英特尔,当时是三号员工,根据他在公司持有的股权,他的净资产未来将增加到数百万美元。[79]

再次,洛克与诺伊斯和摩尔的合作超越了融资范畴,进入了管理领域。洛克在企业的早期阶段为创始人提供了指导,他还通过进入英特尔董事会更为正式地参与管理。英特尔董事会的结构体现了创始资本如何与风投资本相结合。一开始,董事会有 6 名成员,其中 3 名是非运营成员:科学数据系统公司的马克斯·帕列夫斯基、领导数据技术公司的杰拉德·库里,以及洛克菲勒家族的代表查尔斯·史密斯。(正如第五章所述,文洛克创投也投资了英特尔。)董事会中的大多数董事是外部董事代表,董事会规模庞大、正式、高度活跃且合法,由在各自领域内具有专业知识的个人组成。董事们能容忍早期损失,并预期收益最终会实现。[80] 因此,初创的英特尔完全可以被视为一家风投支持的创业公司,拥有今天所能看到的所有实用元素。[81]

最后，英特尔成为长尾投资组合中的经典，吸引了其他企业家和风投家来到硅谷，寻求创造财富的机会。1975—1983 年，该地区出现了超过 1 000 家创业公司，许多创始人因高科技创新而变得非常富有。在公司成立 11 年后，诺伊斯和摩尔各自持有的英特尔股权价值达 1.47 亿美元。[82] 然而对于洛克而言，这个数字在个人层面并不重要。虽然他在 20 世纪 80 年代初期的财富可能超过了 2 亿美元，但他说"我不喜欢人们数我的钱。这并不能让我兴奋"。[83] 洛克在 1970 年《商业周刊》的一篇文章中提到了自己的爱好，他说："我宁愿人们把我当成一名滑雪爱好者。"[84]

苹果和戴索尼克公司

洛克在 1969 年成立了另一家有限合伙公司——阿瑟·洛克公司。他招募了理查德·克拉姆利希作为初级普通合伙人。当时克拉姆利希刚从哈佛商学院毕业，曾接受过乔治斯·多里奥特的指导，后来又在 1977 年与多里奥特共同创办了新企业协会（详见第七章）。阿瑟·洛克公司筹集了 1 000 万美元，投资了约 650 万美元，并分配了约 3 000 万美元的资本收益。[85] 诺伊斯和摩尔都是有限合伙人。阿瑟·洛克公司进行了诸多投资，但其中的两个——苹果和戴索尼克公司，从长尾回报的角度来看最为引人注目。

对于苹果，洛克继续了他对个人网络和人际关系的强调。他通过朋友迈克·马尔库拉认识了该公司，马尔库拉曾任仙童半导体营销经理，当时是英特尔营销副总裁。1971 年英特尔 IPO 的几年后，34 岁的马尔库拉就早早退休了，他已经凭借股票期权实现了财务自由。1977 年，他在苹果的 91 000 美元投资使他与史蒂夫·乔布斯和史蒂夫·沃兹尼亚克一同成为公司的老板。[86] 运营的资金来自马尔库拉和美国银行。[87] 马尔库拉鼓励洛克与苹果的创始人会面并考虑进行投资。

当乔布斯和沃兹尼亚克向格罗夫和摩尔提出他们的想法时，洛克并不感兴趣。在 2001 年的一次采访中，他回忆说乔布斯和沃兹尼亚克"有点让我失望"。他注意到，"史蒂夫留着山羊胡，没有穿鞋，穿着很丑的衣服，可能已经 20 年没有理过发了，头发扎到了领子上"。然而，他的兴趣在圣何塞的家酿电脑展上被激发，乔布斯和沃兹尼亚克也出席了这次电脑展。[88] 洛克这样描述当时的情景："有一个很大的礼堂，里面挤满了人，到处都是电路板和临时搭建的计算机。没有人真正在制造电脑。很多摊位都是空的。我走到苹果的摊位，但无法接近。人们蜂拥在展台前。我开始认为可能这里有戏。我在那站了很久，听着人们谈论它，我想，这里确实有戏，如果迈克对这个公司真的很认真，我想我会投资。"[89]

随着文洛克创投领投了苹果（详见第五章），洛克投资了 57 600 美元并进入了董事会，尽管远远没有英特尔时期活跃。后续的融资分阶段到位。当苹果于 1980 年 12 月 IPO 时，这项投资的价值达到了惊人的 1 400 万美元。[90] 洛克的工作包括帮助向苹果注入管理人才，并参与了 1983 年聘请约翰·斯卡利担任首席执行官。后来，洛克、斯卡利联手董事会其他成员将乔布斯从公司中驱逐，这代表了典型的风投观点，即创始人在企业生命周期的后期往往不适应公司的要求。洛克在1993年从苹果董事会辞职。

虽然苹果被证明是洛克投资组合中的一个巨大的成功，并且巩固了他作为硅谷最杰出的风投家的声誉，但戴索尼克的案例恰恰相反。洛克将他于1978年对这家医疗器械开发商和制造商的投资形容为"自己最大的失败"。事实上，直到今天，洛克在他的旧金山办公室保留了一块戴索尼克的牌匾，因为他说"我不想忘记这个"。[91] 关于事情的起源，他带着懊悔打趣道，企业家可能"在风投的电话簿中找到了我"。[92]

洛克与克拉姆利希的合作关系到期后，他作为独立投资者参与了戴索尼克的投资。与他积极管理投资组合的方法相一致，他担任公司董事会主席。戴索尼克迅速发展并于1983年2月上市。然而，在接下来的一年里，该公司的股价急剧下跌，从每股29美元下跌至6.50美元，公司在技术选择和竞争中挣扎。1984年2月，《福布斯》发表了一篇贬低性的文章（"坚如磐石？"），声称洛克通过在IPO期间出售部分股票而肆无忌惮地获利约310万美元。同样是投资者的诺伊斯则以250万美元的价格变现了他的股权。[93] 该文章称"真正的失败者是公众"，因为"许多戴索尼克的创始人在股价居于高位时卖掉了他们的股票，赚取了丰厚的利润"。戴索尼克在风投的道德操纵和道德争议方面给人们上了一课。另一方面，1984年1月的《时代周刊》以封面人物的方式"赞颂"洛克的职业生涯，标题十分大胆："大量变现，制造杀戮的人"。这是戴索尼克事件爆发后的第11个月。

投资于技术：汤姆·珀金斯和克莱纳-珀金斯

就像阿瑟·洛克一样，汤姆·珀金斯也认为人才是经营创业公司的关键，但他对这个因素的强调方式非常不同。一次，当珀金斯被问到成功的风险资本投资是什么时，他总结道："如果你拥有优秀的人才、专有技术和高增长的市场领域，你就每次都会获胜。"[94] 毫无疑问，他看到了这三个因素共同的重要性，但在实践中，人们经常看到他主要通过技术进行筛选。珀金斯于1953年在MIT获得电气工程学位，4年后获得哈佛商学院MBA学位。虽然在哈佛商学院他在乔治斯·多里奥特的课堂上学习一般管理方面的软知识（多里奥特甚至向他提供了一份在ARD的工作），但他在技术领域更擅长，这使他作为风险资本投资者拥有独特的见解。

从哈佛商学院毕业后，珀金斯加入了惠普公司，之后于1959—1960年在博思艾伦咨询公司短暂工作过。1960—1963年，他在光学科技公司工作，这是一家由DGA资助了数百万美元的光学科学创业公司。[95] 戴维·帕卡德和威廉·惠利特也对该公司有个人投资兴趣。然而，珀金斯与创立该公司的物理学家纳林德·卡帕尼的关系很快恶化，并于1963年回到惠普，直到1972年。在惠普，他成为惠普实验室的行政经理；随后担任惠普新计算机业务的总经理，直接向帕卡德汇报工作；最后，他担任公司发展总监并向惠利特汇报工作，而帕卡德则离开了惠普，在华盛顿特区执掌国防部。

在光学科技公司，珀金斯一直担任营销总监，但他越来越关注激光科技。在帕卡德的鼓励下，他于1965年在伯克利建立了大学实验室公司，与此同时，他还参与建立了惠普的计算机业务。被珀金斯视为导师和"第二父亲"的帕卡德激励了他的创业野心。[96]珀金斯与光学科技公司的电气工程师理查德·贾尼克，以及亨利·罗德斯（一位记者将其描述为"长发，吸烟的玻璃吹制工"）一起创立了大学实验室。[97]为了创办这家公司，珀金斯用光了他全部的积蓄约15 000美元，借了贷款，并筹集了20万美元的风投资金。拥有宝贵的激光器专利权的大学实验室与光学科技公司展开了直接的竞争。熟知自己个性的珀金斯承认，他成立大学实验室是一种报复行为："当然，我想赚点钱。但我真的很想让光学科技公司破产，因为我真的很反感纳林德·卡帕尼，这是一种非常有报复性的方式。"[98]当大学实验室于1970年被光谱物理公司收购时，珀金斯获得了大约200万美元的现金和股权，并加入了光谱物理公司的董事会。4年后，光学科技公司倒闭了。

除了与卡帕尼之间存在明显的敌对关系，珀金斯还与惠普的高管发生了一系列重大分歧。有一次，他用大学实验室的销售收益购买了一辆红色法拉利，只是为了让一位曾经抢走了他公司用车的惠普高管不爽。[99]最重要的是，他在惠普新开发的微电脑的销售方式上与帕卡德意见不同。他提议为原始设备制造商提供折扣以刺激销售，却遭到了帕卡德的反对。珀金斯赢了——并且被证明是正确的，因为原始设备制造商折扣是惠普后续成功的关键因素。他的第二个大冲突是和惠利特，惠利特嘲笑珀金斯在惠普计算机部门建立的反主流文化。在库比蒂诺的办公室里，员工们工作时间灵活，穿蓝色牛仔裤和凉鞋，这与惠普更保守的工作实践和着装要求形成鲜明对比。最后，作为企业发展总监的珀金斯试图利用波士顿咨询集团有影响力的战略框架重新调整惠普，以确定未来有可能主导市场的"明星"产品，并通过收益率下降的"现金牛"交叉补贴的方式促进其增长。帕卡德反对这种做法，他强调惠普所有产品线的卓越性。对于公司战略方向的分歧如此强烈，以至虽然珀金斯与惠利特和帕卡德的关系仍然密切和彼此尊重，但珀金斯认为自己别无选择，只能离开。[100]

珀金斯进入风投行业是通过他与尤金·克莱纳的关系，两人是通过旧金山著名投资银行家桑迪·罗伯森介绍认识的。克莱纳是1961年离开肖克利半导体公司创办仙童半导体的8个人之一。20世纪70年代早期，罗伯森获知克莱纳正在希尔曼家族的要求下筹集一笔资金，该家族的财富来源于匹兹堡重工业。克莱纳既是硅谷电子公司的个人投资者，也是戴维斯-洛克的有限合伙人。尽管克莱纳和珀金斯性格相反——克莱纳冷静、处事方法平衡，而珀金斯则被人们认为是不安、自负的，甚至容易陷入混乱，但罗伯森还是介绍这两个人认识，坚信他们俩作为风投家将是"极好"的组合。[101]克莱纳当时将近50岁，而珀金斯刚满40岁。

珀金斯认为他的方法与风投领域的其他参与者截然不同。当时基本上有三种类型的风投家，例如沉浸在"老钱"中的东海岸公司，以ARD（在其后期）、格雷洛克和文洛克创投为代表；西海岸的实体，如戴维斯-洛克和萨特山；以及类似今天的天使投资人的独立投资人，例如利德·丹尼斯、威廉·鲍斯、乔治·布莱恩和比尔·爱德华兹，他们构成了一个海湾地区投资集团，俗称"集团"。[102]虽然所有这些风投类型都在一定程度上有助于管理各自的投资组合公司，珀金斯认为他们进行的是"拉斯维加斯式下注看运气"投资，而真正的机会在于"控制游戏本身"。[103] 基于他在惠普和大学实验室的技术管理经验，珀金斯希望通过为高科技行业提供更系统的种子资本配置和管理方法形成自己的风投风格。这种风格被形容为"新的参与型增值投资"。[104]

原始的有限合伙制结构和公司的投资策略在 1972 年的招股说明书中有所概述："克莱纳-珀金斯：风投有限合伙公司，理念声明。"这似乎是克莱纳-珀金斯资金募集过程中使用的基本文件。标题页提到了 RCS 投资银行作为代理人帮助克莱纳-珀金斯筹集了约 370 万美元的资金，RCS 将从中获得 3% 的佣金。从现代风投的角度来看，这是不寻常的，因为风投公司的普通合伙人通常会在没有中间人的情况下接触有限合伙人。该基金的规模定为 800 万美元。有趣的是，招股说明书指出，可以通过小企业管理局的贷款增加 200 万美元，克莱纳-珀金斯将拥有最终的小企业投资公司。这方面的融资并未实际发生。

招股说明书声明，尤金·克莱纳和汤姆·珀金斯"总共投入了 30 万美元，其中 10 万美元将作为普通合伙人投资，20 万美元将作为有限合伙人投资"。据推测，普通经营合伙人的财务参与是为了在合同上使自己的激励与投资者利益保持一致，特别是考虑到招股说明书中的警告，"无法保证合伙企业将盈利，也无法保证投资者会收回投资"。

这个有限合伙企业的寿命为 7 年，其中 80% 的利润将分配给有限合伙人，20% 会分配给克莱纳和珀金斯二人。招股说明书显示了决定他二人何时收到股份利润的分配规则细节。分配规则是风投有限合伙协议的核心。[105] 该合伙企业在"回报优先"的规则下运作，即普通经营合伙人只有在其投资者收到与出资额相等的分配后，才能在合伙企业终止时获得利润。招股说明书指出："清算和支付费用后，有限合伙人将首先获得与其出资额相等的分配，之后是普通合伙人，先前支付给合伙人的金额将被从中扣除。任何剩余的资产的价值将分配给有限合伙人80%，普通合伙人20%。"

克莱纳和珀金斯被单独列为普通经营合伙人，在投资启动后的几年内预计还将增加员工（总共5名）。克莱纳和珀金斯分别获得5万美元的薪水（约合今天的28.5万美元），基金的运营费用"每年不超过30万美元"。后一个数字非常重要，因为它相当于3%~3.75%的管理费，大大高于现代风投公司通常收取的投资资本2%的年费。然而，克莱纳和珀金斯特意选择了这样的基金规模，因为从投资策略的角度来看，这种规模是有意义的。根据招股说明书，基金规模设置在这个水平，是因为它"足够大，可以支持一些非常重要的增长型公司，并且不会因为过大或过多的投资而变得过于烦琐"。

招股说明书指出基金将关注早期的高科技投资，通常是"几十万美元"，因为这往往是可以实现最大收益的情况。克莱纳-珀金斯将根据投资组合公司的"优点"分阶段进行投资。此外，基金的规模允许克莱纳-珀金斯通过参与风险债务类活动提供丰富的融资选择，从而"为正在考虑上市问题的成长型公司提供运营资金"。所有投资决策都需要普通合伙人的共同批准，并将成立一个咨询委员会，以进行监督和帮助制定战略。招股说明书表明克莱纳-珀金斯背后的计划是经过深思熟虑和高度系统化的。

这个有限合伙企业的目标是"通过由经验丰富且成功的投资者/管理人运营的积极风投基金实现最大回报"。招股说明书接着概述了风险资本投资成功的前提条件，并注明在一定程度上，"普通经营合伙人的经验、判断和管理能力是关键"。为了取得成功，企业计划根据三个主要原则进行投资：

1. 接触各种各样的投资机会，
2. 能够选取最佳情况的出色判断力，
3. 发展投资的能力。

对克莱纳和珀金斯而言，"接触"意味着进入人际关系网和项目交易流，在这方面，他们因为是"各自行业中的名人"而处于优势地位。因此，招股说明书强调了他们与斯坦福大学"以及相关的联系圈子"之间的联系。并强调"他们的名声会成为吸引未来潜在机会的磁铁"，并解释说"正是因为这个原因，他们用自己的名字来命名基金，而不是用其他不为人所知的名称"。当时的设想是克莱纳-珀金斯这个名字本身就是投资组合公司资质的重要来源。

接着，"判断力"是克莱纳和珀金斯都拥有良好的投资业绩记录的另一种说法。好的投资业绩记录是资金筹集能力的首要决定因素。[106]通过概述两人在各自投资和创业经历中表现出的良好判断力，招股说明书表明他们过去成功的记录是"未来判断的重要因素"。

最后，"发展能力"反映了一种坚定的信念，即如果风投家有经营背景，那么他们就具有增值的特殊能力。招股说明书引用 ARD

的乔治斯·多里奥特作为信奉管理力量的投资者典范，强调克莱纳和珀金斯都有"对刚刚起步的投资进行管理"的特殊才能，并能"理解企业家"。由于距离接近方便管理，克莱纳-珀金斯将其位置定于北加州地区，并"在西部集中活动，重点是旧金山湾区和洛杉矶盆地"。

然而，尽管招股说明书条理分明，克莱纳-珀金斯依然发现筹集资金很难。[107] 风投行业仍然很小，而且很大程度上未经证实。20世纪60年代后期，风险资本投入每年约为1 000万~2 000万美元，总资金池不超过几亿美元。[108] 珀金斯打趣说"一个中等大小的房间就能装下所有的风投从业者"。[109]

此外，宏观经济环境恶化。股票市场增长放缓，资本利得税上升（曾经的最高税率为20%，20世纪60年代后期，国会将税率提高到40%），初创公司数量减少。尽管招股说明书很好地概述了克莱纳-珀金斯非常有前途的投资能力，但桑迪·罗伯森表示，基金募集"就像拔牙一样痛苦"。[110] 即便是克莱纳的朋友罗伯特·诺伊斯和戈登·摩尔也只投入了"几十万美元"——只有在这种情况下，普通合伙人的薪资成本才会有上限。[111]

在美国各地寻找有限合伙人之后，克莱纳-珀金斯最终筹集了800万美元的资金。不同寻常的是，从现代风投公司的角度来看，对有限合伙人的资本要求是随着投资逐步进行的，但克莱纳-珀金斯的全部800万美元基金要求立即到款。1972年，克莱纳-珀金斯在位于加州门洛帕克沙丘路3000号的一栋新开发的办公楼里开设了办事处。沙丘路地区很快成为世界上最重要的风投公司集群所在地。虽然克莱纳-珀金斯在20世纪70年代中期到80年代中期搬迁到了旧金山的金融区，但最终将其大部分业务转移回了沙丘路。首只风投基金的表现对沙丘路的位置优势做出了重大贡献。

克莱纳-珀金斯很快作为知识渊博的技术投资者在硅谷创业群体中赢得了声誉，尽管珀金斯的支配型人格经常引发摩擦。尽管投资机会难寻，但第一只基金在1973—1980年进行了17次投资。其中大部分投资都不成功或回报平平。盈亏平衡和亏损的投资占投资组合的41%，包括生产将摩托车改造为雪地车工具包的高级娱乐设备公司这样的惨痛失败，以及试图推销橡胶底网球鞋和其他运动鞋"翻新"的美国竞技鞋公司。尽管如此，这些失败的投资对增强克莱纳-珀金斯的投资聚焦产生了积极的影响。-珀金斯承认"在高科技领域之外，我们的贡献很小"。[112]

对于克莱纳-珀金斯重要的是，投资组合中有24%产生了超过总投资10倍的收益。虽然这些投资占投资组合总成本的30%，但它们产生了惊人的93%的总回报。图6.2显示了两项关键投资的巨大影响：天腾和基因泰克。与长尾分布在其他时代表现出的特征一样（例如第四章中描述的ARD，或第五章中描述的文洛克创投），这两项投资大大提高了基金的业绩。除去它们，该基金的年复合收益率为16%。如果把它们包括在内，则为51%。作为参考，同期标准普尔综合指数的年复合回报率为2.9%，包含股息在内的回报率为7.8%。这些结果强化了长尾投资模式的吸引力。投资的开发方式也为风投公司如何发展投资组合公司提供了借鉴。

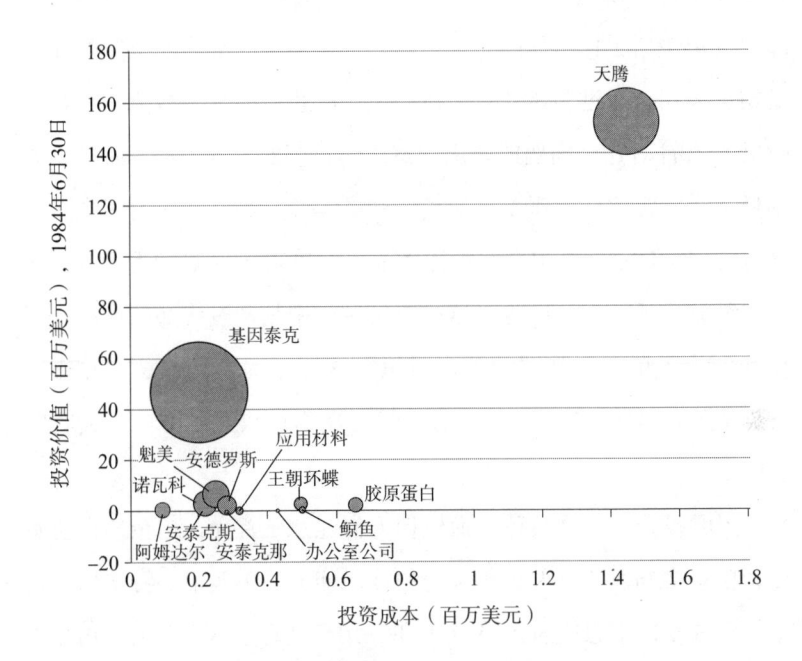

图 6.2　天腾和基因泰克对克莱纳-珀金斯收益的影响

注：图中圆圈的大小与每项投资所翻倍数成正比。

数据来源：John W. Wilson, *The New Venturers: Inside the High-Stakes World of Venture Capital* (Reading, MA: Addison-Wesley, 1985), 70–71

天腾

克莱纳-珀金斯对天腾的投资最恰当的描述是孵化初创公司。虽然在今天风投公司孵化初创公司很常见，但在当时很少见。[113] 1973 年年初，当时还是一名年轻工程师的詹姆斯·特雷比格找到珀金斯，

第六章　硅谷和投资风格的出现　247

特雷比格拥有斯坦福大学的 MBA 学位，曾在惠普销售和市场营销部门为珀金斯工作。他的想法是建立一个专注"故障安全"的计算机初创公司，通过多台计算机协同工作防止微处理器故障。惠普和 IBM 都有针对这个问题的解决方案，但它们的系统短期、昂贵、效率低下。特雷比格说服珀金斯，这种成本效益高且现成的解决方案是可行的。他说，这也会在银行资金转账和 ATM（自动柜员机）交易中得到广泛应用，因为在这类交易过程中处理过程必须持续、可靠和安全。珀金斯聘请特雷比格执行这一新的创业想法，并协助管理克莱纳-珀金斯的其他事宜。特雷比格很快开始专注于天腾的工作。

天腾投资的三个具体方面值得人们注意。首先，珀金斯在初始设计阶段参与其中，并运用了他的技术能力。事实上，特雷比格表示，在开发这个想法的前 18 个月里，珀金斯在技术方面的作用非常关键，尽管他们两人都缺乏使该技术全面运作的专业知识。其次，克莱纳-珀金斯提供了 5 万美元用于寻找技术人才，从而使这个想法跨越了初级阶段。两位惠普工程师——迈克尔·格林和詹姆斯·卡茨曼加入团队，推进软件和硬件方面的工作。刚刚由克莱纳-珀金斯聘请的惠普成本会计专家约翰·路斯塔诺也加入进来。最后，克莱纳-珀金斯对于里程碑和分阶段融资的使用非常明确。最初的 5 万美元种子资金用于组建天腾的团队，之后，一旦概念得到证明，公司就会获得100 万美元的第一轮融资，占天腾股权的 40%。[114] 1975 年 12 月，公司进行了第二轮融资，当时克莱纳-珀金斯又追加了 50 万美元，其他风投家投入了 150 万美元。[115] 总之，珀金斯一直忠于他的愿景，在高科技初创企业领域提供主动管理和参与型的风投。克莱纳-珀金斯帮助组建了具有技术、财务和销售能力的完美创始团队。通过一系列金融和技术实验过程，天腾得到了有效的孵化。

天腾代表了克莱纳-珀金斯投资的首次重大成功，并扩大了克莱纳-珀金斯对长尾投资的投入。但是，对于克莱纳-珀金斯总共 800 万美元的基金而言，总额为 150 万美元的投资并非小数目，这笔投资带来了巨大的风险。失败将会是灾难性的，但同样，正如珀金斯后来指出的那样，天腾的成功使得克莱纳-珀金斯成为广为人知的投资公司。[116] 1974 年，从最初位于库比蒂诺仓库的一家高风险高科技创业公司起步，天腾于 1977 年以 700 万美元的销售额为基础进行了 IPO，主要面向金融业客户。到 1980 年，天腾销售额达到 1 亿美元，1987 年超过 10 亿美元。珀金斯广泛参与了天腾的工作，从撰写招股说明书到指导公司路演。IPO 期间，克莱纳-珀金斯投资的价值达 1 250 万美元，如果持有至 1984 年 6 月 30 日，这笔投资将价值 1.522 亿美元。[117]

天腾成为美国最成功的电脑公司之一。1983 年，它在计算机故障安全领域占有 98% 的市场份额。珀金斯继续担任董事会主席，直到 1997 年该公司被康柏公司收购，虽然他与特雷比格的个人关系最终不佳，但珀金斯评论道："为了让公司合并到康柏，我有责任更换他。"[118] 尽管如此，鉴于其创始员工中近一半曾在惠普工作，加上珀金斯与惠普关系密切，天腾在 2002 年成为惠普事实上的一部分，因为惠普又收购了康柏。

基因泰克

天腾的投资与克莱纳-珀金斯的下一个重头戏——基因泰克有关，这是命运的另一个奇怪安排。因为特雷比格离开了克莱纳-珀金斯专注于自己的创业公司，出现人员空缺。鲍勃·斯万森于1975年加入该公司，之后共同创建了基因泰克。斯万森于20世纪60年代末在MIT就读，并获得了化学和管理学位。《新科学家》杂志在其1978年的文章"一位基因工程师的简介"中指出，斯万森自信到近乎傲慢。[119] 在从事风投之前，斯万森曾在纽约花旗银行担任投资官。他于1973年搬到旧金山，首先在花旗银行工作，后来作为一名独立顾问，与当地投资界的克莱纳取得了联系。斯万森在克莱纳的建议下加入了克莱纳-珀金斯。

对于基因泰克的投资是革命性的风投模板，尤其是因为远在风投行业触及这一概念的几十年前，它就创建了一个精简的生物技术创业公司。当基因泰克和其他第一批新公司成立后，生物技术在20世纪70年代和80年代初期才形成一个行业。由于礼来公司等大型成熟公司占据主导地位，风投在与生物技术密切相关的制药业中的投资机会更为有限。像礼来这样的公司使用自己的内部现金流资助研究，并且拥有完全整合的业务。制药公司利用知识产权保护和支持发明创造，从而产生利润，并同时投资于研发、组织、生产、营销和监管等方面。[120]

此外，尽管当时大学和非营利基金会同时广泛开展科学研究，但专有权和"开放科学"之间几乎没有互动。在非营利部门，科学家主要关注有经费资助的基础科学，研究成果在很大程度上通过同行评审的出版物传播，而很少提交专利申请。基因泰克等新兴生物技术行业的公司提供了一种挑战"大型制药"模式的可能。它们主要通过引导老牌大型企业、创业企业和非营利部门之间的互动改变行业的组织结构。[121]

基因泰克并不是克莱纳-珀金斯持股的第一家生物技术相关的企业。创业公司鲸鱼于1971年在加州伯克利成立，公司提议开发科学仪器，用以实现某些实验室筛选功能的自动化。到20世纪70年代中期，它还进行了基因工程探索。斯坦福大学教授斯坦利·科恩是一位杰出的生物学家，他被招募加入鲸鱼的大型科学顾问委员会。克莱纳-珀金斯向该公司投资了50万美元，但珀金斯对鲸鱼的发展方向、管理结构以及缓慢的上市速度感到担忧。斯万森被分配了确保克莱纳-珀金斯获得投资回报的任务，但珀金斯逐渐对鲸鱼的投资和斯万森都感到彻底失望。加入克莱纳-珀金斯不到一年，斯万森就被鼓励寻找其他就业机会，尽管当时他与珀金斯的关系仍然很亲近，而且仍被允许使用克莱纳-珀金斯的办公空间。

斯万森坚持认为，他将重组DNA（脱氧核糖核酸）技术背后的科学商业化的理念带到了鲸鱼，但遭到了拒绝。[122] 大多数科学家和从业者一致认为从新的科学演变为适销对路的产品至少还要10年时间，或许更久，特别是考虑到商业尝试所将面临的明显的监管障碍。斯万森的突破始于他与赫伯特·博耶的合作。博耶自1966年以来一直在加州大学旧金山分校任教，1976年成为正教授。博耶的研究重点是人们熟知的大肠杆菌，以对病毒的抵抗力闻名。科学家观察到大肠杆菌通过分裂成两个或通过细胞之间交换基因信息进行复制。博耶推测，如果可以将差异基因引入大肠杆菌细胞，那么他就可以对细菌进行基因改造。作为基因工程的一种形式，这一想法后来成为重组 DNA 技术的重要组成部分。

关于这项基础技术准确的说法是，其第一步与我们现在称之为基因剪接的技术有关，基因剪接由斯坦福大学科学家保罗·伯格于 1971 年提出。基因剪接涉及切割基因的 DNA 并引入另一个实体的新特征。第二步是博耶观察到的大肠杆菌酶能够将 DNA 切割成具有"黏性末端"的较小片段，从而允许外源 DNA 以复制的方式插入大肠杆菌。第三步涉及斯坦福大学的斯坦利·科恩，他当时正在研究被称为质粒的小环 DNA，它有助于基因在细菌之间传递。博耶和科恩在 1972 年的一次会议上见面，他们的共同努力是推动研究计划前进不可或缺的一部分。博耶的 DNA 片段可以与科恩的质粒连接在一起，用来操作和复制基因材料。[123]

斯万森认为这些想法的结合比许多科学家所认为的更接近商业现实。他的最终目标是克隆人胰岛素。礼来公司占美国胰腺胰岛素市场的 80%，因此开发可复制的重组胰岛素的潜在收益是巨大的。在制定了一份潜在的技术合作伙伴名单（并接触了保罗·伯格）之后，斯万森发现博耶虽然依旧对商业可能性持怀疑态度，但还是接受了他的想法。博耶和斯万森自力更生，每人出资 500 美元，于 1976 年 4 月组建了基因泰克。[124]

斯万森向克莱纳-珀金斯寻求融资。他与博耶合作的 6 页商业计划"致力于开发能够生产出显著改善人类生活的产品的独特微生物"，计划表明需要价值近 200 万美元的实验室空间、设备和工资。珀金斯退缩了，他鼓励斯万森考虑财务上更精简的替代方案。斯万森再次找到珀金斯，计划将其分包给当地的大学和研究中心。珀金斯同意投资 10 万美元，这为基因泰克提供了 9 个月的资金。[125]

与此同时，斯万森表现出他作为创始人的精明，向其他风投家推销商业计划。对于克莱纳-珀金斯的 10 万美元投资，斯万森仅出让了基因泰克 25% 的股权。[126] 在新公司中，斯万森成为总裁兼财务主管，年薪为 3 万美元（约合今天的 12.5 万美元）；博耶成为副总裁兼秘书，年薪为 1.2 万美元（约合今天的 5 万美元）。博耶仍然可以获得他作为加州大学旧金山分校教授的薪水，约 5 万美元左右（约合今天的 21 万美元）。两人与珀金斯一起拥有董事会席位，后者担任董事长。[127]

斯万森和博耶继续执行他们的分包策略。基因泰克开始与加州大学旧金山分校、希望之城（加利福尼亚州杜阿尔特的一家私人研究机构和医院，靠近洛杉矶），以及加州理工学院商谈合同。每方都将发挥独特的作用：博耶的加州大学旧金山分校实验室拥有基因剪接方面的专业知识，他在那里建立了一个良好的科学家网络；希望之城拥有基因合成方面的能力；加州理工学院是一流的测试机构。虽然分包策略转移了相当多的金融权益给合同实体，但能利用每个机构的专业化基因技术给基因泰克带来了巨大的优势。尽管如此，斯万森和博耶还没有可以出售的产品。截至 1976 年 12 月，基因泰克报告的资产为 88 421 美元，损失却达 88 601 美元。[128]

1976 年 12 月—1977 年 2 月，基因泰克进行了第二轮融资，克莱纳-珀金斯追加投资 10 万美元，另有 75 万美元来自其他投资者。该企业的命运取决于能否取得突破。基因泰克决定尝试在大肠杆菌中生产人类蛋白质生长抑素。虽然最终目标是克隆人胰岛素，但生长抑素是其中的一步。博耶解释说："作为一个模型，它比做胰岛素要简单得多。"[129] 珀金斯强调，生长抑素实验旨在"先证明原理"。[130]

这个策略起到了作用，实验也产生了专利和科学文章，证明了基因泰克之前提出的致力于世界一流的基础研究。珀金斯指出，生长抑素的作用很关键，那就是"消除整个企业的大部分风险……几乎没有付出什么，我们已经消除了一个关于风险的世界级问题"。[131] 斯万森在 1978 年 4 月向股东们发表的讲话中阐述了这种观点。他说："我很高兴地宣布，公司创办的两年里，我们的第一个研究目标的完成——人体激素生长抑素的生产，以及我们新技术的首次商业演示，总共花费了 51.5 万美元。我们计划以同样精益但有效的方式实现未来的增长。"[132]

1978 年 3 月，基因泰克进行了第三轮融资，共 95 万美元，换取 8.6% 的股权。较高的估值反映了这样一个事实：通过实验，不同的里程碑已经达成。1978 年 6 月，礼来公司担心潜在的竞争，同意每月向基因泰克提供 5 万美元，用于支持其研究工作。由此，基因泰克开始在南旧金山的一个仓库建立实验室。1978 年 8 月 21 日，在基因泰克公司和希望之城工作的科学家们成功地合成了胰岛素基因并将其克隆到细菌中，生产出世界上第一种基因工程形式的人胰岛素。基因泰克与礼来公司签署了许可协议。凭借 50 万美元的预付费用以及为进一步研发提供资金的承诺，礼来公司获得了全球独家许可权。基因泰克和希望之城分别获得了销售额 6% 和 2% 的特许权使用费。该协议规定礼来公司只能使用基因泰克的技术制造人胰岛素，而不是用来生产其他产品；基因泰克保留了知识产权中的所有权。[133]

1980 年，基因泰克通过 IPO 筹集了 3 500 万美元，首日股价从每股 35 美元涨至 89 美元。对于克莱纳-珀金斯来说，这是一个令人兴奋的时刻。"我们是最受追捧的人，"珀金斯回忆说，"所有都是最好的、最积极进取的，最好的科学，最好的专利，最好的金融关系，最好的宣传。"[134] 新公司的创始人斯万森和博耶，即刻变得非常富有，基于他们持有的股票和基因泰克上市首日的收盘价，每人身价达到 6 570 万美元。1981 年 3 月 9 日，博耶热情洋溢的脸登上了《时代周刊》封面，标题是在"在实验室中塑造生活：基因工程的繁荣"。基因泰克后来发展成为一个价值数十亿美元的公司。

克莱纳-珀金斯与基因泰克的合作表明了，风险资本的分配如何在新企业的早期阶段及其后续成功中发挥重要作用。有 4 个因素值得强调。首先，对于通过在高科技行业部署风险资本从而创造有价值业务的风投行业来说，这是一个重要的时刻。在以银行为基础的融资领域，这样一个风险很大的企业不太可能获得资金支持。产品的性质——胰岛素——使潜在的社会效益极高。通过担任中介和管理基因泰克投资，克莱纳-珀金斯不仅可以获得私人回报，同时还可以产生巨大的社会效益。

其次，从专业的风投公司的角度来看，克莱纳-珀金斯与基因泰克的合作集中体现了良好管理的意义。珀金斯倡导精简的创业方法，通过外包、实验和分阶段融资降低业务风险。他证明了，即使在资本密集型行业，精简的商业模式也能发挥作用。此外，良好管理意味着能够对创始人进行一定程度的控制，即使克莱纳-珀金斯没有控股权。作为克莱纳-珀金斯进行最初投资的一个条件，珀金斯加入董事会，履行投后监督职责并设定里程碑。多年来，他每周都在基因泰克度过一个下午。善治意味着无懈可击的执行。珀金斯在回忆时说："老实说，如果我们不得不从头开始，我们依然会这么做……分包实验，然后把许可权授给礼来公司……我认为我们不可能做得更好。"[135]

再次，风投支持的创业公司能否取得成功取决于能否利用当地现有的能力。值得注意的是，重组 DNA 技术的科学基础主要是在政府的资助下，由加州大学的明星学者开发的，基因泰克自己的员工中也包括许多在这些机构接受过培训的科学家。虽然这种协作关系的性质模糊了技术所有权归属的边界（基因泰克与加州大学旧金山分校恰恰因为这个问题卷入了诉讼），这些机构无疑对基因泰克和克莱纳-珀金斯的成功至关重要。这些背景因素是硅谷风投发展的重要先决条件，印证了本章前面提出的要点。

最后，基因泰克的投资，就像之前天腾的投资一样，帮助珀金斯完善了他的投资风格和战略方法。显而易见，克莱纳-珀金斯在后期融资阶段没有显著"追加"对基因泰克的投资。一旦业务风险降低，基因泰克就能以更高的价格筹集资金。它变得太贵了。此外，根据珀金斯的投资经验，他确立了自己的"原则"，那就是"市场风险与技术风险成反比"。他认为，最好的初创公司将推进技术前沿，从而保证其产品的市场力量和销售机会。如果产品易于开发，竞争将迅速侵蚀任何超额回报。珀金斯有时会在此基础上做出错误的投资决策，但他的观点和视角至少是一致的。他拒绝了风投仅仅是拥抱随机性这一假设。

对于克莱纳-珀金斯来说，第一只基金在天腾和基因泰克的投资方面取得的成功对于其他的基金筹集工作是一个福音。风险资本周期得以延续。1978 年，克莱纳-珀金斯筹集了 1 500 万美元，以接纳另外两个合伙人，布鲁克·拜尔斯和弗兰克·考菲尔德，并在公司名称中加入了他们的姓氏首字母——KPCB（克莱纳-珀金斯-考菲尔德-拜尔斯）。拜尔斯是毕业于佐治亚理工学院的业余无线电爱好者和业务精湛的硅谷技术专家，他曾受到当地投资者皮彻·约翰逊的指导并且成为天腾的早期个人投资者。考菲尔德拒绝了投资天腾的机会，但通过巧妙地管理位于门洛帕克的橡树林风险基金，用 500 万美元的风投基金取得了 40% 的年回报率。[136] KPCB 于 1980 年筹集了 5 500 万美元的资金，到 1986 年时资金池已扩展到 1.5 亿美元。[137]

珀金斯随后担任了美国国家风投协会主席，并在国会作证支持美国风投行业。克莱纳和珀金斯在 20 世纪 80 年代退出了 KPCB 的管理。克莱纳在个人投资上花了更多的时间，而珀金斯继续担任董事会职务——其中包括在惠普的一段有争议的工作，涉及 2005 年对惠普首席执行官卡莉·菲奥瑞娜的解雇。有了之前赚下的财富，珀金斯充分享受退休生活，经常往返于马林县的住所和英国乡村的庄园之间。2006 年，他那价值 1.3 亿美元、长 289 英尺的超级游艇"马耳他猎鹰"完工。2013 年，他婉拒了哈佛商学院讨论基因泰克投资项目的邀请，也让人们对他的生活方式有了一点的了解。他在电子邮件中写道："对不起，但我将在本周末前往塔希提岛，直到 4 月底才回来。我将尝试使用我的潜水艇在深海拍摄大鲨鱼的视频。我是第一个在 9 月与汤加的座头鲸一起做这件事的人。"[138]

投资于市场：唐·瓦伦丁和通往风投的途径

阿瑟·洛克和汤姆·珀金斯的个性和投资风格各不相同。洛克是完美的"人才选择者"，而珀金斯基本上是一线技术专家。与之前那些人的风格全然不同，唐·瓦伦丁独具特色。作为风投家，瓦伦丁主要关注他所看到的拥有巨大潜力的市场。用他的话说，"我的立场一直是你找到了一个很好的市场，然后在那个市场上建立多家公司"。[139] 当然，洛克和珀金斯在选择他们支持的投资组合公司时都没有忽视市场，但这是不是他们的主要筛选标准。同样，瓦伦丁解释说，他的投资决策涉及对"人员风险、市场风险、产品开发风险和财务风险"的评估——而要做出投资决策，需要全面理解这四个中的三个。然而，他继续强调："我最不愿意承担的风险是市场风险。"[140]

在家庭背景方面，与瓦伦丁相比，洛克和珀金斯都称得上贵族。1985 年，《公司》杂志的一位作者指出"他说话的方式还像曾经的纽约街头小孩一样"，而他在红杉资本的合伙人迈克·莫里茨称他为"组织周末足球队的兄弟会成员，不过是饱经风霜的版本"。[141] 瓦伦丁出生于 1933 年，在纽约州扬克斯长大。他的父亲开卡车送货，是当地车队联盟的成员和官员。瓦伦丁几乎所有的教育都是在耶稣会学校完成的。他毕业于圣米高山学院和福坦莫大学。1952 年，他被选入美国陆军，在那里他学习和教授电子学，随后被转到西海岸的美国海军。硅谷的地理优势并没有在他身上失效："我发现了一个车道上没有雪的地方，我决定不再住在纽约州了。我最终将住在加州。"[142] 像珀金斯一样，他脾气暴躁，甚至更加严重。据说他经常严厉地训斥下属，以至下属被吓昏。[143]

瓦伦丁服完军役之后，加入了纽约州北部的西尔韦尼亚电气产品公司。他选择西尔韦尼亚至少部分是因为它在西海岸有公司。瓦伦丁开始在西尔韦尼亚的主要业务部门——阴极射线管、半导体和真空管，执行各种工厂任务。他最终升任销售岗位，经过短暂的军役和在商业电子公司雷神的工作，他回到西尔韦尼亚并被调到加州工作。当他到达加州时，他认为市场将从真空产品转向半导体。然而，西尔韦尼亚并没有采用新技术。瓦伦丁于 1960 年离职，之后加入位于洛杉矶的仙童半导体，成为他们在西海岸的首批销售人员之一。

在为仙童半导体工作期间，瓦伦丁在加州大学洛杉矶分校安德森管理学院的下午课程中积累了销售和市场营销知识。但他从未攻读过 MBA，他对此不屑一顾。瓦伦丁成为仙童半导体的专业从业者和杰出推销员。他随时追踪仙童半导体技术产品的技术细节，并知道如何把产品销售出去。他在洛杉矶的客户主要是国防和航空航天公司，这些公司当时正在建造需要先进电子功能的复杂武器系统。瓦伦丁很快被提升为仙童半导体在洛杉矶的销售主管，负责整个西海岸地区的销售。不久之后，他搬到山景城管理仙童半导体的所有销售工作。

瓦伦丁的下一站是美国国家半导体公司，在那里他加入了一个经理人团队，其中的许多人来自仙童半导体，这个团队试图扭转局面。瓦伦丁是由查理·斯波克带到团队中来的，当斯波克担任仙童半导体总经理时，瓦伦丁曾向他汇报过工作。这家总部位于圣克拉拉的上市公司当时正在苦苦挣扎：它在1966年的销售额约为720万美元，但几乎没有任何利润。国家半导体公司以工业界作为其产品的目标客户，这与面向大型军事客户的任务差异很大。与当时业内大多数公司依赖于内部销售人员的做法不同，瓦伦丁采取了分布式销售策略，建立一个大型的分销商网络，分销商能得到5~7个点的佣金。为了使这些分销商具备所销售产品的必要实用知识，他部署了训练有素的"现场应用工程师"为其提供技术知识。此外，这些工程师经常在销售过程中直接与公司联系，这意味着终端用户开始围绕国家半导体公司的产品设计他们的架构。[144] 这是一种创造性的、具有创业精神的方法，并且有效地发挥了作用——既可以为国家半导体释放现金流，又可以通过激励分销商网络进行销售。就像珀金斯分包基因泰克的大部分实验室工作一样，瓦伦丁也通过他的销售策略降低了国家半导体公司的成本。到1970年，该公司的销售额已达到4 190万美元，员工人数从300人增加到2 800人。瓦伦丁与管理团队的其他成员一起，将国家半导体公司变成了一个强大的工业集团。

这些经历有助于塑造瓦伦丁的投资风格，并最终引导其进入风投领域。在仙童半导体和国家半导体公司，他了解到一些为正在经历重大技术变革的大型市场提供解决方案的公司。他在"产品方面嗅觉敏锐",并以一种精确而科学的方式分析这些机会的本质。他对市场潜力的关注为在风投中创造比较优势提供了机会。他后来总结了这一观点：

> 首先，评估市场的好处在于通常存在着非常糟糕的数据来源。因此，必须制造这些信息碎片，而大多数人没有这样做——他们更愿意在其他基础上做出判断：产品是否具有可专利性、技术是否有所差异、人才是否是世界级的。对我们而言，可以搜刮、推进、挖掘、找出信息的碎片，当把它们放在一起时，就可以确定某件事会在什么时候发生。我们分别与人交谈；尽可能与所有信息来源交谈，并做出判断。[145]

瓦伦丁在国家半导体公司还学到了如何在运行约束下进行管理。他强调"缺钱是一门极好的纪律"。[146] 此外，凭借自己有限的资金池，他通过投资"小公司，其中一些是仙童半导体和国家半导体公司的客户"参与风投。[147] 这项活动以及瓦伦丁不断增长的声誉吸引了外部投资者的注意。资本集团旗下的一个团队与瓦伦丁接触，希望与其合作创办风投实体。资本集团是一家有影响力的金融投资公司，总部位于洛杉矶。瓦伦丁于1971年离开国家半导体公司，作为首席投资人加入资本集团的一个部门。[148] 那时，资本集团已经进行了一些投资，其中包括对超威半导体的一项投资，这是一家由仙童半导体员工组成的创业公司，后来成为英特尔的主要竞争对手。

第六章 硅谷和投资风格的出现 261

红杉资本

瓦伦丁的行动为创办红杉资本奠定了基础。在资本集团内部各种实体中工作的大人物们对风投很感兴趣，认为其是获取高科技行业市场情报的一种方式，可以用来提高公共交易部门的投资业绩。由于资本集团参与资产管理活动，这产生了某些组织问题。具体来说，资本集团专注于股票市场上的主要公司，而不是刚刚成熟、没有收入来源的公司。因此，风险资本投资可能会分散其核心活动。此外，参与风投意味着需要采用不同的薪酬结构。成立专门风投基金的想法最初被资本集团里有权势的经纪人拒绝，他们希望避免内部冲突——这个议题只是在重新审议时才以微弱的优势得到董事会批准。一个名为红杉的风投部门随后得到批准。然而，这一批准是有限制的：红杉不能使用资本集团的客户资金。[149] 红杉不得不专门从事筹款活动。

资本集团内部的风投支持者最终从各种来源筹集了 100 万美元。瓦伦丁通过机构投资者进一步扩大了资金池。在这一过程中，他邀请纽约投资银行所罗门兄弟担任中间人，但据他所说，自己由于背景不好而遭到了拒绝。[150] 瓦伦丁在努力筹集额外资金的过程中，受到了资本集团子公司资本守护信托的罗伯特·柯比的指导，当时风投还未被认可为一个投资领域。瓦伦丁被介绍给潜在的、容易接受他的投资者。福特基金会同意投资 300 万美元，但如果没有其他机构投资者加入，它将撤回其资本。一段时间后，通用电气养老基金投资了 300 万美元，美铝、阿姆科和耶鲁大学紧随其后。瓦伦丁永远不会忘记，"如果没有罗伯特对竞标机构投资者的介绍和指导，就没有红杉资本"。[151]

1975 年，瓦伦丁带走了现在被称为红杉资本的投资部门，并将其重建为一个独立于资本集团的实体。对于资本集团而言，市场情报与其他资产管理领域之间的协同效应从未真正得到实现。一位专家指出，以共同基金的身份投资上市公司与风投的区别太大——前者主要开展收费和关系业务，后者则是创业投资。[152] 资本集团充满挑战性的经历是一个案例；直到今天，有限合伙人试图通过对创业公司进行直接投资以摆脱风投公司中介时，还是会经常遇到类似问题。[153] 与此同时，资本集团从未与红杉资本完全脱离关系。几个关键人员与瓦伦丁保持着长期的合作关系，他们拥有获取红杉资本附属资金的特权，而无须因红杉资本惯常的附带权益率而牺牲收益份额。[154]

投资、理念和回报

通过瓦伦丁在红杉资本的早期投资，可以识别出其常见的模式。建立人际关系网至关重要，特别是瓦伦丁很依赖其在仙童半导体时建立的关系。例如，1974 年，他从仙童半导体的朋友处了解到雅达利，这是一家由诺兰·布什内尔于 1972 年创立的创业公司，该公司通过开发第一款街机视频游戏打造了自己的品牌。由加州大学伯克利分校的明星工程师艾伦·阿尔康开发的早期版《乒》是一款模拟网球游戏，也是雅达利早期的热门产品。第一个版本是由在附近沃尔格林购买的电视制成，里面装有牛奶盒用以收集硬币，放置在了当地的酒吧里。游戏迅速流行起来。为了开发《乒》的家庭娱乐版本，瓦伦丁筹集了 60 万美元，到 1975 年中期，他又从梅菲尔德基金、时代公司和富达联合公司处筹集了 150 万美元。1976 年 9 月，雅达利以 2 800 万美元的价格被出售给华纳传播公司。在大约一年的时间里，瓦伦丁的投资涨了 4 倍。[155]

瓦伦丁通过他在雅达利的投资接触到了史蒂夫·乔布斯，这再次证明了建立正确网络的重要性。乔布斯曾在雅达利担任工程师。布什内尔建议乔布斯向瓦伦丁寻求资本，之后瓦伦丁介绍乔布斯与迈克·马尔库拉认识，迈克·马尔库拉与瓦伦丁在仙童半导体工作时就认识了。瓦伦丁觉得乔布斯和沃兹尼亚克在制订商业计划，特别是与销售有关的商业计划方面需要帮助。马尔库拉有这种能力。虽然是文洛克创投，而不是瓦伦丁，领导了对苹果的第一轮融资（详见第五章），但瓦伦丁获得了 20 万美元的股份和董事会席位。1980 年苹果 IPO 之前，在私人配售中，瓦伦丁选择以 600 万美元出售自己的股权。事后看来，这是风投历史上最大的错误之一。然而，在一年半的时间里，瓦伦丁仍然获得了 30 倍的投资回报。[156]

决定何时退出早期投资需要仔细评估风险与回报的复杂相关性。雅达利后来在规模达数十亿美元的市场上非常成功，因此可以说，像在苹果一样，瓦伦丁过早地退出了。另一方面，1983 年，在面对游戏机市场上的新竞争者时，雅达利损失了 5.36 亿美元。正如瓦伦丁指出的那样，"当人们非常想要我们所拥有的东西，并且愿意支付我们所付出的二三十倍的金额时，我们倾向于让他们拥有它"。[157]

此外，瓦伦丁意识到，风投有限合伙企业的存续期较短，而在对雅达利和苹果进行投资时,红杉资本是一个相对较新的实体。成功的投资和回报记录非常重要,因为它有助于建立声誉,从而有利于未来的融资。瓦伦丁还指出,红杉资本通常会通过分阶段提供资金,从而降低不确定性并管理风险和回报之间的平衡,但他在结束投资周期方面非常坚决。当没有实现里程碑时,公司会迅速止损。

作为对自己个性和方法的剖析,瓦伦丁曾在 2010 年 10 月在斯坦福大学的一次演讲中戏谑地说:"我在风投领域有着特殊的优势……我知道未来。如果你不认为了解未来是一个很大的优势,那它就是一个非凡的优势。"[158] 然而实际上,很难在事前选出获胜者。唐·瓦伦丁与洛克和珀金斯一样,面临着尝试识别新产品类别和市场发展,以及预测未来创业趋势的挑战。

为了管理不可预测性,对于什么才算是好的投资机会持有一个严格的观点是很有意义的。对瓦伦丁而言,好的投资机会意味着有效地筛选市场,寻找新的价值创造来源,将产品与消费者的预期和愿望联系起来。瓦伦丁对投资雅达利充满热情,因为他看到了从酒吧和咖啡馆到家庭内部的电子娱乐市场的巨大转变。出于同样的原因,他最初不愿意投资苹果,因为乔布斯和沃兹尼亚克都"对潜在市场的规模没有任何概念"。[159] 虽然珀金斯看到了生物技术投资的潜力,但瓦伦丁后来才回想起他在当时的结论,"这并没有市场……(而且)我们 90% 正确"。[160] 他把红杉资本的资金投在自己认为市场潜力很大的地方。例如,他投资了巨积公司,一家软件和集成电路开发商,由威尔弗雷德·科里根于 1981 年创立并于 1983 年上市,科里根此前曾担任仙童半导体的总裁兼首席执行官。红杉资本还与包括 KPCB 在内的其他风投家一起投资了家庭软件公司艺电,这家公司于1989年成功上市,继续推动向全球市场的扩张。

虽然瓦伦丁对投资市场维度的看法与洛克和珀金斯有所不同,但他面临着同样的管理挑战。具体而言,创业者倾向于将其对公司的控制权视为第一优先权,而投资者往往更多地考虑回报。瓦伦丁强调"我们的首要责任是对我们有限合伙人的责任",因此他在说服布什内尔向华纳出售雅达利方面发挥了至关重要的作用,布什内尔当时并不情愿。瓦伦丁认识到"这是他的第一家公司……他不想放弃"。[161] 在履行受托义务的过程中,他经常会制造对抗。甲骨文联合创始人拉里·埃里森为他称之为"冷酷"的条款感到悲哀,在这些条款下,风投公司的常见做法是为新创企业提供资金,然后用专业管理人取代创始人。甲骨文成立于1977年,红杉资本于1983年对其投资。虽然埃里森和瓦伦丁之间相互尊重,但埃里森发表了题为《对风险资本说不》的演讲,批判了风投中毫无根据地换掉创始人的做法的流行。[162]

瓦伦丁最有争议的管理决策之一发生在1987年投资思科之后。思科由夫妻档伦纳德·波萨克和桑迪·勒纳于1984年创立,这对夫妇在斯坦福大学的两个不同部门担任计算机支持人员时创办了这家公司。通过连接办公室中的局域网,波萨克设计了一种用计算机与勒纳在工作中进行通信的方式。基于该技术,他们决定创办思科(旧金山的英文缩写),开发网络互联路由器,由软件自动确定网络之间最有效的数据传输路径。波萨克和勒纳从斯坦福大学辞职,抵押了他们的房子,延期支付员工工资,并利用信用卡发展他们的新公司。

思科于1986年首次将其路由器推向市场,价格在7 000~50 000

美元。一年内，其收入增长到每月 25 万美元以上，员工却只有 8 名，但波萨克和勒纳无力为进一步扩张提供资金。他们接触了众多风投公司但都没有成功，就在这时瓦伦丁同意投资 250 万美元购买其 32% 的股份。[163] 当时任何人都不知道，互联网将实现爆炸式的增长。1984 年，当波萨克和勒纳创办思科时，互联网上有大约 1 000 台主机。到 1987 年 12 月，他们获得资金的那一年，这个数字是 28 174 台。到 1998 年 1 月，这个数字达到了 2 970 万台。[164] 正如瓦伦丁所说，思科"满足了一项迫切的需求"。[165]

不幸的是，对于波萨克和勒纳而言，他们同意红杉资本的条款时，并没有完全理解各种正面和负面契约意味着什么。瓦伦丁成为董事会主席，有效控制了思科的管理发展。瓦伦丁认为"创办一家公司需要一套管理技能，而管理一个更大的公司需要另一套技能。这两种技能很少集中在同一个人身上"。[166] 他从网格系统公司聘请了斯坦福大学 MBA 毕业生约翰·莫里奇，取代了几位曾经与勒纳和波萨克关系不错的高级管理人员。波萨克担任首席技术官，勒纳担任客户服务副总裁。

公司继续快速增长，面向主流公司开发支持更广泛协议的产品，但是内部开始产生严重的裂缝。勒纳反复与瓦伦丁和其他管理团队发生冲突。虽然双方对所发生的事情各执一词，但勒纳的经历往往被诠释为硅谷高科技公司中女性创始人所面临的困境。1990 年 8 月，在思科上市 6 个月后，勒纳被解雇，波萨克也被迫离职。两个人都变现了他们的资产。红杉资本维护了自己的权益，发挥着莫里奇作为专业人才的好处。在莫里奇任职初期，思科的年收入为 500 万美元；到

1995年1月他担任总裁兼首席执行官期间,这一数字增加到了12亿美元。[167]

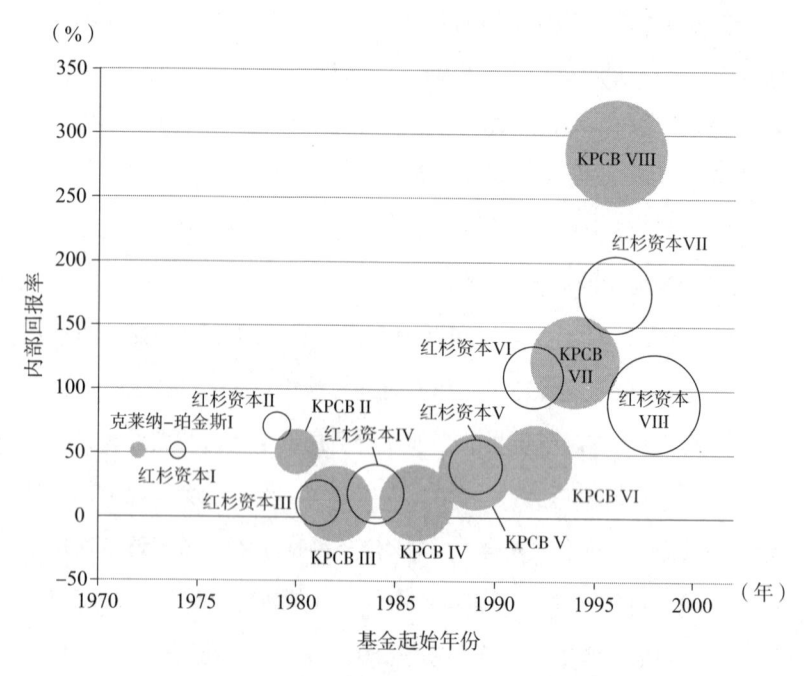

图6.3 红杉资本和KPCB基金业绩

注:每个圆圈的大小与每只基金的规模大小成正比。

数据来源:Preqin风投数据库的收益报告以及各州公共记录法中关于加州公共雇员退休系统等实体投资的披露

瓦伦丁的投资方法为红杉资本创造了卓越的风投回报。该公司的第一只基金在1974—1980年产生了51%的净内部收益率,同期标准普尔综合指数的收益率为4.8%,包括股息的收益率为10%。第二只基金的绝对表现甚至更好,1979—1983年的净内部收益率为71%。

图 6.3 显示了红杉资本一系列基金的回报，还包括 KPCB 在相同年份的业绩。它有力地说明了早期基金的重要性，因为它们创造了成功的记录，从而为进一步的融资和回报带来了动力。红杉资本和 KPCB 的地位吸引了最优秀的人才和创业想法。20 世纪八九十年代，在投资于美国风投行业的资金显著增长的背景下，它们作为大型风投有限合伙企业的地位不断得到巩固。1996 年，瓦伦丁离开了红杉资本的管理岗位。

为腾飞做好准备

本章从硅谷的历史开始，以对风投行业内最有影响力的人的分析结束。地区和人才并不是相互独立的，而是在硅谷为开拓创业机会提供的无与伦比的环境中同时发展起来的。由于大学、政府技术支持、半导体和地理的普遍影响，从 19 世纪后期开始，一个曾经遍布水果农场的地方，发展成为 20 世纪五六十年代高科技公司的聚集地。阿瑟·洛克、汤姆·珀金斯和唐·瓦伦丁都是在东海岸出生和接受教育的，但他们都向西海岸进军，因为西海岸为创业提供了更好的前景。他们以此引导了风险资本的部署，帮助硅谷保持了其区域领先地位。

虽然洛克、珀金斯和瓦伦丁都从他们的长尾投资中获得了令人羡慕的回报，为证明风投的"命中"模式是有效的提供了更多证据，但他们对人才、技术和市场的优先顺序持截然不同的观点。他们的投资风格像他们的个性一样差异很大，这表明早期的风投行业远没有同质化。然而，他们的共同点是瓦伦丁曾经称之为"市场情报"的东西，这基于他们对于如何使早期投资发挥作用的非凡理解。[168] 他们提供资金，在制订商业计划和建立联络机会方面提供支持，并通过自身参与认证创业公司的质量。

最后，必须强调吸引了洛克、珀金斯和瓦伦丁到西海岸的整体环境的重要性。硅谷的生态系统由类似仙童半导体的高成长公司、一群渴望脱离公司自行创业的潜在企业家，以及在大型高科技公司接受过内部培训的专业经理人组成。创始人与风投资本家和专业经理人结合，在极短的时间内创立了像英特尔、基因泰克和苹果一样强大的创新集团。这种风投支持下的成功案例是很常见的，并且成为其他初创企业和人才库发展的催化剂。到20世纪70年代末和80年代初，美国风投行业已经准备好迎接一轮前所未有的腾飞。

第七章

20世纪80年代的高科技、不断发展的生态系统和多元化

20 世纪 80 年代早期，风投和高科技业务密不可分，尤其是在个人计算革命之后。当红杉资本的唐·瓦伦丁被问到为什么他的投资偏向计算机行业时，他说："我们可能无法向那些技术范围之外的公司提供很多东西。"[1] 美国风投行业有很长一段为高科技行业的创业公司提供创业融资的历史。回想 ARD（详见第四章），乔治斯·多里奥特一直倾向于投资具有专利保护的创新型投资组合公司。但在这 10 年间，风投与高科技企业的联系日益紧密。在梅菲尔德基金会工作时，托马斯·戴维斯指出，相对于非技术领域或服务领域的机会，新技术能很快产生巨大回报。格雷洛克的威廉·埃尔弗斯进一步解释说："新技术通常受专利保护，因此更能免受来自竞争对手的快速竞争。"[2]

尽管风投行业的活跃资本数量与杠杆收购热潮下的后期资本金额相形见绌，但风投的重要性在 20 世纪 80 年代显著提高。[3] 风投模式日益得到验证，早期的融资生态系统得到拓宽，为这一不断发展的行业提供了支持。银行和保险公司发展了作为中介的能力，使得风投支持的投资组合公司能够为增长筹集更多资金。包括位于旧金山的H&Q（汉布雷克特-奎斯特）等一些投资银行积累了承销IPO的专业知识。这些变化的综合影响很大，尤其考虑到第五章所讨论的有利的政府政策。20世纪70年代，风投基金的年度新增投入约为1亿~2亿美元，但这一数字在20世纪80年代超过了40亿美元。[4]

随着行业规模的扩大，风投实体通过分层和专业化形成了不同的类型。公司风投的重要性日益增加，公私融资关系也超出了第四章所述的小企业投资公司。小企业创新研究计划于1982年启动，基于风投模型相关的基本原理，资助有前途的早期想法。这种发生在行业结构的规模和范围方面的变化是前所未有的。组织和管理规模较大的风投有限合伙企业意味着要克服新的挑战。

最后，在这一历史背景下，风投公司及其主要投资者都有了不同的身份。有限合伙企业根据基金规模、地区和关注行业分成了不同的类型。由红杉资本或KPCB等大型公司资助的认证效果非常强大，而且在这些公司更换领导层时新一代投资者加入了公司。值得注意的是，女性风投家开始留下自己的痕迹。然而，到20世纪80年代末，风投仍然是一个社会同质的职业，凸显了当今风投行业缺乏多元性是一个长期存在的问题。总体而言，20世纪80年代是美国风投史上风格形成的关键时期之一。[5]

高科技领域的繁荣和萧条

1982年,《时代周刊》打破了每年宣布"年度人物"的传统,而是宣布了一个年度产品。1983年1月3日的杂志封面将个人电脑评为"年度最佳机器"。随附的文章"计算机进入生活"指出,"未来主义者预测的'信息革命'已经到来,随之而来的很可能是人们生活、工作,甚至思维方式的巨大变化。美国永远不再是原来的美国了"。第一台IBM个人电脑于1981年发售,该产品的快速传播带来了巨大的社会和经济效益。为了应对苹果在苹果II型机取得的成功,IBM推出了个人电脑,最初的目标群体是中小型企业。一台基本的IBM个人电脑5150,搭载了微软DOS操作系统、64K内存和4.77 MHz的英特尔8088处理器,定价为1 565美元。一台顶配的IBM个人电脑售价3 000美元。在这些价位上,个人电脑具有大众市场吸引力。凭借其强大的制造能力,IBM每45秒就可以生产一台新的个人电脑。[6]

当然,IBM是一家大型公司,而不是风投支持的企业,但如第六章所示,风投行业参与了一些与微电脑行业相关的基础创新。比尔·盖茨和保罗·艾伦于1981年将微软5%的股份出售给一家位于门洛帕克的风投公司——技术风投家。该公司的普通合伙人戴维·马夸特成为微软董事会的长期成员,并以战略思想家的身份广为人知。[7]虽然风投与20世纪70年代的第一批微电脑公司没有太大关系——包括多态系统、易姆赛依和数字集团(所有这些公司都已破产),但它在第二波融资中发挥了作用。其中包括成立于1982年2月的康柏公司,该公司从得克萨斯州新成立的风投公司赛文罗森和KPCB处获得了资金。[8]

风投也是计算机硬件和软件之间联系的关键。它并不总是创业融资的来源。例如，开创性数据库管理系统dBASE背后的加州公司安信达根本没有获得风投资金。但在许多情况下，早期融资的作用至关重要。苹果Ⅱ型电脑销售的提升得益于其运行电子表格VisiCalc的能力，VisiCalc被称为最初的"杀手级应用程序"。VisiCalc由可见公司开发，这个公司吸引了阿瑟·洛克和文洛克创投。在投资康柏后不久，赛文罗森资助了莲花开发公司，该公司为IBM开发了著名的莲花1-2-3电子表格。罗森回忆说，根据其商业计划，康柏公司预计其第一年的销售额将达到3 000万美元，最终却"达到了惊人的1.11亿美元"。莲花开发预计销售额约为300万美元，但"该公司的销售额为5 300万美元……比预测高出17倍"。[9]

另一个软件的成功很大程度上归功于弗雷德·阿德勒。阿德勒原本是纽约的一位律师，后转向风投行业。阿德勒在风投行业拥有一些经验，他曾在1968年花15万美元投资了一家名为数据通用公司的128号公路（马萨诸塞州）企业，到1984年这笔投资价值约为2 200万美元。1981年，阿德勒投资了WordStar的开发商微处理器国际，WordStar是一款功能齐全的文字处理程序，代表了专用计算机上文字处理的先进水平。尽管早期大获成功，但由于管理问题，该公司几年后开始运转不畅。阿德勒接管了运营，"找出了自我主义者并将其切成碎片"。在此过程中，阿德勒用经验丰富的专业经理人取代了微处理器国际的创始人。该公司在1983年第一季度仍亏损150万美元，在1984年就以1.25亿美元的估值成功进行IPO，之后其增长遇到了来自办公软件 WordPerfect 和微软 Word 的新竞争。[10]

20 世纪 80 年代早期，对风险资本投资的热情如此极端，以至 1981 年 9 月《公司》杂志在其特别报道中自信地说："任何拥有基本商业和金融知识的人都知道风投是'当前热门'。"[11] 报道强调了推动高科技投资的 5 个主要因素：（1）"经验丰富的风投基金经理人，可以识别有前途的投资项目"；（2）"风投业务中不断增加的资金流入……特别是摆脱了过去法律束缚的养老基金"；（3）"对风投长期稳定的公共政策承诺"，包括小企业投资公司的重要性；（4）"对资本利得税的进一步减免"；（5）"蓬勃发展的新股发行市场"。与此同时，该报道也认识到"泡沫破灭"的可能性，因为它认为"风投仍将是一个周期性的业务"。这些话被证明是有预见性的。

高科技市场确实在 1983—1984 年急剧崩溃，标志着该行业以技术为主的荣枯周期。1983 年 6 月—1984 年 12 月，以科技股为主的纳斯达克指数下跌了 28%。相比之下，更广泛的标准普尔综合指数的下跌幅度小于其价值的 5.9%。这个时代表明，当预期回报很高时，资本将加速流入该行业——这一现象在 20 世纪 90 年代末和 21 世纪初与互联网初创公司相关的纳斯达克的繁荣与萧条中表现明显。20 世纪 80 年代早期，人们常常看到报纸报道引用风投家的评论"太多的资金追逐太少的交易"——直到现在，这也是业内公认的格言。

在股票市场的公开股票价值上涨期间，风投活动集中在高科技领域。一项估计表明，大约 40% 的风投资金流入了工作站相关创业。[12] 到 1984 年，风投公司帮助创立了大约 300 家类似公司，其中许多公司最终在激烈的市场竞争中失败了。[13] 在一个著名的投资狂热案例中，早期的温彻斯特磁盘驱动器行业（基于IBM推出的具有30兆固定存储和30兆可移动存储的存储设备）吸引了大量风投支持下的新进入者，争夺市场份额。1977—1984年，有43家公司获得了超过4亿美元的资金。[14]

这种投资水平可能会产生破坏性后果。1984年12月，《华尔街日报》的新闻标题一语道破："硅谷的死神是一位收获颇丰的高科技拍卖家。"然而，意见分歧仍然存在。戈登·摩尔在1984年的英特尔年会上辩称，"试图解决同样问题的多家创业公司吸干资源的现象正在削弱美国工业的竞争力"。[15] 相反，像《公司》杂志特别报道暗示的那样，竞争促进创新可能才是事实，而且当"真正的赢家被市场筛选出来"时，竞争力会提升。

这一时期的亮点是与风投模式相关的强烈周期性。虽然从现代网络经济的角度来看，个人电脑革命似乎已经过时，但很少有人预测到个人电脑的接受速度会有多快。与预测新技术轨迹相关的困难造成了回报的长尾分布，而风投家完全接受了这种分布。当希望成为笔记本电脑早期先驱的加州加维兰计算机公司于1984年9月申请破产时，风投资金遭受了3 100万美元的损失，情况相当糟糕。但有意思的是，一位新企业协会的风投家，也是主要投资者之一，提供了一个更为乐观的观点："如果公司失败，你最多损失100%的投资，但如果公司成功，你可以获得高达1 000%或2 000%的回报。"[16] 接受早期资本投资实际上是部署高风险资本以期望回报的长尾分布这一现实，在那个时代对行业来说变得更加重要。

20世纪80年代初的荣枯周期创造了行业热潮。一位评论员指出，

"每个MBA都认为风险资本是下一个热门",但结果是"风投家的质量正在下降"。[17] 当资金流入时,能够成功运用新资金的人才却显得供应不足。风投活动的疯狂导致"公司由极度缺乏经验的管理团队创办"。[18] 加维兰计算机的创始人曼努埃尔·费尔南德斯擅长筹集风投和销售,却无法将产品推向市场。这个问题的最明显表现是许多风投家和企业家急于通过IPO"变现"。根据赛文罗森的本杰明·罗森在1983年所言,"任何起伏不定的东西都上市了"。[19] 随着一些新风投公司的进入,这个问题变得更严重了。年轻的风投公司偏好"扬名立万",让投资组合公司迅速实现IPO,以提高自身可信度。[20]

这一背景突出了一个主要问题,也是20世纪90年代末和21世纪初纳斯达克泡沫期间风投行业的核心问题——向有限合伙人提供回报的信托义务与资助和发展可行企业的道德责任之间的冲突。那时,"雾件"这一术语流行开来,用于描述在开发完成之前就已经大肆宣传的高科技产品。总部位于马萨诸塞州的欢呼技术所承诺的创新就是一个众所周知的例子。该公司花费了650万美元的风投资金来开发一个复杂的办公生产力套件并承诺投放市场,但该软件从未发售。

公开市场为有限合伙人提供了退出投资并创造回报的机会,但红杉资本的唐·瓦伦丁估计,在1983年上市的公司中,"只有50%的公司真正有上市需求"。[21] 里德·丹尼斯是一位备受尊敬的风投家,就职于门洛帕克的机构风投合伙企业,1984年,他提醒国家风投协会的听众:"风投支持的公司的公开证券是风投过程的产物……公众正在遭受彻底失败,这最终将影响风投行业。"[22] 当风投公司让初创企业过早地进入公开市场时,该行业面临倒退。在市场崩溃期间,金融记者——比如《波士顿环球报》撰写"未来风投家的艰难时期"一文的作者——指出,风投行业的问题主要是自己造成的。[23]

虽然许多风投公司确实销声匿迹了,而且有限合伙人对于将资金投在哪里变得更加谨慎,但对行业的整体投入在10年内仍然有所增加。在正规的风投渠道之外,可用于创业的资本量甚至更大。小威廉·韦策尔估计,到20世纪80年代后期,大约存在25万天使投资人,其中大约10万人一直很活跃。这些人通常拥有至少100万美元的净资产,并且他们共同拥有的资本池至少是风投公司管理资产的两倍。[24]但是非正式市场仍然被低效率所困扰。韦策尔指出,天使投资人经常缺乏必要的技能和经验,这使得他们无法给所投资的初创公司带来实质改变。相比之下,正规风投变得越来越专业化,吸引了机构投资者更多的资金。

银行、IPO中介、夹层融资和风险债务

如果没有配套的金融生态系统更加广泛的发展,风投行业就无法实现规模扩张。如第五章和第六章所述,政府政策的作用是最重要的。银行业也造就了早期融资市场的关键部分。事实上,值得注意的是,在创业公司的正式资本来源中,银行贷款相对于风险资本而言在数量上更加重要。20世纪80年代后期,美国增长最快的私营公司中的很大一部分依赖于银行贷款和抵押贷款,而不是正规的风险资本。[25]

银行业通过其在 IPO 流程中的中介作用对风投行业发挥了关键作用。强大的 IPO 市场的存在对风投周期至关重要，因为它为流动性创造了机会。1983 年是高科技活动的高峰年，共有 451 家公司 IPO，其中 173 家（38%）与技术相关。风投支持下进行的 IPO 占总数的 1/4。[26] 20 世纪 80 年代，收购比 IPO 更为频繁，但作为一般规律，IPO 的收益率高于其他退出途径。[27] 1988 年《风险经济学》的一项研究表明，在持有期大致相同的情况下，风投支持下的 IPO 公司的投资收益率几乎是收购公司的 1.4 倍。[28]

高科技 IPO 市场中最重要的中介机构之一，是位于旧金山的投资银行 H&Q。H&Q 于 1968 年由威廉·汉布雷克特和乔治·奎斯特共同创立，汉布雷克特曾担任杜邦公司西海岸公司财务办公室主管，奎斯特曾在美国银行的小企业投资公司部门工作。他们说服了雷曼兄弟等巨头允许其在规模较小且利润较低的高科技领域进行承销，从而成为高科技创业企业中的"低端破坏者"。通常情况下，此类交易的经纪费为 7%，因此公开发行股票的规模至关重要。由于 H&Q 与领先的硅谷风投公司联系密切，因此它获得了 20 世纪 80 年代一些最重要的 IPO 交易。克莱纳-珀金斯的汤姆·珀金斯是 H&Q 和基因泰克的投资人。当基因泰克于 1980 年 10 月 IPO 时，H&Q 与布莱斯·伊斯特曼·普惠经纪公司一起完成了这项工作。1980 年 12 月，H&Q 与摩根士丹利一起成为苹果 IPO 的主要承销商之一。

1981 年，H&Q 承销了当年 72 个技术型 IPO 中的 25 个，这显示出其重要性。[29] 1983 年它做了 56 笔交易，价值 22 亿美元。虽然 H&Q 在 1984 年的高科技低潮中受挫——《纽约时报》在 1985 年 3

月宣布"H&Q已经失去其优势",但它很快反弹,于1986年成功帮助出版软件公司Adobe上市。[30] 事实上,H&Q与巴尔的摩的亚历克斯·布朗父子,纽约的L. F. 罗斯柴尔德-翁特贝格-托宾,及旧金山的罗伯逊-科尔曼-斯蒂芬斯一起,组成了一个小而有权势的组织,在20世纪80年代被称为高科技承销的"四骑士"。

这些公司共同代表了IPO中介方面的基本要素,因为它们在尽职调查、评估高科技公司并帮助其上市方面积累了无懈可击的领域专业知识。在20世纪90年代被纳入大银行的并购浪潮之前,这些公司构成了高科技风投组合公司与IPO市场创造的退出机会之间的关键纽带。它们还与风投生态系统的另一个关键部分进行互动:包括科律和WSGR在内的有影响力的律师事务所,这些律师事务所在风险资本融资方面非常活跃,担任投资组合公司或风投公司的顾问。

不同寻常的是,H&Q同时是风投基金的承销商和组织者。20世纪70年代,它是第一个设立风投基金的投资银行,到20世纪80年代初,它管理的资金超过了2亿美元。它还从事企业风投。H&Q的子公司为Adobe管理了一个专门的风投基金。虽然许多风投公司都以迅速选择投资闻名,但H&Q采取的是长期的方法。特别是它经常依靠职业经理人昆廷·威尔斯"扭转"组合公司。由于这样的声誉,威尔斯甚至被派到H&Q持有有限股权的公司。值得注意的是,他曾被派往戴索尼克,这是令阿瑟·洛克苦苦挣扎的投资之一(详见第六章)。洛克恰好也是H&Q的投资者,而H&Q曾在1983年共同承销戴索尼克的IPO。虽然H&Q持有不到1%的戴索尼克股票,但信号价值非常重要。正如汉布雷克特所说:"我们试图告诉市场,嘿,我们长期处于这种状态；我们不会放弃我们支持的公司。我们要做好每一件事情以帮助公司成功。"[31]

1982年乔治·奎斯特去世后，威尔斯成为该公司的董事长，但他艰难地适应着这个新的领导岗位。H&Q凭借其不断提高的声誉筹集了更多的风险资本，但它没有能力管理这种规模的风投组合。20世纪80年代中后期，H&Q为100多家早期公司提供了资金，却没有完全培养和管理这些公司。业绩回报受到了影响。《福布斯》称这个投资组合"充斥着行尸走肉"。[32] 汉布雷克特因为肆无忌惮地推动承销而受到批评，因为H&Q所承销公司的股票在接下来的几年中经常处于破发价。然而，面对这种批评，汉布雷克特仍然保持乐观。他认为H&Q声誉的下降只是对股市周期性和1983年高峰后科技股价值下跌的暂时反应。

H&Q也像"四骑士"其他公司一样参与提供夹层融资，这种融资代表了银行和相关金融机构承担的另一项重要职能。在风投的行话中，夹层融资是指投资于即将上市但仍需要资金为销售增长或资本项目融资的投资组合公司。有时，夹层阶段可以由各种不同的投资实体（包括银行、公司和个人）提供资金。1979年，就在IPO之前，苹果从16位投资者那里筹集了720万美元，这些投资者包括L. F. 罗斯柴尔德、翁特贝格和托宾，位于洛杉矶的精品投资银行和风投公司布伦特伍德资本公司，施乐，以及阿瑟·洛克的朋友兼个人投资者法耶兹·沙罗菲。[33] 然而，作为一般规律，夹层融资在20世纪80年代的风投环境中变得更加机构化，由专门的金融中介机构执行。例如，保险业巨头信诺为一系列即将IPO的投资组合公司提供了夹层资本。[34]

在20世纪60年代末、1983年和1986年等时期热门的IPO市场中，夹层资本的需求量很大。由于夹层融资在公司的生命周期后期出现，因而被认为是"中等风险资本"。借款公司将获得一笔固定利率的次级债务作为贷款——金额在50万~500万美元，期限约为5~7年。[35] 大多数情况下，贷款合同将附带权证，使债权提供者有权获得借款公司的股权。与专门的早期风险基金相比，夹层融资往往提供更低但更稳定的回报。因此，夹层投资者的数量在20世纪80年代有所增加。银行设立了针对风投和私募股权业务的专项资金。例如，1989年，花旗集团筹集了一笔6.5亿美元的基金，由其风投部门管理，专门投资于夹层证券。

20世纪80年代也见证了专业商业银行业务的兴起，该业务后来发展成为主要的风险债务贷方。这些实体为新公司提供了信贷和债务融资的"启动"额度，以支持其现金流、运营和增长。公司可以在风险资本之外筹集风险债务，为资本设备采购，例如计算机系统和研发实验室基础设施等提供融资。对于没有利润或现金流为正的早期和新兴高增长公司，这已成为一种以股权有效的方式筹集资金的适当方式。注资将有助于达成里程碑，从而使企业家能够以更高的估值进行新一轮的正规风投融资。

硅谷银行是这一领域最值得注意的新参与者。它由哈佛商学院MBA威廉·比格斯塔夫于1983年注册成立，比格斯塔夫曾在富国银行担任高级职务。曾在银行业工作的罗杰·史密斯成为首席执行官。[36] 硅谷银行在加州圣何塞开设了第一家办事处，虽然同时也参与了房地产和企业贷款业务，但它很快就因对于早期公司的创新性的贷款实践而闻名。它为不同风险程度的高科技创业公司提供设备融资、营运资金、资产收购贷款，以及过桥贷款。根据一份1986年的协议，它将与其东北部大型合作伙伴新英格兰银行联合提供更多实质性贷款。

硅谷银行的做法对于那些不愿意将股权转让给风投公司的创始人很有吸引力，填补了传统商业银行留下的创业融资市场的空白，传统商业银行不太愿意从事高风险贷款。史密斯这样诠释硅谷银行的非传统策略："我们想在公司诞生时就了解它……许多银行表示它们喜欢已经成立三年的公司。我们认为新公司并不差。"[37]事实证明，这个行业的失败率确实比人们普遍预期的要低得多。1983—1987年，在硅谷银行放给技术公司的贷款中，仅有15万美元的坏账。[38]

由于其有效的商业模式，此项业务呈现爆炸性增长。硅谷银行于1983年提供了760万美元贷款，这个数字在1989年上升至2.86亿美元。[39] 1987年，硅谷银行的贷款组合中约有28%用于高科技公司。1989年，硅谷银行在加州门洛帕克开设办事处，位于风投热点的沙丘路3000号。这是自然而然的一步，因为硅谷银行越来越重视为高科技创业公司提供债务融资，这些公司是从信誉良好的风投公司筹集资金的。直到20世纪90年代中期，硅谷银行一直专注于风投支持的技术贷款。除了利息支付和费用外，硅谷银行还获得了这些创业公司的股权认股权证，这意味着它也可以获得与长尾投资相关的各种回报。它也成为一些风投基金的有限合伙人。对于这些基金而言，它们可以从硅谷银行处获得互惠关系。

企业风投

风投行业结构的另一个重大转变——企业风投的增长，发生在20世纪80年代。企业风投在20世纪60年代中期兴起。在此期间，约有25%的财富500强企业开始寻求新的业务发展机会，作为其多元化战略的一部分。[40] 有时，这些尝试导致大公司资助"衍生"公司以将创新商业化，这些创新虽然在内部开发但并不支持现有的产品线。1969—1973年，通用电气的技术风投运营部门资助了从集成电路生产到膜过滤器的6个衍生公司。到20世纪70年代早期，这些衍生公司的权益价值约为原始投资账面价值的三倍，尽管这并没有考虑到通用电气在这些产品的初步开发中付出的初始研发成本。[41]

在另一些情况下，企业风投部门会收购新的投资组合公司。20世纪70年代，埃克森公司向一批信息系统初创公司投资了1亿美元，尽管该计划最终未获成功。[42] 一个关键问题是，对于公司而言，究竟是开展独立的风投业务，还是将其外包给私营风投公司更有意义。答案很大程度上取决于潜在动机——最初进入风投是由追求财务回报还是由战略利益驱动。战略利益的重要性越大，企业就越有可能启动自己的企业风投计划。通过这些实体监控创新市场，企业可以尝试降低新创企业带来的竞争威胁风险。

企业风投市场往往具有高度周期性。在20世纪70年代早期的石油危机期间，大约有30家企业风投实体，总资本为1.6亿美元。[43] 然而，到1983年，鉴于高科技的繁荣，企业风险资本可用的资金池已增至25亿美元。[44] 受到早期成功的鼓舞，一些最具影响力的企业风投实体增加了它们的投资活动。20世纪70年代早期，孟山都与另一家位于密苏里州的公司艾默生电气成立了投资于化学品和微电子业务的风投公司创新风投。由于考虑将业务扩展至制药公司，孟山都通过创新风投收购了包括基因泰克、渤健、胶原蛋白和格内克斯在内的一系列生物技术公司的股权。通过其企业风投部门，大型特种化学品公司路博润于1979年向基因泰克投资1 000万美元，获得了董事会席位。[45]

20世纪80年代，施乐建立了两只风投基金。虽然都不成功，它们却是相当成功的施乐科技风投公司（简称XTV）的重要前身。XTV成立于1989年，作为一只拥有3 000万美元资金的基金，其运作方式几乎与独立风投有限合伙企业一样，但在母公司的要求下，XTV进行了一系列热门投资。例如，它投资了企业软件公司Documentum，这家公司于1996年以3.51亿美元的市值进行IPO。XTV代表了一种非常成功的尝试，可以产生风投风格的回报。实际上，XTV产生了惊人的56%的净内部收益率，而同期的风投基金的平均收益率仅为13.7%，业绩排名前25%的基金的回报率为20.4%。[46]

然而，由于XTV模仿了风险资本结构，其合伙人收到的附带权益远远超过正常的公司薪酬。XTV投资组合公司享有接触施乐客户的特权，因此XTV投资组合的部分退出价值归功于其与母公司的关联。XTV合作人被认为获得了不成比例的财务收益，因而XTV在1996年被终止——被一个名为施乐新企业的、更保守的新组织实体取代。施乐新企业的薪酬更符合公司惯例，与XTV相比，其投资决策的自主权也大大降低了。

XTV 的经验突出显示了企业投资原则和风投原则在很大程度上是不相容的。[47] 将风险资本纳入大公司提供了巨大的机会，但组织文化，特别是在薪酬方面，需要做出改变以使其发挥作用。如果一家公司选择将公司风投作为"正常"公司部门运营以避免内部冲突，那么在相关薪酬水平上，它就有可能在与风投有限合伙企业的竞争中失去最好的投资者。埃克森美孚和通用电气都以这种方式失去了人才。

在这种情况下，很容易理解为什么独立风投对于某些公司如此具有吸引力。它提供了公司有限合伙人之间战略互动的好处，并消除了与单独的公司风投部门相关的成本和冲突。值得注意的是，20 世纪 80 年代，3M 承诺向风投有限合伙企业提供约 7 500 万美元。它选择从其持有的基金中收购风投支持的投资组合公司，并假设这将与其内部业务部门形成互补。3M 的风投净内部回报率超过 20%。[48] 换句话说，3M 做到了很少从事风投业务的公司能够在 20 世纪 80 年代做到的事：它同时形成了财务和战略上的优势。在 1991 年对企业风投实践的调查中，3M 被其同行评选为杰出企业。[49]

公−私实体

作为对发展中的风投生态系统的进一步推动，1982 年政府出台《小企业创新研究发展法案》，再次体现了政府对高科技创业公司的支持。关于引入小企业创新研究计划的争议，与 1958 年《小企业投资法案》引入小企业投资公司时的辩论有着明显的相似之处。回顾第四章可以发现,认识到创业公司存在"资金缺口"是联邦政府支持小企业融资的主要推动力。同样,1980年5月发布的一份有影响力的报告——《小型高科技企业和创新》,指出存在资金缺口是因为小企业主往往不愿意将股权转让给风投公司,而小企业投资公司则不会部署早期风险资本。报告指出,高科技创新尤其受到限制,因为它过于昂贵且耗时。在其政策提案中,该报告建议扩大"美国国家科学基金会的小企业创新研究计划"。[50]

美国国家科学基金会的计划受到风投行业方法的重大影响。计划由哈佛商学院MBA罗兰·蒂贝茨设计,他在进入政府管理部门工作之前,既是风投家,又创办了位于华盛顿特区的应用资本公司,同时也是一名运营高管,在两家高科技公司担任副总裁。[51]该计划要求建立三阶段筹资结构。第一阶段是"概念证明"阶段,通过实验改进想法。在美国国家科学基金会的支持下,此阶段的奖励高达3万美元(约合今天的8万美元)。第二阶段为完善这一想法提供了进一步的资金,假设申请人可以证明他们"有后续风险资本或其他资金的承诺投入"。第三阶段在第二阶段融资的基础上,促进这一想法的商业化。这种结构显然类似于使用里程碑和分阶段融资来降低投资风险的风投模型。

该计划中的公-私要素很有吸引力,因为它强调了小企业对于具有商业意义的想法的发展。这是一个旨在通过提供种子资金鼓励创造性的技术发展的政府资助平台。至关重要的是,一位支持者在国会证词中指出,"对旨在投资于小型、以技术为导向的增长型公司的风投家而言，该计划是投资机会的预先筛选"。[52] 减少早期投资风险意味着风险资本可能会以更高的速度流入高科技企业。

该计划早期为风投支持的公司走向成功创造了一条通道，这表明其正在获得广泛认同。例如，总部位于圣克拉拉的激光光学和计算机公司欧麦克斯获得了 17.2 万美元的联邦拨款，随后吸引了 400 万美元的风投资金。总部位于马萨诸塞州沃尔瑟姆的联合研究在开发重组 DNA 技术的工业应用方面获得了 800 万～900 万美元的后续风险资本融资。在 4 年多的时间里，美国国家科学基金会的小企业创新研究计划总共花费了 1 540 万美元，资助了大约 300 个提案。

1982 年的小企业创新研究计划规模要大得多，因为它要求美国政府的主要研发机构，包括国防部，分配其预算的一部分以培育有创意的小企业创新项目。1983—1988 财年，12 个联邦机构调拨了超过 13.5 亿美元的资金，国防部占总量的 55%。同一时期，对风投行业的新投入约为 145 亿美元，因此小企业创新研究计划支出占该数额的 9.3%。就像一家风投公司筛选投资组合公司一样，小企业创新研究计划只资助了一小部分提案。1987 年，仅有 15% 的第一阶段提案获得拨款，而这其中只有 35% 继续获得了第二阶段拨款。虽然 1983 年对 120 个第一阶段拨款获得者的研究表明，约有 45% 的人失败了，但它也认为"这些项目中的一些成功案例足以补偿所有失败"。[53]

与风投家所熟悉的风险回报分布一致，小企业创新研究计划取得了一些惊人的成功——其中包括后来成为健赞公司子公司的 IG 实验室。健赞公司于 1981 年成立，当时其创始人亨利·布莱尔作为国家卫生研究院的学术科学家获得了用以生产改良酶的合同融资。通常，小企业创新研究计划资助的公司比未获得资助的其他同等公司的增长速度更快。[54] 一项近期研究聚焦小型高科技公司并分析了1983—2013年能源部调拨的价值8.84亿美元款项的数据，揭示了小企业创新研究计划产生影响的主要机制：鼓励"技术原型设计"。早期拨款降低了创新风险，从而增加了受助企业对风投的吸引力。[55] 小企业创新研究计划提供了强有力的证据，证明政府资助的风投式举措是有效的，特别是能够刺激能源创新和其他对私人市场吸引力较小的高风险领域的实验。

分层、业绩基准和投资阶段

在私人风投市场中，不同类型公司开始变得可被识别。考虑到可筹集资金的规模，国家级公司属于最高层次。其中包括KPCB、红杉资本、梅菲尔德和格雷洛克，它们有能力筹集1亿美元左右甚至更多的资金。其他资本基础较小的国家级公司包括位于波士顿的电池风投，该公司在1984年和1988年分别筹集了3 400万美元和4 200万美元的资金。20世纪80年代的其他新进入者包括矩阵合伙公司，该公司在20世纪90年代在高科技投资方面表现出色，还有由詹姆斯·斯沃茨和阿瑟·帕特森（两人均曾供职于阿德勒公司）于1983年创办的位于新泽西州普林斯顿的阿克塞尔合伙公司。阿克塞尔在风投领域的地位很快攀升，其在1989年关闭了一只1亿美元的基金。成立于1987年的德丰杰在风投方面延续了长期的家庭传统。联合创始人蒂莫西·德雷珀是威廉·德雷珀三世的儿子，他于1965年创立了萨特山风投，而威廉又是小威廉·亨利·德雷珀的儿子，后者于1959年共同创立了DGA（见第五章）。德丰杰在2000年继续管理着6.36亿美元的基金。

专注于某些地区或行业的专业风投公司的资本基础通常较低，但有些公司的资本基础也可能非常庞大。资本基础较小的一个例子是，1986年，风投合伙企业ARCH成立了一只900万美元的基金，用于商业化芝加哥大学和阿贡国家实验室最具创意的想法。[56]受到基因泰克（见第六章）和安进的启发，多只生物技术和医疗专业基金于20世纪80年代成立。安进公司成立于1980年，当时担任鲸鱼公司董事会成员的威廉·鲍斯将加州大学洛杉矶分校的著名科学家温斯顿·萨尔瑟哄骗进入了新兴的生物制药领域。1981年，鲍斯参与创办了美国风投公司，后来成为硅谷领先的风投公司。

医疗风投于1985年在新泽西州成立，这个拥有6 000万美元资金的公司后来成为该领域最大的风投公司之一。其1989年的基金规模为1亿美元，1992年达到2.17亿美元。1986年，医疗风投向基因疗法公司投资了520万美元，并在1995年该公司被收购时向其有限合伙人返还了5 000万美元的回报。[57]这一领域的资金规模不断壮大，反映了将生物制药产品推向市场的难度越来越大。虽然20世纪80年代早期的生物技术创业公司可以获得1 000万～2 000万美元的资金支持，但是之后的几十年内可能需要1亿～2亿美元才能通过临床试验并实现商业化。[58]

在所有这些类别中，风投公司的业绩都是按照各种标准来评判的。当 1981 年《公司》杂志列出"50 家最活跃的风投公司"时，其关注重点是基金规模和筹集资金所需的时间。相比之下，《风投》杂志在 1982 年对风投公司的排名是基于它们以美元计价的风险资本投入额。[59] 回报当然也是一个指标。基于回报指标，1985 年一项对风投行业的调查显示，私营风投公司的表现优于中小企业投资公司和企业风投部门。[60]

虽然回报率是关于业绩这个话题的一个自然的组成部分，但最好的风投公司总是产生最高四分位数回报的现代概念到后来才产生。20 世纪 60 年代，小企业投资公司在有关《小企业投资法》的国会报告中按盈利的四分位数进行了分类，20 世纪 70 年代，其他投资工具（包括共同基金）也开始按四分位数进行分组。然而，风投有限合伙企业的数量仍然不足以使其按同样的方式被分组。虽然有数据库可用，例如起源于 1961 年的小企业投资公司报告服务商风投专家，但报告和数据的差异意味着在 20 世纪 80 年代难以系统地评估回报率。[61] "最高四分位数"这个术语变得普遍，是在 20 世纪 90 年代风投基金开始以同一起始年份的基金业绩更加系统地对基准进行测试之后。

尽管存在度量问题，但风投公司的层级对投资者而言开始变得显而易见。其中声誉最为重要。1984 年，《机构投资者》杂志撰写了关于"风投公司的两级市场"的报道，称一些公司"只要让养老基金知道新基金开放了，就可以为合伙企业筹集资金"，但是"无数新进入者则发现（基金筹集）要困难得多"。[62] 这篇文章描述了像门洛风投（成立于 1976 年）和阿德勒公司这样的领先公司可以相对容易地筹集资金，因为它们拥有来自长期有限合伙人的大量投入。层级较低的企业的自然反应是选择差异化战略来瞄准特定的商机,这就进一步推动了专业实体的崛起。

风投公司还试图从新型中介机构筹集资金,包括那些开发了"组合型基金"以持有单个风投基金组合的中介机构。例如,1982年,总部位于波士顿的保险公司约翰汉考克金融服务筹集了1.48亿美元的资金,一方面用于投资一系列风险资本有限合伙企业,另一方面直接投资于公司。虽然通过进入不同的风险资本池与其他机构投资者形成联系的组合型基金方法取得了成功,但直接投资被证明是更有问题的。正如一位企业家强调的那样,"你不会(希望)从约翰汉考克这样的保险公司获得资金",因为"它们(不像)其他风投家那样老练"。[63]

然而,虽然风投公司在早期投资方面拥有领域专业知识,它们也被卷入了后期阶段的活动,特别是20世纪80年代的杠杆收购热潮。1979—1988年,美国经济中的杠杆收购交易增加了近8倍。[64] 私募股权公司KKR集团成立于1976年,另外两家巨头黑石集团和凯雷集团分别于1985年和1987年成立。

虽然早期风投的预期回报高于杠杆收购交易,但早期投资的长尾分布使其风险更大。除此之外,还需要配置越来越多的从养老基金流入风投的资金(在第五章中有所讨论),杠杆收购的吸引力是明确的:它们提供了一个在短时间内产生有利回报的机会。然而,1980年,没有风投涉及杠杆收购,到1986年,有23%的风投涉及。[65] 风投公司面临着严峻的挑战:如何扩大其活动,同时保持对早期投资的关注。

规模扩张：新企业协会

风投文献中的一个长期问题是，随着基金规模的扩张，能够在何种程度上维持业绩。[66] 一个著名的风投家称："这项业务并不是为了赚大钱。"[67] 属于最高四分位数的风投公司新企业协会提供了一个理想的角度，通过它人们可以思考20世纪80年代风投业规模的扩大，或者更广泛地说，风投行业的演进。该公司成立于1978年，拥有1 640万美元（约合今天的6 000万美元）的资金，随后成长为全球最大的风投公司。新企业协会Ⅱ号（1981年募集的一只4 530万美元的基金）与当时的平均基金规模相当，但新企业协会Ⅴ号（1990年筹集的一只1.99亿美元的基金）比同一起始年份的平均基金规模大了约2.5倍。扣除通货膨胀后，新企业协会Ⅴ号的规模是新企业协会Ⅰ的6倍。

新企业协会由理查德·"迪克"·克拉姆里克，查尔斯·"恰克"·纽霍尔和弗兰克·邦萨尔创立。克拉姆里克受到风投行业早期历史上两位关键人物的影响。首先，他在哈佛商学院攻读MBA学位时结识了乔治斯·多里奥特——事实上，他的公司是在多里奥特的建议下被命名为新企业协会。其次，20世纪70年代，克拉姆里克曾在西海岸的阿瑟·洛克公司担任合伙人。除了与这些主要风投家的合作之外，克拉姆里克自己也拥有出色的业绩记录。例如，他是苹果的早期投资者。他与纽霍尔和邦萨尔的关系始于他寻求更多的自主权，并打破了与洛克的合作关系。他于1982年成为新企业协会的执行合伙人，这是纽霍尔从一开始就提供给他的职位。

纽霍尔也与风投的历史有关。他的父亲小查尔斯·纽霍尔是一位陆军航空兵上校，在二战后曾与著名的风投家劳伦斯·洛克菲勒合作（详见第三章和第五章）。纽霍尔在多里奥特退休 5 年后于 1971 年获得 MBA 学位。随后加入了当时仍然是一家小型投资公司的、总部位于马里兰州巴尔的摩的普信集团。

邦萨尔毕业于普林斯顿大学，获得了美国研究和经济学学位，并没有攻读 MBA。邦萨尔最初加入巴尔的摩投资银行罗伯特·加勒特父子公司并担任零售业务员。1965 年，他加入了位于巴尔的摩的亚历克斯·布朗父子公司担任投资银行家，专门从事 IPO。他在该公司一直工作到 1977 年。邦萨尔是一个典型的交易撮合者。

克拉姆里克、纽霍尔和邦萨尔并不总是相处融洽。"弗兰克觉得唯一重要的是找到投资，"纽霍尔曾经沉思道，"而迪克认为重要的是作为董事会成员发挥作用。"尽管存在分歧，纽霍尔说，他们三人"在某种程度上"能够"作为一个集体和平相处"。[68] 通过社交网络和业务联系，克拉姆里克、纽霍尔和邦萨尔从主要投资者处筹集了最初的 550 万美元的承诺资本。其中，100 万美元来自普信首席执行官库兰·哈维。这些主要投资者为进一步的资本流入铺平了道路。作为回报，新企业协会的普通合伙人同意将其 25 个百分点的附带权益中的 9 个百分点转让给有限合伙人。在新企业协会的一份创始文件中，合伙人宣布了他们的目标：

> 新企业协会的目标是投资和协助新兴的创新型公司，这些公司应该具有卓越的管理能力、出色的增长和盈利的潜力。实

质上，我们资助变革。新企业协会的目标是为我们的有限合伙人在有限的合作企业生命周期内实现卓越的投资回报。资本增值将是提供风险资本和协助创造实际经济价值的奖励……新企业协会的目标是保留风投的艺术形式，同时将大量资源用于公司创建。[69]

这段话揭示了新企业协会背后的动机。"我们资助变革"这句话非常符合多里奥特的理念，即应该"做以前从未做过的事情"。[70] 提供"风险"资本并"协助创造实际经济价值"与劳伦斯·洛克菲勒的指导原则之一保持一致，即为那些真正产生影响的公司提供资金。最后，或许最有针对性的是，将风投这个生意描述为"艺术形式"，意味着这不是一项科学尝试。从长尾投资组合中获得回报将取决于普通合伙人的隐性知识。

尽管克拉姆里克、纽霍尔和邦萨尔将风投强调为"艺术形式"，但他们系统、严谨地设计了新企业协会，创建了一个连接有限合伙人、普通合伙人、员工、投资组合公司和行业分析师等资源的"垂直网络"，来自普信的行业分析师负责分析并标记潜在的投资机会。[71] 新企业协会也正式被设计成一家横跨东西海岸的公司。当时，风投开始在地理上传播，但主要集中在加州、纽约和波士顿。新企业协会选择在巴尔的摩和旧金山设立办事处，为的是覆盖全美。到20世纪80年代中期，它还在得克萨斯州的达拉斯建立了一家附属合伙公司。克拉姆里克注意到地理范围扩大的意义："我们必须将我们正在做的事情综合成为一种清晰、易懂的工作方法。"[72]

鉴于需要有效的沟通，新企业协会设计了一个每周电话会议协议和一个办公室之间无缝转发数据的系统。但东西海岸之间的联系使新企业协会成为一个超越了这些功能的平台。普通合伙人对于他们工作的公司而言有多重要是风投文献中的一个重要问题。[73] 回答这一问题的一个办法是确定公司的组织结构是否增加了价值。在新企业协会的案例中，答案往往是肯定的。1981 年，邦萨尔与位于亚特兰大的、陷入困境的电信和信息技术公司电子传播协会确定了投资机会。克拉姆里克通过他的人际网络和东西两岸的沟通协议确定了一个转型经理人。这笔投资最终产生了 6 倍于原始投资的回报。克拉姆里克强调说："如果我们没有横跨东西两岸并且拥有大量资源，这笔交易就不会像现在这样顺利。"[74]

新企业协会通过与有限合伙人建立密切关系，进一步增强了组织能力。像跨国企业集团 3M 等企业有限合伙人在新企业协会的总资本中占很大份额——约 20%，而风投公司中的平均值为 14%。这些有限合伙人提供融资服务和投资分析，包括技术评估和尽职调查。纽霍尔后来回忆起这样一个例子："在新企业协会 I 号基金的存续期内，我们有机会投资坦登（磁盘驱动器和个人电脑制造商）。我们有大约一个星期的时间决定是否要抓住这个投资机会。当时 3M 是坦登的最大客户。3M 的客户知识非常有用，可以帮助我们大大减少尽职调查的时间……拥有具备大量行业知识的活跃有限合伙人可能非常有益……并且可以极大地帮助风投获得高额回报。"[75]

新企业协会的有限合伙人还会在招聘、营销关系和客户获取方面协助投资组合公司。纽霍尔指出："当 3M 进行投资时，内部收益率并不是它唯一关心的问题。3M 更感兴趣的是它与风投合伙公司的投资组合公司可以进行的各种其他互动。"新企业协会没有违反有限合伙协议的原则，因为从技术上讲，它的有限合伙人没有参与公司的"日常"活动。3M 公司的一位战略规划副总裁明确表示："我们不希望对投资决策负责；我们不想扮演普通合伙人的角色。"[76]

因为这些关系有可能越界，克拉姆里克、纽霍尔和邦萨尔成立了一个由新企业协会最重要的投资者组成的投资委员会，在此之上，还成立了咨询委员会，提供更高层次的管理监督。纽霍尔回忆起投资委员会起到作用的一个场合："1980 年，我们与默克公司接洽，看看新企业协会是否有兴趣成立专门的生命科学基金，默克担任唯一的有限合伙人。我们将该提案提交给投资委员会讨论。能够获得默克的生命科学知识很具有诱惑力，但投资委员会有所顾虑。很明显，默克公司可能希望为战略科学目的进行投资，而不是纯粹的经济利益。谁将在医疗投资方面拥有优先权：新企业协会还是专门的生命科学基金？潜在的利益冲突如此之大，以至我们拒绝了这个机会。"[77]

投资和咨询委员会也可以处理普通合伙人和有限合伙人之间的任何冲突；委员会可以批准投资组合资产和分配的价值；也可以对合伙企业的费用，包括普通合伙人的工资做出判断。正如纽霍尔所说，投资委员会"使我们受到了与投资组合公司受到的相同的管理"。当时大多数风投公司认为新企业协会建立了组织官僚机构。[78]但这种结构是有意义的，因为这与创造相互信任环境的新企业协会战略是一致的。

克拉姆里克的观察是，组织监督意味着新企业协会可以在例外而

第七章　20世纪80年代的高科技、不断发展的生态系统和多元化　299

不是规则下运作。这种方法对于成立于1983年的加州软件公司先见来说是有益的。先见公司经历了一系列的融资，在最后一轮中，克拉姆里克被他的合伙人否决。得到投资委员会的批准后，克拉姆里克自己投资了该公司，条件是新企业协会之后可以买断他的股权。先见取得了成功，开发了后来被称为PPT（幻灯片演示文稿软件）的软件。微软在1987年以1 400万美元的价格收购了先见。鉴于其对新企业协会的承诺，克拉姆里克确实以他的原始成本将股票卖给了新企业协会。新企业协会的回报为其投资总额的三倍。[79]

基于管理合伙企业的成本，新企业协会的管理费通常约为1.5%。虽然新企业协会的费用低于2%的行业标准，但普通合伙人获得的投资收益份额为25%——高于20%的标准。后来，新企业协会基金的附带权益利率调至业内最高——30%。根据纽霍尔的说法，他们的直觉是"优化投资数量，提高有限合伙人的内部回报率，并使有限合伙人、普通合伙人和企业家的利益保持一致"。[80] 收取较少的费用意味着更多的有限合伙人的承诺资本可以用于基金初始阶段的实际投资。由于附带权益是在基金生命结束时产生的，因此它创造了有效的合约激励。克拉姆里克、纽霍尔和邦萨尔出色地展现了他们作为投资者的优越能力，因为他们愿意放弃当前的费用，而是以后期并且变数更大的附带权益作为补偿。

纽霍尔指出，新企业协会主张向年轻合伙人广泛分发附带权益，以促进领导层的有序交接。在晋升为普通合伙人之前，员工在新企业协会通常会作为特殊合伙人（过渡阶段）工作3~6年，并在此之前作为经理工作3年。创始合伙人创建可持续性风投公司的意图反映在附带权益分配的变化上。在新企业协会的第一只基金中，创始合伙人获得了合伙企业全部附带权益的 100%。随着新的合作人被引入或得到晋升，这一份额下降了。在新企业协会 II 号中，创始合伙人在全部附带权益中占到的份额为 66%。在新企业协会 III 号中这一数字为 52%，在新企业协会 IV 号中为 38%。

在选择合伙人方面，新企业协会看中的是一系列技能和属性，但并没有强加一个特定的公式。纽霍尔表示，最优秀的合作人拥有投资银行、投资管理和高科技运营技能，这与表现优异的风投家往往具有行业经验的实证证据一致。[81]

新企业协会行事积极；事实上，选择愿意接受普通合伙人提供的商业顾问的投资组合公司已被写入新企业协会的理念。与此同时，大规模管理也带来了一系列挑战。邦萨尔表示："管理投资组合公司需要花费大量时间。这是非常耗时的……钱很容易拿出去，但要管理并不容易。"[82] 纽霍尔回忆起新企业协会对西弗吉尼亚州一家为生物技术研究生产低温防护设备的制造商——队列系统的投资："我们没有损失太多钱，但是我失去了 5 年中的 25% 的人生，浪费了数月在辛苦的、无用的行程上。"[83] 新企业协会 I 号中 90% 的投资都取得了董事会席位，这一比例在新企业协会 II 号时下降到 68%，新企业协会 III 号时为 77%，到新企业协会 IV 号时再次上升到 85%。

与长尾收益的偏斜分布一致，新企业协会在其早期经历了成功，也经历了失败。如前所述，该公司在对加维兰电脑的投资中遭受了重大损失，但这被视为投资组合不确定性风险的一部分。虽然种子和初创投资仅占新企业协会 I 号投资组合的 38%，但占到新企业协会 IV

号投资组合的75%。新企业协会也错过了一些当时最重要的投资机会，包括家得宝和史泰博，这两个公司都取得了惊人的成功，这也进一步突出了早期投资的不确定性。

然而，新企业协会的一些重大成功补偿了这些损失和错失的机会。千兆电子是一家位于加州普莱森特希尔的专业电子公司，也是新企业协会最具影响力的投资之一。1981年，千兆电子的5位成员寻求60万美元的投资资金，这笔钱金额很小，因为他们希望保留控制权。几家大型风投公司都提出出资约100万美元，条件是拥有大股东份额，但均遭到拒绝。由于克拉姆里克相信技术和创始团队，他采取了更全面的方法并答应了创始人的条件。他接受了作为该公司的小股东，投资了48万美元，换取了29%的股权。[84]新企业协会对千兆电子的投资产生了32倍的回报。

出于对机会变化的预期，新企业协会转移了投资的行业重点。正如图7.1所示，经历了20世纪80年代的繁荣和萧条，资本越来越多地从拥挤的计算机硬件和软件领域转向比如医疗和生命科学等其他领域。新企业协会投资了位于西雅图的创业企业免疫公司，该公司成为免疫系统科学领域的领先的生物技术公司，并最终于2002年7月被安进公司以100亿美元的价格收购。1978年，按美元计算，新企业协会I号的投资仅有17%用于医疗和生命科学，但新企业协会V号在这方面的投资额增加到37%。到1986年，新企业协会还涉及了与零售和消费品相关的投资，占投资组合的20%——是1978年水平的两倍以上。

新企业协会I号—1978

- 计算机软硬件 31%
- 其他 18%
- 零售和消费品 9%
- 医疗和生命科学 17%
- 通信 8%
- 半导体/电子 17%

新企业协会II号—1981

- 零售和消费品 3%
- 其他 7%
- 计算机软硬件 49%
- 医疗和生命科学 23%
- 通信 8%
- 半导体/电子 10%

新企业协会III号—1984

- 零售和消费品 8%
- 其他 5%
- 计算机软硬件 39%
- 医疗和生命科学 13%
- 通信 17%
- 半导体/电子 18%

新企业协会IV号—1986

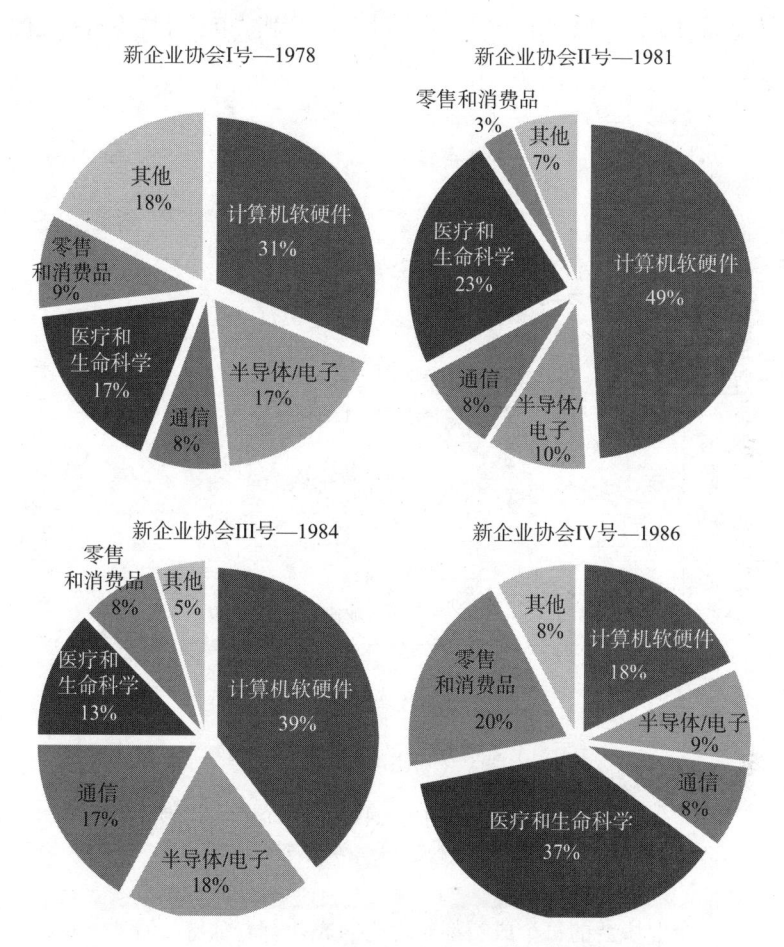

- 其他 8%
- 计算机软硬件 18%
- 零售和消费品 20%
- 半导体/电子 9%
- 通信 8%
- 医疗和生命科学 37%

图 7.1　新企业协会投资组合的行业构成

数据来源：查克·纽霍尔提供的新企业协会年报和档案

随着时间的推移，新企业协会表明风投公司可以克服规模限制，如图7.2所示。虽然最初的回报随着公司从新企业协会Ⅰ号扩展到新企业协会Ⅲ号而下降，但之后基金的回报不断增加，无论是绝对值

第七章　20世纪80年代的高科技、不断发展的生态系统和多元化

还是相对于公开股票市场回报的基准（可以剔除市场环境不断变化的影响）。

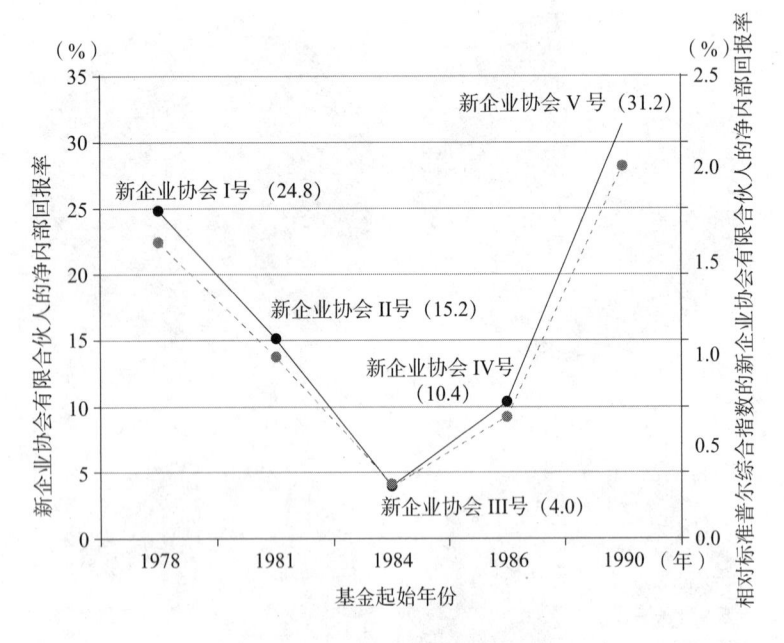

图 7.2　NEA 基金业绩

注：虚线是每只新企业协会基金相对于同期标准普尔综合指数的回报。
数据来源：查克·纽霍尔提供的新企业协会年报和档案

新企业协会的每个成员都对自己的成功有着独特的看法。克拉姆里克将其归功于个人动力："我拥有无限的能量。我愿意抓住机会实现某些目标。我知道我能做什么。我对人很坦率，所以他们往往相信我，这让我能够引领和坚持我认为正确的方向。"[85] 邦萨尔谈到了自信："想要从事风投行业，我想你必须对自己充满信心。你必须有自信才能在早上起床然后去执行。如果你没有这种执行的能力，就不会成功。"[86] 纽霍尔的观点更具有哲学特色："你可以了解风投的所有规则，但没有任何价值……规则必须是自然本能的一部分，不是清单公式。真正重要的东西在每种情况下都有所不同，只有通过不断沉浸在艺术和努力工作中才能保持和提高技能。重要的是，成功来自对事实的提前洞悉，而不是事后的知晓。"[87]

新一代的杰出投资者

克拉姆里克、纽霍尔和邦萨尔本质上是新企业协会的主要资产，尽管随着公司规模的扩大，组织资本也助推了公司的投资业绩。经验证据表明，作为风投行业的一般规律，投资者的贡献对于解释每个公司的差异表现最为重要。[88] 一家顶级风投公司的相关品牌和声誉优势显然对于 20 世纪 80 年代的筹资尤为重要。仅仅因为这个原因，杰出的风投企业能够存在，是由于其最有影响力的投资者所识别的投资机会。

20 世纪 80 年代是风投行业的重要转型期，因为第一代主要投资者将领导职位移交给了新一代。1980 年，约翰·杜尔在获得莱斯大学电气工程学士学位和哈佛商学院 MBA 学位，并在英特尔工作了一段时间后，加入了 KPCB。当汤姆·珀金斯孵化天腾时，杜尔参与了集成电路设计初创公司硅编译器的孵化。KPCB 提供融资，杜尔花费了一半的时间在该项目上，直到公司开始运行。[89]

1981 年，从维拉诺瓦大学毕业并获得电气工程学位的詹姆斯·拉里从英特尔加入KPCB。杜尔和拉里负责了KPCB在20世纪80年代的一些最重要的投资,包括赛门铁克,这家公司当时主要专注于基于人工智能新领域的数据管理工具。[90]

1988年1月,《华尔街日报》大幅报道了KPCB的第九位普通合伙人——32岁的维诺德·科斯拉,称他是"精明的技术企业家"。杜尔称他是"一个积极而虔诚的投资者,在孵化公司方面非常成功"。[91]科斯拉曾在印度理工学院和卡内基梅隆大学接受过工程师培训,获得了斯坦福大学MBA学位,并参与创办了两个主要的高科技公司:黛西系统和太阳计算机系统。

模式是一致的。像尤金·克莱纳和汤姆·珀金斯一样,KPCB的普通合伙人都是技术专家。这是他们看待投资的视角。布鲁克·拜尔斯甚至打趣道:"有时候,我们会对弗兰克(考菲尔德)失去耐心,因为他不能真正理解技术。"[92]克莱纳于1982年从公司退休。1986年,考菲尔德和珀金斯宣布将基金的管理权转交给拜尔斯和杜尔。[93]

红杉资本也经历了领导层的转变。随着公司成功发展,规模不断扩大,红杉资本开始增加员工并接纳新的合作人。早期,瓦伦丁招募了许多他的前同事。戈登·罗素在资本集团的一个部门工作时与瓦伦丁有过合作,于1979年加入红杉资本,担任普通合伙人。罗素推动了红杉资本在医疗保健方面的实践。

1981年,皮埃尔·拉蒙德成为普通合伙人。在加入红杉资本之前,拉蒙德在高科技行业有着杰出的职业生涯,例如在仙童半导体管理产品开发,并帮助运营美国国家半导体公司。在红杉资本,他专注于半导体,并成为瓦伦丁信赖的顾问。

红杉资本的新普通合伙人有一些相似之处，但他们也是一个独特的群体。瓦伦丁指出，他寻找的是具有行业和创业专业知识的人，因为"我们对相互之间的差异以及发展个人意见的方法感到自豪"。他强调："我寻找的是与我不同的人，因为我们在与合作伙伴达成共识的基础上做事。我不喜欢拥有一套同质化的意见。我想要尽可能多的对抗和不同的想法。"[94]

迈克·莫里茨肯定是不同的。莫里茨在获得沃顿商学院MBA学位之前曾在牛津大学学习过历史，他曾在《时代周刊》工作，"很快就凭借可以理解商业行话而广为人知"。1984年，在撰写了一篇称阿瑟·洛克为"最佳长球击球手"的文章之后，莫里茨对风投深感兴趣。他离开了《时代周刊》，帮助创办了一家风投行业资讯媒体。莫里茨和唐·瓦伦丁、汤姆·珀金斯、迪克·克拉姆里克以及其他几个人接触，因为他想从事风投业务。1986年，莫里茨说服瓦伦丁雇用他加入红杉资本。

与莫里茨一样，道格·利昂很快成为红杉资本的一名充满影响力的合伙人。在致电瓦伦丁后，他于1988年加入红杉资本。利昂曾在太阳计算机系统和惠普从事销售和销售管理工作。在学历方面，他拥有康奈尔大学和哥伦比亚大学的工程学位，以及MIT斯隆管理学院的管理学位。利昂接受了瓦伦丁的指导，瓦伦丁建议他学习和发展观点。利昂花了3年时间才在红杉资本进行了首次投资。1996年，控制权从瓦伦丁转移到莫里茨和利昂手中。

在风投行业中，领导团队变更很常见。机构风投企业的里德·丹尼斯和资产管理公司的皮彻·约翰逊是保守派，他们计划将业务移交给继任者。1987年，54岁的本杰明·罗森和57岁的塞文从塞文-罗森积极投资者的位置上退下来，将工作转交给47岁的乔恩·贝勒斯。1969年，贝勒斯从得克萨斯州达拉斯的南卫理公会大学技术学院辞职，开始在高科技行业工作，随后成为一名风投家。总部位于波士顿的TA投资的创始人彼得·布鲁克越来越多地将私募股权和风投公司的日常管理工作交给了他于1967年聘请的凯文·兰德里。在梅菲尔德基金会，创始人托马斯·戴维斯和威利·戴维斯对一群继任者进行了指导。

虽然接管顶级风投公司的继任者们很快就在媒体和同行中赢得了声誉，但他们并不是没有遭遇失败。尽管出身于企业家和投资者，但是KPCB的杜尔和科斯拉在20世纪80年代孵化的一家名为玑能本的笔记本电脑公司上遭受了损失。对于杜尔来说，这只是"需要全身心投入的"长尾投资业务中一个不可避免的风险。他对玑能本嗤之以鼻，认为其属于"所有交易中会失败的那1/4"。[95] 红杉资本的莫里茨恰当地将风投描述为"迈向未知领域的一大步"。[96]

为了降低下行风险，从投资角度培养观点是非常重要的。然而，许多最杰出的投资者的观点、风格和个性都各不相同，以至无法以系统的方式进行梳理。有些人很傲慢，有些则更体贴和善于反思。《纽约客》的一位新闻记者曾将约翰·杜尔描述为"摄入大量咖啡因的克拉克·肯特（美国垃圾债券之王）"。[97] 新企业协会的查克·纽霍尔将自己描述为躁狂症患者，声称这也是他所知道的大多数企业家的通病。[98] 无论是在20世纪80年代还是现在，没有任何单一的行为模式或投资风格脱颖而出，结果只是增加了复制风投成功的难度。

多元化问题的起源

尽管投资风格和个性存在差异，但在20世纪80年代，关于风投的一个不可回避的事实是其种族和性别多元化的匮乏。到目前为止，本章中的投资者主要是白人男性，其中少数是移民人才。事实上，新企业协会的纽霍尔回忆说，他在20世纪80年代不认识任何黑人风投家，也不记得有黑人曾申请到他的公司工作。[99] 更广泛的社会趋势并没有提供帮助，歧视和流动性限制对黑人参与创业形成了巨大障碍。根据1980年的美国人口普查结果，已就业黑人的创业率约为白人的1/3。[100]

同样，女性风投家和企业家的数量相对于其人口比例而言也明显不足。1983年的一份题为《高科技中的妇女和少数族裔》的美国民权委员会报告发现，在硅谷，大约86%的经理人和83%的员工是男性，而其中大约88%的经理人和84%的员工为白人。风险资本不一定比投资银行和私募股权等其他金融领域更好或更差。但是，这个行业中多元化问题的历史原因尤其令人感兴趣。[101]

尽管代表性不足，但在20世纪80年代仍有几位著名的女性投资者，表明在性别平等方面至少有一些进步。1989年，安·温布拉德与旧金山的约翰·哈默共同创办了哈默温布拉德风险合伙企业，哈默是普林斯顿大学本科生和斯坦福大学MBA。尽管哈默温布拉德的基金业绩并不出色，但温布拉德成为她这一代人中最重要的女性风投家之一。她在明尼苏达州的法明顿长大，是高中班级致毕业辞的毕业生代表，随后在圣凯瑟琳大学获得了学士学位，在那里她修习了数学和计算机科学课程。值得注意的是，在那个时代，温布拉德是前三位获得圣凯瑟琳商业学位的女性之一。之后，她成为明尼阿波利斯联邦储备银行的系统程序员，同时还在圣托马斯大学攻读教育硕士学位，主修经济学。[102]

1975年，温布拉德与一群联合创始人一起，创办了一个起步资金仅为500美元、名为开放系统的会计软件公司，大约与微软、苹果和甲骨文这样的行业巨头创办的时间相同。温布拉德与微软合作密切，对于她在20世纪80年代与比尔·盖茨的关系也一直很坦诚。虽然没有获得风投公司的青睐，但温布拉德结识了唐·瓦伦丁，而这是因为开放系统通过瓦伦丁投资过的加州卡都系统等供应商销售软件。开放系统于1983年以1 500万美元（约合今天的3 600万美元）被收购。一年后，温布拉德接受了一次开诚布公的访谈，谈到了女性在计算机行业中的角色。[103]她说："有很多女程序员，事实上，女性可以成为优秀的程序员，因为她们擅长编程，但她们会陷入一种技术性的困境并停滞在那里，她们不了解所需的商业技能和人际交往能力。很多业内成功的男人都没有妻子或孩子。拥有配偶或子女的女性很难单独行动并将自己的生意放在第一位。男人们显然把自己的生意放在第一位，这对他们来说很容易，但对女性来说却很难。"

她进一步解释道："如果你在人际网络中并且网络中主要是男性，这会有所帮助……但这并不是进入行业的障碍……（因为）风投家不会讨论你的性别。"关于高科技领域女性角色榜样的重要性，她这样说："我认为没有出现过女性高级技术设计师。没有能与比尔·盖茨比肩的女性，我们期待一个这样的人出现。"对于她新获得的财富，温布拉德指出:"我没有经济上的担忧,所以可以更广泛地思考。曾经有少数人恐吓我,但现在已经没有了。"

在开放系统被收购之后,温布拉德确实进行了更广泛的思考。她在普华永道开展了一个计算机硬件和软件行业的重要项目,与人合著了一本关于面向对象软件的教科书,并为各种风投公司提供咨询服务。在其中一项工作中,她遇到了从事了几年风投业务的约翰·哈默,哈默与她决定一起探索成立一家专注于软件相关投资的专业公司的可能性。有了唐·瓦伦丁和皮彻·约翰逊以及另一位硅谷知名老牌风投家威廉·爱德华的最初支持,温布拉德和哈默获得了来自包括圣保罗保险公司和 3M 公司的其他资金承诺,成立了一只 3 500 万美元的基金。与瓦伦丁的关系果然重要。哈默温布拉德最初的一项投资是与红杉资本共同领投的控制点软件公司。温布拉德说:"我们接下来的交易之一是与年轻的合伙人道格·利昂合作。"这进一步加深了他们与红杉资本的联系。[104]

温布拉德并不是 20 世纪 80 年代唯一的女性风投家。《信息世界》杂志 1984 年 12 月的一篇关于高科技投资的文章,突出展示了 TA 投资的董事总经理杰奎琳·莫比的照片。而唐·瓦伦丁的照片仅出现在文章的第二页。[105] 安·拉蒙特是位于康涅狄格州韦斯特波特的橡树投资的新晋管理合伙人,她的职业生涯始于 H&Q,并于 1982 年加入橡树投资。金洁·莫尔是当时一位杰出的合伙人。事实上,在 1986 年,橡树投资的两位普通合伙人和 4 位员工中的 3 位都是女性。[106]

雪莉·塞鲁多是成立于 1979 年的波士顿风投公司 BEDC 的合伙人。和温布拉德一样,她专注于计算机软件。1994 年,她成为在加州库比蒂诺成立的诺瓦斯风投的创始合伙人。德博拉·斯梅尔策是一位颇有成就的科学家，曾领导位于巴尔的摩的洛克兰资本集团的生物技术风险资本投资。玛丽·简·埃尔摩尔是加州门洛帕克的机构风投合伙企业的开拓者，阿德勒公司的乔伊·伦敦也是如此。1987年，《商业周刊》写了一篇关于"抽雪茄的风投家弗朗辛"的文章。[107] 弗朗辛·萨默创立了自己的基金——传播风投，当基金失败时，她被纽约投资公司佳博利集团聘请去管理风投部门。所有人都是完美的专业人士。金洁·莫尔说："我认为自己是一名风投家，而不是风投行业中的女性。"[108]

帕特里夏·克洛赫蒂尤为突出，她和丈夫共同创办了总部设在纽约的风投公司泰斯乐-克洛赫蒂公司。1985年，《芝加哥论坛报》将克洛赫蒂称为"美国最受尊敬的女性之一"。克洛赫蒂是一名职业风投家，她在28岁时就成为艾伦帕特里考夫联合公司的合伙人（并于1988年回到那里工作）。作为其影响力的一个标志，克洛赫蒂在20世纪70年代末成为美国小企业管理局的副局长。她在20世纪80年代中期表示，"这个时代对女性非常好"，因为"今天的经济比以往任何时候都更加性别中立"。[109]

大多数男性风投家都表示赞同。一位分析人士得出的结论是，"男性风投家几乎一致认为自己的行业是公正的，女性风投家同样否认性别会影响她们的职业生涯"。[110] 一位男士说："如果你能赚钱，人们就不在乎你是否有两个脑袋。"[111] 新企业协会的迪克·克拉姆里克甚至说风投"对女性来说是一个伟大的行业"。[112] 然而实际上，行业中的女性的数量严重不足。尽管克拉姆里克的态度令人鼓舞，但他的风投公司的11个合伙人中没有一个是女性。1986年美国国家风投协会名录中列出的员工和合作人中,只有7%是女性。[113] 保罗·冈珀斯和索菲·王最近的研究表明,女性风投家的占比仅从1990年的6%增加至2015年的9%。[114] 换句话说,过去30年的改变并不多。

在这种缺乏进步的情况下,有三个值得一提的因素。首先,温布拉德注意到一个从事高科技行业的专业人士建立家庭的成本,这个因素解释了工资的性别差距。[115] 被占用的工作时间很可能会对风投行业的业绩产生重大影响,因为交际网络是确定投资机会的重要决定因素。此外,风投家花费60%的时间往返并协助其投资组合公司的现象并不少见,出差所需的时间对于拥有一个新家庭的女性而言,其实现难度是不成比例的高。[116]

其次,温布拉德是少数选择高科技职业的女性之一。因为领先的风投公司专注于雇用具有行业管理经验的员工和普通合伙人,那么很少有女性在高科技公司担任管理角色,这一情况意味着她们进入风投行业的渠道很狭窄。正如杰奎琳·莫比所言,"一些公司要求应聘者具有几年的经验和技术背景,这难住了女性。非常难。大多数女性都没有这样的背景"。[117] 此外,高科技职业在教育切入点受到阻碍,因为科学、技术、工程和数学的STEM学科都是由男性主导。1980年,女性占劳动力的42%,而仅占STEM领域的14%。[118]

最后,虽然因果关系难以确定,但哈佛商学院应该承担部分责任。20世纪80年代的几个主要风投家都在哈佛商学院接受乔治斯·多里奥特教授的教育,正如第四章所讨论的那样,多里奥特集中体现了学校在制度上的性别歧视主义——基本上禁止女性上他的课,即使

1963 年女性已被 MBA 项目正式录取。哈佛商学院 MBA 毕业生是美国风投的主要支柱，最近的数据显示，他们仍然占据了顶级公司中所有风投家的 1/4。[119] 这个行业缺少多元化也许毫不奇怪，因为很多人在进入风投行业时都处于易受影响的年龄，适应了与同一种族和性别的人交往。虽然他们可能没有故意或恶意地这样做，但无意识的偏见可以变得很强大。[120] 任何解释目前风投行业中多元化问题的尝试都应该认识到历史原因起到的重要作用。

未来的机遇和警示

20 世纪 80 年代是风投行业历史上的分水岭。在 80 年代初，风投仍然是一项规模相对较小的活动。到 80 年代末，《华尔街日报》报道称，"成熟的风投家正在快速筹集大笔资金"。[121] 虽然风险资本投资受到周期和不确定性的影响，但仍有大量热门投资取得了成功，使回报呈现长尾分布。投资的风投模式得益于资本的涌入，尤其是养老基金的涌入。

随着 20 世纪 80 年代风险资本的规模和重要性的增长，风投公司分为若干细分类别，行业的专业化程度越来越高。顶级公司在融资能力方面脱颖而出，从而给专业化风险资本部署带来了更大压力。虽然公司的组织结构对其业绩至关重要，但突出的个人投资者最受关注。即使通过支持创新变革取得了令人瞩目的成就，但其中大部分从业人员都是白人男性的现实给这个金融部门的历史蒙上了阴影。

在随后的几十年里，风投与高科技领域的创新之间的关系越来越近。风投之所以适合高科技投资，是因为它涉及对技术进步的速度和方向进行长期预测，而风投会在未来愿景实现时从投资中获得巨大回报。风险资本投资者在管理高科技创业公司和将新的创新推向市场方面积累了越来越多的专业知识，为创业融资创造了无法满足的需求。

与此同时，行业规模的扩大可能被视为过剩的标志。1987年，在美国国家风投协会的一次演讲中，皮特·班克罗夫特发出警告："如今，我认为我们的行业资金过剩，自律程度不高。"他对风投资金向后期投资的转变感到遗憾，他认为，这与应该"在建设和发展人员和公司方面发挥作用"的"真正的"风投家的目的和技能相悖。[122] 正如第八章所解释的那样，从20世纪90年代到21世纪初，风投行业确实将自己重新定位于早期的高科技投资。这种转变很大程度上归功于与互联网商业化相关的技术机会的激增。

第八章

大泡沫

从不断扩大的行业规模和影响力来看，20世纪90年代和21世纪初确实是风投行业最为突出的时期。到2000年，从事主动投资的风投公司的数量是20世纪80年代中期的10倍之多。2000年，风投基金的承诺额达到1 047亿美元，一些顶级的风投公司创造了着实惊人的基金层面回报。[1]例如，经纬创投V号，一只成立于1998年的基金，为其有限合伙人创造了514.3%的净内部收益率。[2]

风投有助于促进经济增长。据保罗·冈珀斯和乔希·勒纳估计，到20世纪末，风投支持的公司占到美国上市公司的20%，占到总市值的32%。[3]尽管影响这些公司表现的还有除风投外的其他因素，包括企业生命周期中的管理人才等，但不可否认的是，一个充满活力的风投行业会产生相当大的经济效应。基于风投的创业融资特别促进了信息和通信技术领域的创业活力，这一领域对美国经济的运行至关重要。一项经常被引用的统计数据显示，这一领域的六大高科技巨头——微软、英特尔、IBM、思科、朗讯和戴尔——1999年年底时的市值总和为 1.79 万亿美元，几乎相当于美国 GDP 的 20%。

正是在这个时候，风投行业的重心发生了根本性的转变，这将对今天产生深远的影响。前几章涉及的许多风投都集中在"真正的"技术上，包括半导体、计算机和生物技术产品。然而，从 20 世纪 90 年代开始，随着互联网的发展，风投逐渐转向软件和在线服务。[4] 随着风投将投资集中在这些特定的领域，一种迅速扩张并获得对消费者市场份额控制的独特心态渗透了整个行业。在线宠物用品零售业作为一个有争议的市场，为考察风投行业的动态提供了一个有用的视角。1997 年，宠物用品零售业的估值为 310 亿美元。20 世纪 90 年代末，几家在线创业公司以及现有的"实体"公司都推出了商业网站，每家公司都希望成为首家在线宠物用品零售商。总部位于奥克兰的 Petstore.com 和总部位于旧金山的 Pets.com 成为那个时代标志性的风投投资。从很多方面来说，这些公司是优步、爱彼迎以及其他当今市场颠覆者的前身。

然而，Pets.com 成为 2000—2001 年风投支持公司崩盘的一个象征，随后的股市危机标志着整个风投行业的一个重大转折点，回报率急剧下降。经纬创投在 20 世纪 90 年代末的业绩回报使其成为最杰出的公司之一，而其起始年份为 2000 年的基金的净内部收益率仅为 2.5%。一位风投家将 2001 年形容为"核冬天"。[5] 随着市场估值开始逆转，高科技行业整体面临动荡。微软、英特尔、IBM、思科、朗讯和戴尔的总市值在 2002 年年底暴跌至 6 789 亿美元，与 1999 年相比下降了 89%。

风投的新承诺额在 2003 年骤降至 114 亿美元，比 2000 年下降了

62%。[6]在公开市场严重崩盘之际，人们开始质疑风投模式的合法性。风投家作为创业公司的投资者，因为把商业模式存在致命缺陷、管理团队缺乏经验的公司带入公开市场而备受质疑。然而，亚马逊和谷歌等经久不衰的高科技公司也是在这样的融资环境中成立的，这种融资环境奖励了实验和创造性创新。长尾投资模式的不言自明之处是，这个时代引人注目的几次重大"命中"可以说弥补了损失。在风险资本可以无缝调度的情况下，最终创建的几家关键性公司往往会让社会变得更好。根据威廉·萨尔曼的说法："风投的社会回报率一直很高，并且现在仍然很高。"[7]

20 世纪 90 年代的高科技革命

20 世纪 90 年代的 ICT（信息和通信技术）革命是高科技领域长期历史发展的产物，其中许多都是被风投式的金融所推动。真空管发明于 20 世纪初，为二战期间收音机和无线电通信的引入以及雷达等关键性的创新开辟了道路。20 世纪 40 年代末，威廉·肖克利和他在贝尔实验室的团队发明了晶体管，而且肖克利把这一知识编入了他于 1950 年出版的著作《半导体中的电子和空穴：晶体管电子学中的应用》。这项新技术于 20 世纪 50 年代中期开始逐步取代真空管。[8]随后出现了大型计算机、集成电路和微处理器。20 世纪 60 年代，由 ARD（详见第四章）资助的数字设备公司推出了全新的计算机系统，而英特尔（详见第六章）在 1971 年推出了第一个商用微处理器

4004。1968年，IBM的电气工程师罗伯特·登纳德获得了动态随机存取存储器的专利，奠定了高密度随机存取存储器的基石之一。个人电脑的出现以及20世纪80年代软件和硬件的革新，为20世纪90年代的ICT革命奠定了基础。借用1996年《商业周刊》上迈克尔·曼德尔那篇经常被引用的文章的标题，"新经济的胜利"是一代又一代人创新和技术进步的结晶。[9]

图8.1说明了改变技术轨迹的重要性。该图展示了1950—2000年，美国专利商标局授予居住在美国的发明家的所有专利在各个领域的分配情况。1950年，ICT所占份额约为4%，而50年后，这一比

图8.1　1950—2000年ICT专利所占份额

数据来源：美国专利商标局

例已接近20%。其中，大部分增长发生在20世纪90年代，ICT所占份额在1990—2000年翻了一番还多。图8.2显示了被授予的ICT专利数量呈现大幅增长，特别是在20世纪90年代后期。这一时期，一些高科技专利申请的激增反映了支持专利的立法变化，这对半导体行业的公司产生了特别的影响，创新活动也得到了根本性的提高。[10]

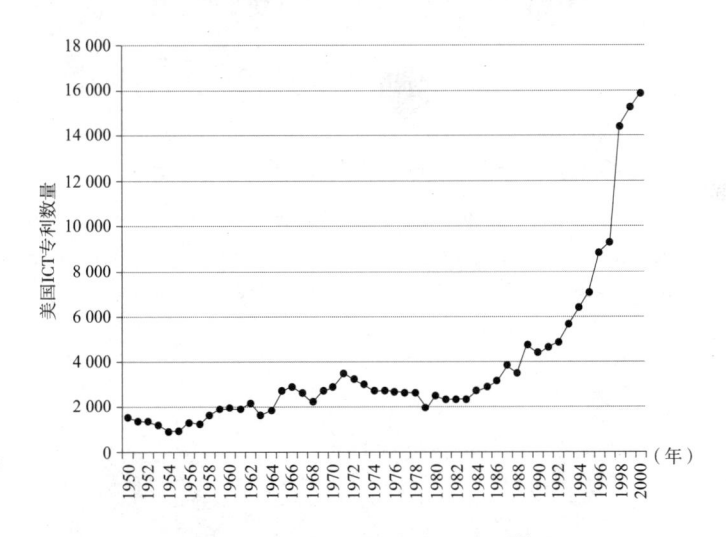

图8.2 1950—2000年ICT专利数量

数据来源：美国专利商标局

图8.3和图8.4说明了1990—2000年美国各州ICT专利总数量和风投总额之间的关系。ICT专利在地理上高度集中。加州拥有25 942项ICT专利，反映出硅谷公司的主导地位，而马萨诸塞州只拥有5 046项专利，这标志着高科技走廊128号公路的衰落。得克萨斯州也很引人注目，因为它在这一领域有着悠久的创新传统。1951年，在达拉斯成立的德州仪器公司成为集成电路技术的主要参与者。风投公

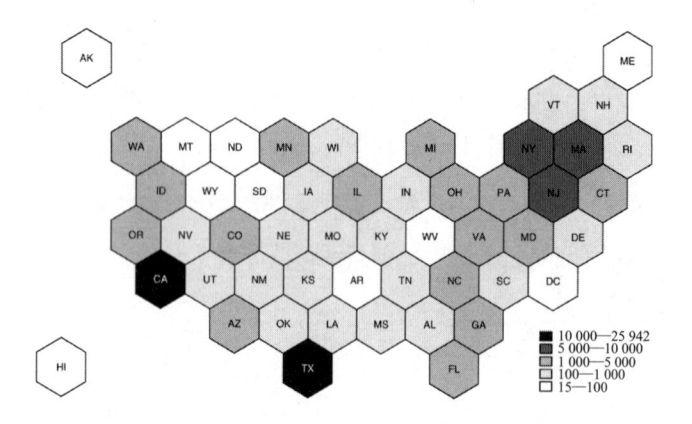

图 8.3　1990—2000 年 ICT 技术专利的地理分布

注：图例类别反映了 1990—2000 年的专利数量。

数据来源：美国专利商标局。使用由迈克尔·斯特普尔开发的 Stata 中的地图切片程序编译的地图，以及保罗·戈德史密斯-平卡姆提供的州六边形代码

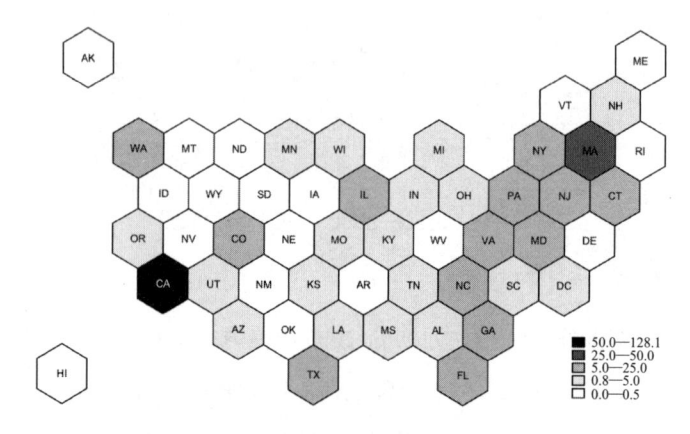

图 8.4　1990—2000 年风险资本投资的地理分布

注：图例类别反映了 1990—2000 年的总投资额，以今天的 10 亿美元为单位。

数据来源：美国专利商标局。使用由迈克尔·斯特普尔开发的 Stata 中的地图切片程序编译的地图，以及保罗·戈德史密斯-平卡姆提供的州六边形代码

司赛文-罗森的 L. J. 赛文是那里的一位工程经理，而且赛文-罗森支持德州仪器公司的工程师团队于 1982 年在休斯敦创建了康柏电脑公司。虽然于 1984 年在奥斯汀成立的戴尔电脑一开始并没有得到风投的支持，但它为当地的高科技优势做出了贡献，从而吸引了风投家。戴尔和德州仪器在 20 世纪 90 年代都发展了强大的企业风投部门。[11] 1990—2000 年，得克萨斯州风投总额为 179 亿美元（按今天的美元计算），与纽约州的 181 亿美元基本持平。马萨诸塞州的风投总额为 305 亿美元，但与加州的 1 281 亿美元相比就显得微不足道了。而在加州，硅谷占了风投总额的 3/4 以上。

互联网的商业化是一项重大的技术突破，也为风投支持的投资提供了机会。[12] 到 20 世纪 50 年代末，美国国防部资助了用于军事的网络研究，其努力催生了诸如 COBOL（一种用于数据处理的编程语言）等新的发展。[13] 20 世纪 80 年代，美国国家科学基金会和其他机构资助了供大学使用的网络。作为各种各样创新的成果，包括 20 世纪 80 年代个人电脑的诞生，以及 1991 年蒂姆·伯纳斯·李和他在欧洲核子研究委员会的合作者们共同开发的万维网，因特网被设计出来了。20 世纪 90 年代，美国国家科学基金会做出了一系列决定，将访问权私有化，使因特网迅速进入公共领域。此后，互联网主机的数量以惊人的速度增长，从 1990 年的 31.3 万台增加到了 2000 年的 4 320 万台。[14]

互联网的传播非常迅速。早期拟定的协议有助于刺激创新。TCP/IP（传输控制协议／互联网协议）套件的开发为不同平台的计算机系统之间的无缝通信奠定了基础，从而确保了互操作性。使用 HTML

（超文本标记语言）和 HTTP（超文本传输协议）可以相对轻松地设计网页，而使用 URL（全球资源定位器）资源定位器可以定位文档。每一项创新都是由欧洲核子研究委员会的伯纳斯·李落实的。[15]

至关重要的是，伊利诺伊大学的一个团队在美国国家超级计算应用中心工作，并得到了美国国家科学基金会的资助，他们将这种架构整合到马赛克浏览器中，这是一个运行在 UNIX 和 Windows 操作系统上的互联网浏览器原型。该团队的成员之一马克·安德森后来与他人共同创立了网景通信公司，这是一家重要的、风投支持的创业公司。1995 年 5 月，Java 编程语言发布，并集成于网景浏览器中。1995 年 12 月，开源 Apache 服务器软件发布，它通常与服务器脚本语言 PHP（服务器端编程语言）和 MySQL（数据库系统）结合使用，将关系数据库与网页集成在一起。截至 2001 年，Apache 服务器软件已在全球 60% 以上的网页服务器上运行。[16]

像 Geocities 和 Tripod 这样的网页托管服务于 20 世纪 90 年代中期推出，它们是当今蓬勃发展的社交网络的前身。基于网页的电子邮件开始于 1995 年。1996 年，微软推出了 ActiveX 控件，试图与可以嵌入网页的 Java 小程序竞争。同年，软件公司 Macromedia 推出了 Flash 插件，它能通过一个传递动画内容的插件为网页添加动态功能。这些创新和许多其他的创新，使基于网络的交互方式成为全球通信的新标准。

20 世纪 90 年代还带来了一场电信技术的革命。1996 年美国颁布的《电信法》解除了对其国内市场的管制，在本地电话服务领域引发了竞争，并向范围更广的美国消费者开放了互联网服务。[17]而在网络通信系统中，对处理和移动电子信息的需求剧增。例如，马萨诸塞州的古鲁拉杰·德什潘德于 1990 年创办的瀑布通信成为网络交换技术的领导者。德什潘德认为计算机的价值将是有限的，"除非它们能够连接到世界上所有其他的计算机"。[18] 瀑布通信的创新使得网络能够更好地应对互联网上的数据流。许多新进入者在这一领域取得了成功，其中包括 1996 年成立于加州的瞻博网络，以及 1998 年成立于马萨诸塞州的迅桐网络。迅桐网络也是德什潘德的企业，是在瀑布通信于 1997 年被恒升通信以 37 亿美元收购后成立的。2000 年 3 月的巅峰时期，迅桐网络的市值接近 450 亿美元。而瞻博网络的市值曾达到约 780 亿美元。

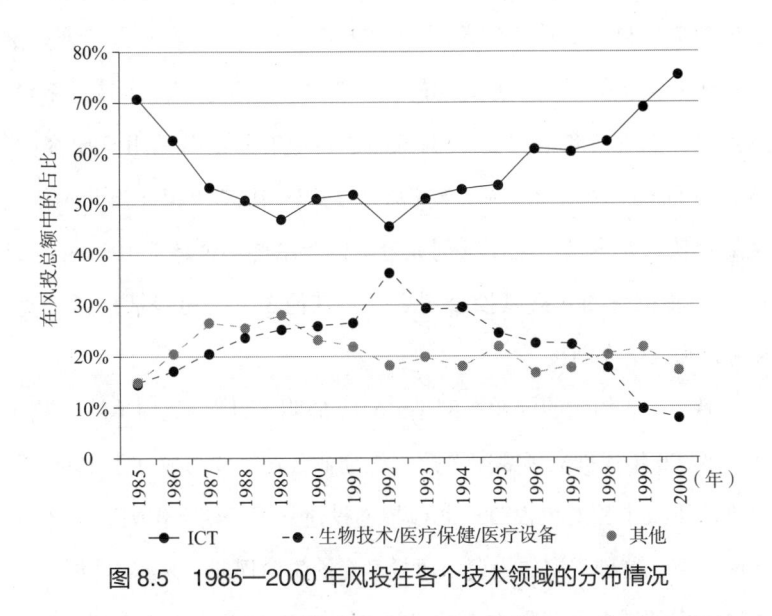

图 8.5　1985—2000 年风投在各个技术领域的分布情况

数据来源：NVCA, *The National Venture Capital Assocation Yearbook 2014* (New York: Thomson Reuters, 2011), 45

20世纪90年代，因为ICT是如此"热门"的一个技术领域，风投开始从其他活动领域转移。图8.5显示了1985—2000年，相对于其他技术领域，流入ICT领域的风投份额的变化情况。虽然在1992年之前，ICT领域的份额在一直徘徊在46%~52%，但到2000年已经上升至75%。相比之下，尽管在20世纪80年代，人们对生物技术、医疗保健和医疗设备领域的风投很感兴趣，但随着ICT领域的机会蓬勃发展，从20世纪90年代开始，这些领域的投资份额出现了下降。

但是，这并不意味着这些领域缺乏证明长尾投资的"命中"。1990年启动的"人类基因组计划"扩大了创业公司将与人类DNA组成相关的科学商业化的范围。1993年，千禧制药在马萨诸塞州剑桥市成立，获得了850万美元的风投资金，它创建了一个技术平台，以便制药公司能够在产品发掘方面进行更有效的基因组学研究。[19] 该公司的创始人之一马克·莱文曾于1984—1987年担任梅菲尔德基金的合伙人，也是一位连续创业者。梅菲尔德基金是于1993年4月提供A轮融资的4家风投公司之一，其他3家公司包括格雷洛克、KPCB和文洛克创投。[20]

另一个该领域的创业案例是，MIT的明星科学家罗伯特·兰格于20世纪90年代创立了8家医疗工程创业公司，并与成立于1996年、总部位于波士顿的风投公司北极星创投建立了长期合作关系。然而，一般来说，这种类型的投资与风投基金的生命周期越来越不相容。在生物技术领域新药研发方面的投资可能需要10年甚至更长的时间才会结出硕果，并且这一过程中会有大量的资本支出以及相当大的不确定性。[21] 兰格的企业之一是成立于 1993 年的 Acusphere 公司，其主要产品是一种用于检测冠心病的药物，在临床试验中面临着极其漫长的挑战。而投资 ICT 领域的企业可以在更短的时间框架内通过退出实现投资回报。1995—2000 年，与 ICT 相关的 IPO 有 1396 个，而生物技术领域只有 169 个。[22]

风投的回报与薪酬收益

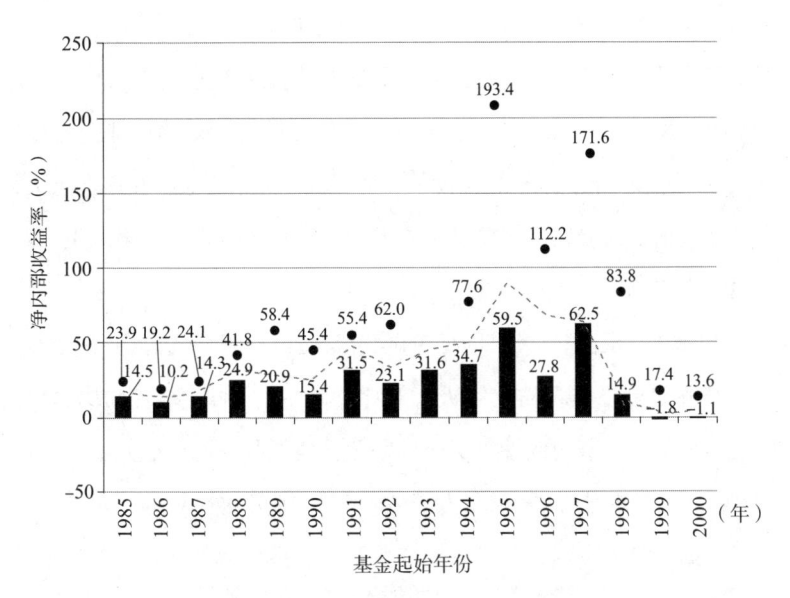

图 8.6　1985—2000 年风投收益

数据来源：Preqin 风投数据库，2016 年 3 月

图8.6显示了起始年份在20世纪90年代的风投基金产生的可观回报。报告的收益已扣除费用和附带权益，因此它们反映了有限合伙人将会得到什么。图中还显示了所有基金的平均值，以及排名前25%的基金的最低回报和平均回报。

20世纪90年代中后期的高回报率是令人震惊的。尽管关于20世纪80年代早期"火热"的高科技市场（详见第七章）的回报的商业数据缺失，但90年代相对于80年代显得尤为突出。根据20世纪80年代的可用数据，1987年似乎是巅峰年，基金的平均净内部收益率达到了24.1%。而在20世纪90年代的巅峰年份，起始年份为1995年的基金的平均净内部收益率是这个数字的两倍多，达到了59.5%。那一年，排名前25%的基金的最低净内部收益率为89.7%，平均净内部收益率达到了惊人的193.4%。然而，值得注意的是，起始于20世纪90年代末到2000年的风投基金的回报率急剧衰减。在这一点上，高科技股估值的暴跌对这些基金在其生命周期内获得的回报产生了明显的负面影响。

大量文献试图将图8.6所示的收益与假设有限合伙人将资本配置于公开股票可以实现的收益进行对比。其中，PME检验已成为直接比较风投基金收益与假设投资于同期公共股票收益的标准方法。罗伯特·哈里斯、蒂姆·詹金森和史蒂文·卡普兰使用最全面的基金层面现金流数据计算后发现，如果以标准普尔综合指数为基准，得出起始年份为1984—1989年、20世纪90年代和21世纪的基金，PME分别为0.98、1.99和0.91。PME大于1表明风投表现优于公开市场，小于1则表明风投表现不佳。他们的分析显示，风投的表现仅在20世纪90

年代优于公共股票，尽管数额是可观的。在那10年里，后期并购基金的PME较低，仅为1.27。[23]

风投基金的平均业绩严重倾斜，有着一条右偏的长尾。图8.6显示，收益分配排名前25%的基金产生了无与伦比的回报，特别是起始年份在1995—1998年的。例如，经纬创投IV号（1995年成立）的净内部收益率为218.3%。当然，与净内部收益率为514.3%的经纬创投V号相比，仍然相形见绌。2000年，经纬创投取得了巨大成功，当时其投资组合公司之一箭点通信被思科系统以57亿美元的价格收购。箭点通信总部位于马萨诸塞州，由连续创业家吴锦城创办，该公司开发了创新的网络交换技术，以确保网页"点击"由最合适的服务器处理。这在互联网流量飞速增长的时代有着巨大的价值。

这些收益特征对筹资和薪酬有着深远的影响。机构资金流向了风投，特别是流向那些被认为拥有最好的普通合伙人的公司。根据美国全国高等学校经营者协会的数据，大学捐赠基金投资于包括风投在内的非流通性证券的比例从1990年的3.6%上升到了1999年的7.2%。对风投不断增长的需求，再加上风投有限合伙公司在获得最佳回报方面的高度不懈坚持，导致了有限合伙人和风投公司之间力量平衡的转变。耶鲁大学为了吸引最有吸引力的基金，被迫接受更高的费用。[24]正如哈佛管理公司的杰克·迈耶于2000年所说："10年前，哈佛可以没有任何困难地向（风投）投入我们想要的任何金额，（然而）今天，我们说投7 000万美元，他们只会拿2 500万美元。"哈佛管理公司专注于投资拥有可靠业绩记录的顶级公司。[25]

除了承诺资本的手续收入（可能占薪酬总额的一半多），附带权益自然地提供了巨大的上升潜力。[26] 此外，关于附带权益的收益分配规则意味着，风投家可以在基金有效期内从成功的投资中获得利润，就好像他们以有限合伙人的方式贡献了投资资本一样。而他们应得的份额——扣除原始投资资本后利润的20%——只有在基金清算时才能全部结清。实际上，在基金有效期内，有限合伙人是以无息贷款的形式向风投家提供薪酬的。[27]

总体而言，报酬可能是巨大的。2001年，风投公司普通合伙人的平均工资约为110万美元，其中包括基本工资78.54万美元和奖金34.2万美元。[28] 上述数字还不包括附带权益，考虑到基金收益的分布极不均衡，附带权益也存在严重偏斜。美国国税局在一场税务纠纷中提交的相关法庭文件，涉及1996年加入巴特利风投的托德·达格里斯，为我们提供的一个独特的视角，让我们了解到当时风投公司薪酬的较高层级。1999—2003年，达格里斯的工资和薪水为1090万美元。这些薪酬是通过巴特利管理公司发放给他的，该公司为巴特利风投提供管理服务。而在同一时期，达格里斯获得了4340万美元的资本收益，这是他在巴特利风投基金20%的附带权益中所占的份额。因此，1999—2003年，他的总薪酬达到了惊人的5430万美元。仅在2000年，即高科技繁荣的鼎盛时期，达格里斯就获得了总薪酬的80%（260万美元的工资和薪水，外加4060万美元的附带权益）。[29] 达格里斯参与了多项关键投资，包括颇具影响力的阿卡迈科技。[30] 该公司于1998年在马萨诸塞州剑桥市成立，它创造了新的技术和高效的算法，可以加速互联网的运行。同年11月，巴特利投资400万美元购买了该公司 17% 的股权。[31] 1999 年 10 月，阿卡迈科技在纳斯达克上市交易，成为当时广为人知的一起高科技企业 IPO。

关键性投资

上述强调的收益类型来自一组关键性投资，这也反映了美国风投行业不断变化的本质。在 1997 年的一次采访中，KPCB 的约翰·杜尔解释道："硅谷不再是关于硅的……而是关于关系网。"他把自己形容为一个"光荣的招聘专员"，他的意思是，他的公司成功的关键不一定是能筹集到多少资金，而是能否吸引最有能力的专业领域专家从事创业活动，或者帮助管理缺乏经验的管理团队。[32] 由于风投公司组团投资，因此关系网的力量是累积的，因为它能够利用更广泛的联系和资源，从而更有可能在退出时获得有利的估值。[33] KPCB 是硅谷关系网中心的一家至关重要的公司。

杜尔的社交能力促成了 20 世纪 90 年代最重要的风投之一：网景。尽管网景的投资已经被广泛记载，但需要强调的是为什么在当时它对风投行业如此重要。[34] 网景（最初命名为马赛克通信）是由吉姆·克拉克和马克·安德森于 1994 年创立的，目的是将马赛克浏览器商业化，如前所述，马赛克浏览器建立在伊利诺伊大学的研究的基础上。1982 年，前斯坦福大学计算机科学教授克拉克与他人共同创办了硅图公司，开发了具有三维成像功能的高性能计算机工作站。梅菲尔德基金和 NEA 投资领导了融资。安德森在学生时代曾在马赛克公司工作，毕业后搬到加州，后来在山景城与克拉克共同创办了网景。克拉克自掏腰包投入300万美元，拥有了A轮的所有股票。[35]安德森的薪资为6万美元，另外还被授予了28万美元的股票期权。[36]

当这家新公司消耗现金的速度超过了克拉克自身的财力所能承受的限度时，杜尔是他在寻求额外融资时联系的为数不多的风投家之一。尽管克拉克对风投家不屑一顾，称他们为"迅猛龙"（一种非常聪明但又贪婪的恐龙），但他选择接洽杜尔，是因为当克拉克还在斯坦福时，他们就已经认识了。克拉克指出，杜尔"是最成功、最具影响力的风投公司中的明星"，他遵循聘用具有专业技术知识的普通合伙人的企业文化，同时本人也"精通技术"。[37]考虑到杜尔的关系网，克拉克认为他还可以吸引人才。安德森对此表示赞同，并强调杜尔在"吸引超级明星工程师和高管"方面拥有非凡的才能。[38]正如克拉克所言，这意味着来自KPCB的美元"比其他美元更值钱"。[39]

尽管克拉克作为一个创业者有着良好的记录，但作为创始人，他被认为难以相处，甚至到了傲慢和固执的地步。此外，杜尔的投资决定也存在相当大的不确定性，尤其是考虑到克拉克提出的1 800万美元的估值。在KPCB之前，克拉克与梅菲尔德基金和NEA投资都短暂接洽过，但这两家公司一开始都拒绝了这一机会，NEA投资的拒绝原因是过高的估值。克拉克已经从股权谈判中吸取了教训：他曾以80万美元的价格将硅图公司40%的股份卖给了梅菲尔德基金的格伦·穆勒，令他大为恼火的是，后续更多的融资轮次稀释了他的所有权，导致最终他只拥有公司不到3%的股份。[40]虽然杜尔同意了克拉克的估值条件，有效地把梅菲尔德基金和NEA投资拒之门外，但双方的关系仍然令人担忧。克拉克说,"我并不完全信任约翰",因为他担心杜尔可能会把安德森挖去另一家初创公司。实际上,克拉克认为杜尔之前就这样做过,在硅图公司成立之前,他的一位主要合作者就是这样被挖走的。[41]

1994年4月4日,当网景以马赛克通信的名字正式成立时,发生了一起悲剧:梅菲尔德基金的格伦·米勒在墨西哥度假时自杀了。他和克拉克的关系友好但也不尽融洽,这还得追溯到他们在硅图公司的交易之时。一些人认为米勒的自杀与克拉克拒绝他参与网景的投资有关。(梅菲尔德基金开始并不愿参与,后来改变想法。)然而,克拉克认为,这并非米勒自杀的原因,米勒自己曾有心理方面的问题。[42]

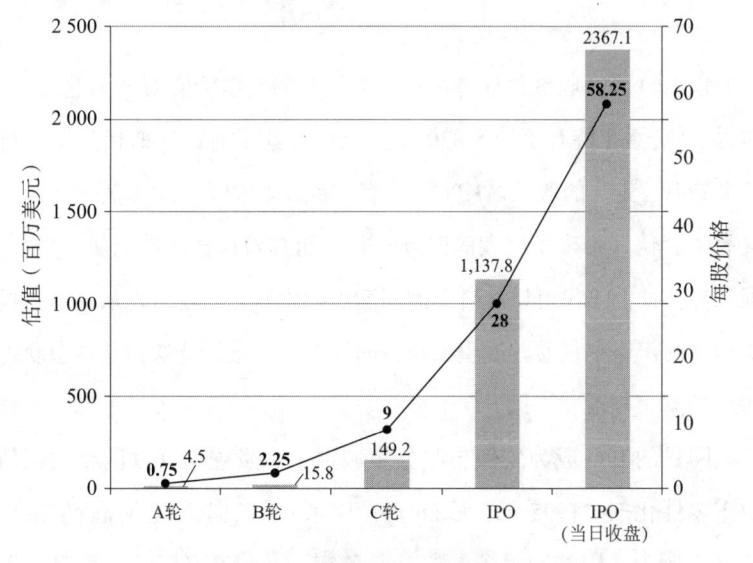

图 8.7 网景通信公司融资轮次

数据来源:网景公司在1995年6月向美国证券交易委员会提交的S1文件和证券价格研究中心

1995年8月9日，网景成为上市公司，此时距其成立仅16个月，距Navigator1.0浏览器发布仅8个月，它便向创始人和投资者展示了长尾投资的力量。杜尔加入了董事会，并利用其人脉帮助克拉克找到了一位执行总裁——詹姆斯·巴克斯代尔，他于1995年1月加入公司。图8.7显示了创业公司在融资阶段的估值变化以及IPO估值。克拉克作为A轮的唯一投资者，以每股0.75美元的价格持有A轮的股票，并在B轮追加投资。KPCB在B轮融资中以每股2.25美元入股，而另一家主要投资者Adobe以每股9美元参与了C轮融资。网景的IPO发行价为每股28美元，是A轮价格的37倍、B轮价格的12倍，使其市值达到了11亿美元。交易首日的收盘价达到了惊人的58.25美元，公司市值达到24亿美元。

以IPO当日收盘价计算，克拉克持有的股票价值为5.66亿美元。24岁的安德森持有价值5830万美元的股票，而巴克斯代尔持有价值2.237亿美元的股票。KPCB持有的股票价值为2.563亿美元，为其有限合伙人带来了巨大的财务收益。而其普通合伙人也从中受益，很明显，他们不仅可以从自己的利润份额中获益，还可以从与网景投资相关的声望中获益。展望未来，网景的卓越业绩能够使其基金获得30%的附带权益。[43]

网景的IPO成为软件与服务领域进一步发展与互联网相关创新的重要催化剂。1995年5月26日，比尔·盖茨向微软的高管们发送了一份题为《因特网浪潮》的著名备忘录，称互联网的发展是"自1981年IBM个人电脑问世以来最重要的一次发展"。这引发了网络浏览器技术的创新热潮和市场份额的激烈竞争。1996年，微软以

1.3亿美元收购了由风投支持的Vermeer科技，利用其网页制作软件FrontPage在浏览器上进行网页设计。这发生在著名的浏览器大战期间，并在2001年美国诉微软反垄断案中达到高潮。正如风投家在20世纪80年代将风险资本投向个人电脑行业一样，他们在90年代看到了与网络相关的创业公司的机会，这也是合乎逻辑的。

然而，尽管这些创新的潜在社会价值很高，但考虑到通信技术对广大消费者和工业的巨大影响，技术变革的方向仍然存在相当大的不确定性。雅虎于1995年1月由斯坦福大学电气工程专业的学生杨致远和戴维·费罗创立，他们设想了一种基于网页的导航指南。但KPCB等公司错失了此次机会。红杉资本的迈克·莫里茨以初始的100万美元参与了A轮投资，获得了25%的股权，从而使雅虎的估值达到400万美元。[44]红杉资本在B轮融资中又追加了100万美元。1996年4月12日，以IPO时每股33美元的收盘价计算，雅虎的市值为8.67亿美元，并于1997年6月达到10亿美元。

风投行业在ICT领域的另一个关键时刻，是德丰杰投资资助了一家名为HoTMaiL的初创公司，该公司由萨比尔·巴蒂亚和杰克·史密斯联合创立，旨在开发网络电子邮件。当时，AOL（美国在线公司）拥有一个电子邮件系统，但由于它将用户与AOL的网关绑定在一起，使用受到了限制。HoTMaiL公司名称中大写字母的奇怪用法反映了该公司希望为电子邮件服务使用HTML接口的愿景。两位创始人最初在苹果当工程师时就认识了，他们意识到这个想法很容易被复制，于是在接洽风投家时相当谨慎。最终，他们选择与德丰杰投资合作，后者同意以30万美元的投资换取15%的股权，这使公司的估值达到

200万美元。德丰杰投资原本希望以30万美元的投资获得30%的股份,但后来接受了创业者提议的较低的股权份额。[45]

HoTMaiL邮箱于1996年7月4日推出,是一项免费的服务,最大容量为2兆字节。令人惊讶的是,在短短6个月内,注册用户就达到了100万,而其中大部分是大学生。到1997年年底,它拥有了1 200万用户。当时,微软以4亿美元的股票收购了该公司,并将其整合到微软的网络中。这笔投资意义重大,不仅因为它代表了德丰杰投资的成功,而且它证明了两件事:一是基于浏览器的电子邮件是可行的,二是大量用户可以通过微不足道的营销成本获得。巴蒂亚在微软工作了一年,之后离开微软创办了其他一些企业。尽管他的服务器端产品基础设施企业阿卡迈公司最终于2001年9月倒闭,但史密斯还是再次成为他的联合创始人之一。

从对连续创业的影响来看,最重要的一笔风投可能是对贝宝的投资。贝宝的前身是康菲尼迪,是于1998年年底由麦克斯·拉夫琴、彼得·泰尔和卢克·诺斯克共同创立的一家硅谷公司。随后,电信巨头诺基亚的企业风投部门诺基亚风投为其提供了大部分资金,在450万美元的首轮融资中投资了300万美元。当康菲尼迪于1999年7月正式启动时,一位来自诺基亚风投的代表使用一个被称为贝宝的电子服务的原型,向彼得·泰尔的掌中宝Ⅲ代"发送"了这一投资金额。

2000年3月,康菲尼迪与埃隆·马斯克创办的金融服务网站X.com合并。在创办X.com之前,马斯克和其兄弟金巴尔共同创立了Zip2软件公司,得到了莫尔达维多风投公司的资助,后来以3亿多美元的现金交易卖给了康柏。据信,马斯克以其7%的股权获得了2 200万美元。[46] 1999年，X.com从红杉资本获得了融资，并且迈克·莫里茨加入了董事会。2000年，X.com与康菲尼迪的合并巩固了这个新实体（后来被命名为贝宝）作为一个领先的个人对个人电子支付服务商的地位。贝宝于2002年2月成功上市，并于2002年8月被易贝收购。

贝宝代表的不仅仅是一家高科技公司，它还是创业人才的温床。其影响类似于19世纪80年代和90年代布拉什电子公司对克利夫兰的影响（详见第二章），20世纪初期联邦电报公司对湾区创业精神的影响（详见第三章），或者是20世纪60年代仙童半导体对硅谷创业精神的影响（详见第六章）。贝宝的几位创始人和员工后来又创办了其他一些成功的企业，包括视频网站YouTube、点评网站Yelp、领英、特斯拉和太空探索技术公司，他们被称为"贝宝黑帮"——2007年《财富》杂志的一篇文章让这个绰号广为人知。这些初创公司中有几家与风投关系密切。例如，贝宝前首席运营官戴维·萨克斯创建了社交平台Yammer，是企业社交网络工具领域的先行者。它的A轮融资来自创始人基金（由贝宝的几位前员工创立）和查尔斯河风投公司。2012年，Yammer被微软以12亿美元的价格收购。

在这些投资和其他许多投资中，我们可以看到当时推动风投行业发展的4个关键因素。第一，就风险资本配置和机会识别而言，风投高度依赖于关系。尽管在大多数的金融领域，关系都很重要，但风投行业的运作方式却有所不同。企业间的风投组团有助于巩固关系网的力量，但是能够独立地确定最佳投资也至关重要。以约翰·杜尔为例，他一直关注新技术市场。随后，由于他是斯坦福大学工程系的常客，他认识了吉姆·克拉克。他不仅在那里结识了克拉克，还结识了太阳微系统公司未来的创始人，这是KPCB的又一项成功的投资。他拥有战略智慧，并将其运用到未来的投资中。当杰夫·贝佐斯寻求融资以支持亚马逊的发展时，他决定与杜尔合作。1996年，KPCB投资800万美元购得了亚马逊13%的股权。当时亚马逊的估值为6 000万美元。

主要的投资者通过他们相互交织的关系，倾向于把大部分最有前景的创业公司捆绑在一起。迈克·莫里茨投资雅虎创始人时——那是红杉资本第一笔关于互联网的投资，引发了一系列事件，推动红杉资本于1999年投资了谷歌。莫里茨是通过杨致远和费罗认识拉里·佩奇和谢尔盖·布林的，当时他们都是斯坦福大学的学生。他认可佩奇和布林的创业才能，但认为谷歌主要是雅虎在搜索引擎领域的潜在供应商。[47]与此同时，杜尔被谷歌背后的技术所吸引，并通过与贝佐斯的关系与两位创始人建立了联系，贝佐斯是谷歌的原始投资者，也是佩奇和布林的顾问。谷歌代表了一种罕见的情况，即高度竞争的红杉资本和KPCB于1999年6月宣布以2 500万美元共同投资一家创业公司并平分投资。红杉资本从其1 250万美元的投资中获利超过40亿美元，其中约28亿美元归有限合伙人所有，12亿美元通过附带权益归普通合伙人所有。[48]

第二，技术上的不确定性依然很高，事实证明，一些风投家错过了某些机会，而这些机会在事后看来是显而易见的。贝塞麦风投的主要投资者戴维·科万将谷歌视为一个错失的机会，由于他认为另一个搜索引擎没有市场价值，于是他在一开始就拒绝与佩奇和布林会面。[49]肖恩·格林斯坦在他的《互联网史》一书中指出:"许多关键的创新超出了已知的预测和预言,即使在计算机和通信领域的老牌公司也没有预料到。"[50]关于雅虎,莫里茨说:"一开始,没有人把这家公司当回事,因为硅谷的传统观念是,你不能用一款免费的产品做生意。因为人们会问:你怎么才能在这件事上赚钱?"结果,有几家风投公司进行了在当时看来具有高度投机性的投资。成立于1995年的标杆资本在20世纪90年代完成了一笔对易贝的交易,将670万美元的投资变成了67亿美元。[51]

第三,启动资金的可得性和金钱收益的吸引力成为创业者创办高科技公司的强大诱因。当时的环境有利于做实验,而且硅谷的繁荣也得益于充满活力的创业部门。继网景之后,安德森与他人共同创立了网络托管公司响云,并独立进行投资,然后凭借自身的实力成为一名成功的风投家。2009年,他与本·霍洛维茨共同创立了安德森霍洛维茨基金。埃隆·马斯克和他的兄弟之所以能起步,也是因为莫尔达维多风投公司愿意在两个不知名的南非人身上冒险。从那时起,马斯克便成为现代最重要且最具争议的创业者之一。

同时,风投行业也因与创业者的摩擦而闻名。吉姆·克拉克一路走来,深知与风投家打交道在股权稀释方面存在的风险。尽管佩奇和布林将对谷歌的控制权放在优先位置,但瞻博网络(由KPCB等公司出资)的联合创始人斯科特·克里恩斯和普拉迪普·辛杜,在公司于1999年上市后总共只剩下11%的股权。[52]风投通常对创业公司的成长至关重要,但它的代价往往很昂贵。

第四,有必要强调的是,尽管风投行业取得了巨大成就,但它也有更黑暗的一面。当风投家利用机会将他们的投资组合公司带向公开市场时,其回报有时是以公开股票市场的散户投资者的利益为代价的。正如《财富》杂志在1998年10月26日所言:"风投行业的肮脏小秘密是,即使他们投资的大多数投资组合公司可能在公开市场上失败,但风投家们也能获得巨大的成功。"[53]

风投家之所以胜出,是因为他们可以以公开发行价退出公司,这个价格远高于他们在创业投资的初始阶段为股权所支付的价格。虽然这是对承担早期风险的回报,但据《财富》杂志那篇文章的作者估计,1990—1997年,KPCB资助上市的79家高科技公司中,有55家按每股价格计算的回报在"第一个交易日结束后立即"出现亏损。这79家公司的100美元投资表现比纳斯达克指数低25%。正如机构风投公司的雷德·丹尼斯在20世纪80年代初的高科技繁荣与萧条周期中所警告的那样,风投家有责任将生产能力强的公司推向市场,以避免声誉受损(详见第七章)。1987年,皮特·班克罗夫特进一步发出警告:"上市公司股东后续不可避免的失败和亏损,给受到重创的公众留下了很深的记忆,从而对未来的IPO造成了损害。"[54]然而,在20世纪90年代的繁荣时期,这种情绪似乎在对巨额回报的不懈追求中迷失了。

风投的结构、策略和方法

1995—2000年,美国股市经历了历史上最猛烈的上涨之一。纳斯达克指数在 1991 年 4 月首次超过 500 点。到 1995 年 8 月网景上市时，该数字已经超过 1 000 点。然后于 1998 年 7 月达到 2 000 点，并在 2000 年 3 月达到 5 000 点的峰值——在不到 10 年的时间里增长了 10 倍。鉴于公开市场是风投支持的创业公司最重要的退出机会之一，不断变化的经济环境对风投家选择投资组合公司、思考管理和商业模式发展，以及从高科技创业公司获取经济价值的方式产生了深远的影响。

网景 IPO 成功后，互联网相关投资主导了科技领域的风投活动，规模显著扩大。1995 年，该领域共进行了 1 864 项风投，投资总额达 72 亿美元。仅仅 5 年后，投资就达到 7 974 项，总计 986 亿美元。在这些投资中，硅谷的投资项目数量占 27%，投资价值占 32%。平均基金规模约为 1.3 亿美元，大约有 1 000 多家风投公司（包括企业风投部门）在积极地进行投资。[55]

虽然顶级公司在与有限合伙人的关系以及吸引创业者方面具有优势，但也出现了一波新进入者，有时是以龙头公司的分拆形式出现的。1995 年，总部位于门洛帕克的八月资本成立，专门开拓 ICT 投资。该公司联合创始人之一戴维·马夸特曾是技术风投（微软的早期投资者，详见第七章）的联合创始人。1999 年，专注于互联网的有限合伙企业红点风投也是在门洛帕克成立的，牵头人是布伦特伍德风投和机构风投这两家老牌企业的普通合伙人。红点风投于 1999 年筹集了 5.5 亿美元的资金，2000 年又筹集了 12 亿美元。

20 世纪 90 年代中期，企业风投再次腾飞。1995 年，日本电信巨头软银集团的风投子公司——软银资本成立。1996 年，在一份合

第八章 大泡沫 343

资协议中，软银和雅虎成立了雅虎日本。企业风投是为了寻求战略和经济利益而运作，如同它们在20世纪80年代所做的那样（详见第七章）。1998年，英特尔资本投资了开源软件公司红帽，因为红帽为Linux操作系统开发了产品和服务，这威胁到了微软的市场份额以及英特尔在计算机行业生态系统中的领导地位。随着快速的技术变革以颠覆性的方式威胁着许多现有的行业领导者，企业风投的增长是合理的。实际上，就年度投资而言，企业风投在该时期的增长速度要快于独立风投。[56] 与此同时，一群活跃的天使投资人也在提供创业融资。例如，拉姆·施里兰于1996年向谷歌投资了10万美元，并在2004年谷歌上市时持有其2.2%的股份。[57]

在此背景下，风投的策略和方法在许多关键方面发生了变化。网景的IPO引发了人们对互联网投资可能产生的超额回报的兴奋之情，刺激了资本更快地投入初创企业。通常情况下，一只基金的资金将在3~5年的时间内配置到投资组合公司里，使这些公司能够成长，并在基金生命周期结束时产生回报。然而，在20世纪90年代末，有几家风投公司在6~9个月内就将资金配置好了。成立于1998年的标杆III号基金，在9个月的时间里，大部分被用于ICT和基于互联网的投资。包括开源软件开发服务提供商Collab.net、基于消费者评论的在线购买指南Epinions.com、在线艺术市场Guild.com、面向家庭产品和服务的电子商务平台Living.com，以及在线购物服务网站Respond.com。软银资本在大约12个月内将其1999年的6亿美元的V号基金投资于48家初创企业，其中大部分是电子商务企业。[58] 总体而言，互联网创业公司拿走了1999年风投总额的68%。[59]

如此迅速地配置资金所带来的问题至少有两个方面。第一，它没有给尽职调查留下足够的时间，而传统上风投家都是依靠尽职调查来确定最佳投资组合的。1999 年 5 月，英国《金融时报》在一篇有关德丰杰投资的文章中报道称，"投资决策必须非常迅速，在某些情况下，只需短短 48 小时"。结果就是，高科技公司的估值急剧上升。1999 年年底，由风投支持的创业公司的投前估值（即投资前创业公司的价值）的中位数为 3 060 万美元，融资轮次中筹资金额的中位数为 1 050 万美元。[60] 虽然可以通过合同条款减少负面风险，例如可转换优先股（优先于普通股）和优先清算权（风投家在创业公司解散时可以获得的原始投资的倍数），但由于投资的竞争非常激烈，风投家签署大力支持创业者的合同的情况并不罕见。

第二，如果一只基金很快耗尽资金，那么在投资组合公司走向增长的道路上，管理它们的资金也就所剩无几了。在纳斯达克蓬勃发展的情况下，这并不重要，因为散户投资者愿意把额外的资本置于风险之中。然而，当市场摇摇欲坠时，风投公司会试图通过跨基金的投资来支撑境况不佳的投资组合公司，以填补这一缺口。例如，标杆资本曾使用 IV 号基金的资金为 III 号基金的公司提供融资。[61] 这种做法可能会疏远那些只投资于一只基金而没有投资于另一只的有限合伙人。繁荣造成了严重的问题，因为投资组合公司的财务管理从现在推迟到了未来。总之，风投家忽视了投资选择和管理的要点，而传统上这些要点一直是该行业的标志。

当然，并非所有的风投家都如此目光短浅。例如，查尔斯河风投的联合创始人理查德·伯恩斯就有不同的思维方式。他在招股书中说:"现在很多人都太过注重金钱和变现,而不是建立一个拥有优秀人才、良好产品和可靠战略的强大组织。"[62] 2000年11月市场开始下滑后,交叉点风投决定放弃约10亿美元的有限合伙人对一只新基金的承诺投资额,因为它认为这笔资金将难以在日趋波动和高估的早期风险市场中进行配置。[63]

由于成为逆向投资者是很难的,很少有风投公司在更早的时候进行保守的投资。关于职业生涯的理论认为,决策是由个人对其当下业绩将如何影响未来薪酬的担忧所驱动的。就风投家而言,这可能意味着要冒错过另一个网景、易贝、雅虎或亚马逊的风险,远大于看到一只基金以及其他所有基金表现不佳的威胁。此外,由于投资组合公司的最初选择体现了风投家的能力,因此,即使风投公司的私人信息表明放弃会是一个更好的选择,但是出于声誉方面的考虑,他们仍会继续与投资组合公司合作。[64] 或许所有这些机制都扩大了20世纪90年代末互联网创业公司那种无限乐观的情绪。

电子商务混战:Pets.com 对战 Petstore.com

在线宠物用品零售业的故事,在很大程度上揭示了20世纪90年代末风投战略和方法的本质变化。将宠物服务从实体店转移到线上的机会成为风投家关注的焦点。美国兽医协会的一项调查显示,1996年几乎1/3的美国家庭养了狗或猫,总共饲养了5 290万只狗和5 910万只猫。而且,20世纪90年代末,养狗和养猫人士迅速增加，速度大约是人口增长率的3倍。[65]考虑到市场的潜在规模，在线宠物用品零售业成为电子商务中资金最充足、竞争最激烈的行业之一。据估计，其收入在30亿~60亿美元，占宠物零售市场总额的10%~20%。[66]

Pets.com和Petstore.com这两家初创公司最早获得了主要风投的支持。Petstore.com成立于1998年10月，位于加州奥克兰市，起初的名字是Pet Projects，在1999年3月收购Petstore.com的域名后更名。其联合创始人兼CEO乔希·纽曼1988年毕业于哈佛商学院，曾在波士顿咨询集团工作过几年，之后在为电动汽车设计和生产零部件的艾梅瑞冈公司担任高管。1999年4月，Petstore.com从巴特利风投和先进科技风投获得了1 050万美元的资金。当时，亚马逊在图书零售业风头正劲，而且在线玩具商城E-Toys也即将上市——该公司在一个月后上市，市值达到77亿美元，比实体店玩具反斗城高出35%。纽曼表示，在线宠物用品零售业是风投的典型目标领域。[67]

1999年年初，由安·温布拉德（详见第七章）与他人共同创立的风投公司赫默温布拉德从互联网创业孵化器格雷格麦克莱蒙收购了Pets.com网站和域名，并且找到了当时在电子商务网站Reel.com担任高管的朱莉·温赖特，邀请她管理公司并开发Pets.com网上商店。温赖特毕业于普渡大学，拥有丰富的高科技创业公司的工作经验。1997年，她被任命为伯克利系统的CEO，该软件公司的电脑游戏《你不了解杰克》是20世纪90年代最畅销的游戏之一。她设计并实施了该公司的互联网战略。1997年，当伯克利系统被出售时，温赖特出任Reel.com的总裁兼CEO，Reel.com是第一家线上租片平台，

第八章 大泡沫 347

温赖特促成了这家成立才两年的创业公司的发展。在 18 个月的时间里，该公司获得了风投，包括来自微软联合创始人保罗·艾伦的伏尔甘风投的投资，并获得了可观的收入。1998 年 10 月，Reel.com 被好莱坞娱乐公司收购。

1999 年 3 月，温赖特开始在旧金山的 Pets.com 工作，该网站计划于 1999 年 8 月上线。她的薪资是 18.5 万美元，她还行使了期权，相当于 Pets.com 在 2000 年 2 月 IPO 之前 4.4% 的股份。温赖特招募了熟悉宠物用品零售行业的知名人才：来自实体连锁店 Petco 的约翰·本杰明加入了该公司，担任营销副总裁一职；曾在《Dog Fancy》等杂志工作的约翰·哈龙则成为负责编辑内容的副总裁。紧接着，亚马逊在 3 月下旬宣布将收购 Pets.com 的部分股权，这对增强这家羽翼未丰的企业的信誉度至关重要。Pets.com 拥有亚马逊作为战略合作伙伴，还可以进入零售领域，从而提高其品牌认知度。从哈默温布拉德和亚马逊，Pets.com 获得了约 1 000 万美元的融资。1999 年 6 月，Pets.com 从亚马逊、鲍曼资产管理和哈默温布拉德获得了 5 000 万美元的追加投资。到其 IPO 时，亚马逊持有 43% 的股权，哈默温布拉德持有 22.4%，而鲍曼资产管理持有 6.6%。[68]

它的商业模式很简单：建立在线业务，以开发价值数十亿美元的宠物产品市场，建立配送中心，将产品有效地送至客户手中，并通过大量广告迅速占据无人能敌的市场份额。尽管风投看好的在线宠物用品零售企业在股市崩盘后被指责为非理性繁荣的表现，但这家后来成为 Petstore.com 的公司最初的商业计划是经过深思熟虑并且令人信服的。而且其复杂的单元经济效益分析、客户生命周期价值评估和客户获取成本评估,放在今天创业公司的宣传中似乎都不会显得格格不入。

Petstore.com 的团队表示,如果顾客在网上购买宠物食品,产品将以合理的运费运输,而且在很多情况下,宠物主人都会在订单中增添其他物品,比如他们通常在实体店购买的玩具和零食。纽曼解释道,利润的实现是因为"狗粮的利润在支付了整个包裹的净运费之后还能达到 100%,而且人们购买的其他东西也有 50% 的利润"。他接着说:"商业计划分析的本质实际上是围绕这两个发现——购物车的利润率和重量数据,以及与之相关的邮费分析。"[69]

Petstore.com 和 Pets.com 两家创业公司展开了激烈的竞争。1999 年 5 月,在加州爱莫利维尔市的一个配送中心,Petstore.com 首次亮相,其特色是提供全系列的猫狗用品,达 1 200 种之多。9 月,Pets.com 在加州联合市开设了一家占地 14 万平方英尺的配送中心。为了不输给有亚马逊作为战略合作伙伴的 Pets.com,Petstore.com 与探索通信公司建立了融资和战略合作伙伴关系。根据合同条款,探索通信公司成为 Petstore.com 最大的股东,而 Petstore.com 可以通过电视和探索通信公司的网站进行推销,并获得了"动物星球"商标的使用许可。Petstore.com 还与连锁杂货店西夫韦公司建立了促销关系。为了获得市场份额,两家创业公司打起了"价格战"。

1999 年 12 月,Pets.com 向美国证券交易委员会提交了 IPO 的初步文件。它在招股说明书中对潜在的商业风险直言不讳:"我们认为至少在未来 4 年,甚至更长时间内,将继续承受经营净亏损,而且我们承受亏损的比率将显著高于目前的水平。"[70]

表 8.1 展示了 Pets.com 于 2000 年 2 月提交的财务报告。尽管该创业公司在 1999 年 9 月—1999 年 12 月的净销售额增长迅速,但毛利率仍然为负。为了获得客户,Pets.com 在市场营销与销售活动上花费了大量资金,包括著名的袜子木偶广告。1999 年,Pets.com 花费了 4 200 万美元,却只创造了 580 万美元的收入,这在那个时代是很常见的策略。[71] 但由于营业利润率为负,Pets.com 越增长,亏损越厉害。

表8-1　Pets.com 财务数据*　　　　　（单位:千美元）

	季末 1999 年 6 月 30 日	季末 1999 年 9 月 30 日	季末 1999 年 12 月 31 日	1999 年 2 月 17 日 （成立）至 1999 年 12 月 31 日
净营业收入	39	568	5 168	5 787
主营业务成本	76	1 766	11 570	13 412
毛利润	(37)	(1 198)	(6 402)	(7 625)
营业费用: 市场营销与 销售	1 122	10 693	30 676	42 491
产品开发	1 624	2 194	2 646	6 481
一般行政管理	838	1 205	2 211	4 254
股权报酬摊销	—	1 139	979	2 118
总营业费用	3 584	15 231	36 512	55 344
营业亏损	-3 621	-16 529	-42 914	-62 969
利息收入,净	123	577	491	1 191
净亏损	(3 498)	(15 852)	(42 423)	(61 778)

* 根据 2000 年 2 月 8 日 Pets.com 向美国证券交易委员会提交的 S1 文件

在 2000 年 1 月的巅峰时期,Pets.com 花了大约 120 万美元购买了超级碗比赛期间的广告时间。2000 年 2 月 11 日，Pets.com 上市，开盘价为 13.50 美元，高于其最初 11 美元的发行价，在涨到 14 美元之后又回落到 11 美元。然而，到了 6 月，也就是股市开始大幅下跌的几个月后，Pets.com 的股价徘徊在 2 美元左右。当月，探索通信公司宣布将剥离 Petstore.com 的股份，并将其出售给新的所有者 Pets.com，这让人们松了一口气，但任何喘息的机会都很短暂。2000 年 11 月，Pets.com 的股价仅为每股 0.22 美元。于是，该公司宣布将关闭业务，解雇 320 名员工中的 255 名，并开始清算所有资产。12 月，Pets.com 将自己的域名 www.pets.com 卖给了其竞争对手——领先的实体宠物零售商 PetSmart 公司。2001 年 1 月，Pets.com 股东批准了正式的清算计划。

历史视角的重要性

Pets.com 的股价下跌是美国股市全面崩盘的一部分。从 2000 年 3 月的巅峰期到 2002 年 10 月的低谷期，纳斯达克指数下跌了 77%。像 Pets.com 这样的公司已经显示出在线卖家可以重塑消费者偏好和购买行为的迹象，但现实是预期的现金流并没有实现。风投家被指责为那些商业模式乏善可陈的创业者提供了资助。2000 年 3 月《巴伦周刊》的一篇文章中一组令人震惊且经常被引用的统计数据显示，大约 3/4 的互联网公司的现金流为负。[72]

即使是最优秀的投资者也容易受到夸大的乐观情绪影响。例如，约翰·杜尔反复强调互联网"被低估了",并暗示硅谷由风投推动的创新优势反映了"地球历史上最大规模的合法财富创造"。[73] 另一个过度繁荣的例子是,红点创投联合创始人杨卣铭在 1999 年 12 月《财富》杂志的一篇文章中感叹道:"有什么风险呢?如果公司没有成功,我们将以 1.5 亿美元的价格出售。如果公司小有成就,我们将以 5 亿美元的价格出售。而如果公司真的大获成功,它的价值将在 20 亿~100 亿美元。告诉我这有什么风险?"[74]

当然,当股市崩盘时,这些言论听起来是傲慢且毫不在意的,但历史提供了一个不同的视角。尽管杜尔在股市崩盘后谨慎地修正了其观察结果,称美国目睹了"地球历史上最大的财富创造(和蒸发)",但随着时间的推移,他最初的观点似乎比以往任何时候都更加敏锐。他 2003 年的预测——"我相信我们仍处于互联网转型的早期阶段"——被证明是正确的。2011 年,马克·安德森在《华尔街日报》上发表了传播甚广的专栏文章"为何软件正在蚕食世界",强调了杜尔所预见的这些变化的经济意义:"越来越多的主要企业和行业都在使用软件,并以在线服务形式提供服务。"[75]

杜尔的许多投资相继蓬勃发展。谷歌以其在 1998 年成立时难以想象的方式改变了互联网相关的服务和产品。[76] 类似地,亚马逊对电子商务的改革远远超出了图书零售业,它还瞄准了包括宠物用品在内的众多消费领域。2003 年,谷歌的营业收入为 9.619 亿美元;同年亚马逊也首次实现了全年盈利,营业收入为 53 亿美元。2016 年,谷歌的营业收入达到 895 亿美元,比 2003 年增长了 93 倍;而亚马逊的营业收入为 1 360 亿美元,比 2003 年增长了 27 倍。然而具有讽刺意味的是，威洛比在 2000 年发表于《巴伦周刊》的文章中强调了现金短缺的亚马逊作为互联网非理性的例子的价值。

最终，20 世纪 90 年代的在线宠物用品零售业成为长尾投资的一个典型案例。在结果极不确定的投资组合中，一些公司必须取得非凡的成功才能弥补大多数亏损的公司。尽管赫默温布拉德通过其 III 号基金（1997 年成立）持有 Pets.com 的股权，该基金最终以净内部收益率仅为 0.9% 的表现位列排名后 25% 的基金，但巴特利创投在投资 Petstore.com 期间，其 V 号基金（1999 年成立）仍以净内部收益率 8.2% 的表现位列排名前 25% 的基金。

此外，20 世纪 90 年代末许多声名狼藉的互联网企业背后的基本理念，在随后几年的新兴企业中逐渐走向成熟。最初由标杆资本和红杉资本支持的在线杂货配送服务公司 Webvan，在股市崩盘后遭到众嘲，但这个想法后来成为电子商务的支柱。在宠物用品业务方面，成立于 2010 年的 PetFlow.com 采用的是 Pets.com 和 Petstore.com 所用业务模式的精简版。据温赖特估计，Pets.com 建立基础设施大约花费了 700 万~1 000 万美元（不包括库存），而 PetFlow.com 只用了大约 5 万美元。成本的急剧下降在很大程度上归功于支持技术的普及，这是先前有重金支持的互联网创业公司开发的。2006 年推出的亚马逊网络服务等创新，使 Pets.com 和 Petstore.com 之前必须内部开发的功能得以外包。2017 年 4 月，PetSmart 公司同意以数十亿美元的价格收购 Chewy.com，这进一步证明了在线宠物用品零售业已经产生了可观的利润。

在最初投资 Petstore.com 的 10 年之后，纽曼回想起他在 20 世纪90年代的创业,大声问道:"在一个充斥着颠覆性的互联网技术的世界里,你怎么知道你的商业模式是疯狂的还是卓越的呢?"[77] 我们现在才了解到,电子商务正如许多风投所预测的那样具有革命性。美国人口普查局的数据显示,2002—2008年,线上零售支出增长了215.8%,而线下零售支出仅增长了23.6%。[78]

除了直接的影响之外,20世纪90年代风投对实体经济产生的溢出效应是强大而普遍的。风投行业是更广泛的资本深化过程的一部分,在这个过程中,对宽带、DSL(数字用户线路)和光纤电缆的投资促进了互联网业务所需的大量数据传输。有限的带宽阻碍了像Pets.com和Petstore.com这样的早期公司进入市场,但是通信公司通过大量投资满足不断增长的用户需求,并在此过程中建成了网络基础设施,而这些基础设施将被新一代的创业公司利用。截至2000年,光纤实际线路里程已达204 463英里,而10年前只有82 647英里。对网络路线里程的投资主要集中在1998—2000年。[79]

尽管可以认为,这一时期围绕互联网的基础设施出现了明显的过度投资情况,但同样的观点也可以有更积极的阐述。拉马纳·南达和马修·罗兹-克罗普夫认为,在"火热"的市场中,更多的实验项目和最终的创新项目得到了资助。[80] 软件创业公司Endeca就是一个例子。1999年,Endeca成立于马萨诸塞州剑桥市,其革命性的搜索方法提供了先进的"分面"搜索功能,用于理清和完善在线导航查询,这一突破对电子商务企业尤为重要。2011年,它被甲骨文公司以10亿美元的价格收购。但其联合创始人史蒂夫·帕帕后来回顾说:"如果不是互联网泡沫,我们抓不住这个机会。"[81] 南达和罗兹-克罗普夫认为,正常情况下，在像这样的新领域中，资金往往会枯竭，而且也没有足够的资金来开展必要的研究，以使实验项目取得充分成果。因此，在任何时候所形成的想法的性质都取决于投资者对"融资风险"的感知水平，也就是说，未来可能需要从其他来源获得额外投资来推进的项目，即便其背后的想法从根本上讲是合理的，也仍有可能无法实现。比尔·詹韦的研究进一步证实了这一观点，他指出，新兴的技术往往会在火热的市场中获得不成比例的资助，因为在经济泡沫时期，活跃的风投市场允许通过不断试错的创业进行创新。并且他认为，这种做法的好处超过了崩盘的代价。简而言之，"它利用了泡沫的损失来资助可能创造出亚马逊、易贝和谷歌的探索"。[82]

最后，这个时代造就了一大批成功的连续创业者，他们努力创新，不断尝试，有时也会失败。朱莉·温赖特被广泛批评为互联网时代一切错误的象征，但她的天赋在重复创业中得以体现。2011年，在女性健康领域创业失败后，温赖特创办了在线奢侈品寄售平台 The RealReal，吸引了风投投资，并取得了巨大的成功。在互联网泡沫破裂15年后，《福布斯》的一篇文章将她描述为从 Pets.com 的灰烬中重生的凤凰。[83]

余波中的风投：合法性危机

互联网时代的这些积极的长期影响，对于股市崩盘之后的风投家，或者许多受股市下跌影响的其他人来说，几乎没有什么安慰作用。风投行业面临着历史上最严重的危机。在此之前，投资回报率从未出现过如此大的逆转。公司倒闭，获得流动性的机会减少，IPO市场和销售市场相继枯竭。据美国风投协会估计，2000年，由风投支持的公司通过并购交易筹集了670亿美元，通过IPO窗口筹集了240亿美元。相比之下，在2001年上半年，由风投支持的公司通过并购交易筹集了90亿美元，而通过IPO窗口仅筹集了17亿美元。2001年9月11日，美国本土发生恐怖袭击后，更多的不确定性动摇了市场。过去，周期性的经济低迷对风投行业产生了负面影响，而互联网泡沫的影响似乎更具结构性。2002年5月，文洛克创投的管理普通合伙人雷·罗斯罗克表示："这是我们见过最糟糕的情况，并且我们预计四五年内都不会有太多的流动性。"[84]

风投家遭受了沉重的打击。而散户投资者也被高科技投资的损失困扰。例如，迅桐网络1999年上市时的估值为144亿美元，但到2002年年底，其市值仅为5.98亿美元。阿卡迈公司1999年上市首日交易结束时的估值为133亿美元，而2002年年底时其估值仅为6590万美元。红帽公司上市首日的百分比涨幅在美国股市历史上排名第八，1999年其估值为35亿美元，但到2002年年底跌至5.98亿美元。虽然后来红帽公司的市值比其在互联网时代的估值高出了一些，并且在线旅游整合网站Priceline.com也重新获得了成功，但对于许多关键的高科技公司来说，它们市值的很大一部分都被永久性地抹去了。

许多散户投资者认为，风投公司和投资银行充当IPO中介的同时，又通过其股票分析师提供市场情报，它们之间存在着明显的或其他形式的勾结。一些过分乐观的报告，比如饱受诟病的美林证券的互联网股票分析师亨利·布洛杰特所写的报告，以及在所罗门美邦国际公司负责电信业务的杰克·格鲁布曼所写的报告，在很大程度上成为"推手"，为风投家将初创企业带到公开市场时的"非理性"行为推波助澜。尽管摩根士丹利添惠公司的互联网股票分析师玛丽·米克从未被指控有任何不当行为（不像布洛杰特和格鲁布曼），但她也因过度煽动股市繁荣而受到严厉批评。[85] 2010年，米克成为KPCB的合伙人。

利益冲突随处可见，特别是在相互关联的关系中。一个广为报道的例子是，瑞士信贷第一波士顿银行的投资银行家弗兰克·夸特罗内，开设了"弗兰克之友"的账户，以便向某些个人分配上市公司的股份（通常占总股份的几个百分点），并使其在交易第一天典型的股票升值中获得可观的收益。"弗兰克之友"的一位受益人是总部位于硅谷的风投公司TCV，该公司获得了VA Linux系统公司的股份。尽管后来该股票出现了亏损，但它在1999年12月IPO当天获得了可观的账面利润。将股份转让给TCV公司并不违法。然而，在许多观察人士看来，鉴于瑞士信贷第一波士顿银行在非常多的TCV公司投资组合公司上市时扮演了IPO中介的角色，该公司浑身散发着回扣的铜臭。[86]

散户投资者蒙受了不成比例的巨额损失。根据伊莱·欧菲克和马修·理查森于2003年发表在《金融学期刊》上的一项研究，与机构投资者相比，散户投资者主要集中在互联网股票上。[87] 禁售期条款阻止了包括风投家在内的内部人士出售其股票，但当这些条款开始解除时，尤其是在2000年下半年，出现了抛售狂潮。此时，悲观主义开始压倒乐观主义。随着股市价格下跌，散户投资者纷纷哀叹自己的超额损失，但正是由于这些投资者在繁荣时期过于乐观，才推高了互联网股票的价格。

由风投支持的初创公司的创业团队是另一个受到互联网泡沫破灭影响的群体。由于融资合同的性质，风投家享有优先清算权——这意味着在清算事件发生时，他们会先于创始人和员工拿到钱。一旦风投家行使了这个权利，通常就没有多少余钱可以分配给管理团队了。于是，"流血融资"变得司空见惯，指的是对一家未被关闭的投资组合公司的下一轮融资，每股价格仅为上一轮的一小部分。硅谷圣克拉拉县的失业率飙升，自 1983 年开始有可靠记录以来，首次超过该州的平均水平。1999 年 12 月—2001 年 8 月，加州的互联网公司（大部分在圣克拉拉县和旧金山市）裁员 34 200 人，占全美互联网公司裁员总数的 36%。[88]

裁员意味着严重的混乱。通常，个人和家庭被迫迁移。2002 年，旧金山机场附近的一个广告牌上刊登了在线园艺零售商 Garden.com 的广告（该网站在 Pets.com 破产一周后失败了），但很快被 Allied Van Lines 搬家服务的新广告覆盖了。与此同时，我们应该对这些就业损失有正确的认识。劳工迅速涌入硅谷，他们期望从创业中获取巨大的短期经济收益，而裁员虽然不幸，却可能是创业周期中不可避免的一部分。来自 Petstore.com 的乔什·纽曼对整个过程持乐观态度。在将注意力转向教育技术领域的创业之前，他花了一些时间重新评估市场。[89]

风投公司承受着巨大的压力。许多人不再把资源花在寻找新的创业公司上，而是把注意力转移到挽救现有投资组合公司的投资上。附属基金仍然由有信誉的公司筹集。例如，加速合伙公司在1998年的VI号基金中筹集了5 000万美元，以支持其投资组合公司。NEA投资也出于同样的原因筹集了1.5亿美元的附属基金。[90] 然而，有限合伙人向风投公司施加压力，要求它们缩小资金规模，以减轻管理费用的负担，因为他们是为承诺资本，而不是实际投入的资本缴纳费用。于是，包括KPCB在内的几家风投公司宣布，由于新基金的投资机会减少，它们将以低于预期的价格邀请有限合伙人。[91] 同样地，2002年4月，查尔斯河风投决定将其计划的12亿美元的2000年度XI号基金的规模削减4.5亿美元，并在1.5亿美元的范围内免除管理费用。

一些风投公司被迫推迟支付基金管理费，而另一些公司则因为遵守分配规则而陷入困境。通常情况下，风投公司只有在基金生命周期结束时，在归还了有限合伙人贡献的全部本金之后，才会收到附带权益。然而，有时风投公司会在公司增值时要求兑现附带权益。巴特利风投V号基金在其投资组合公司退出时，已经连续提取了4 400万美元的附带权益。[92] 股市崩盘后，考虑到剩下的投资组合公司发生流动性事件的可能性要低得多，巴特利触发了有限合伙协议中的"追回"条款，这意味着在最终的会计核算中，必须偿还的金额会超过相应的附带权益份额。

为了维持信誉并规避未来的负债，巴特利风投宣布将免除管理费，以抵消已经获得的附带权益。尽管V号基金最终表现不错，但提前规划仍意味着要削减开支。而裁员便是一种常见的做法。2002年12月，巴特利风投解雇了9名员工，包括两名在电信行业有大量投资的普通合伙人。鉴于业绩不佳的公司未来将无法筹集资金，预计行业将出现进一步的洗牌。减少资本承诺产生了重大影响。英国《金融时报》表示，互联网泡沫的破裂标志着风投行业的一个转折点，它总结道："很明显，围绕风投行业的魅力，特别是硅谷的魅力已经消散了。经济复苏还需要很长一段时间，而且如果风投家想要以合适的理由登上一本商业杂志的封面，还需要好几个月的时间。"[93]

曾于 1984 年登上《时代周刊》封面的阿瑟·洛克，为这个行业的思想观念在过去几十年里发生的变化感到痛心。过去，他曾评论道："我们只是建立了要在纽约证券交易所上市的公司……那时风投家们仍有时间思考，因为还没有向普通合伙人施压、要求获得更高收益的机构有限合伙人……那时不需要产生回报，回报，回报。"他还哀叹这与自己对英特尔的著名投资形成了强烈的反差，他说当时"我们对于你能多快把钱取出来并不感兴趣"。[94]正如一位专注于互联网投资的风投家所言，"当我们意识到我们忘记了关注盈利能力这一重要的因素时，一切都为时已晚。"[95]

互联网泡沫破裂后，尤其是 2001 年 9 月 11 日之后，风投行业一片混乱，于是，美国风投协会发表了一份重要声明。正如一个行业组织被期望的那样，它对未来保持乐观态度，同时也指出了未来的挑战。该声明还提供了其成员的精选语录。例如，加速合伙公司的管理合伙人吉姆·布雷耶表示："风险是风投行业的组成部分。9 月 11 日，世界变得更加危险，风投家需要保持纪律，继续做自己最擅长事情——承担经过计算的风险，帮助推动我们的经济引擎。"与此同时，恐怖袭击在个人层面上也沉重地打击了该行业。阿卡迈科技（得到了巴特利风投等公司的支持和投资）的联合创始人丹尼·卢因乘坐了美国航空公司 11 号航班，这是第一架撞向世贸中心的飞机。总部位于波士顿的 Alta 通信的普通合伙人戴维·雷蒂克和合伙人克里斯托弗·梅洛也有同样的遭遇。因而，对于整个风投行业来说，这是一个极具挑战性的时期。风投领域对未来感到了巨大的不确定性。似乎任何向前的一步都是选择深入未知的领域。

创造金融与社会价值

互联网时代是风投行业历史上最动荡的时期。它是长尾投资所有魅力的缩影。这一时期往往与互联网和电信创业公司的失败，以及数万亿美元的股票市值损失联系在一起。然而，从历史的角度来看，这个时代的生产力似乎要高得多。经验丰富的风投家认可过去的模式。例如，NEA 投资的迪克·克拉姆里克指出，2002 年与他在 20 世纪 70 年代与阿瑟·洛克一起投资时面对的"荒地经济"并没有太大不同。他表示，风投"过去是，将来也永远会是一个超级周期性行业。过去和现在一样，它的特点是长期流动性不足。这看起来似乎不会结束，但它会结束的"。[96]

事实上，鉴于技术变革带来的不确定性以及间歇性系统性危机的风险，投资周期总是会出现繁荣和崩溃。2008 年 10 月，就在雷曼兄弟破产一个月后，红杉资本发表了著名的《安息吧，好时光》演讲，那时很难预测数起价值数十亿美元的退出（包括红杉资本对智能手机即时通信软件 WhatsApp 的投资）会在短短几年内成为现实，或者马克·安德森很快就会写一篇关于软件在美国未来经济增长中的主导地位的文章,"尽管当时投资者对盛极一时的 Webvan 和 Pets.com 带来的心理创伤仍记忆犹新"。[97] 很明显,高科技企业获得融资可以创造巨大的社会价值,而当投资者预期能够从长尾投资组合中获得具有吸引力的整体回报时,融资就更容易实现。如此多的创新都是以这种方式启动的,这一事实充分说明了一个充满活力、不受约束的风投行业的经济效益。

尾声 从过去到现在到未来

风投行业历史悠久，至少可以追溯到1946年ARD成立之前很久，这通常被认为是风投行业的起源。早在ARD创立之前，美国就以充满活力的资本市场和从早期风险资本中介获取财务回报的诸多努力而闻名。从早期的捕鲸业到如今与创业融资相关的众多风投公司，长尾投资的概念早已存在于美国。随着时间的推移，个人和公司为现代风投行业的制度化创造了途径，为创业和创新提供了重要的催化剂。在世界上其他任何地方，与早期融资相关的收益分布偏斜都没有受到如此重视。

行业的发展可以分为4个主要阶段，这些阶段追溯到美国的早期历史。在第一阶段，风险融资作为当今风投式投资的历史雏形被引入创业活动。资本在捕鲸业中寻求集合投资的高回报（详见第一章），资本提供者和企业家之间的契约相似性在19世纪和20世纪初高科技产业和硅谷式创新热点的崛起中显而易见（详见第二章）。作为现代风投先驱的私人资本实体首先通过富裕家庭的投资活动出现（详见第三章）。在第二阶段，大约是20世纪40年代中期，出现了专业公司——最著名的是作为风险资本中介先驱的ARD（详见第四章）。本身具有悠久而坚实历史的有限合伙制于20世纪50年代后期被风投行业采用，并逐渐普及，成为寻求右偏回报的公司的主要组织结构（详见第五章）。风投历史上的第三阶段跨越了20世纪60年代末、70—80年代，当时有证据表明，可以通过系统性和可重复的方式管理风投的"命中"模型。到20世纪80年代，早期的风投已经在美国完全制度化（详见第六章和第七章）。最后，风投历史上的第四阶段始于20世纪90年代，在2000—2001年崩溃前到达顶峰，并以风投在高科技领域的广泛应用为特征。在这个动荡的时期，随着行业达到前所未有的规模，当今许多高科技巨头都是由风投支持的初创公司发展而来的（详见第八章）。

横跨以上所有阶段，本书的一个主题一直是历史视角的重要性。历史之所以重要，是因为它有助于阐明事物的本质。路径的延续或变化通常可以追溯到过去。风投行业不是20世纪中叶的孤立发明，而是美国风险资本部署深厚传统的延续，可以追溯到早期的企业家行为。历史观点还可以指导人们更好地理解未来的方向和可能性，尤其可以阐明风投行业当今所面临的若干挑战。

长尾回报

这些现代挑战中最明显的是，在何种程度上可以系统地实现超额财务收益。2005年，耶鲁大学基金会著名经理人大卫·斯文森总结道，平均而言，"长期内，风投家所获得的回报没有超过市场回报，同时承担了明显更高水平的风险"。[1] 这种观点可以通过数据得到证实。尽管在20世纪90年代，风投基金的平均表现要好于美国的公开发行股票，但在20世纪80年代中期至21世纪初期，它们的表现均不及美国的公开发行股票。[2]

历史证据表明，长尾投资组合总是很难产生可观的回报。图a呈现了前面章节中所提到的案例的绝对回报数据。这些回报率估计值并不一定准确反映可比业绩，因为每只基金的经济效益细节并不总是可被观察的。有时，可用数据可以用来计算内部收益率；在其他情况下，回报以复合年增长率或相关指标表示。有时，分析单位是基金，但在其他情况下，可用数据可以用来估算各只基金的平均回报。不幸的是，由于缺乏有关有限合伙人和风投公司之间的资本调用和分配数据，PME均无法计算，但图b试图反映图a中的业绩与公开股票收益的对比。原理与PME大致相同，比率大于1表示收益高于同期的公开股票收益，小于1则表示收益低于同期的公开股票收益。[3]

图a和图b清楚地表明，无论时间长短，从长尾投资中获利都很困难。回到第一章中对捕鲸探险的分析，从历史的角度来看，捕鲸代理商吉迪恩·艾伦父子公司在1830—1897年的64次航程中获得的平均回报是惊人的。利润率是同期纽约证券交易所复合年收益（包括股息）的7.89倍。但是与所有捕鲸航程的平均回报相比，吉迪恩·艾伦父子公司无疑是一个个例。经验不足的经纪人，即代理航程少于40次的代理商，所获得的平均回报要低得多。第一章还提到过，捕鲸

尾声　从过去到现在到未来　365

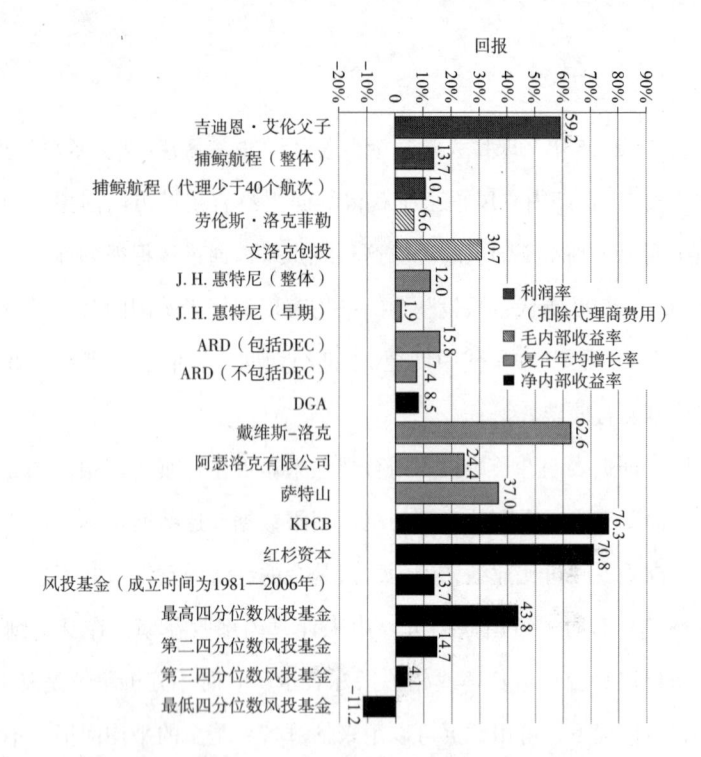

项目	数值
吉迪恩·艾伦父子	59.2
捕鲸航程（整体）	13.7
捕鲸航程（代理少于40个航次）	10.7
劳伦斯·洛克菲勒	6.6
文洛克创投	30.7
J. H. 惠特尼（整体）	12.0
J. H. 惠特尼（早期）	1.9
ARD（包括DEC）	15.8
ARD（不包括DEC）	7.4 / 8.5
DGA	—
戴维斯-洛克	62.6
阿瑟洛克有限公司	24.4
萨特山	37.0
KPCB	76.3
红杉资本	70.8
风投基金（成立时间为1981—2006年）	13.7
最高四分位数风投基金	43.8
第二四分位数风投基金	14.7
第三四分位数风投基金	4.1
最低四分位数风投基金	-11.2

图例：利润率（扣除代理商费用）、毛内部收益率、复合年均增长率、净内部收益率

图 a　绝对业绩：从捕鲸探险到现代风投基金

数据来源：*Whaling:* Lance E. Davis, Robert E. Gallman, and Karin Gleiter, *In Pursuit of Leviathan: Technology, Institutions, Productivity, and Profits in American Whaling, 1816–1906* (Chicago: University of Chicago Press, 1997), 405, 429, 448–450. *Laurance Rockefeller* and *Venrock:* Peter Crisp Papers, Baker Business Historical Collections, Business Manuscripts Mss 784 1946–2008, Harvard Business School. *J. H. Whitney:* Briefing Session on the Small Business Investment Act of 1958, sponsored by the American Management Association, New York, December 1–2, 1958; Committee on Banking and Currency and Select Committee on Small Business 117 (1959), Testimony of Charles Wrede Petersmeyer. *American Research and Development:* Patrick R. Liles, *Sustaining the Venture Capital Firm* (Cambridge, MA: Management Analy sis Center, 1977), 83. *Draper, Gaither & Anderson:* Leslie Berlin, "The First Venture Capital Firm in Silicon Valley: Draper, Gaither & Anderson," in *Making the American Century: Essays on the Political Culture of Twentieth Century America*, ed. Bruce J. Schulman (New York: Oxford University Press, 2014), 16. *Davis and Rock* and *Arthur Rock & Co.:* Personal correspondence with Arthur Rock. *Sutter Hill:* Peter Henig, "The Old Guard," *Venture Capital Journal*, October 2002, 27. *Kleiner Perkins Caufield & Byers* and *Sequoia Capital:* Based on returns reported in Preqin Venture Capital Database and disclosures under states' public rec ords laws regarding investments made by entities such as the California Public Employees Retirement System. *VC Funds (1981 to 2006 vintages):* Preqin.

相对基准收益的倍数

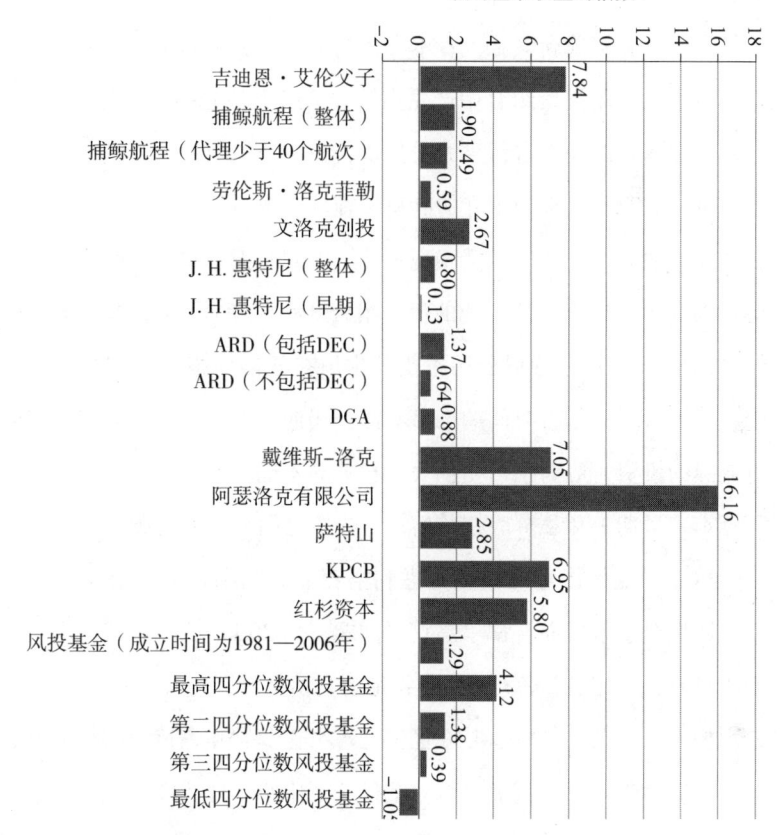

类别	数值
吉迪恩·艾伦父子	7.84
捕鲸航程（整体）	1.90
捕鲸航程（代理少于40个航次）	1.49
劳伦斯·洛克菲勒	0.59
文洛克创投	2.67
J. H. 惠特尼（整体）	0.80
J. H. 惠特尼（早期）	0.13
ARD（包括DEC）	1.37
ARD（不包括DEC）	0.64
DGA	0.88
戴维斯-洛克	7.05
阿瑟洛克有限公司	16.16
萨特山	2.85
KPCB	6.95
红杉资本	5.80
风投基金（成立时间为1981—2006年）	1.29
最高四分位数风投基金	4.12
第二四分位数风投基金	1.38
第三四分位数风投基金	0.39
最低四分位数风投基金	-1.05

图 b　相对业绩：从捕鲸探险到现代风投基金

注：该图使用同期基准投资的回报来标准化图 a 中的回报。捕鲸航行的基准是通过使用威廉·戈茨曼、罗杰·伊博森和彭亮在《纽约证券交易所 1815—1925 年的新历史数据库：绩效和可预测性》中的数据计算得出的，为纽约证券交易所的含股息收益。其他的基准为同期标准普尔综合指数的含股息收益。

探险明显承受着下行风险。从新贝德福德出发的航程中，约有 6% 损失了一整艘船，大部分航程（在某些年份中高达 2/3）一无所获地返回港口。

第三章介绍的新兴私人资本实体的早期历史中的主要案例，进一步凸显了从长尾投资组合中产生系统收益所面临的挑战。劳伦斯·洛克菲勒在新兴产业上进行了大量投资，在航空领域尤其活跃，该领域是 20 世纪初至 20 世纪中叶的高科技领域。然而，图 b 显示，相对于公开发行的股票，他的投资表现不佳。他的回报率与公开股票收益率之比为 0.59，与第三章中他的投资组合 0.86 的 PME 倍数在方向上相似。同样，J. H. 惠特尼公司希望产生风投式的回报，特别是在其早期投资组合中。随着时间的推移，该公司通过逐渐改变其方向并转向更成熟的投资，应对了与初创公司相关的不确定性。这有助于解释风险资本（早期）和私募股权（后期）投资之间分离的起源。

然而，值得注意的是，考虑到洛克菲勒和惠特尼的财富积累水平，回报对于他们而言都不是首要问题。到 20 世纪 50 年代，洛克菲勒的身家已经超过 2 亿美元，惠特尼的财富估计"超过"了 1 亿美元，分别相当于今天的 20 亿和 10 亿美元。洛克菲勒和惠特尼都被强烈的社会责任感驱动，将其资本有效地投资于中小企业。作为这种心态的表现，劳伦斯曾经说过："我喜欢用自己的钱做有建设性的事情，而不仅仅是赚更多的钱。"[4]

ARD 为长尾模型提供了清晰的历史阐释。正如第四章中所讨论的，ARD 在 1957 年对数字设备公司的投资表明，有可能建立一个高科技投资组合，以使收益分布的正偏斜中的重大"命中"能够补偿剩余投资组合的较低回报。图 a 和图 b 表明，如果没有这样一项投资，ARD 的回报将低于通过投资公开股票获得的回报。而 DGA 的投资绩效（详见第五章）表明，"命中"模型很难复制。

在这样的背景下，第六章讨论的戴维斯-洛克和阿瑟洛克公司发布的结果尤其具有启发性。托马斯·戴维斯和阿瑟·洛克投资了创业团队，创造了惊人的成功回报，洛克和迪克·克拉姆里奇也是如此。这些投资伙伴关系的年化收益在图 a 中引人注目，但在试图控制投资背景的图 b 中更为突出。阿瑟洛克公司基金的成立时间是 20 世纪 70 年代初期，这是一个对于美国股市和整体经济而言极为萧条的时代。这些合作伙伴关系为风投方法提供了概念证明，进而证明了其对整个行业发展的重大推动力。其他早期实体也起到了推动作用，包括劳伦斯·洛克菲勒投资的产物文洛克风投（详见第五章）和 1964 年成立的萨特山（详见第四章）。作为风投历史上的旗舰公司，KPCB 和红杉资本如果按 20 世纪 70 年代至 90 年代末的连续基金进行衡量，均产生了超额的平均收益（详见第六、第七和第八章）。

尽管数据有限意味着无法衡量 20 世纪 80 年代之前整个行业的平均回报，但更现代的基金业绩数据表明存在着回报的高度不对称分布。图 a 和图 b 显示，在起始于 1981—2006 年的基金中，排名前 25% 的基金的表现要比后 25% 的基金好得多。文献对这种业绩差异做出了不同解释，强调了技巧和运气的相对重要性。[5] 但是总的来说，由于普通合伙人专业知识的高度差异、早期投资机会的可得性以及初始投资成功所带来的势头，回报差异可能会很大而且持续存在。[6]

最后，值得注意的是，"回报"的概念已经随着时间的推移发生了根本性的变化。长尾投资意味着取得巨大成功的项目的回报最为重要。但是，正如一位观察家指出的那样，"阿瑟洛克公司的投资风格意味着，单打、双打和全垒打一样重要"。[7]尽管如今的风投无疑是一个以回报为中心的行业，但并非总是如此。在 ARD，乔治斯·多里奥特着眼于通过风险资本实现"创新"与"报酬"。1976—1990 年格雷洛克的董事长丹尼尔·格雷戈里认为 20 世纪 80 年代是一个不幸的转折点（详见第五章），并在任职期间宣布："寻求机构回报率对于实现长期目标而言非常不利，而后者才是我们应该追求的。"[8]阿瑟·洛克对自己在 20 世纪六七十年代作为风投家的职业生涯这样评论道："我们建立了要在纽约证券交易所上市的公司……没有一味产生回报、回报、回报的需求"。[9]对洛克而言，回报率是建设可持续发展的公司的一个副产品。当目标是资助具有创造社会价值潜力的高影响力的创业公司时，回报自然会实现。

组织结构和战略

传统上，长尾投资最合适的组织结构是有限合伙制（详见第五章），但这种结构有局限性。ARD 的封闭式基金方法使其具有永久资本和在公开市场上可交易的股份，因此在合规性方面需要付出成本，但它也提供了机会，因为这意味着 ARD 拥有相对"耐心的"资本。如果 ARD 作为有限合伙公司只拥有 7~10 年的基金存续期，可能已经失败了。ARD 对数字设备公司的长期投资始于 1957 年，即其成立的 11 年后，直到最初投资 9 年后的 1966 年，数字设备公司才进行 IPO。避免有限合伙制结构中的短期盈利主义，需要谨慎选择机构投资者。保罗·怀斯是常青基金萨特山的联合创始人，常青基金指的是投资者可以将其已实现回报结转至同一基金继续进行投资，或者在指定年限后撤回其投资。怀斯表示，他"偏好基金会和大学基金"成为有限合伙人，因为"它们不会时有时无"。[10] 这些机构可以承受流动性不足，不太会因业绩不佳的冲击而提现，因此与萨特山的长期观点更加一致。

这并不是说有限合伙制模型是组织结构的错误选择，但它确实强调了采用这种形式可以决定所资助的初创企业的类型。例如，清洁能源行业的风投回报通常不高，因为这些投资需要高水平的初始资本和持续的财务支持才能增长。风投模型在很大程度上与这些特征不兼容。[11] 约翰·杜尔在2007年断言，"绿色技术——走向绿色——比互联网还要强大，这可能是21世纪最大的经济机会"，但他公司的绿色投资组合未能带来诱人的回报。正如著名商业历史学家阿尔弗雷德·钱德勒一直强调的那样，战略应与组织结构保持一致。[12] 近年来，对"清洁技术"的风投似乎是战略与结构错位的典型案例。

随着风投行业面向未来，一个重要的问题是企业的组织结构是否会像其"合伙人资本"一样增加价值。迈克尔·埃文斯和马修·罗德斯–格罗夫发现，风投公司中普通合伙人的人力资本在解释回报方面的重要性是组织资本的2~5倍。[13] 合伙人的才能最为关键这一事实是一项重要的发现，这与德雷珀、盖瑟和安德森在1959年成立有限合伙公司之后风投行业明显缺乏组织创新的事实是一致的。

更有意思的是，马克·安德森和本·霍洛维茨于2009年成立了以两人名字命名的有限合伙风投公司时，引入了重要的组织变革。与大多数风投实体不同，安德森霍洛维茨为企业家提供了丰富的"平台"服务，从人力资源到市场营销。这个想法最初是在 20 世纪 90 年代末期出现的，当时几家风投公司为初创公司提供了招聘和运营帮助，但是当市场崩溃时就被摒弃了。安德森霍洛维茨为这些服务提供了部分资金，其方式是将管理费（高于管理基金的费用）转用于更具生产力的活动，而不是直接支付给普通合伙人，这些活动旨在提高投资组合公司的业绩。该平台促进了未来的交易流程，并规范了投资。安德森霍洛维茨的策略因此反映在其组织结构中。这种组织变革的一种解释是，由于安德森和霍洛维茨都拥有作为早期投资者的良好业绩记录，因此它只是代表合伙人资本价值的一种变化。但是，另一种解释是，这种组织结构是风投公司专业化过程中新的重要步骤。

鉴于目前正在筹集的风险基金规模，组织结构与战略之间的关系具有更大的意义。回顾第七章，NEA 始于 1978 年，当时的资金为 1 640 万美元，而其 2017 年的资金为 33 亿美元，在 40 年中名义价值增长了 201 倍，或按通胀因素调整后的美元计算增长了 54.6 倍。早期，NEA 的创始人意识到他们需要建立结构以使公司的基金和投资组合公司得到有效的大规模管理。软银最近筹集了接近 1 000 亿美元的愿景基金（是 2016 年美国所有风投基金筹资总额的 2 倍以上），标志着整个行业重新致力于提高筹资水平。这可能只是反映了一个事实，即新兴企业现在保持非上市状态的时间更长了，而在日益互联的世界中运营的资本要求也更高。然而，从历史上看，正如一项研究指出的那样，"将资金注入风投基金会导致随后的收益降低"。[14]

众所周知，规模经济很难实现。捕鲸业无法实现规模经济是因为好的代理商、船长和船员只能分散在诸多航程中。[15]同样,随着风投公司规模的扩大,运作更多投资组合公司使其成功上市的额外要求可能会变得繁重。资本的供应可能与需求不同步,这会影响有限合伙公司成功退出的时间表。规模也会带来治理方面的挑战。20世纪90年代末期,当第一次筹集大笔资金时,西海岸公司交叉风投合伙人的普通合伙人预计将担任12个投资组合公司的董事会成员,而通常情况下这个数字是5或6。[16]激励也有可能随着规模增大而改变,因为管理费(占承诺资金的百分比)会对筹集资金产生非生产性激励。威廉·珍妮威在20世纪90年代后期指出:"公司从募集1亿美元到募集10亿美元……管理费近10倍的增加使人们不会想要回到泡沫前的规模。"[17]代理问题在金融市场的繁荣期会被夸大,因为在资本容易筹集时,薪酬与业绩的相关性往往变小。[18]

最后,就风投行业的整体结构而言,贯穿整个历史的创业融资非正式市场(详见第三章)已经变得越来越专业化,并已融入风险融资的正式市场。天使名单成立于2007年,是一个将企业家与投资者联系起来的平台,代表了种子投资的重要转折。Y-Combinator成立于2005年,是为创意提供种子资金、商业咨询和社交功能的早期加速器。两者都有助于实现启动资金获取渠道的平民化,并且都实现了一定的成功率。例如,2009年,爱彼迎创始人被纳入Y-Combinator的创业公司计划,他们同意以其6%的股权换取2万美元的融资。[19]这种模型成功普及了。2013年,大约有170家种子加速器活跃在美国。[20]

另一方面,作为创意市场上的孵化器,企业风险资本部门最近又复苏了。例如，谷歌风投成立于 2009 年。这表明了如何在早期和后期投资中将风险资本配置无缝地转移到不同的组织形式中。一方面，这些结构性变化可能会扩大获得融资的创业公司的范围，而不是缩小风险资本有限合伙制的经营空间；另一方面，它们可能会威胁风投公司传统上享有的利润率和霸权。

风投的热点——硅谷

第三个问题是风险资本部署的区域或全球优势可能发生转移。换言之：硅谷会继续存在吗？历史表明，在风投行业，没有哪个地方比硅谷享有更大的地理优势（详见第六章）。不同于新贝德福德的捕鲸业，沿海的地理位置是关键，除了天气外，硅谷创业融资的激增与地理资源禀赋并无太大关系。这造就了一定程度的永久性。此外，当 20 世纪 60 年代军事资金枯竭，硅谷面临淘汰时，该地区通过重新定位硅晶体管和集成电路等产品线来适应更加商业化的客户群从而实现了转型。动态资本市场的传统帮助促进了这一变化过程，因为风投家将投资资金引向了具有最佳创意和能力的企业家。

风投和高科技之间的互补性对硅谷的发展至关重要。当技术不确定性很高时，风险融资模型最为有效。在这种情况下，长尾模型是最引人注目的，因为风投家可以将启动资金部署到他们期望获得最大收益的高科技增长领域。正如托马斯·戴维斯所说："与非技术产品或服务相比，新技术产品更有可能产生较大且快速的投资回报。"[21]尽管在美国其他地区风投也和高科技领域有很强的交集，包括从波士顿到华盛顿特区的东海岸走廊，以及得克萨斯州的奥斯汀等主要城市，但众多重要的风投家和企业家做出的决定都凸显了硅谷的历史优势。阿瑟·洛克、汤姆·珀金斯和唐·瓦伦丁（详见第六章）从东海岸搬到硅谷，为了发掘更好的创业机会。同样，在2010年左右，格雷洛克（详见第五章）将其主要所在地从成立时的马萨诸塞州迁移到了硅谷。Y-Combinator联合创始人杰西卡·利文斯顿表示，将开创性的种子加速器从东海岸转移到硅谷是"我们做过的最好的事情之一"。[22]Facebook（脸谱网）创始人马克·扎克伯格认为加利福尼亚州的帕洛阿尔托是比马萨诸塞州的剑桥更具吸引力的创业场所。

企业家和风投家之所以被硅谷吸引，是因为经济学家所描述的集群优势，即成长中的企业和人员彼此相邻的好处。三个因素有助于使硅谷成为充满活力的风险资本和创业的热点区域：企业之间的价值链关系、丰富的高科技劳动力资源，以及相对自由的知识分子思想。自著名经济学家阿尔弗雷德·马歇尔在其1890年的《经济学原理》一书中提出以来，这些因素就被称为马歇尔因素，集群化的好处在高科技产业中体现得非常明显，马歇尔因素也被放大。即使远距离交易的成本降低了，这些优势仍然持续存在。

重要的是，这些集群优势并不是孤立地或在可确定的时间点出现的，而是随着硅谷长期发展而逐渐形成的。大学引领的创新和人力资本发展的悠久历史所带来的巨大规模回报、军事投资的溢出效应、仙童半导体等关键公司的作用、竞争激烈但开放的企业文化、宜人的气候、高技术移民群体，以及蓬勃发展的风投部门等因素结合起来，形成了硅谷不可磨灭的优势。新英格兰不具有所有这些因素，克里夫兰、匹兹堡或底特律也没有。

同时，美国历史上区域发展的转移表明了这种优势的短暂性。第一章追溯了美国捕鲸业的兴起，但是从 19 世纪 60 年代开始，捕鲸业经历了持续的下滑。同样，曾经是工业化的重要推动力的新英格兰棉花工业在 20 世纪 20 年代后逐渐衰落。克里夫兰和匹兹堡都是第二次工业革命的创新热点，之后也失去了其创业优势（详见第二章）。随着区域优势向西转移，硅谷成为高科技中心之前，底特律在汽车制造领域也占有举足轻重的地位（详见第三章）。

鉴于这些先例，硅谷在风投方面的优势早该崩溃了。在全球范围内，它面临着来自北京和其他快速发展的技术中心的威胁，在这些中心，政府和投资者不太热衷于复制美国模式。事实上，全世界许多政府发起的仿照硅谷风投集群的努力都以失败告终，恰恰是因为它们试图在短时间内复制美国特定的环境。[23] 在全球范围内建立的新路径表明，硅谷可能并不总像如今那样吸引着资本、人员和思想。

政府的重要性

在硅谷和更广泛的风投行业的历史上，政府起着决定性的作用。在解释美国风投模式的兴起时，政府的重要性经常被忽略。关键问题是未来政府将如何影响行业的发展。联邦电报公司是 20 世纪初的帕洛阿尔托通信企业，也是企业家活动的焦点，正如数十年之后硅谷的仙童半导体一样，它也严重依赖于海军合同和政府支持（详见第三章）。军费支出对于20世纪四五十年代硅谷的增长至关重要（详见第六章）。在七八十年代，政府也通过立法变化改变了风投的发展方向，允许养老基金投资于风险资本（详见第五章）。政府在大学中对基础科学的投资刺激了创新和企业家活动，这种成效可以从基因泰克之类的公司中看到（详见第六章）。

从社会角度来看，保持新兴产业的活力可能是风投行业最重要的功能。风投家以基金级回报的形式产生私人价值，但他们创造的社会价值显然超过了私人价值。这种社会价值等于私人价值加上风险融资带来的技术变革所实现的所有其他回报。由风投支持的公司开发的许多创新，从存储芯片到重组胰岛素（详见第六章），推动了社会的发展，进而激发了新的技术发展浪潮，带来了巨大的集体影响。新的创业公司通过引入重要的产品和流程创新，挑战抗拒变化的行业，带来了熊彼特所谓的创造性破坏，对经济增长起到了至关重要的作用。

越来越多的证据表明，创造性破坏的力量可能不像从前那样强大。像谷歌、Facebook、苹果和亚马逊这样的超级巨星公司已经从刚成立的风投初创公司成长为在各自市场中占主导地位的公司，被取代的威胁有限。[24]加价（企业收取的产品价格与其生产产品的边际成本之间的差额）随着时间的推移而急剧增加，表明其市场支配力不断增强。1980年，平均加价幅度比边际成本高出约21%，但到2016年升至61%。[25]最近加价增幅尤其明显。加价增幅可能是对现有公司逐步创新的奖励。一些证据表明，现有企业在改进自身产品方面表现出色，胜于创业驱动的创造性破坏对经济增长的贡献。[26] 另一种观点认为，自 2000 年左右以来，商业活力明显下降，可以通过以下三点来衡量：年轻的（成立时间在 5 年以下）的企业在经济中所占的份额，年轻公司创造的工作数量，以及这些公司的总就业份额。[27] 这种商业活力的下降与 20 世纪 70 年代美国国家风投协会出色而有影响力的报告《新兴的创新公司：濒临灭绝的物种》（详见第五章）相呼应。随着近年来企业风投变得日益重要，可能发生的情况是，参与其中的老牌企业将越来越有能力通过在其面临竞争的领域进行战略投资来抵御创造性破坏。

政府可以通过各种各样的手段影响风险资本的供给和需求，而税收、移民和劳动法方面的政策历来是主要的影响因素。20 世纪 70 年代末和 80 年代初，风投行业成功地游说了税收减免，风投家认为降低资本利得税是该行业成功的主要动力（详见第五章）。尽管在供给方面，没有证据表明对附带权益更有利的资本收益待遇会带来更多的风险资本投入，但更广泛的税收政策可能会通过影响职业选择而增加对风险资本的需求。面对较低的资本收益门槛，有才干的经理人发现创业活动更有吸引力，他们离开有薪工作的可能性随之增加。[28] 此外，经常参与创业活动的超级发明家在决定定居点时往往对最高税率高度敏感。这表明税收杠杆会影响劳动力流动，特别是在人才流动比以往任何时候都更全球化的今天。[29]

移民政策对创业生态系统有明显的影响，因为在美国从事创新和创业活动的工人中约有 1/4 是高技能移民。[30] 移民在整个美国历史上都对经济产生了重大影响，至少可以追溯到移民企业家塞缪尔·斯莱特，他的独创性在20世纪初推动了新英格兰棉纺织工业的发展（详见第二章）。移民通常与本地企业家合作，以创建真正具有影响力的企业。成立仙童半导体的"八叛逆"中的两人出生在国外——尤金·克莱纳出生于奥地利维也纳，让·霍尼出生于瑞士日内瓦。20世纪80年代，这个杰出组织的另一位成员罗伯特·诺伊斯强调说，在他于1968年与他人共同创立的英特尔工作的大部分人才都出生在外国（详见第六章）。英特尔的成立在很大程度上归功于阿瑟·洛克的风险资本专业知识，他的父亲是俄罗斯移民，而英特尔的著名首席执行官安迪·格罗夫是匈牙利移民。据美国国家风投协会估计，2006—2012年进行IPO的风投支持的美国初创公司中，有1/3的公司至少有一个创始成员是移民。[31]移民占美国劳动力的15%左右，却构成了美国企业家的约1/4。[32]

高技能移民往往被吸引到可以自由寻求创业机会的地方。于是硅谷在有利于劳动力自由流动的法律背景下蓬勃发展就是合乎逻辑的。的确，在风投历史中占有重要地位的许多公司——包括仙童半导体、英特尔、基因泰克以及从贝宝开始兴起的一系列初创公司——都是在竞业禁止协议原本可能会阻碍风投活动或公司创立的情况下成立的。在普遍存在竞业禁止条款的地方，劳动力流动和创业活动承担了巨大的调整成本。

可以肯定的是，政府直接参与风投行业并不总是受到欢迎的。[33]然而，从历史上看，直接的投入创造了难以忽视的收益。小企业投资公司（详见第四章）可能没有产生与最好的私人风投公司一致的财务收益，但是它们帮助建立了大量的资本和各种中介服务，为现代风投行业的发展奠定了重要基础。[34] 20世纪80年代初的小企业创新研究计划（详见第七章）通过资助新的高科技初创公司的研究和开发工作，进一步推动了创业活动。[35] 总体而言，政府对导致美国风投行业兴起的各种机制和激励措施都产生了直接和间接的重大影响。

多元化

对于当前和未来的最后一个问题，也是女性在20世纪80年代首次在行业中立足时所提出的问题（详见第七章）：风投行业能否扭转其在多元化方面的糟糕历史。本书叙述的主要是关于白人男性的故事。尽管风投行业成功地利用了移民人才，但性别差异仍然存在。2014年有关美国风投行业领导者的分析表明，在绝大多数（52%）的顶级公司中，女性没有担任任何高级职务。[36] 鲍康如在2012年针对KPCB的诉讼虽然没有成功，但引起了人们对与缺乏多元化相关的工作场所文化问题的注意。尽管2018年《福布斯》最佳风投家"米达斯榜单"中的女性比2017年增加了50%，KPCB的玛丽·米克尔高居第六，但仍然只有9名女性登上了2018年榜单。黑人和拉丁裔风投家在该行业中的代表人数很少。

在许多情况下，缺乏多元化是自相矛盾的，因为风投的前提是资助那些投身于革命性变革的非现有企业（即新型企业）。此外，一些最成功的风投家来自非传统背景，这表明该行业愿意接受差异。例如，红杉资本的迈克·莫里茨在进入风投行业之前曾是《时代周刊》的记者。鉴于"优秀风投家"的特征事前不易被观察到，很难想象风投公司会利用种族或性别来推断新员工的预期回报，从而进行"统计歧视"。因此，一种解释是与雇用女性有关的不舒适之处，和有利于雇用男性的"基于品味的歧视"。这与社会学家所说的同质性，或者说和"同一群体的人"互动的偏好有关。[37] 如果一个行业起步时具有明显的个性属性或特征，同质性可能导致这些特征长期存在于未来。

对于这些差异，历史人物并不是无辜的旁观者。例如，如第四章所述，乔治斯·多里奥特在风投的早期发展中起着关键作用，但他选择将女性排除在哈佛商学院颇受欢迎的选修课之外。他厌恶女性的倾向无助于为行业未来的发展做好准备，对多元化的坚定承诺将使行业的未来变得更好。人们的思想不可避免地受到他们所处的文化环境的制约。即使硅谷从许多方面来说都是一个开放的地方，如第六章所述，但也并非从来没有出现过性别歧视和"俱乐部"现象。通过莱斯利·柏林对罗伯特·诺伊斯作为仙童半导体和英特尔共同创始人的非凡职业生涯的分析可看出，虽然硅谷拥有出色的企业家精神，但它可能成为大男子主义和沙文主义的温床。[38]

重要的是，在20世纪80年代成为著名风投家的女性，并没有将她们的职业生涯归因于积极歧视。她们因其作为投资人的专业知识而受到赞扬，而当其投资表现不佳时，也受到和男性投资者一样的批评。无论在宏观层面上，还是在更具体的风投领域，越来越多的研究表明，多元化的团队可以做出更好的决策，业绩会随着多元性的增加而提高。[39] 这一证据表明，风投行业可以通过拥抱更多的人才库而受益——不是为了弥补过去的不足，而是为了丰富产生有吸引力的回报所需的人力资本。

最后的话

本书试图通过强调历史观点的重要性叙述美国风投行业的长期发展。美国的风投源于对风险资本和企业家精神的长期偏好，这一点可以从经济增长和发展的最早表现中看出。长尾的魅力代表着右偏的巨大回报的可能性，而这种偏向很少在现实中出现。就像在19世纪参与捕鲸航行的船员一样，尽管成功的概率很小，他们仍然愿意从新贝德福德启航并航行到遥远的海洋，风投公司仍然不懈追求，尽管事实上，它们中的绝大多数相对于公开股票而言表现不佳。

所以，风投的历史就是一个故事，它涉及的内容远比在其他国家难以复制的创业融资模型更广泛。它象征着一种文化上的冒险意愿，激发了企业家的冒险精神，拥抱无限的贪婪，并鼓励人们对物质利益的无限追求。在许多方面，风投行业的历史是通往美国更大历史的窗口。

注 释

引言

1. Spencer E. Ante, *Creative Capital: Georges Doriot and the Birth of Venture Capital* (Boston: Harvard Business Press, 2008).
2. Paul A. Gompers and Josh Lerner, *The Venture Capital Cycle,* 2nd ed. (Cambridge, MA: MIT Press, 2004); Peter Thiel, with Blake Masters, *Zero to One: Notes on Startups, or How to Build the Future* (New York: Crown Business, 2014).
3. Daniel Kahneman and Amos Tversky, "Prospect Theory: An Analysis of Decision under Risk," *Econometrica* 47, no. 2 (1979): 263–291; Charles P. Kindleberger, *Manias, Panics and Crashes: A History of Financial Crisis,* 3rd ed. (New York: Wiley, 1996).
4. Kenneth J. Arrow and Gerard Debreu, "Existence of an Equilibrium for a Competitive Economy," *Econometrica* 22, no. 3 (1954): 265–290.
5. Diego Puga and Daniel Trefler, "International Trade and Institutional Change: Medieval Venice's Response to Globalization," *Quarterly Journal of Economics* 129, no. 2 (2014): 753–821.
6. Avner Greif, *Institutions and the Path to the Modern Economy: Lessons from Medieval Trade* (Cambridge: Cambridge University Press, 2006).
7. Lance E. Davis, Robert E. Gallman, and Karin Gleiter, *In Pursuit of Leviathan: Technology, Institutions, Productivity, and Profits in American Whaling, 1816–1906,* (Chicago: University of Chicago Press, 1997); Eric Hilt, "Incentives in Corporations: Evidence from the American Whaling Industry," *Journal of Law and Economics* 49, no. 1 (2006): 197–227; Eric Hilt, "Investment and Diversification in the American Whaling Industry," *Journal of Economic History* 67, no. 2 (2007): 292–314.
8. Tom Nicholas and Jonas Peter Akins, "Whaling Ventures," HBS no. 813-086 (Boston:

Harvard Business School Publishing, 2012).

9. Steven N. Kaplan and Per Stromberg, "Financial Contracting Theory Meets the Real World: An Empirical Analysis of Venture Capital Contracts," *Review of Economic Studies* 70, no. 2 (2003): 281–315.

10. Alfred D. Chandler, "Samuel Slater, Francis Cabot Lowell, and the Beginnings of the Factory System in the United States," HBS no. 792-008 (Boston: Harvard Business School Publishing, 1995), 21.

11. Naomi R. Lamoreaux, Margaret Levenstein, and Kenneth L. Sokoloff, "Financing Invention during the Second Industrial Revolution: Cleveland, Ohio, 1870–1920," NBER Working Paper No. 10923, National Bureau of Economic Research, November 2004.

12. David Cannadine, *Mellon: An American Life* (New York: A. A. Knopf, 2006).

13. Eric Hilt and Katharine O'Banion, "The Limited Partnership in New York 1822–1858: Partnerships without Kinship," *Journal of Economic History* 69, no. 3 (2009): 615–645.

14. Leslie Berlin, "The First Venture Capital Firm in Silicon Valley: Draper, Gaither & Anderson," in *Making the American Century: Essays on the Political Culture of Twentieth Century America,* ed. Bruce J. Schulman (New York: Oxford University Press, 2014).

15. William Elfers, *Greylock: An Adventure Capital Story* (Boston: Greylock Management Corporation, 1995).

16. Paul A. Gompers and Josh Lerner, "What Drives Venture Capital Fundraising?" *Brookings Papers on Economic Activity, Microeconomics* 1998 (1998): 149–204.

17. Shane M. Greenstein, *How the Internet Became Commercial: Innovation, Privatization, and the Birth of a New Network* (Princeton: Princeton University Press, 2015).

18. Tom Nicholas and David Chen, "Dot.Com: Online Pet Retailing," HBS no. 809-117 (Boston: Harvard Business School Publishing, 2015).

19. Peter Temin, "The American Business Elite in Historical Perspective," NBER Historical Working Paper No. 104, National Bureau of Economic Research, October 1997.

第一章

1. Tom Nicholas and Jonas Peter Akins, "Whaling Ventures," HBS no. 813-086 (Boston:

Harvard Business School Publishing, 2012).

2. W. J. Snelling, *The Polar Regions of the Western Continent Explored; Embracing a Geographical Account of Iceland, Greenland, the Islands of the Frozen Sea, and the Northern Parts of the American Continent* (Boston: Printed for W. W. Reed, 1831), 77.

3. C. W. Sanger, "The Origins of British Whaling: Pre-1750 English and Scottish Involvement in the Northern Whale Fishery," *Northern Mariner* 5, no. 3 (1995): 15–32.

4. Lance E. Davis, Robert E. Gallman, and Karin Gleiter, *In Pursuit of L iathan: Technoogy, Institutions, Productivity, and Profits in American Whaling, 1816–1906,* (Chicago: University of Chicago Press, 1997), 19.

5. Jennifer Herman, *Massachusetts Encyclopedia* (Hamburg, MI: State History Publications, 2008), 310.

6. Davis, Gallman, and Gleiter, *In Pursuit of Leviathan,* 513–522.

7. Thomas Nickerson, and others, *The Loss of the Ship Essex, Sunk by a Whale: First-Person Accounts* (New York: Penguin, 2000).

8. William R. Kerr, Ramana Nanda, and Matthew Rhodes-Kropf, "Entrepreneurship as Experimentation," *Journal of Economic Perspectives* 28, no. 3 (2014): 25–48, 31.

9. "Account Books and Other Material Relating to the Whaling Industry, Chiefly from New Bedford and Nantucket, 1774–1922," Baker Library Special Collections, Harvard Business School, Harvard University, Mss 252.

10. Davis, Gallman, and Gleiter, *In Pursuit of Leviathan,* 425.

11. Preqin gets its data largely from limited partners like public pension funds that make public disclosures. Other sources include voluntary disclosures from VC firms and SEC filings. Some funds, however, are clearly not captured because VC firms typically impose reporting restrictions on their performance.

12. The voyage is the unit of analysis in the whaling data set and the fund is the unit of analysis in the VC data. The VC net IRR represents the return on a fund after fees and carried interest have been paid out, whereas the profit rate on a whaling voyage nets out agent fees and other costs but does not account for the timing of cash flows. For a full explanation of the profit rate calculation see further, Davis, Gallman, and Gleiter, *In Pursuit of Leviathan,* 429.

13. Alexander Starbuck, *History of the American Whale Fishery from Its Earliest Inception to the Year 1876* (Waltham, MA: The Author, 1878), 145.
14. Peter Thiel, with Blake Masters, *Zero to One: Notes on Start Ups, or How to Build the Future* (New York: Crown Business, 2014), 85.
15. Eric Hilt, "Investment and Diversification in the American Whaling Industry," *Journal of Economic History* 67, no. 2 (2007): 292–314.
16. Raymond A. Rydell, *Cape Horn to the Pacific; the Rise and Decline of an Ocean Highway* (Berkeley: University of California Press, 1952), 68.
17. Rydell, *Cape Horn to the Pacific,* 66.
18. Kathryn Grover, *The Fugitive's Gibraltar: Escaping Slaves and Abolitionism in New Bedford, Massachusetts* (Amherst: University of Massachusetts Press, 2009), 58.
19. Davis, Gallman, and Gleiter, *In Pursuit of Leviathan,* 342–343.
20. A whale-oil barrel was not necessarily standard in measure. It could contain from thirty to thirty-five gallons. Hence, I report units in barrels or gallons, whichever is given in the source. For comparability purposes, however, I follow Davis, Gallman, and Gleiter, *In Pursuit of Leviathan,* and assume "a typical barrel of oil contained 31.5 gallons" (321).
21. David Moment, "The Business of Whaling in America in the 1850's," *Business History Review* 31, no. 3 (1957): 261–291, 263.
22. Eric J. Dolin, *Leviathan: The History of Whaling in America* (New York: W. W. Norton, 2008), 207.
23. Davis, Gallman, and Gleiter, *In Pursuit of Leviathan,* 427.
24. Starbuck, *History of the American Whale Fishery,* 603.
25. Grover, *The Fugitive's Gibraltar,* 99.
26. Starbuck, *History of the American Whale Fishery,* 149.
27. Stephen Currie, *Thar She Blows: American Whaling in the Nineteenth Century* (Minneapolis: Lerner Publications, 2001), 32. As explained later in the chapter, letters would be carried back to the home port by passing ships, or left for return on another ship when stopping at a port for provisioning.
28. Starbuck, *History of the American Whale Fishery,* 479.
29. ie, *Thar She Blows,* 32.

30. Davis, Gallman, and Gleiter, *In Pursuit of Leviathan,* 17.
31. Davis, Gallman, and Gleiter, *In Pursuit of Leviathan,* 15.
32. Herman Melville, *Moby-Dick, or, the Whale* (New York: Harper & Brothers, 1851), 285.
33. Davis, Gallman, and Gleiter, *In Pursuit of Leviathan,* 417–418.
34. Wilson L. Heflin, *Herman Melville's Whaling Years,* ed. Mary K. B. Edwards and Thomas Farel Heffernan (Nashville: Vanderbilt University Press, 2004), 179.
35. Davis, Gallman, and Gleiter, *In Pursuit of Leviathan,* 196.
36. Elmo Paul Hohman, *The American Whaleman: A Study of Life and Labor in the Whaling Industry* (New York: Longmans, Green and Co., 1928), 316.
37. Lily Fang, Victoria Ivashina, and Josh Lerner, "The Disintermediation of Financial Markets: Direct Investing in Private Equity," *Journal of Financial Economics* 116, no. 1 (2015): 160–178.
38. Experimentation with the corporate form in the 1830s failed because diffuse ownership gave rise to incentive conflicts through the increased separation of ownership from control. Also see Eric Hilt, "Incentives in Corporations: Evidence from the American Whaling Industry," *Journal of Law and Economics* 49, no. 1 (2006): 197–227.
39. Davis, Gallman, and Gleiter, *In Pursuit of Leviathan,* 384.
40. Hohman, *The American Whaleman,* 323.
41. Hohman, *The American Whaleman,* 309.
42. Thomas Hellmann, Laura Lindsey, and Manju Puri, "Building Relationships Early: Banks in Venture Capital," *Review of Financial Studies* 21, no. 2 (2008): 513–541.
43. Michael C. Jensen and William H. Meckling, "Theory of the Firm: Managerial Behavior, Agency Costs and Ownership Structure," *Journal of Financial Economics* 3, no. 4 (1976): 305–360.
44. Oliver E. Williamson, *The Mechanisms of Governance* (Oxford: Oxford University Press, 1996), 182.
45. Naomi R. Lamoreaux, *Insider Lending: Banks, Personal Connections, and Economic Development in Industrial New England* (Cambridge: Cambridge University Press, 1994).
46. Howland Tripp, *In Whaling Days* (Boston: Little, Brown, 1909), 244.

47. Davis, Gallman, and Gleiter, *In Pursuit of Leviathan,* 106.

48. Hohman, *The American Whaleman,* 279.

49. Hohman, *The American Whaleman,* 279.

50. Davis, Gallman, and Gleiter, *In Pursuit of Leviathan,* 382–383.

51. Davis, Gallman, and Gleiter, *In Pursuit of Leviathan,* 397.

52. Kingston W. Heath, *The Patina of Place: The Cultural Weathering of a New England Industrial Landscape* (Knoxville: University of Tennessee Press, 2001), 39–40.

53. Davis, Gallman, and Gleiter, *In Pursuit of Leviathan,* 282–283.

54. Davis, Gallman, and Gleiter, *In Pursuit of Leviathan,* 396.

55. Davis, Gallman, and Gleiter, *In Pursuit of Leviathan,* 397.

56. Richard R. John, *Spreading the News: The American Postal System from Franklin to Morse* (Cambridge, MA: Harvard University Press, 1995); Lisa Norling, *Captain Ahab Had a Wife: New England Women and the Whalefishery, 1720–1870* (Chapel Hill: University of North Carolina Press, 2014), 150.

57. Davis, Gallman, and Gleiter, *In Pursuit of Leviathan,* 106.

58. Starbuck, *History of the American Whale Fishery,* 372–650.

59. Davis, Gallman, and Gleiter, *In Pursuit of Leviathan,* 107.

60. A wealth tax was levied on individuals, businesses, estates, trusts and other entities with at least $100 of taxable property.

61. Davis, Gallman, and Gleiter, *In Pursuit of Leviathan,* 413.

62. New Bedford Board of Trade et al., *New Bedford, Massachusetts: Its History, Industries, Institutions and Attractions* (New Bedford: Mercury Publishing Company, printers, 1889).

63. Davis, Gallman, and Gleiter, *In Pursuit of Leviathan,* 450–451.

64. William Goetzmann, Roger G. Ibbotson, and Liang Peng, "A New Historical Database for the NYSE 1815 to 1925: Performance and Predictability," *Journal of Financial Markets* 4, no. 1 (2001): 1–32. Their data set shows the total return on the NYSE with a "low dividends" assumption and the total return with a "high dividends" assumption. To avoid extremes in the data I make the compound annual return calculation using the average of the two series.

65. Abner Forbes, *The Rich Men of Massachusetts: Containing a Statement of the Reputed Wealth of about Two Thousand Persons, with Brief Sketches of Nearly Fifteen Hundred Characters,* 2nd ed. (Boston: Redding & Company, 1852).
66. Arthur Korteweg and Morten Sorensen, "Skill and Luck in Private Equity Performance," *Journal of Financial Economics* 60, no. 3 (2017): 535–562.
67. Funds managed by highly capable VCs persistently outperformed the next VC fund for funds with vintage years in the 1980s and 1990s. See Steven N. Kaplan and Antoinette Schoar, "Private Equity Performance: Returns, Persistence, and Capital Flows," *Journal of Finance* 60, no. 4 (2005): 1791–1823.
68. Davis, Gallman, and Gleiter, *In Pursuit of Leviathan,* 450.
69. Hilt, "Incentives in Corporations," 215.
70. Davis, Gallman, and Gleiter, *In Pursuit of Leviathan,* 385–387.
71. See further Paul Gompers, Anna Kovner, Josh Lerner, and David Scharfstein, "Performance Persistence in Entrepreneurship," *Journal of Financial Economics* 96, no. 1 (2010): 18–32. They show in a large sample of entrepreneurs active between 1986 and 2000, that an entrepreneur who had successfully taken a venture-backed firm public had a 30 percent chance of succeeding in their next venture-backed firm, compared with a 22 percent chance for those who had previously failed and a 21 percent chance for first-time founders.
72. This professionalization role is also common in modern venture capital, where VCs nurture human capital inside the firm, including facilitating CEO transitions. See further, Thomas Hellmann and Manju Puri, "Venture Capital and the Professionalization of Start-up Firms: Empirical Evidence," *Journal of Finance* 57, no. 1 (2002): 169–197.
73. Baker Business Historical Collections, Business Manuscripts, Mss: 252, 1820–1865 M847 vol. 4, Baker Library, Harvard Business School.
74. Richard Ellis, *Men and Whales* (New York: Knopf, 1991; Guilford, CT: Globe Pequot Press, 1999), 174.
75. It is worth noting that in shore-based whaling fixed wage payments were made because under these circumstances geographic proximity made monitoring more feasible.

76. David Moment, "The Business of Whaling," 274.
77. Davis, Gallman, and Gleiter, *In Pursuit of Leviathan,* 161–167.
78. Lee A. Craig and Charles R. Knoeber, "Manager Shareholding, the Market for Managers, and the End-Period Problem: Evidence from the U.S. Whaling Industry," *Journal of Law, Economics, and Organization* 8, no. 3 (1992): 607–627, 609.
79. Davis, Gallman, and Gleiter, *In Pursuit of Leviathan,* 177.
80. That amount—$5.22 per month—would be equivalent to around $160 per month today. Fayette M. Ringgold, "A Consular Report on Whalers and the Whaling System (1858)," in Hohman, *The American Whaleman,* 312–313.
81. Robert E. Hall and Susan E. Woodward, "The Burden of the Nondiversifiable Risk of Entrepreneurship," *American Economic Review* 100, no. 3 (2010): 1163–1194.
82. David T. Robinson and Berk A. Sensoy, "Cyclicality, Performance Measurement, and Cash Flow Liquidity in Private Equity," *Journal of Financial Economics* 122, no. 3 (2016): 521–543.
83. Hilt, "Investment and Diversification."
84. Abhijit V. Banerjee, "A Simple Model of Herd Behavior," *Quarterly Journal of Economics* 107, no. 3 (1992): 797–817; David Scharfstein and Jeremy Stein, "Herd Behavior and Investment," *American Economic Review* 80, no. 3 (1990): 465–479.
85. Hilt, "Investment and Diversification," 293.
86. Hilt, "Investment and Diversification," 300.

第二章

1. Eric J. Dolin, *Leviathan: The History of Whaling in America* (New York: W. W. Norton, 2008), 206; Hal Whitehead, "Estimates of the Current Global Population Size and Historical Trajectory for Sperm Whales," *Marine Ecology Progress Series* 242 (2002): 295–304, 301.
2. Lance E. Davis, Robert E. Gallman, and Karin Gleiter, *In Pursuit of Leviathan: Technology, Institutions, Productivity, and Profits in American Whaling, 1816–1906,* (Chicago: University of Chicago Press, 1997), 456.

3. Akira Osaki, "The Decline of the American Whaling Industry during the Industrial Revolution in the Latter Half of the 19th Century: New England's Evolution from Whaling Center to Hub of the Modern Cotton Industry," *Journal of Geography (Chigaku Zasshi)* 119, no. 4 (2010): 615–631, 622.
4. Sven Beckert, *Empire of Cotton: A Global History* (New York: Vintage Books, 2015).
5. Robert F. Dalzell, *Enterprising Elite: The Boston Associates and the World They Made,* Harvard Studies in Business History (Cambridge, MA: Harvard University Press, 1987).
6. Alfred D. Chandler, "Patterns of American Railroad Finance, 1830–1850," *Business History Review* 28, no. 3 (1954): 248–263.
7. Dave Donaldson and Richard Hornbeck, "Railroads and American Economic Growth: A 'Market Access' Approach," *Quarterly Journal of Economics* 131, no. 2 (2016): 799–858.
8. Richard Florida and Mark Samber, "Capital and Creative Destruction: Venture Capital and Regional Growth in US Industrialization," in *New Industrial Geography: Regions, Regulations and Institutions,* ed. Trevor J. Barnes and Meric S. Gertler (New York: Routledge, 1999); Naomi R. Lamoreaux, Margaret Levenstein, and Kenneth L. Sokoloff, "Financing Invention during the Second Industrial Revolution: Cleveland, Ohio, 1870–1920," NBER Working Paper No. 10923, National Bureau of Economic Research, November 2004.
9. W. W. Rostow, *The Stages of Economic Growth: A Non-Communist Manifesto* (Cambridge: Cambridge University Press, 1990).
10. Timothy Leunig, "A British Industrial Success: Productivity in the Lancashire and New England Cotton Spinning Industries a Century Ago," *Economic History Review* 56, no. 1 (2003): 90–117.
11. Gregory Clark, "The Condition of the Working Class in England, 1209–2004," *Journal of Political Economy* 113, no. 6 (2005): 1307–1340.
12. Robert C. Allen, *The British Industrial Revolution in Global Perspective* (Cambridge: Cambridge University Press, 2009).
13. Joel Mokyr, *The British Industrial Revolution: An Economic Perspective,* 2nd ed. (Boulder, CO: Westview Press, 1999).
14. Liam Brunt, "Rediscovering Risk: Country Banks as Venture Capital Firms in the First

Industrial Revolution," *Journal of Economic History* 66, no. 1 (2006): 74–102.

15. Allen, *The British Industrial Revolution,* 96.
16. C. Aspin, *James Hargreaves and the Spinning Jenny* (Helmshore: Helmshore Local History Society, 1964), 48–49.
17. Rick Szostak, *The Role of Transportation in the Industrial Revolution: A Comparison of England and France* (Montreal: McGill Queen's University Press, 1991), 185.
18. Mokyr, *The British Industrial Revolution,* 15.
19. R. S. Fitton, *The Strutts and the Arkwrights, 1758–1830: A Study of the Early Factory System,* ed. Alfred P. Wadsworth (Manchester: Manchester University Press, 1958; Clifton, NJ: A. M. Kelley, 1973); R. S. Fitton, *The Arkwrights: Spinners of Fortune* (Manchester: Manchester University Press, 1989), 23–27.
20. Allen, *The British Industrial Revolution,* 919.
21. Fitton, *The Arkwrights,* 46.
22. Eric J. Evans, *The Forging of the Modern State: Early Industrial Britain, 1783–1870,* 3rd ed. (Abingdon: Taylor and Francis, 2001), 144.
23. Thomas K. McCraw, *The Founders and Finance: How Hamilton, Gallatin, and Other Immigrants Forged a New Economy* (Cambridge, MA: Belknap Press of Harvard University Press, 2012).
24. David J. Jeremy, *Transatlantic Industrial Revolution: The Diffusion of Textile Technologies between Britain and America, 1790–1830s* (Cambridge, MA: MIT Press, 1981).
25. Mary B. Rose, *Firms, Networks and Business Values: The British and American Cotton Industries since 1750* (Cambridge: Cambridge University Press, 2000), 41.
26. Robert D. Arbuckle, *Pennsylvania Speculator and Patriot: The Entrepreneurial John Nicholson, 1757–1800* (University Park: Pennsylvania State University Press, 1975), 110–111.
27. Peter J. Coleman, *The Transformation of Rhode Island, 1790–1860* (Providence, RI: Brown University Press, 1963; Westport, CT: Greenwood Press, 1985), 40–41.
28. James Blaine Hedges, *The Browns of Providence Plantations: The Nineteenth Century* (1952; Providence, RI: Brown University Press, 1968), 329–330.
29. Robert Sobel, *The Entrepreneurs: Explorations within the American Business Tradition*

(New York: Weybright and Talley, 1974; BeardBooks, 2000), 14.

30. James L. Conrad, "Entrepreneurial Objectives, Organizational Design, Technology, and the Cotton Manufactory of Almy and Brown, 1789–1797," *Business and Economic History* 13 (1984): 7–19, 8.

31. Tom Nicholas and Matthew Guilford, "Samuel Slater & Francis Cabot Lowell: The Factory System in U.S. Cotton Manufacturing," HBS no. 814-065 (Boston: Harvard Business School Publishing, 2013), 7.

32. Steven N. Kaplan and Per Stromberg, "Financial Contracting Theory Meets the Real World: An Empirical Analysis of Venture Capital Contracts," *Review of Economic Studies* 70, no. 2 (2003): 281–315.

33. Noam Wasserman, *The Founder's Dilemmas: Anticipating and Avoiding the Pitfalls That Can Sink a Startup* (Princeton, NJ: Princeton University Press, 2012).

34. George S. White, *Memoir of Samuel Slater: The Father of American Manufactures* (Philadelphia: [s.n.], 1836), 188.

35. Jeffrey J. Hill, "Lives of the Workforce in the Industrial Revolution," in *The Industrial Revolution in America: Overview / Comparison*, ed. Kevin Hillstrom and Laurie Collier Hillstrom (Santa Barbara, CA: ABC-CLIO, 2007), 98.

36. Caroline F. Ware, *The Early New England Cotton Manufacture: A Study in Industrial Beginnings* (Boston: Houghton Mifflin, 1931), 138.

37. Ware, *Early New England Cotton Manufacture,* 138.

38. Dalzell, *Enterprising Elite,* 47.

39. Rose, *Firms, Networks and Business Values,* 84.

40. Charles W. Calomiris and Carlos D. Ramirez, "The Role of Financial Relationships in the History of American Corporate Finance," *Journal of Applied Corporate Finance* 9, no. 2 (1996): 52–73.

41. Dalzell, *Enterprising Elite,* 29.

42. Bernard Bailyn, *The New England Merchants in the Seventeenth Century* (Cambridge, MA: Harvard University Press, 1955), 78–81.

43. Herman Edward Krooss and Martin R. Blyn, *A History of Financial Intermediaries* (New York: Random House, 1971), 19–20.

44. Howard Bodenhorn, *A History of Banking in Antebellum America: Financial Markets and Economic Development in an Era of Nation-Building* (Cambridge: Cambridge University Press, 2000).
45. Chandler, "Patterns of American Railroad Finance," 248.
46. J. Bradford De Long, "Did J. P. Morgan's Men Add Value? A Historical Perspective on Financial Capitalism," NBER Working Paper No. 3426, National Bureau of Economic Research, August 1990.
47. Carola Frydman and Eric Hilt, "Investment Banks as Corporate Monitors in the Early Twentieth Century United States," *American Economic Review* 107, no. 7 (2017): 1938–1970.
48. Robert F. Bruner and Sean D. Carr, *The Panic of 1907: Lessons Learned from the Market's Perfect Storm* (Hoboken, NJ: Wiley, 2007), 12.
49. Elhanen Helpman, Introduction, in *General Purpose Technologies and Economic Growth,* ed. Elhanen Helpman (Cambridge, MA: MIT Press, 1998), 3.
50. Paul David, "The Dynamo and the Computer: An Historical Perspective on the Modern Productivity Paradox," *American Economic Review* 80, no. 2 (1990): 355–361.
51. Florida and Samber, "Capital and Creative Destruction," 265.
52. Lamoreaux, Levenstein, and Sokoloff, "Financing Invention."
53. H. G. Prout, *A Life of George Westinghouse* (New York: American Society of Mechanical Engineers, 1921), 274.
54. Lamoreaux, Levenstein, and Sokoloff, "Financing Invention," 20.
55. Ajay K. Agrawal, Iain M. Cockburn, Alberto Galasso, and Alexander Oettl, "Why Are Some Regions More Innovative Than Others? The Role of Firm Size Diversity," NBER Working Paper No. 17793, National Bureau of Economic Research, January 2012.
56. Florida and Samber, "Capital and Creative Destruction," 271.
57. David Cannadine, *Mellon: An American Life* (New York: A. A. Knopf, 2006), 163.
58. Cannadine, *Mellon,* 98.
59. Florida and Samber, "Capital and Creative Destruction," 285.
60. Mark Samber, "Networks of Capital: Creating and Maintaining a Regional Industrial Economy in Pittsburgh, 1865–1919" (Ph.D. diss., Carnegie Mellon University, 1995),

179–180.

61. Quentin R. Skrabec, *Henry Clay Frick: The Life of the Perfect Capitalist* (Jefferson, NC: McFarland, 2010), 175.
62. Cannadine, *Mellon,* 119–120.
63. Thomas Hellmann and Manju Puri, "Venture Capital and the Professionalization of Start-up Firms: Empirical Evidence," *Journal of Finance* 57, no. 1 (2002): 169–197.
64. John N. Ingham, *Biographical Dictionary of American Business Leaders* (Westport, CT: Greenwood Publishing Group, 1983), Vol. 1, 919.
65. Cannadine, *Mellon,* 167.
66. Samber, "Networks of Capital," 181.
67. Harvey O'Connor, *Mellon's Millions: The Biography of a Fortune; the Life and Times of Andrew W. Mellon* (New York: Blue Ribbon Books, 1933), xi.
68. O'Connor, *Mellon's Millions,* 400–401.
69. Emmanuel Saez and Gabriel Zucman, "Wealth Inequality in the United States since 1913: Evidence from Capitalized Income Tax Data," *Quarterly Journal of Economics* 131, no. 2 (2016): 519–578, 521.

第三章

1. Charles W. Calomiris and Carlos D. Ramirez, "Financing the American Corporation: The Changing Menu of Financial Relationships," in ed. Carl Kaysen, *The American Corporation Today* (Oxford: Oxford University Press, 2007): 128–186, 146.
2. Karl T. Compton, "George Eastman," *Science* 75, no. 1946 (1932): 402–405, 402.
3. Elizabeth Brayer, *George Eastman: A Biography* (Baltimore: Johns Hopkins University Press, 1996; Rochester, NY: University of Rochester Press, 2006), 45.
4. Lynne Warren, *Encyclopedia of Twentieth-Century Photography, 3-Volume Set* (Oxfordshire: Taylor and Francis, 2005), Vol. 1, 425.
5. M. Todd Henderson, "The Story of Dodge v. Ford Motor Company: Everything Old Is New Again," in J. Mark Ramseyer, ed., *Corporate Law Stories* (New York: Foundation Press, Thomson Reuters, 2009), 42.

6. Henderson, "The Story of Dodge v. Ford," 45.
7. Henderson, "The Story of Dodge v. Ford," 47.
8. Henderson, "The Story of Dodge v. Ford," 49; Alasdair G. M. Nairn, *Engines That Move Markets: Technology Investing from Railroads to the Internet and Beyond* (New York: Wiley, 2002), 210.
9. Robert J. Gordon, *The Rise and Fall of American Growth: The U.S. Standard of Living since the Civil War* (Princeton, NJ: Princeton University Press, 2017), 11.
10. Nathan Miller, *New World Coming: The 1920s and the Making of Modern America* (New York: Scribner, 2003), 179.
11. Edward L. Glaeser, *Triumph of the City: How Our Greatest Invention Makes Us Richer, Smarter, Greener, Healthier, and Happier* (New York: Penguin, 2011), 30.
12. Stephen B. Adams, "Arc of Empire: The Federal Telegraph Company, the U.S. Navy, and the Beginnings of Silicon Valley," *Business History Review* 91, no. 2 (2017): 329–359.
13. Geoffrey Maslen, "Magic Lamp of Radio," *New Scientist* 59, no. 861 (August 30, 1973): 495–497.
14. Glaeser, *Triumph of the City,* 31.
15. Timothy J. Sturgeon, "How Silicon Valley Came to Be," in *Understanding Silicon Valley: Anatomy of an Innovative Region,* ed. Martin Kenney (Stanford, CA: Stanford University Press, 2000), 46.
16. Thomas Ropp, "Philo Farnsworth: Forgotten Father of Television," *Media History Digest* 5, no. 2 (1985): 42–58.
17. Martin Kenney and Richard Florida, "Venture Capital in Silicon Valley: Fueling New Firm Formation," in *Understanding Silicon Valley: The Anatomy of an Entrepreneurial Region,* ed. Martin Kenney (Stanford, CA: Stanford University Press, 2000), 103.
18. W. Rupert Maclaurin, "Patents and Technical Progress: A Study of Television," *Journal of Political Economy* 58, no. 2 (1950): 142–157, 149.
19. Gordon, *The Rise and Fall of American Growth,* 409–413.
20. G. Wayne Miller, *Car Crazy: The Battle for Supremacy between Ford and Olds and the Dawn of the Automobile Age* (New York: PublicAffairs, 2015), 9.

21. Jonathan R. Hughes, *The Vital Few: The Entrepreneur and American Economic Progress,* expanded ed. (1966; New York: Oxford University Press, 1986), 288.
22. Kenney and Florida, "Venture Capital in Silicon Valley," 103.
23. Olav Sorenson and Toby Stuart, "Syndication Networks and the Spatial Distribution of Venture Capital Investments," *American Journal of Sociology* 106, no. 6 (2001): 1546–1588; Shai Bernstein, Xavier Giroud, and Richard R. Townsend, "The Impact of Venture Capital Mon-itoring," *Journal of Finance* 71, no. 4 (2016): 1591–1622.
24. Emmanuel Saez and Gabriel Zucman, "Wealth Inequality in the United States since 1913: Evidence from Capitalized Income Tax Data," *Quarterly Journal of Economics* 131, no. 2 (2016): 519–578.
25. Richard C. Sutch, "The Accumulation, Inheritance, and Concentration of Wealth During the Gilded Age: An Exception to Thomas Piketty's Analysis," (paper prepared for presentation, University of California at Riverside, January 25, 2016), 1, http://economics.ucr.edu /repec/ucr/wpaper/201601.pdf.
26. Richard R. Davis, *The Phipps Family and the Bessemer Companies* (Nashville: Turner Publishing, 2007), 36–38.
27. Davis, *The Phipps Family,* 112.
28. Davis, *The Phipps Family,* 46.
29. Davis, *The Phipps Family,* 75.
30. "Venture Capital: What Is It, Where Is It, How to Get It," *Business Management,* July 1964.
31. "Dynasties Unify," *Business Week,* no. 876, June 15, 1946.
32. Alfred D. Chandler, "John D. Rockefeller: The Richest Man in the World," HBS no. 815-088 (Boston: Harvard Business School Publishing, 2014).
33. Ron Chernow, *Titan: The Life of John D. Rockefeller, Sr.* (New York: Random House, 1998; ebook Knopf Doubleday, 2007), 489.
34. John W. Wilson, *The New Venturers: Inside the High-Stakes World of Venture Capital* (Reading, MA: Addison-Wesley, 1985), 15.
35. John B. Rae, *Climb to Greatness: The American Aircraft Industry, 1920–1960* (Cambridge, MA: MIT Press, 1968), 242.

36. W. David Lewis, *Eddie Rickenbacker: An American Hero in the Twentieth Century* (Baltimore: Johns Hopkins University Press, 2005).

37. W. David Lewis, "Edward V. Rickenbacker's Reaction to the Civil Aviation Policy of the 1930s," in *Reconsidering a Century of Flight,* ed. Roger D. Launius and Janet R. Daly Bednarek (Chapel Hill: University of North Carolina Press, 2003), 118–131, 127.

38. Henry W. Berger, *St. Louis and Empire: 250 Years of Imperial Quest and Urban Crisis* (Carbondale: Southern Illinois University Press, 2015), 177.

39. "Space-Age Risk Capitalist," *Time* 74, no. 8, August 24, 1959.

40. Wilson, *The New Venturers,* 15.

41. Peter Crisp Papers, Baker Business Historical Collections, Business Manuscripts Mss: 784 1946–2008 C93, Box 1 Folder 30, Baker Library, Harvard Business School.

42. William A. Sahlman, "How to Write a Great Business Plan," *Harvard Business Review*, July- August 1997, 101.

43. Jonathan E. Lewis, *Spy Capitalism: ITEK and the CIA* (New Haven, CT: Yale University Press, 2008), 37–43.

44. Peter Crisp Papers, Box 1 Folder 4.

45. Laurance's investments are detailed in the Peter Crisp Papers, Box 1 Folder 4. I follow the public market equivalent calculation methodology in Steven N. Kaplan and Antoinette Schoar, "Private Equity Performance: Returns, Persistence, and Capital Flows," *Journal of Finance* 60, no. 4 (2005): 1791–1823.

46. "Venture Capital: What Is It, Where Is It, How to Get It."

47. Carl A. Dauten and Merle T. Welshans, "Investment Development Companies," *Journal of Finance* 6, no. 3 (1951): 276–290, 276–277.

48. "Venture Capital: What Is It, Where Is It, How to Get It."

49. Paul Gompers, "The Rise and Fall of Venture Capital," *Business and Economic History* 23, no. 2 (1994): 1–24, 19.

50. NVCA, "The National Venture Capital Association Yearbook 2011" (New York: Thomson Reuters, 2011), 9.

51. John Graham, Mark T. Leary, and Michael R. Roberts, "A Century of Capital Structure: The Leveraging of Corporate America," NBER Working Paper No. 19910, National Bu-

reau of Economic Research, February 2014.
52. Peter Lyth, "Chosen Instruments: The Evolution of British Airways," in *Flying the Flag: European Commercial Air Transport since 1945,* ed. Hans-Liudger Dienel and Peter Lyth (Basingstoke: Palgrave Macmillan, 1999), 50–86, 62.
53. Dauten and Welshans, "Investment Development Companies," 282.
54. Dauten and Welshans, "Investment Development Companies," 282.
55. Wilson, *The New Venturers,* 17.
56. Wilson, *The New Venturers,* 18.
57. Edward B. Roberts and Charles E. Eesley, *Entrepreneurial Impact: The Role of MIT* (Hanover: Now Publishers, 2011), 60.
58. Briefing Session on the Small Business Investment Act of 1958, sponsored by the American Management Association, New York, December 1–2, 1958. Committee on Banking and Currency and Select Committee on Small Business. 117 (1959) (Testimony of Charles Wrede Petersmeyer).
59. "Risk Capital Plays It Safer," *Business Week,* no. 1498, May 17, 1958.
60. Robert S. Harris, T. I. M. Jenkinson, and Steven N. Kaplan, "Private Equity Performance: What Do We Know?" *Journal of Finance* 69, no. 5 (2014): 1851–1882; Erik Stafford, "Replicating Private Equity with Value Investing, Homemade Leverage, and Hold-to-Maturity Accounting" (Working Paper, Harvard Business School, 2015), https://www.hbs.edu/faculty /Pages/item.aspx?num=50433.
61. Ramana Nanda, Sampsa Samila, and Olav Sorenson, "The Persistent Effect of Initial Success: Evidence from Venture Capital," NBER Working Paper No. 24887, National Bureau of Economic Research, August 2018.
62. Martha L. Reiner, *The Transformation of Venture Capital: A History of Venture Capital Organizations in the United States* (Ph.D. diss., University of California, Berkeley, 1989), 144.
63. "Venture Capital: What Is It, Where Is It, How to Get It."
64. Henry Etzkowitz, *MIT and the Rise of Entrepreneurial Science* (London: Routledge, 2002), 90.
65. Kenney and Florida, "Venture Capital in Silicon Valley," 105.

66. Paul Wendt, "The Availability of Capital to Small Business in California," unpublished mimeo, University of California, Berkeley, 1947, 43–54, 139–142; Reiner, *The Transformation of Venture Capital*, 202–215.
67. Wendt, "The Availability of Capital," 86.
68. Wendt, "The Availability of Capital," 149.
69. Wilson, *The New Venturers*, 19.

第四章

1. Robert Bleiberg, "New Kind of Company Finances Ventures," *Barron's National Business and Financial Weekly* 29, no. 8, February 21, 1949.
2. Spencer E. Ante, *Creative Capital: Georges Doriot and the Birth of Venture Capital* (Boston: Harvard Business Press, 2008); David H. Hsu and Martin Kenney, "Organizing Venture Capital: The Rise and Demise of American Research & Development Corporation, 1946–1973," *Industrial and Corporate Change* 14, no. 4 (2005): 579–616.
3. A closed-end fund consists of a pool of capital raised by issuing a fixed number of shares at an initial offering. The pool of capital in the closed-end fund is essentially permanent capital. When a share is sold it is transferred to the new investor at the market price rather than being redeemed from the pool of capital itself, as in an open-end fund. Shares in an openend fund are not fixed and can only be purchased and sold directly from the fund at their net asset value.
4. Linda Weiss, *America Inc.?: Innovation and Enterprise in the National Security State* (Ithaca, NY: Cornell University Press, 2014), 58.
5. Josh Lerner, *Boulevard of Broken Dreams: Why Public Efforts to Boost Entrepreneurship and Venture Capital Have Failed—and What to Do about It* (Princeton, NJ: Princeton University Press, 2009).
6. Alan R. Earls and Nasrin Rohani, *Polaroid* (Charleston, SC: Arcadia, 2005), 7.
7. AnnaLee Saxenian, *Regional Advantage: Culture and Competition in Silicon Valley and Route 128* (Cambridge, MA: Harvard University Press, 1996), 20.
8. Charles D. Ellis, *Joe Wilson and the Creation of Xerox* (Hoboken, NJ: John Wiley and

Sons, 2006), 39–50.

9. Donald Wilhelm, "How Small Business Competes for Funds," *Law and Contemporary Problems* 11, no. 2 (1945): 220–247.
10. William Stoddard, "Small Business Wants Capital," *Harvard Business Review* 18 (1940): 265–274, 269.
11. Martha L. Reiner, "The Transformation of Venture Capital: A History of Venture Capital Organizations in the United States" (Ph.D. diss., University of California, Berkeley, 1989), 1.
12. Alexander J. Field, "The Most Technologically Progressive Decade of the Century," *American Economic Review* 93, no. 4 (2003): 1399–1413.
13. Ralph C. Epstein and Florence M. Clark, *Industrial Profits in the United States* (New York: National Bureau of Economic Research, in cooperation with the Committee on Recent Economic Changes, 1934); W. A. Paton, *Corporate Profits as Shown by Audit Reports* (New York: National Bureau of Economic Research, 1935).
14. Ante, *Creative Capital*.
15. John W. Wilson, *The New Venturers: Inside the High-Stakes World of Venture Capital* (Reading, MA: Addison-Wesley, 1985), 20.
16. Daniel Yergin, *The Quest: Energy, Security, and the Remaking of the Modern World* (New York: Penguin, 2011), 560.
17. Lee Stout, "Women in Leadership: An Untold Story," *Directors and Boards* 36, no. 3 (2012): 38–43, 42.
18. Georges F. Doriot papers, 1921–1984, Baker Business, Historical Collections, Business Manuscripts Mss: 784 1921–1984 D698, volume 127, no. 1, Harvard Business School Club Buffalo: "Thoughts," January 26, 1967, Baker Library, Harvard Business School.
19. Status and Future of Small Business: Hearing before the Senate Committee on Small Business. Ninetieth Congress. 155 (1967) (Testimony of Georges Doriot).
20. Hoover Medal Board of Award, biography by J. W. Roe, "Ralph Edward Flanders, Seventh Hoover Medalist," Hoover Medal Board of Award, New York, 1944.
21. David M. Hart, *Forged Consensus: Science, Technology, and Economic Policy in the*

United States, 1921–1953 (Princeton, NJ: Princeton University Press, 1998), 158–172.

22. Henry Etzkowitz, *MIT and the Rise of Entrepreneurial Science* (London: Routledge, 2002), 83.
23. Ralph E. Flanders, *Senator from Vermont* (Boston: Little, Brown, 1961), 188.
24. Volume and Stability of Private Investment: Hearing before the Joint Committee on the Economic Report. Eighty First Congress. 453 (1949) (Testimony of Merrill Griswold).
25. Testimony of Merrill Griswold, 454.
26. Hart, *Forged Consensus,* 165–168; Hsu and Kenney, "Organizing Venture Capital," 586–587.
27. Testimony of Merrill Griswold, 447.
28. Testimony of Georges Doriot (1967), 156.
29. Volume and Stability of Private Investment: Hearing before the Joint Committee on the Economic Report. Eighty-first Congress. 481 (1949) (Testimony of Horace S. Ford).
30. Investment Trusts and Investment Companies: Hearing before a Subcommittee of the Committee on Banking and Currency. Seventy-sixth Congress. 949 (1949) (Testimony of David Schenker).
31. Reiner, "The Transformation of Venture Capital," 171–174.
32. Testimony of Merrill Griswold, 460.
33. Hsu and Kenney, "Organizing Venture Capital," 592.
34. Wilson, *The New Venturers,* 19; Reiner, "The Transformation of Venture Capital," 176.
35. Testimony of Horace S. Ford, 486.
36. Reiner, "The Transformation of Venture Capital," 177.
37. Ante, *Creative Capital,* 113.
38. See, for example, US patent 2,134,840 for a "Water Separator." Patented by Eidon K. Ralston, Cleveland, Ohio, assignor to Circo Products Company, Cleveland, Ohio, a corporation of Ohio. Filing date June 25, 1936.
39. Ante, *Creative Capital,* 114.
40. Jane Jacobs, *The Economy of Cities* (New York: Random House, 1969), 205–206.
41. Edward B. Roberts, *Entrepreneurs in High Technology: Lessons from MIT and Beyond* (New York: Oxford University Press, 1991), 135.

42. Testimony of Georges Doriot (1967), 158–159.
43. Roberts, *Entrepreneurs in High Technology,* 135.
44. Edward B. Roberts and Charles E. Eesley, *Entrepreneurial Impact: The Role of MIT* (Hanover, NH: Now Publishers, 2011), 53.
45. Testimony of Horace S. Ford, 476.
46. Hsu and Kenney, "Organizing Venture Capital," 593.
47. Hsu and Kenney, "Organizing Venture Capital," 598.
48. Testimony of Georges Doriot (1967), 156, 165.
49. Testimony of Georges Doriot (1967), 157.
50. Economic Concentration: Hearing before the Senate Committee on the Judiciary, Subcommittee on Antitrust and Monopoly. Eighty-eighth Congress. 2716 (1964) (Testimony of Georges Doriot).
51. Tom Nicholas, "The Origins of High-Tech Venture Investing in America," in *Financial Market History: Reflections on the Past for Investors Today,* ed. David Chambers and Elroy Dimson (Charlottesville, VA: CFA Institute, 2016), 229.
52. Patrick R. Liles, *Sustaining the Venture Capital Firm* (Cambridge, MA: Management Analysis Center, 1977), 86–87.
53. Liles, *Sustaining the Venture Capital Firm,* 46.
54. Liles, *Sustaining the Venture Capital Firm,* 40–41.
55. Hsu and Kenney, "Organizing Venture Capital," 607–608.
56. Testimony of Georges Doriot (1967), 165.
57. Hsu and Kenney, "Organizing Venture Capital," 610.
58. Liles, *Sustaining the Venture Capital Firm,* 62.
59. Liles, *Sustaining the Venture Capital Firm,* 67.
60. Georges F. Doriot papers, 1921–1984, vol. 114, no. 7, "Memorandum: Venture Capital," November 1953.
61. Liles, *Sustaining the Venture Capital Firm,* 71, 83.
62. Testimony of Georges Doriot (1967), 159.
63. Roberts, *Entrepreneurs in High Technology,* 135.
64. Testimony of Georges Doriot (1964), 2718–2719.

65. Kenneth H. Olsen, "Learning the Dangers of Success: The Education of an Entrepreneur," *New York Times,* July 19, 1987, F2.
66. Saxenian, *Regional Advantage,* 96.
67. Liles, *Sustaining the Venture Capital Firm,* 83. In its registration statement filed with the SEC in July 1968, Digital Equipment Corporation had 2,926,600 common shares outstanding. ARD held 60 percent of these, Olsen 11 percent, and the management team 17 percent (ownership of the remaining 12 percent is not included in the SEC document). In the IPO ARD sold 215,000 of its shares for $26,385,394.
68. Clifford M. Baumback and Joseph R. Mancuso, *Entrepreneurship and Venture Management* (Englewood Cliffs, NJ: Prentice-Hall, 1975), 114.
69. Liles, *Sustaining the Venture Capital Firm,* 150.
70. Hsu and Kenney, "Organizing Venture Capital," 609.
71. Liles, *Sustaining the Venture Capital Firm,* 80.
72. Testimony of Georges Doriot (1964), 2724.
73. Elmus Wicker, *The Banking Panics of the Great Depression* (Cambridge: Cambridge University Press, 1996), 95.
74. Ernest M. Klemme, "Industrial Loan Operations of the Reconstruction Finance Corporation and the Federal Reserve Banks," *Journal of Business* 12, no. 4 (1939): 365–385.
75. R. L. Weissman, *Small Business and Venture Capital: An Economic Program* (New York: Harper and Brothers, 1945), 77.
76. Liles, *Sustaining the Venture Capital Firm,* 12–26.
77. Stoddard, "Small Business Wants Capital," 265.
78. Charles M. Noone and Stanley M. Rubel, *SBICs: Pioneers in Organized Venture Capital* (Chicago: Capital Pub. Co., 1970), 27–28.
79. Liles, *Sustaining the Venture Capital Firm,* 77.
80. *Federal Reserve Bulletin,* July 1957, 767.
81. Irving Schweiger, "Adequacy of Financing for Small Business since World War Two," *Journal of Finance* 13, no. 3 (1958): 323–347.
82. "Superfluous Crutch," *Barron's National Business and Financial Weekly* 38, no. 47, November24, 1958.

83. Peter Henig, "The Old Guard," *Venture Capital Journal,* October 2002, 27.
84. Testimony of Georges Doriot (1967), 161.
85. Wilson, *The New Venturers,* 22.
86. Liles, *Sustaining the Venture Capital Firm,* 98–99.
87. Liles, *Sustaining the Venture Capital Firm,* 116–117.
88. Jeffrey L. Cruikshank, *Shaping the Waves: A History of Entrepreneurship at Harvard Business School* (Boston: Harvard Business School Press, 2005), 114.
89. Liles, *Sustaining the Venture Capital Firm,* 100.
90. William Rotch, "The Pattern of Success in Venture Capital Financing," *Financial Analysts Journal* 24, no. 5 (1968): 141–147, 146.
91. Rao Hayagreeva and Martin Kenney, "New Forms as Settlements," in *The Sage Handbook of Organizational Institutionalism,* ed. R. Greenwood et al. (Los Angeles: SAGE Publications, 2008), 360.
92. Small Business Investment Incentive Act Hearing before the Subcommittee on Consumer Protection and Finance of the Committee on Interstate and Foreign Commerce. Ninety-sixth Congress. 92 (1979) (Testimony of Frank Chambers).
93. Liles, *Sustaining the Venture Capital Firm,* 92.
94. Testimony of Georges Doriot (1967), 160.
95. Role of the Venture Capital Industry in the American Economy: Hearing before the Subcommittee on International Trade, Finance, and Security Economics of the Joint Economic Committee. Ninety-seventh Congress. 32 (1982) (Testimony of National Association of Small Business Investment Companies).
96. Mark Suchman, "Dealmakers and Counselors: Law Firms as Intermediaries in the Development of Silicon Valley," in *Understanding Silicon Valley: The Anatomy of an Entrepreneurial Region,* ed. Martin Kenney (Stanford, CA: Stanford University Press, 2000), 71–97.
97. Cruikshank, *Shaping the Waves,* 123; William H. Draper, *The Startup Game: Inside the Partnership between Venture Capitalists and Entrepreneurs* (New York: Palgrave Macmillan, 2011), 36.
98. Arun Rao and Piero Scaruffi, *A History of Silicon Valley: The Greatest Creation of*

Wealth in the History of the Planet, 2nd ed. (Omniware Group, 2013).

99. Henig, "The Old Guard," 27.

100. Ante, *Creative Capital,* 153; Reiner, "The Transformation of Venture Capital," 332.

101. BruceR. Scott, *Capitalism: Its Origins and Evolution as a System of Governance* (New York: Springer, 2011).

102. New Enterprise Associates, "Business Opportunity in Venture Investing," internal memorandum, NEA archives, 1977.

第五章

1. Paul A. Gompers and Josh Lerner, "The Use of Covenants: An Empirical Analysis of Venture Partnership Agreements," *Journal of Law and Economics* 39, no. 2 (1996): 463–498, 468.

2. Leslie Berlin, "The First Venture Capital Firm in Silicon Valley: Draper, Gaither & Anderson," in *Making the American Century: Essays on the Political Culture of Twentieth Century America,* ed. Bruce J. Schulman (New York: Oxford University Press, 2014), 20.

3. Frederick Pollock, *Essays in Jurisprudence and Ethics* (London: Macmillan and Company, 1882), 100.

4. Eric Hilt and Katharine O'Banion, "The Limited Partnership in New York 1822–1858: Partnerships without Kinship," *Journal of Economic History* 69, no. 3 (2009): 615–645, 615.

5. Berlin, "The First Venture Capital Firm."

6. Paul A. Gompers and Josh Lerner, *The Venture Capital Cycle,* 2nd ed. (Cambridge, MA: MIT Press, 2004), 37.

7. Robert Premus, "Venture Capital and Innovation: A Study," prepared for Joint Economic Committee, US Congress, 98th Session, December 28, 1984 (Washington DC: US GPO, 1985), https://www.jec.senate.gov/reports/98th%20Congress/Venture%20Capital%20and%20 Innovation%20(1316).pdf.

8. Amalia D. Kessler, *A Revolution in Commerce: The Parisian Merchant Court and the Rise of Commercial Society in Eighteenth-Century France* (New Haven, CT: Yale Uni-

versity Press, 2007), 172–174.

9. Francis M. Burdick, *The Law of Partnership, Including Limited Partnerships* (Boston: Little, Brown, 1899; Littleton, CO: F. B. Rothman, 1983), 360.

10. Clement Bates, *The Law of Limited Partnership* (Boston: Little, Brown, 1886), 24.

11. Naomi R. Lamoreaux and Jean-Laurent Rosenthal, "Legal Regime and Contractual Flexibility: A Comparison of Business's Organizational Choices in France and the United States during the Era of Industrialization," *American Law and Economics Review* 7, no. 1 (2005): 28–61.

12. William George, *Handbook of the Law of Partnership* (St. Paul, MN: West Pub. Co., 1897), 422.

13. Hilt and O'Banion, "The Limited Partnership in New York," 632–638.

14. Burdick, *The Law of Partnership,* 370.

15. Bates, *The Law of Limited Partnership,* 83.

16. New York Supreme Court, *New York Supplement* (St. Paul, MN: West Publishing Company, 1922), 296.

17. Leone Levi, *Manual of the Mercantile Law of Great Britain and Ireland* (London: Smith, 1854), 215.

18. "The Uniform Limited Partnership Act," *Columbia Law Review* 22, no. 7 (1922): 669–672, 670.

19. Stanley E. Howard, "The Limited Partnership in New Jersey," *Journal of Business of the University of Chicago* 7, no. 4 (1934): 296–317, 314–315.

20. Howard, "The Limited Partnership in New Jersey," 317.

21. "The Limited Partnership," *Yale Law Journal* 45, no. 5 (1936): 895–907, 904.

22. Josh Lerner, *The Architecture of Innovation: The Economics of Creative Organizations* (Boston: Harvard Business Review Press, 2012), 159.

23. Ronald M. Shapiro, "The Need for Limited Partnership Reform: A Revised Uniform Act," *Maryland Law Review* 37 (1977): 544–593, 546.

24. John T. Maginnis, "Financing Oil and Gas Development," *Business Lawyer* 15, no. 3 (1960): 693–712.

25. Gompers and Lerner, *The Venture Capital Cycle,* 24.

26. Leo J. Pircher, "Tax Sheltered Investments: What, Who, When and Which?" *Business Lawyer* 28, no. 3 (1973): 897–914, 907–908.
27. Charles O. Galvin, "The 'Ought' and 'Is' of Oil-and-Gas Taxation," *Harvard Law Review* 73, no. 8 (1960): 1441–1509, 1458–1461.
28. Robert N. Davies and Kelvyn H. Lawrence, *Choosing a Form of Business Organization* (Durham, NC: Duke University, 1963), 88.
29. "New Popularity for Limited Partnerships," *BusinessWeek,* no. 2206, December 11, 1971, 88–90.
30. *Encyclopedia of Tax Shelter Practices,* (Englewood Cliffs, NJ: Prentice-Hall, 1963), 83–84.
31. *Encyclopedia of Tax Shelter Practices,* 83–84.
32. The main intuition behind participating preferred is to allow the holder to receive a specified liquidation multiple of their investment and to participate with the common stock holders in any remaining proceeds from a liquidation as if the holder had converted their preferred shares to common.
33. Steven N. Kaplan and Per Stromberg, "Financial Contracting Theory Meets the Real World: An Empirical Analysis of Venture Capital Contracts," *Review of Economic Studies* 70, no. 2 (2003): 281–315, 286.
34. Montgomery Rollins, *Convertible Securities* (London: G. Routledge & Sons, 1909); Fred L. Kurr, "Participating Preferred Stocks," *The Magazine of Wall Street and Business Analyst,* July 1922, 352.
35. The literature on the tax benefits associated with convertible securities is contentious. See further, Ronald J. Gilson and David M. Schizer, "Understanding Venture Capital Structure: A Tax Explanation for Convertible Preferred Stock," *Harvard Law Review* 116, no. 3 (2003): 874–916; Gregg D. Polsky and Brant J. Hellwig, "Examining the Tax Advantage of Founders' Stock," *Iowa Law Review* 97 (2012): 1085–1145.
36. Gompers and Lerner, *The Venture Capital Cycle,* 8.
37. William H. Draper, III, *The Startup Game: Inside the Partnership between Venture Capitalists and Entrepreneurs* (New York: Palgrave Macmillan, 2011); Berlin, "The First Venture Capital Firm."

38. Draper, *The Startup Game,* 23.
39. "Blue-Ribbon Venture Capital," *BusinessWeek,* no. 1626, October 29, 1960, 64–69.
40. Berlin, "The First Venture Capital Firm," 8.
41. Morey Greenstein, interview by Carole Kolker, Menlo Park, CA, February 20, 2014.
42. Berlin, "The First Venture Capital Firm," 7.
43. "Investing with 'Tax Dollars,' " *BusinessWeek,* no. 2107, January 17, 1970, 66–68.
44. Berlin, "The First Venture Capital Firm," 9. "Investing Firm Forms on Coast," *New York Herald Tribune,* August 13, 1959.
45. Berlin, "The First Venture Capital Firm," 9.
46. William Rotch, "The Pattern of Success in Venture Capital Financing," *Financial Analysts Journal* 24, no. 5 (1968): 141–147, 147.
47. Berlin, "The First Venture Capital Firm," 9.
48. Ted Caldwell, "Introduction: The Model for Superior Performance," in *Hedge Funds: Investment and Portfolio Strategies for the Institutional Investor,* ed. Jess Lederman and Robert A. Klein (Burr Ridge, IL: Irwin Professional Publishing, 1995).
49. Robert G. Hagstrom, *The Essential Buffett: Timeless Principles for the New Economy* (New York: Wiley, 2002), 25.
50. "Blue-Ribbon Venture Capital."
51. Berlin, "The First Venture Capital Firm," 11.
52. Lin Tso [Zuo], *The Sensible Investor's Guide to Growth Stocks* (New York: J. Messner, 1962), 169.
53. Michael S. Malone, *The Big Score: The Billion-Dollar Story of Silicon Valley* (Garden City, NY: Doubleday, 1985), 48.
54. Tso [Zuo], *The Sensible Investor's Guide to Growth Stocks,* 169.
55. Berlin, "The First Venture Capital Firm," 12.
56. "Smith Kline Agrees to Buy Corbin-Farnsworth for Stock," *Wall Street Journal,* March 23, 1964.
57. Michael E. Porter, *The Competitive Advantage of Nations,* with a new intro. (1990; New York: Free Press, 1998), 198.
58. Berlin, "The First Venture Capital Firm," 12.

59. Berlin, "The First Venture Capital Firm," 23.
60. Berlin, "The First Venture Capital Firm," 16.
61. William Elfers, *Greylock: An Adventure Capital Story* (Boston: Greylock Management Corporation, 1995), 113.
62. Elfers, *Greylock,* 114.
63. Elfers, *Greylock,* 158–159.
64. Elfers, *Greylock,* 16–18.
65. Elfers, *Greylock,* 42.
66. Briefing Session on the Small Business Investment Act of 1958, sponsored by the American Management Association, New York, December 1–2, 1958. Committee on Banking and Currency and Select Committee on Small Business. 113 (1959) (Testimony of William Elfers).
67. Elfers, *Greylock,* 49.
68. Elfers, *Greylock,* 155.
69. Elfers, *Greylock,* 43.
70. Elfers, *Greylock,* 23–24.
71. Elfers, *Greylock,* 41–42.
72. Elfers, *Greylock,* 160–161.
73. Elfers, *Greylock,* 42.
74. Elfers, *Greylock,* 43.
75. Elfers, *Greylock,* 161.
76. Elfers, *Greylock,* 52–53.
77. Peter Crisp Papers, Baker Business Historical Collections, Business Manuscripts Mss: 784 1946–2008 C93, Box 1 Folder 2-2, Baker Library, Harvard Business School.
78. Peter Crisp Papers, Box 2 Folder 4.
79. John W. Wilson, *The New Venturers: Inside the High-Stakes World of Venture Capital* (Reading, MA: Addison-Wesley, 1985), 99.
80. Peter Crisp Papers, Box 1 Folder 3.
81. Peter Crisp Papers, Box 1 Folder 5.
82. Wilson, *The New Venturers,* 92–93.

83. Peter Crisp Papers, Box 1 Folder 5.
84. Wilson, *The New Venturers,* 94.
85. Peter Crisp Papers, Box 1 Folder 3.
86. Apple Computer, Confidential Private Placement Memorandum, November 18, 1977. Provided courtesy of Bill Sahlman.
87. Wilson, *The New Venturers,* 96.
88. Gompers and Lerner, *The Venture Capital Cycle,* 37.
89. Pension Simplification and Investment Rules Joint Hearings before the Subcommittee on Private Pension Plans and Fringe Benefits of the Committee on Finance and the Select Committee on Small Business. Ninety-fifth Congress. 8 (1977) (Testimony of Nancy L. Ross).
90. Harvard College v Amory (1830) 26 Mass (9 Pick) 446.
91. Briefing Session on the Small Business Investment Act of 1958, sponsored by the American Management Association, New York, December 1–2, 1958. Committee on Banking and Currency and Select Committee on Small Business. 569 (1959) (Testimony of William Elfers).
92. Robert C. Pozen, "The Prudent Person Rule and ERISA: A Legal Perspective," *Financial Analysts Journal* 33, no. 2 (1977): 30–35.
93. Pension Simplification and Investment Rules Joint Hearings before the Subcommittee on Private Pension Plans and Fringe Benefits of the Committee on Finance and the Select Committee on Small Business. Ninety-fifth Congress. 112 (1977) (Testimony of Stewart Greenfield).
94. Pension Simplification and Investment Rules Joint Hearings before the Subcommittee on Private Pension Plans and Fringe Benefits of the Committee on Finance and the Select Committee on Small Business. Ninety-Fifth Congress (1977), Opening Statement by Lloyd Bentsen, 11–12.
95. Pension Simplification and Investment Rules Joint Hearings before the Subcommittee on Private Pension Plans and Fringe Benefits of the Committee on Finance and the Select Committee on Small Business. Ninety-fifth Congress. 94 (1977) (Testimony of David T. Morgenthaler).

96. Elizabeth Popp Berman, *Creating the Market University: How Academic Science Became an Economic Engine* (Princeton, NJ: Princeton University Press, 2012), 73.
97. Michael E. Murphy, "Pension Plans and the Prospects of Corporate Self-Regulation," *DePaul Business & Commercial Law Journal* 5 (2006): 503–578, 508.
98. Paul A. Gompers and Josh Lerner, "What Drives Venture Capital Fundraising?" *Brookings Papers on Economic Activity Microeconomics* 29 (1999): 149–204, 166.
99. Testimony of David T. Morgenthaler, 98.
100. StevenA. Bank, *Anglo-American Corporate Taxation: Tracing the Common Roots of Divergent Approaches* (Cambridge: Cambridge University Press, 2011), 101.
101. William J. Federer, *The Interesting History of Income Tax,* Amerisearch Incorporated, 2004, 148.
102. James M. Poterba, "Venture Capital and Capital Gains Taxation," *Tax Policy and the Economy* 3 (1989): 47–67, 49.
103. Capital Gains Tax Bills: Hearings before the Subcommittee on Taxation and Debt Management Generally of the Committee on Finance. Ninety-fifth Congress. 15 (1978) (Testimony of William A. Steiger).
104. Capital Gains Tax Bills: Hearings before the Subcommittee on Taxation and Debt Management Generally of the Committee on Finance. Ninety-fifth Congress. 271 (1978) (Testimony of Robert Noyce).
105. Capital Gains Tax Bills: Hearings before the Subcommittee on Taxation and Debt Management Generally of the Committee on Finance. Ninety-fifth Congress. 273 (1978) (Testimony of E. F. Heizer, Jr.).
106. Capital Gains Tax Bills: Hearings before the Subcommittee on Taxation and Debt Management Generally of the Committee on Finance. Ninety-fifth Congress. 275 (1978) (Testimony of B. Kipling Hagopian).
107. Premus, "Venture Capital and Innovation: A Study."
108. Premus, "Venture Capital and Innovation: A Study," xi.
109. Morey Greenstein, interview by Carole Kolker.
110. Poterba, "Venture Capital and Capital Gains Taxation."
111. See for example, Ufuk Akcigit, Salomé Baslandze, and Stefanie Stantcheva, "Taxation

and the International Mobility of Inventors," *American Economic Review* 106, no. 10 (2016): 2930–2981.

第六章

1. Pension Simplification and Investment Rules Joint Hearings before the Subcommittee on Private Pension Plans and Fringe Benefits of the Committee on Finance and the Select Committee on Small Business. Ninety-fifth Congress. 119 (1977) (Testimony of David T. Morgenthaler).
2. See for example, A. L. Saxenian, *Regional Advantage* (Cambridge, MA: Harvard University Press, 1996); Timothy J. Sturgeon, "How Silicon Valley Came to Be," in *Understanding Silicon Valley: Anatomy of an Innovative Region,* ed. Martin Kenney (Stanford, CA: Stanford University Press, 2000); Chrisophe Lécuyer, *Making Silicon Valley: Innovation and the Growth of High Tech, 1930–1970* (Cambridge, MA: MIT Press, 2006); Arun Rao and Pietro Scaruffi, *A History of Silicon Valley: The Greatest Creation of Wealth in the History of the Planet,* 2nd ed. (Omniware Group, 2013).
3. Edward L. Glaeser, *Triumph of the City: How Our Greatest Invention Makes Us Richer, Smarter, Greener, Healthier, and Happier* (New York: Penguin, 2011), 31.
4. Bruce Cumings, *Dominion from Sea to Sea: Pacific Ascendancy and American Power* (New Haven, CT: Yale University Press, 2009), 445.
5. See for example, patent 2,269,456 for an "Electron Beam Oscillator," patented by William W. Hansen and Russell H. Varian, Stanford University, California, assignors to Board of Trustees of Stanford University. Filing date January 22, 1938.
6. Saxenian, *Regional Advantage,* 177.
7. Saxenian, *Regional Advantage,* 23–24.
8. Lécuyer, *Making Silicon Valley,* 250.
9. Walter Isaacson, *Steve Jobs* (New York: Simon and Sch8uster, 2011), 61.
10. John W. Wilson, *The New Venturers: Inside the High-Stakes World of Venture Capital* (Reading, MA: Addison-Wesley, 1985), 98.
11. Arthur Rock, "Arthur Rock and Co.," in *Done Deals: Venture Capitalists Tell Their Sto-*

ries,* ed. Udayan Gupta (Boston: Harvard Business School Press, 2000), 142.
12. Sturgeon, "How Silicon Valley Came to Be," 16.
13. Arnold Thackray, David C. Brock, and Rachel Jones, *Moore's Law: The Life of Gordon Moore, Silicon Valley Quiet Revolutionary* (New York: Basic Books), 75.
14. Nathan Newman, *Net Loss: Internet Prophets, Private Profits, and the Costs to Community* (University Park: Pennsylvania State University Press, 2010), 92.
15. Olav Sorenson and Toby E. Stuart, "Syndication Networks and the Spatial Distribution of Venture Capital Investments," *American Journal of Sociology* 106, no. 6 (2001): 1546–1588.
16. Sturgeon, "How Silicon Valley Came to Be," 21.
17. Paul Rhode, "The Impact of World War Two Spending on the California Economy," in *The Way We Really Were: The Golden State in the Second Great War,* ed. Roger W. Lotchin (Urbana: University of Illinois Press, 2000), 94.
18. Stuart W. Leslie, "The Biggest 'Angel' of Them All: The Military and the Making of Silicon Valley," in *Understanding Silicon Valley: The Anatomy of an Entrepreneurial Region,* ed. Martin Kenney (Stanford, CA: Stanford University Press, 2000), 55.
19. Lécuyer, *Making Silicon Valley,* 172.
20. Leslie, "The Biggest 'Angel' of Them All," 49.
21. John E. Tilton, *International Diffusion of Technology: The Case of Semiconductors* (Washington, DC: Brookings Institution Press, 1971), 90–91, 218.
22. Lécuyer, *Making Silicon Valley,* 101.
23. Lécuyer, *Making Silicon Valley,* 55, 293.
24. Lécuyer, *Making Silicon Valley,* 63.
25. Leslie, "The Biggest 'Angel' of Them All," 53.
26. Lécuyer, *Making Silicon Valley,* 92; Leslie, "The Biggest 'Angel' of Them All," 55–56.
27. Rhode, "The Impact of World War Two Spending on the California Economy," 100.
28. Lécuyer, *Making Silicon Valley,* 295.
29. Lécuyer, *Making Silicon Valley,* 6.
30. Saxenian, *Regional Advantage,* 117.
31. Lécuyer, *Making Silicon Valley,* 172.

32. Lécuyer, *Making Silicon Valley,* 46–47.
33. Lécuyer, *Making Silicon Valley,* 11, 192.
34. Saxenian, *Regional Advantage,* 70.
35. Saxenian, *Regional Advantage,* 14.
36. Saxenian, *Regional Advantage,* 38–39.
37. Climate for Entrepreneurship and Innovation in the United States: Hearings before the Joint Economic Committee. Ninety-eighth Congress. 10 (1985) (Testimony of Robert Noyce).
38. Lécuyer, *Making Silicon Valley,* 16–26.
39. Daron Acemoglu, Ufuk Akcigit, and Murat Alp Celik, "Young, Restless and Creative: Openness to Disruption and Creative Innovations," NBER Working Paper No. 19894, National Bureau of Economic Research, February 2014, rev. August 2015.
40. Testimony of Robert Noyce, 10.
41. Lécuyer, *Making Silicon Valley,* 98.
42. Saxenian, *Regional Advantage,* 50.
43. Lécuyer, *Making Silicon Valley,* 41, 82–85.
44. Carola Frydman, "Rising through the Ranks: The Evolution of the Market for Corporate Executives, 1936–2003," *Journal of Economic History* 66, no. 2 (2006): 516–517.
45. Maryann P. Feldman, Lauren Lanahan, and Jennifer M. Miller, "Inadvertent Infrastructure and Regional Entrepreneurship Policy," in *Handbook of Research on Entrepreneurship and Regional Development,* ed. Michael Fritsch and R. E. Riggio (Cheltenham: Edward Elgar, 2011), 217–218.
46. Ronald Gilson, "The Legal Infrastructure of High Technology Industrial Districts: Silicon Valley, Route 128, and Covenants Not to Compete,"*New York University Law Review* 74, no. 3 (1999): 575–629; Matt Marx and Lee Fleming, "Non-Compete Agreements: Barriers to Entry . . . and Exit?" *Innovation Policy and the Economy* 12, no. 1 (2012): 39–64.
47. Arthur Rock, interview by Tom Nicholas, San Francisco, September 21, 2012.
48. William Lazonick, *Sustainable Prosperity in the New Economy? Business Organization and High-Tech Employment in the United States* (Kalamazoo, MI: W. E. Upjohn Insti-

tute for Employment Research, 2009), 42.
49. Wilson, *The New Venturers,* 32.
50. David A. Kaplan, "Gordon Moore's Journey," *Fortune,* September 24, 2012, 3.
51. Wilson, *The New Venturers,* 33.
52. Leslie Berlin, *The Man Behind the Microchip: Robert Noyce and the Invention of Silicon Valley* (New York: Oxford University Press, 2006), 76; Lécuyer, *Making Silicon Valley,* 166.
53. Wilson, *The New Venturers,* 33.
54. Berlin, *The Man Behind the Microchip,* 159.
55. Ross Knox Bassett, *To the Digital Age: Research Labs, Start-up Companies, and the Rise of MOS Technology* (Baltimore: Johns Hopkins University Press, 2002), 171.
56. William Lazonick, ed., *American Corporate Economy: Critical Perspectives on Business and Management* (New York: Routledge, 2002), Vol. 4, 188–189.
57. Wilson, *The New Venturers,* 32.
58. Arthur Rock, "Strategy vs. Tactics from a Venture Capitalist," *Harvard Business Review* 65, no. 6 (1987): 63–67, 63.
59. Transcript of a video interview at his San Francisco office in March 2001. Interviewer: Amy Blitz, HBS Director of Media Development for Entrepreneurial Management, http://www.hbs.edu/xentrepreneurs/pdf/arthurrock.pdf.
60. Wilson, *The New Venturers,* 35.
61. Michael Moritz, "Arthur Rock: The Best Long-Ball Hitter Around," *Time* 123, no. 4, January 23, 1984, 55.
62. Wilson, *The New Venturers,* 37.
63. Peter Crisp Papers, Baker Business Historical Collections, Business Manuscripts Mss: 784 1946–2008 C93, Box 3 Folder 1, Baker Library, Harvard Business School.
64. Moritz, "Arthur Rock."
65. "Venture Capitalist with a Solid Intuition," *Businessweek,* no. 2126, May 30, 1970, 102–103.
66. John Markoff, "An Evening with Legendary Venture Capitalist Arthur Rock, in Conversation with John Markoff," Computer History Museum, Catalog Number 102658253,

May 1, 2007.
67. Wilson, *The New Venturers*, 36.
68. Charles D. Ellis, *Joe Wilson and the Creation of Xerox* (2006; Hoboken, NJ: John Wiley and Sons, 2011), 342.
69. Details of this investment were gained through personal email correspondence with Arthur Rock, March 11, 2013.
70. Wilson, *The New Venturers*, 37; Jeffrey L. Cruikshank, *Shaping the Waves: A History of Entrepreneurship at Harvard Business School* (Boston: Harvard Business School Press, 2005), 122; Lécuyer, *Making Silicon Valley*, 167.
71. Bassett, *To the Digital Age*, 173.
72. Rob Walker, Interview with Arthur Rock, Silicon Genesis Oral History Project, Department of Special Collections, Stanford University Libraries, recorded in San Francisco, CA, on November 11, 2002, https://silicongenesis.stanford.edu/transcripts/rock.htm.
73. Rock, "Arthur Rock and Co.," 144.
74. Berlin, *The Man Behind the Microchip*, 158.
75. Berlin, *The Man Behind the Microchip*, 166.
76. Berlin, *The Man Behind the Microchip*, 167.
77. Wilson, *The New Venturers*, 38.
78. Michael Moritz, *Return to the Little Kingdom: Steve Jobs, the Creation of Apple, and How It Changed the World* (London: Gerald Duckworth & Company, 2010), 139.
79. Richard S. Tedlow, *Andy Grove: The Life and Times of an American Business Icon* (New York: Penguin, 2007).
80. Tedlow, *Andy Grove*, 133.
81. Felda Hardymon, Tom Nicholas, and Liz Kind, "Arthur Rock," HBS no. 813-138 (Boston: Harvard Business School Publishing, 2013).
82. Berlin, *The Man Behind the Microchip*, 255.
83. Moritz, "Arthur Rock."
84. "Venture Capitalist with a Solid Intuition."
85. Wilson, *The New Venturers*, 39.

86. Berlin, *The Man Behind the Microchip,* 250.
87. Apple Computer, Confidential Private Placement Memorandum, November 18, 1977, 9. Provided by Bill Sahlman.
88. Michael B. Becraft, *Steve Jobs: A Biography* (Westport: ABC-CLIO, 2014), 48.
89. Rock, "Arthur Rock and Co.," 145–146.
90. Wilson, *The New Venturers,* 40.
91. Arthur Rock, interview by Tom Nicholas.
92. Peter Henig, "The Old Guard," *Venture Capital Journal,* October 2002, 30.
93. Richard L. Stern, "Solid as a Rock?" *Forbes* 133, no. 5, February 27, 1984, 89.
94. Wilson, *The New Venturers,* 85.
95. Anthony Bianco, *The Big Lie: Spying, Scandal, and Ethical Collapse at Hewlett Packard* (New York: Public Affairs, 2010), 17.
96. Bianco, *The Big Lie,* 31.
97. Bianco, *The Big Lie,* 22.
98. Bianco, *The Big Lie,* 21.
99. Bianco, *The Big Lie,* 21.
100. Wilson, *The New Venturers,* 74–75.
101. Wilson, *The New Venturers,* 77.
102. Martha L. Reiner, "The Transformation of Venture Capital: A History of Venture Capital Organizations in the United States" (Ph.D. diss., University of California, Berkeley, 1989), 229.
103. Thomas J. Perkins, *Valley Boy: The Education of Tom Perkins* (New York: Gotham Books, 2007), 102.
104. Wilson, *The New Venturers,* 69.
105. Kate Litvak, "Venture Capital Limited Partnership Agreements: Understanding Compensation Arrangements," *University of Chicago Law Review* 76, no. 1 (2009): 161–218.
106. Paul A. Gompers and Josh Lerner, *The Venture Capital Cycle,* 2nd ed. (Cambridge, MA: MIT Press, 2004), 23.
107. Wilson, *The New Venturers,* 77.

108. Paul Gompers, "The Rise and Fall of Venture Capital," *Business and Economic History* 23, no. 2 (1994): 1–24, 11.
109. Perkins, *Valley Boy,* 102.
110. Wilson, *The New Venturers*, 78.
111. Perkins, *Valley Boy,* 107.
112. "How Kleiner Perkins Flies So High," *Business Week,* no. 2774, January 24, 1983, 66–68.
113. William D. Bygrave and Jeffry A. Timmons, *Venture Capital at the Crossroads* (Boston: Harvard Business School Press, 1992), 108.
114. Wilson, *The New Venturers,* 79.
115. "A Computer That Won't Shut Down," *Business Week,* no. 2410, December 8, 1975, 81–82.
116. Perkins, *Valley Boy,* 118.
117. Wilson, *The New Venturers,* 70.
118. Perkins, *Valley Boy,* 139.
119. Roger Lewin, "Profile of a Genetic Engineer," *New Scientist,* September 28, 1978.
120. Iain Cockburn, "The Changing Structure of the Pharmaceutical Industry," *Health Affairs* 23, no. 1 (2004): 10–22.
121. Gary P. Pisano, *Science Business: The Promise, the Reality, and the Future of Biotech* (Boston: Harvard Business School Press, 2006).
122. Lewin, "Profile of a Genetic Engineer."
123. Sally Smith Hughes, *Genentech: The Beginnings of Biotech* (Chicago: University of Chicago Press, 2011), 1–19.
124. Bianco, *The Big Lie,* 50.
125. Wilson, *The New Venturers,* 80.
126. Bianco, *The Big Lie,* 50.
127. Hughes, *Genentech,* 41–42, 158.
128. Hughes, *Genentech,* 47.
129. Hughes, *Genentech,* 75.
130. Thomas J. Perkins, "Thomas J. Perkins, Kleiner Perkins, Venture Capital, and the

Chairmanship of Genentech, 1976–1995," an oral history conducted in 2001 by Glenn E. Bugos for the Regional Oral History Office, The Bancroft Library, University of California, Berkeley, 2002.
131. Thomas J. Perkins, interview by Glenn E. Bugos, 2002.
132. Hughes, *Genentech,* 63.
133. Hughes, *Genentech,* 85–103.
134. Thomas J. Perkins, interview by Glenn E. Bugos, 2002.
135. Perkins, "Thomas J. Perkins, Kleiner Perkins," 9.
136. Wilson, *The New Venturers,* 81–82.
137. Cruikshank, *Shaping the Waves,* 139.
138. Email correspondence between Tom Perkins and Felda Hardymon, March 14, 2013. Provided by Felda Hardymon.
139. "Donald T. Valentine, Early Bay Area Venture Capitalists: Shaping the Economic and Business Landscape," interviewed by Sally Smith Hughes, 2009, transcript at Regional Oral History Office, The Bancroft Library, University of California, Berkeley, http://digitalassets.lib.berkeley.edu/roho/ucb/text/valentine_donald.pdf, p.63.
140. Wilson, *The New Venturers,* 60.
141. Moritz, *Return to the Little Kingdom,* 107.
142. Rob Walker, "Interview with Don Valentine," Silicon Genesis Oral History Project, Department of Special Collections, Stanford University Libraries, recorded at Menlo Park, CA, on April 21, 2004.
143. "Peaks and Valleys," *Inc.,* May 1985.
144. Lécuyer, *Making Silicon Valley,* 270–271.
145. "Don Valentine," *Forbes,* October 1993, 135–137.
146. Wilson, *The New Venturers,* 61.
147. "Donald T. Valentine, Early Bay Area Venture Capitalists," 22.
148. Charles D. Ellis, *Capital: The Story of Long-Term Investment Excellence* (Hoboken, NJ: Wiley, 2005), 132.
149. Ellis, *Capital,* 132.
150. Don Valentine, "Sequoia Capital," in *Done Deals: Venture Capitalists Tell Their Sto-*

ries, ed. Udayan Gupta (Boston: Harvard Business School Press, 2000), 169.
151. Ellis, *Capital,* 137.
152. Ellis, *Capital,* 137.
153. Lily Fang, Victoria Ivashina, and Josh Lerner, "The Disintermediation of Financial Markets: Direct Investing in Private Equity," *Journal of Financial Economics* 116, no. 1 (2015): 160–178.
154. Ellis, *Capital,* 136n35.
155. Wilson, *The New Venturers,* 62–63.
156. Wilson, *The New Venturers,* 64.
157. Wilson, *The New Venturers,* 63–64.
158. Don Valentine, "Target Big Markets," speech, Stanford Graduate School of Business View from the Top Series, Palo Alto, CA, October 5, 2010, https://www .youtube.com/watch?v =nKN-abRJMEw&list=PL5C14B375A7F2FEA8&t=0s&index=84 (quote at 33:33).
159. Moritz, *Return to the Little Kingdom,* 108.
160. Wilson, *The New Venturers,* 65.
161. Wilson, *The New Venturers,* 63; "Peaks and Valleys."
162. Michael S. Malone, *The Big Score: The Billion-Dollar Story of Silicon Valley* (Garden City, NY: Doubleday, 1985), 29.
163. David Bunnell, with Adam Brate, *Making the Cisco Connection: The Story Behind the Real Internet Superpower* (New York: John Wiley and Sons, 2000), 8–10.
164. ShaneM. Greenstein, *How the Internet Became Commercial: Innovation, Privatization, and the Birth of a New Network* (Princeton, NJ: Princeton University Press, 2015), 127.
165. Bunnell and Brate, *Making the Cisco Connection,* 11.
166. "Peaks and Valleys."
167. Jeffrey Zygmont, *The VC Way: Investment Secrets from the Wizards of Venture Capital* (New York: Basic Books, 2002), 27.
168. "Peaks and Valleys."

第七章

1. "Peaks and Valleys," *Inc.*, May 1985.
2. "Venture Capital," *Dun's Review,* February 1977.
3. Robert S. Harris, T. I. M. Jenkinson, and Steven N. Kaplan, "Private Equity Performance: What Do We Know?" *Journal of Finance* 69, no. 5 (2014): 1851–1882.
4. Paul Gompers, "The Rise and Fall of Venture Capital," *Business and Economic History* 23, no. 2 (1994): 1–24, 2.
5. Jerry Neumann, "Heat Death: Venture Capital in the 1980s," *Reaction Wheel* (blog), January 8, 2015, http://reactionwheel .net/2015/01/80s-vc.html.
6. Richard S. Tedlow, *Andy Grove: The Life and Times of an American Business Icon* (New York: Portfolio, 2006), 184.
7. Stephen Manes and Paul Andrews, *Gates: How Microsoft's Mogul Reinvented an Industry—and Made Himself the Richest Man in America* (New York: Simon and Schuster Touchstone, 1994), 176.
8. John W. Wilson, *The New Venturers: Inside the High-Stakes World of Venture Capital* (Reading, MA: Addison-Wesley, 1985), 197.
9. "Lotus," *PC Magazine,* June 25, 1985.
10. William H. Janeway, *Doing Capitalism in the Innovation Economy: Markets, Speculation and the State* (Cambridge: Cambridge University Press, 2012), 61–64; "Venture Capitalist Fred Adler Hunts Ideas That Pay Off Ten to One," *New York Magazine,* June 25, 1984.
11. "The Billion-Dollar Gamble," *Inc.*, September 1981.
12. "Stoking the Micro Fire: Venture Capitalists Affect What You Can Buy," *Info World*, December 3, 1984.
13. Wilson, *The New Venturers,* 71.
14. William A. Sahlman and Howard H. Stevenson, "Capital Market Myopia," *Journal of Business Venturing* 1, no. 1 (1985): 7–30.
15. Wilson, *The New Venturers,* 195.
16. "Stoking the Micro Fire."

17. "Stoking the Micro Fire."
18. Wilson, *The New Venturers*, 196.
19. "Stoking the Micro Fire."
20. Paul A. Gompers, "Grandstanding in the Venture Capital Industry," *Journal of Financial Economics* 42, no. 1 (1996): 133–156.
21. "Stoking the Micro Fire."
22. Stanley E. Pratt, "Soothsayers Look at Venture Capital Industry," *Venture Capital Journal,* May 1984, 1–2.
23. "Tough Times Ahead for Venture Capitalists," *Boston Globe,* December 9, 1984.
24. William E. Wetzel, "The Informal Venture Capital Market: Aspects of Scale and Market Efficiency," *Journal of Business Venturing* 2, no. 4 (1987): 299–313.
25. Amar Bhide, *The Origin and Evolution of New Businesses* (Oxford: Oxford University Press, 2000).
26. Jay Ritter, "IPO Dataset," 2016, University of Florida, Warrington College of Business, https:// site.warrington.ufl.edu/ritter/ipo-data/, accessed December 2016.
27. William A. Sahlman, "The Structure and Governance of Venture-Capital Organizations," *Journal of Financial Economics* 27, no. 2 (1990): 473–521, 478.
28. Paul A. Gompers and Josh Lerner, "The Determinants of Corporate Venture Capital Success: Organizational Structure, Incentives, and Complementarities," NBER Working Paper No. 6725, National Bureau of Economic Research, September 1998, 160–161.
29. "The Folks Who Brought You Apple," *Fortune,* January 12, 1981; Ritter, "IPO Dataset."
30. "Hambrecht & Quist Loses Its Edge," *New York Times,* March 31, 1985.
31. "Bleeding Edge of Technology: New-Issue Specialist Hambrecht & Quist Feels the Pain," *Barron's National Business and Financial Weekly,* April 23, 1984.
32. Ralph King, Jr., "The Money Corner," *Forbes,* March 5, 1990, 39.
33. Michael Moritz, *Return to the Little Kingdom: Steve Jobs, the Creation of Apple, and How It Changed the World* (London: Gerald Duckworth & Company, 2010), 177.
34. Wilson, *The New Venturers,* 121.
35. William J. Torpey and Jerry A. Viscione, "Mezzanine Money for Smaller Businesses,"

Harvard Business Review 65, no. 3 (1987): 116–119.

36. Ann Leamon and Felda Hardymon, "Silicon Valley Bank," HBS no. 800-332 (Boston: Harvard Business School Publishing, 2001).
37. Joyce Lane, "Banking on High Tech," *The California Executive,* October 1987.
38. "Silicon Valley's High-Tech Financier Lender Finds Success in a Field with Few Competitors," *American Banker,* December 1987.
39. Paul A. Gompers, "Xedia and Silicon Valley Bank (a)," HBS no. 298-119 (Boston: Harvard Business School Publishing, 2001), 9.
40. Gary Dushnitsky, "Corporate Venture Capital in the Twenty-First Century: An Integral Part of Firms' Innovation Toolkit," in *The Oxford Handbook of Venture Capital,* ed. Douglas Cumming (Oxford: Oxford University Press, 2012), 162.
41. William Copulsky, "New Venture Management," in *Successful Product and Business Development,* ed. N. Giragosian (New York: Taylor and Francis, 1978), 69.
42. Wilson, *The New Venturers,* 152.
43. Copulsky, "New Venture Management," 68.
44. Wilson, *The New Venturers,* 149.
45. Sally Smith Hughes, *Genentech: The Beginnings of Biotech* (Chicago: University of Chicago Press, 2011), 105.
46. Paul A. Gompers and Josh Lerner, *The Venture Capital Cycle,* 2nd ed. (Cambridge, MA: MIT Press, 2004), 135.
47. G. Felda Hardymon, Mark J. DeNino, and Malcolm S. Salter, "When Corporate Venture Capital Doesn't Work," *Harvard Business Review* 61, no. 3 (May / June 1983): 114–120.
48. George L. Hegg, "A Corporate View of Venture Capital," in *Managing R&D and Technology: Building the Necessary Bridges,* ed. James K. Brown and Susan Henriksen (New York: Conference Board, 1990).
49. Ian C. Yates and Edward B. Roberts, "Initiating Successful Corporate Venture Capital Investments," Working Paper #3308-91-BPS, Alfred P. Sloan School of Management, MIT, Cambridge, MA, June1991, 29, https://dspace .mit.edu/bitstream/handle/1721.1/48257 /initiatingsucces00yate.pdf?s.

50. "Small, High Technology Firms and Innovation, Report." United States Congress, House, Committee on Science and Technology, Subcommittee on Investigations and Oversight of the Committee on Science and Technology. Ninety-sixth Congress (Washington, DC: G.P.O., 1980).
51. Elliott C. Kulakowski and Lynne U. Chronister, *Research Administration and Management* (Burlington, MA: Jones and Bartlett Learning, 2008), 866.
52. S. 881, the Small Business Innovation Research Act of 1981. Hearing before the Subcommittee on Innovation and Technology of the Committee on Small Business. Ninety-seventh Congress. 104 (1981) (Testimony of James L. Watts).
53. Charles W. Wessner, *SBIR Program Diversity and Assessment Challenges: Report of a Symposium* (Washington, DC: National Academies Press, 2004), 89.
54. Josh Lerner, "The Government as Venture Capitalist: The Long-Run Impact of the SBIR Program," *Journal of Business* 72, no. 3 (1999): 285–318.
55. Sabrina T. Howell, "Financing Innovation: Evidence from R&D Grants," *American Economic Review* 107, no. 4 (2017): 1136–1164.
56. Josh Lerner, "Arch Venture Partners: November 1995," HBS no. 295-105 (Boston: Harvard Business School Publishing, 1995).
57. Richard P. Shanley, *Financing Technology's Frontier: Decision-Making Models for Investors and Advisors,* 2nd ed. (Hoboken, NJ: Wiley, 2004), 45.
58. Chuck Newhall, email correspondence with Tom Nicholas, August 11, 2017.
59. Peter Crisp Papers, Baker Business Historical Collections, Business Manuscripts Mss: 784 1946–2008 C93, Box 3 Folders 6–7, Baker Library, Harvard Business School.
60. Robert Premus, "Venture Capital and Innovation: A Study," prepared for Joint Econoic Committee, US Congress, 98th Session, December 28, 1984 (Washington DC: US GPO, 1985), https://www.jec.senate.gov/reports/98th%20Congress/Venture%20Capital%20and%20Innovation%20(1316).pdf.
61. Steven N. Kaplan and Josh Lerner, "Venture Capital Data: Opportunities and Challenges," NBER Working Paper No. 22500, National Bureau of Economic Research, August 2016.
62. "The Two-Tier Market for Venture Firms," *Institutional Investor,* September 1984.

63. "Insurers Become More Aggressive with Venture Capital—Some Major Firms Form Separate Units Where Managers Share Profits," *Wall Street Journal,* February 10, 1987.
64. Michelle R. Garfinkel, "The Causes and Consequences of Leveraged Buyouts," *Federal Reserve Bank of St. Louis Review* (1989), 23–34.
65. Gompers, "The Rise and Fall of Venture Capital," 17.
66. Harris, Jenkinson, and Kaplan, "Private Equity Performance," 1874.
67. Ralph King, Jr., "The Money Corner," *Forbes,* March 5, 1990, 39.
68. Charles Newhall, interview by Tom Nicholas, 2012.
69. New Enterprise Associates Annual Report, 1977, provided by Chuck Newhall.
70. Spencer E. Ante, *Creative Capital: Georges Doriot and the Birth of Venture Capital* (Boston: Harvard Business Press, 2008), 7.
71. Wilson, *The New Venturers,* 121.
72. C. Richard Kramlich, "Venture Capital Greats: A Conversation with C. Richard Kramlich," interviewed by Mauree Jane Perry on August 31, 2006, in San Francisco, California, National Venture Capital Association, Arlington, Virginia.
73. Michael Ewens and Matthew Rhodes-Kropf, "Is a VC Partnership Greater Than the Sum of Its Partners?" *Journal of Finance* 70, no. 3 (2015): 1081–1113.
74. Wilson, *The New Venturers,* 123.
75. Chuck Newhall, interview by Tom Nicholas, 2012.
76. Hegg, "A Corporate View of Venture Capital," 29.
77. Chuck Newhall, interview by Tom Nicholas, 2012.
78. Wilson, *The New Venturers,* 121.
79. Chuck Newhall, interview by Tom Nicholas, 2012.
80. Chuck Newhall, interview by Tom Nicholas, 2012.
81. Thomas Hellmann and Manju Puri, "Venture Capital and the Professionalization of Start-up Firms: Empirical Evidence," *Journal of Finance* 57, no. 1 (2002): 169–197.
82. Frank Bonsal, interview by Tom Nicholas, Lutherville, Maryland, December, 2012.
83. Chuck Newhall, interview by Tom Nicholas, 2012.
84. Wilson, *The New Venturers,* 123–124.

85. Kramlich, interview by Mauree Jane Perry, 2008.
86. Frank Bonsal, interview by Tom Nicholas, 2012.
87. Chuck Newhall, interview by Tom Nicholas, 2012.
88. Ewens and Rhodes-Kropf, "Is a VC Partnership Greater Than the Sum of Its Partners?"
89. Wilson, *The New Venturers,* 84.
90. "Symantex Tackles Artificial Intelligence," *InfoWorld,* May 6, 1985.
91. "Kleiner Perkins Names Entrepreneur, Vinod Khosla, Ninth General Partner," *Wall Street Journal,* January 18, 1988.
92. "How Kleiner Perkins Flies So High," *Business Week,* no. 2774, January 24, 1983, 66–68.
93. "Two Top Venture Capitalists Trim Roles: Move by Rosen and Sevin Illustrates a Trend," *Wall Street Journal,* July 27, 1987.
94. "Donald T. Valentine, Early Bay Area Venture Capitalists: Shaping the Economic and Business Landscape," interviewed by Sally Smith Hughes, 2009, transcript at Regional Oral History Office, The Bancroft Library, University of California, Berkeley, 2010, http://digitalassets.lib.berkeley.edu/roho/ucb/text/valentine_donald.pdf.
95. "Two Top Venture Capitalists Trim Roles"; "The Networker," *New Yorker,* August 11, 1997.
96. "How Do Venture Firms Pick a Winner? Carefully," *Electronic Business,* December 10, 1988.
97. "The Networker."
98. Chuck Newhall, interview by Tom Nicholas, 2012.
99. Chuck Newhall, interview by Tom Nicholas, 2017.
100. Bruce D. Meyer, "Why Are There So Few Black Entrepreneurs?" NBER Working Paper No. 3537, National Bureau of Economic Research, December 1990.
101. Paul A. Gompers and Sophie Q. Wang, "Diversity in Innovation," NBER Working Paper No. 23082, National Bureau of Economic Research, January 2017.
102. "Ann L. Winblad, Early Bay Area Venture Capitalists: Shaping the Economic and Business Landscape," interviewed by Sally Smith Hughes, 2012, transcript at Region-

al Oral History Office, The Bancroft Library, University of California, Berkeley, 2012, http://digitalassets.lib.berkeley.edu/roho/ucb/text/winblad_ann.pdf, 7.

103. "Q&A: Ann Winblad," *InfoWorld,* June 11, 1984.
104. "Ann L. Winblad, Early Bay Area Venture Capitalists," 18–21.
105. "Stoking the Micro Fire."
106. Jeffrey L. Seglin, "Can Old Boys Change?" *Venture* 8, no. 7 (1986): 60–66, 62.
107. Peter Finch, "Cigar Chomping Venture Capitalist Named Francine," *Businessweek*, July 20, 1987.
108. Seglin, "Can Old Boys Change?" 62.
109. "This New York Woman's Work Is Done with Venture Capital," *Chicago Tribune,* October 28th, 1985.
110. Seglin, "Can Old Boys Change?" 62.
111. "Venture Capital—A Special Background Report on Trends in Industry and Finance," *Wall Street Journal,* May 2, 1985.
112. Seglin, "Can Old Boys Change?" 61.
113. Seglin, "Can Old Boys Change?" 60.
114. Gompers and Wang, "Diversity in Innovation," 45.
115. Marianne Bertrand, Claudia Goldin, and Lawrence F. Katz, "Dynamics of the Gender Gap for Young Professionals in the Financial and Corporate Sectors," *American Economic Journal: Applied Economics* 2, no. 3 (2010): 228–255.
116. Seglin, "Can Old Boys Change?" 66.
117. Seglin, "Can Old Boys Change?" 62.
118. "Women in STEM Occupations: 1970 to 2011," US Census Bureau, US Department of Commerce, Washington, DC, 2013, https://www.census.gov/content/dam/Census/newsroom /releases/2013/cb13-162_stem_female.pdf.
119. Andy White, "Harvard, 4 Other Schools, Make Up Most MBA at Private Equity & Venture Capital Firms," Pitchbook, Seattle, September18, 2013, https://pitchbook.com/news/articles /harvard-4-other-schools-make-up-most-mbas-at-pe-vc-firms.
120. Waverly W. Ding, Fiona Murray, and Toby E. Stuart, "From Bench to Board: Gender Differences in University Scientists' Participation in Corporate Scientific Advisory

Boards," *Academy of Management Journal* 56, no. 3 (2012): 1443–1464.
121. Udayan Gupta and Christopher J. Chipello, "Cash Pours Into Venture-Capital Funds, But Investors Are Increasingly Selective," *Wall Street Journal*, April 18, 1988, 9.
122. National Venture Capital Association, Address by Paul Bancroft III, May 8, 1987, provided by Felda Hardymon.

第八章

1. NVCA, "The National Venture Capital Assocation Yearbook 2011" (New York: Thomson Reuters, 2011), 20.
2. Preqin Venture Capital Database, accessed 2016.
3. Paul A. Gompers and Josh Lerner, *The Money of Invention: How Venture Capital Creates New Wealth* (Boston: Harvard Business School Press, 2001), 61–84.
4. Marc Andreessen, "Why Software Is Eating the World," *Wall Street Journal*, August 20, 2011.
5. Carlota Perez, *Technological Revolutions and Financial Capital* (Cheltenham: Edward Elgar Publishing, 2003), 118.
6. NVCA, "The National Venture Capital Assocation Yearbook 2011," 21.
7. William A. Sahlman, "Risk and Reward in Venture Capital," HBS no. 811-036 (Boston: Harvard Business School Publishing, 2010), 2.
8. William Shockley, *Electrons and Holes in Semiconductors: With Applications to Transistor Electronics* (New York: Van Nostrand, 1950; repr. Huntington, NY: Robert E. Krieger, 1976).
9. Michael Mandel, "The Triumph of the New Economy," *Business Week,* December 30, 1996.
10. Samuel Kortum and Josh Lerner, "What Is Behind the Recent Surge in Patenting?" *Research Policy* 28, no. 1 (1999): 1–22.
11. Gary Dushnitsky, "Corporate Venture Capital in the Twenty-First Century: An Integral Part of Firms' Innovation Toolkit," in *The Oxford Handbook of Venture Capital,* ed. Douglas Cumming (Oxford: Oxford University Press, 2012), 163.

12. Shane M. Greenstein, *How the Internet Became Commercial: Innovation, Privatization, and the Birth of a New Network* (Princeton, NJ: Princeton University Press, 2015).
13. Steve Lohr, *Go To: The Story of the Math Majors, Bridge Players, Engineers, Chess Wizards, Maverick Scientists, and Iconoclasts* (New York: Basic Books, 2008), 59–61.
14. Pamela Samuelson and Hal Varian, "The 'New Economy' and Information Technology Policy," in ed. Jeffrey A. Frankel, Peter R. Orszag, *American Economic Policy in the 1990s* (Cambridge, MA: MIT Press, 2002), 361–412, 365.
15. Greenstein, *How the Internet Became Commercial*, 104.
16. Lohr, *Go To*, 204.
17. Greenstein, *How the Internet Became Commercial*, 296–297.
18. "Cascade Communications Data Transmission Switches," *Fortune*, July 8, 1996.
19. Stefan H. Thomke, *Experimentation Matters: Unlocking the Potential of New Technologies for Innovation* (Boston: Harvard Business School Press, 2003), 45.
20. Millennium Pharmaceuticals S1 filed with the Securities and Exchange Commission, EDGAR Online, May 1996, 42.
21. Gary P. Pisano, *Science Business: The Promise, the Reality, and the Future of Biotech* (Boston: Harvard Business School Press, 2006).
22. Jay Ritter, "IPO Dataset," University of Florida, Warrington College of Business, https://site.warrington.ufl.edu/ritter/ipo-data/, accessed December 2016.
23. Robert S. Harris, T. I. M. Jenkinson, and Steven N. Kaplan, "Private Equity Performance: What Do We Know?" *Journal of Finance* 69, no. 5 (2014): 1851–1882, 1864.
24. Josh Lerner and Jay Light, "Yale University Investments Office," HBS no. 296-040 (Boston: Harvard Business School Publishing, 1995), 8.
25. Daniel P. Mosteller, "Venture Capital Brings Harvard Riches," *Harvard Crimson*, April 18, 2000.
26. Kate Litvak, "Venture Capital Limited Partnership Agreements: Understanding Comensation Arrangements," *University of Chicago Law Review* 76, no. 1 (2009): 161–218, 161.
27. Litvak, "Venture Capital Limited Partnership Agreements," 178.
28. Dan Primack, "The Big Squeeze Part II: How VC Firms Are Coping," *Venture Capital*

Journal, May 1, 2002, 27, 29+, 29.

29. Reports of the United States Tax Court. Todd A. and Carolyn D. Dagres, Petitioners v. Commissioner of Internal Revenue, Respondent Docket no. 15523–08. Filed March 28, 2011.
30. Molly Knight Raskin, *No Better Time: The Brief, Remarkable Life of Danny Lewin, the Genius Who Transformed the Internet* (Boston: Da Capo Press, 2013), 107.
31. Scott Woolley, "Building the Infinite Internet," *Forbes* 179, no. 9, April 23, 2007.
32. "The Networker," *New Yorker,* August 11, 1997.
33. Yael V. Hochberg, Alexander Ljungqvist, and Yang Lu, "Whom You Know Matters: Venture Capital Networks and Investment Performance," *Journal of Finance* 62, no. 1 (2007): 251–301.
34. For a more detailed account of Netscape's origins see, Michael Lewis, *The New New Thing: A Silicon Valley Story* (New York: W. W. Norton, 1999).
35. Jim Clark, with Owen Edwards, *Netscape Time: The Making of the Billion-Dollar Start-up That Took on Microsoft* (New York: St. Martin's Press, 2000), 7.
36. Netscape S1 filed with the Securities and Exchange Commission, June 1995, 43.
37. Clark, *Netscape Time,* 8.
38. "The Networker."
39. Clark, *Netscape Time,* 125.
40. Clark, *Netscape Time,* 7, 25.
41. Clark, *Netscape Time,* 125.
42. Clark, *Netscape Time,* 76–77.
43. Andrew Metrick and Ayako Yasuda, *Venture Capital and the Finance of Innovation,* 2nd ed. (New York: John Wiley & Sons, 2010), 85.
44. Karen Angel, *Inside Yahoo!: Reinvention and the Road Ahead* (New York: John Wiley and Sons, 2002), 18–19.
45. Greenstein, *How the Internet Became Commercial,* 247.
46. "Way out There," *Forbes,* May 12, 2003.
47. David A. Vise and Mark Malseed, *The Google Story* (New York: Delta Trade Paperbacks, 2006), 63–65.

48. Sahlman, "Risk and Reward in Venture Capital," 3.
49. William R. Kerr, Ramana Nanda, and Matthew Rhodes-Kropf, "Entrepreneurship as Experimentation," *Journal of Economic Perspectives* 28, no. 3 (2014): 25–48, 26.
50. Greenstein, *How the Internet Became Commercial,* 11.
51. David F. Swensen, *Unconventional Success: A Fundamental Approach to Personal Investment* (New York: Free Press, 2005), 141.
52. Sahlman, "Risk and Reward in Venture Capital," 3.
53. Melanie Warner and Jane Hodges, "Inside the Silicon Valley Money Machine," *Fortune* 138, no. 8 (October 26, 1998): 128–140.
54. National Venture Capital Association Address by Paul Bancroft III, May 8, 1987, provided by Felda Hardymon.
55. NVCA, "The National Venture Capital Assocation Yearbook 2011," 17, 27.
56. Dushnitsky, "Corporate Venture Capital," 165.
57. Sahlman, "Risk and Reward in Venture Capital," 3.
58. Gary Rivlin and Lark Park, "Fallen VC Idols," *The Industry Standard,* May 21, 2001.
59. "Torrent of Venture Capital Financings in 1999 Outstrips '96, '97, '98 Totals Combined," *PR Newswire,* February 7, 2000.
60. "Torrent of Venture Capital Financings."
61. Rivlin and Park, "Fallen VC Idols."
62. Scott MacDonald, "The Devil's in the Details of the New U.S. Economy," *Electronic Engineering Times,* March 20, 2000.
63. Dan Primack, "The Big Squeeze Part I: After Expanding for Seven Years . . . ," *Venture Capital Journal,* May 1, 2002, 20–26, 20.
64. Malcolm Baker, "Essays in Financial Economics" (Ph.D. diss., Harvard University, 2000), 1.
65. Elizabeth A. Clancy and Andrew N. Rowan, "Companion Animal Demographics in the United States: A Historical Perspective," in *The State of the Animals II: 2003,* ed. Deborah J. Salem and Andrew N. Rowan (Washington, DC: Humane Society Press, 2003) 9–26, 10.
66. Thomas Eisenmann, "Petstore.Com," HBS no. 801044 (Boston: Harvard Business

School Publishing, 2000), 9.
67. Josh Newman, interview by Tom Nicholas, Oakland, CA, April, 2009.
68. Pets.com S1 filed with the Securities and Exchange Commission, December 1999, 41, 45.
69. Josh Newman, interview by Tom Nicholas, 2009.
70. Pets.com S1 filed with the Securities and Exchange Commission, December 1999, 9.
71. John McDonough and Karen Egolf, *The Advertising Age Encyclopedia of Advertising* (Abingdon: Taylor & Francis, 2015), 515.
72. Jack Willoughby, "Burning Up," *Barron's,* March 20, 2000.
73. Matthew Zook, *The Geography of the Internet Industry: Venture Capital, Dot-Coms, and Local Knowledge* (Malden, MA: Blackwell, 2005), 78.
74. Melanie Warner, "Nice Work If You Can Get It," *Fortune* 140, no. 11, December 6, 1999.
75. Andreessen, "Why Software Is Eating the World."
76. Greenstein, *How the Internet Became Commercial,* 391.
77. Josh Newman, interview by Tom Nicholas, 2009.
78. Ethan Lieber and Chad Syverson, "Online versus Offline Competition," in *The Oxford Handbook of the Digital Economy,* ed. Martin Peitz and Joel Waldfogel (Oxford: Oxford University Press, 2012), 191.
79. Christiaan Hogendorn, "Excessive(?) Entry of National Telecom Networks, 1990–2001," *Telecommunications Policy* 35, no. 11 (2011): 920–932.
80. Ramana Nanda and Matthew Rhodes-Kropf, "Financing Risk and Innovation," *Management Science* 63:4 (April 2017), 901–918.
81. Steve Papa, comments at Silicon Valley Bank CEO Summit, New York, NY, April 27, 2012, https://www.youtube.com/watch?v=SiYOVChiDvA (at 3:49).
82. William H. Janeway, *Doing Capitalism in the Innovation Economy: Markets, Speculation and the State* (Cambridge: Cambridge University Press, 2012), 188.
83. Ryan Mac, "From Doghouse to Penthouse," *Forbes* 196, no. 4, September 8, 2015.
84. "Down in the Valley," *Financial Times,* May 27, 2002.
85. Kailash Sundaram, "Faulty Ratings: How Analysts Fueled the Internet Bubble," un-

published ms, July 31, 2017, https://projects.iq .harvard.edu/files/lead/files/faulty_ratings_-_how _analysts_fueled_the_internet_bubble.pdf.

86. Roger Lowenstein, *Origins of the Crash: The Great Bubble and Its Undoing* (New York: Penguin Press, 2004), 112; Randall Smith, *The Prince of Silicon Valley: Frank Quattrone and the Dot-Com Bubble* (New York: St. Martin's Press, 2010), 125.
87. Eli Ofek and Matthew Richardson, "Dotcom Mania: The Rise and Fall of Internet Stock Prices," *Journal of Finance* 58, no. 3 (2003): 1113–1137.
88. Zook, *The Geography of the Internet Industry,* 125–128.
89. Josh Newman, interview by Tom Nicholas, 2009.
90. Primack, "The Big Squeeze Part I," 23.
91. Primack, "The Big Squeeze Part I," 23.
92. Ann Grimes, "Venture Capitalists Get 'Clawed': Funds Brace for Demands by Investors for Payments under Partnership Provisos," *Wall Street Journal* (Europe Edition) December 11, 2002, M1.
93. "A Desert Wind Blows Down Sand Hill Road," *Financial Times,* October 3, 2001.
94. Peter Henig, "The Old Guard," *Venture Capital Journal,* October 2002, 26.
95. Rivlin and Park, "Fallen VC Idols."
96. Primack, "The Big Squeeze Part I," 21.
97. Andreessen, "Why Software Is Eating the World."

尾声

1. David F. Swensen, *Unconventional Success: A Fundamental Approach to Personal Investment* (New York: Free Press, 2005), 141.
2. Robert S. Harris, T. I. M. Jenkinson, and Steven N. Kaplan, "Private Equity Performance: What Do We Know?" *Journal of Finance* 69, no. 5 (2014): 1851–1882, 1864.
3. Note that this method is only a rough approximation. It will be distorted, for example, if the benchmark return is negative.
4. "Space-Age Risk Capitalist," *Time* 74, no. 8, August 24, 1959.
5. Arthur Korteweg and Morten Sorensen, "Skill and Luck in Private Equity Performance,"

Journal of Financial Economics 60, no. 3 (2017): 535–562; Yael V. Hochberg Alexander Ljungqvist, and Annette Vissing-Jørgensen, "Informational Holdup and Performance Persistence in Venture Capital," *Review of Financial Studies* 27, no. 1 (2014): 102–152; Paul Gompers, Anna Kovner, Josh Lerner, and David Scharfstein, "Performance Persistence in Entrepreneurship," *Journal of Financial Economics* 96, no. 1 (2010): 18–32.

6. Ramana Nanda, Sampsa Samila, and Olav Sorenson, "The Persistent Effect of Initial Success: Evidence from Venture Capital," NBER Working Paper No. 24887, National Bureau of Economic Research, August 2018.

7. Peter Henig, "The Old Guard," *Venture Capital Journal,* October 2002, 29.

8. John W. Wilson, *The New Venturers: Inside the High-Stakes World of Venture Capital* (Reading, MA: Addison-Wesley, 1985), 98.

9. Henig, "The Old Guard," 26.

10. Henig, "The Old Guard," 28.

11. Shikhar Ghosh and Ramana Nanda, "Venture Capital Investment in the Clean Energy Sector," Working Paper 11-020, Harvard Business School, August 1, 2010, https://www.hbs.edu/faculty/Publication%20Files/11-020_0a1b5d16-c966-4403-888f-96d03b-bab461.pdf.

12. Alfred D. Chandler, *Strategy and Structure: Chapters in the History of the Industrial Enterprise* (Garden City, NY: Doubleday, 1962).

13. Michael Ewens and Matthew Rhodes-Kropf, "Is a VC Partnership Greater Than the Sum of Its Partners?" *Journal of Finance* 70, no. 3 (2015): 1081–1113.

14. Robert S. Harris, Tim Jenkinson, and Steven N. Kaplan, "Private Equity Performance: What Do We Know?" *Journal of Finance* 69, no. 5 (2014): 1851–1882, 1872.

15. Lance E. Davis, Robert E. Gallman, and Karin Gleiter, *In Pursuit of Leviathan: Technology, Institutions, Productivity, and Profits in American Whaling, 1816–1906* (Chicago: University of Chicago Press, 1997), 298.

16. "VC Mavericks," *San Francisco Chronicle,* February 4, 2001.

17. W. H. Janeway, *Doing Capitalism in the Innovation Economy: Markets, Speculation and the State* (Cambridge: Cambridge University Press, 2012), 96.

18. David T. Robinson and Berk A. Sensoy, "Do Private Equity Fund Managers Earn Their

Fees? Compensation, Ownership, and Cash Flow Performance," *Review of Financial Studies* 26, no. 11 (2013): 2760–2797.

19. L. Gallagher, *The Airbnb Story: How Three Ordinary Guys Disrupted an Industry, Made Billions . . . and Created Plenty of Controversy* (Boston: Houghton Mifflin Harcourt, 2017), 25.

20. Yael V. Hochberg, "Accelerating Entrepreneurs and Ecosystems: The Seed Accelerator Model," *Innovation Policy and the Economy* 16 (2016): 25–51, 26.

21. "Venture Capital," *Dun's Review,* February 1977.

22. Jessica Livingston, *Founders at Work: Stories of Startups' Early Days* (Berkeley, CA: Apress, 2008), 451.

23. Josh Lerner, *Boulevard of Broken Dreams: Why Public Efforts to Boost Entrepreneurship and Venture Capital Have Failed—And What to Do about It* (Princeton, NJ: Princeton University Press, 2009).

24. David Autor, David Dorn, Lawrence F. Katz, Christina Patterson, and John Van Reenen, "The Fall of the Labor Share and the Rise of Superstar Firms," NBER Working Paper, no. 23396 (2017).

25. Jan De Loecker and Jan Eeckhout, "The Rise of Market Power and the Macroeconomic Implications," NBER Working Paper No. 23687, National Bureau of Economic Research, August 2017.

26. Chang-Tai Hsieh and Peter J. Klenow, "The Reallocation Myth," unpublished manuscript, March 31, 2018, https://www .kansascityfed.org/~/media/files/publicat/sympos/2017/hsieh-klenow-paper.pdf.

27. Ryan A. Decker, John Haltiwanger, Ron S. Jarmin, and Javier Miranda, "Declining Business Dynamism: What We Know and the Way Forward," *American Economic Review* 106, no. 5 (2016): 203–207.

28. James M. Poterba, "Venture Capital and Capital Gains Taxation," in ed. Lawrence H. Summers, *Tax Policy and the Economy* (Cambridge, MA: MIT Press, 2007), Vol. 3, 47–67, 61–62.

29. Ufuk Akcigit, Salomé Baslandze, and Stefanie Stantcheva, "Taxation and the International Mobility of Inventors," *American Economic Review* 106, no. 10 (2016): 2930–

2981; Sari Pekkala Kerr, William Kerr, Özden Çağlar, and Christopher Parsons, "Global Talent Flows," *Journal of Economic Perspectives* 30, no. 4 (2016): 83–106.

30. William R. Kerr, "U.S. High-Skilled Immigration, Innovation, and Entrepreneurship: Empirical Approaches and Evidence," NBER Working Paper No. 19377, National Bureau of Economic Research, August 2013.

31. Stuart Anderson, "American Made 2.0: How Immigrant Entrepreneurs Continue to Contribute to the U.S. Economy," National Venture Capital Association, June 20, 2013, https:// nvca.org/wp-content/uploads/delightful-downloads/American-Made-2.0.pdf.

32. Sari Pekkala Kerr and William R. Kerr, "Immigrants Play a Disproportionate Role in American Entrepreneurship," *Harvard Business Review*, October 3, 2016.

33. Robert Premus, "Venture Capital and Innovation: A Study," prepared for Joint Econoic Committee, US Congress, 98th Session, December 28, 1984 (Washington DC: US GPO, 1985), https://www.jec.senate.gov/reports/98th%20Congress/Venture%20Capital%20 and%20Innovation%20(1316).pdf.

34. Lerner, *Boulevard of Broken Dreams,* 10.

35. Sabrina T. Howell, "Financing Innovation: Evidence from R&D Grants," *American Economic Review* 107, no. 4 (2017): 1136–1164.

36. David Blum, "Exploring Gender Disparity in U.S. Based Venture Capital Firms," *Journal of Diversity Management* 10, no. 1 (2015): 33–42.

37. Paul A. Gompers and Sophie Q. Wang, "Diversity in Innovation," NBER Working Paper No. 23082, National Bureau of Economic Research, January 2017.

38. Leslie Berlin, *The Man behind the Microchip: Robert Noyce and the Invention of Silicon Valley* (Oxford: Oxford University Press, 2006), 200–202.

39. Chang-Tai Hsieh, Erik Hurst, Charles I. Jones, and Peter J. Klenow, "The Allocation of Talent and U.S. Economic Growth," unpublished manuscript, April 6, 2018, http://klenow.com /HHJK.pdf; Gompers and Wang, "Diversity in Innovation".

致　谢

本书的研究工作得到了哈佛商学院研究与教师发展部的慷慨资助和支持。

我非常感谢哈佛商学院贝克图书馆特别藏书的高级主管劳拉·利纳德及其团队提供的档案访问权。我还要感谢许多风投家和企业家，他们为我提供了档案材料，或与我就其行业进行了对话。卡罗莱·科尔克尔在采访关键人物方面表现出色。阿瑟·洛克提供了很大帮助，他总是很友好地回答我有关他风投生涯的问题。贝塞麦信托公司董事会主席斯图尔特·詹尼慷慨地允许我访问贝塞麦信托的档案。查克·纽霍尔从他自己的档案中提供了一系列令人惊叹的文献证据。

我无比感谢乔纳斯·阿金斯、戴维·陈、马修·吉尔福德、莉兹·金德、戴维·莱恩和詹姆斯·李，感谢他们帮助塑造了我写这本书的方式。他们对从捕鲸到硅谷的所有事物进行了恰如其分的研究，我与他们合著了许多哈佛商学院的案例。我感谢在哈佛商学院学习我的课程的杰出学生，他们对风投行业和美国的经济发展进行了广泛的探讨。我还要感谢我的同事汤姆·艾森曼、沃尔特·弗里德曼、保罗·冈珀斯、沙恩·格林斯坦、比尔·克尔、乔·拉西特、马修·罗德斯·克罗夫、迈克·罗伯茨和比尔·萨尔曼在过去几年中进行的深入讨论、发表的有益评论,以及获得的有关企业家精神和风投行业的信息。

我要特别感谢米希尔·迪赛、杰夫·琼斯、乔希·勒纳、拉马纳·南达和托比·斯图尔特。他们给了我很多想法,提供了关键的指导和鼓励。我还要感谢费尔达·哈迪蒙,他和我在2013—2014年在哈佛商学院共同教授了有关风投行业历史的选修课,本书的蓝图就诞生于此。作为贝塞麦风险合伙企业长期合作人的费尔达教会了我很多有关风投行业过去如何运作,以及当前面临的机遇和挑战的知识。他的无数见解是本书成形的关键。

我要感谢哈佛大学出版社的执行总编托马斯·勒宾的指导,感谢哈佛大学出版社的高级编辑朱莉亚·柯比对本书文字的改进以及对论点的宝贵补充。哈佛大学出版社的两位匿名读者在早期阶段就如何改进本书的内容和结构提出了很好的建议,对于他们的努力和贡献,我表示由衷的感谢。最后,任何错误或遗漏都是我自己的责任。

译后记

　　风投在很多创业者的眼中是如此神圣，他们追逐、膜拜，希望能博得风投之神的垂青，成就自己的创业辉煌。但你是否知道，它是什么时候，又是因为什么原因产生、发展起来，并成为今天这个模样的呢？

　　风投又是如此神秘。它时而一掷千金，慷慨至极；时而贪婪无比，形同秃鹫；时而极其吝啬，紧捂钱袋。而且常常玄而又玄地宣称，人比事，更重要。

　　风投还时常展现出神奇的能力。无论是和庞大的社会财富、国家资本，还是动辄万亿美元的对冲基金和私募股权相比，都是九牛一毛，但就是这样一笔笔"小钱"，成为20世纪以来世界科技及商业创新的重要力量。

　　欲知大道，必先知史。

　　你手中拿着的《风投》，正是这样一本从历史的视角审视风投的读物。

我和本书作者，哈佛商学院工商管理学威廉·阿伯那西讲席教授汤姆·尼古拉斯曾经有过比较深入的交流。那还是 2013 年 11 月，我应邀到哈佛商学院做学术讲座，讲座结束后按照惯例和系里的教授们一一会面交流。我和尼古拉斯教授的会面安排在下午 4 点。初冬的波士顿天黑得很早，窗外飘着小雪花，屋里我们的讨论却非常热烈。我当时的一个很重要的研究方向就是创业投资，所以很关注风投。但我主要是从金融的角度关注风投，也就是更专注风投如何利用其特有的投资结构解决信息不对称和代理问题，从而为创业企业赋能和创造价值。而尼古拉斯教授也在研究风投，毫无疑问，共同的研究兴趣使我们有一种相见恨晚的感觉。但有趣的是，他研究风投的角度和我很不一样，他更加关注从历史的角度研究风投的沿革和发展，试图对现实有所解释和启发。

几年后，当我得知他出版了新作《风投》的时候，欣喜异常，第一时间阅读了原著。直觉告诉我，这是一本能够帮助不同类型的受众走近、了解、学习和思考风投的与众不同的书，是一部不可多得的优秀著作。所以当中信出版社找到我，希望我能够翻译这部著作的时候，我没有犹豫就答应了。很高兴有机会将这本史诗级的风投著作呈现在中国读者面前。

从历史的角度再次审视风投，有助于我们认清风投的真相，也可以增加我们看待它的新鲜感和时代意识。同时，"史论结合"是东方传统史学的一个重要的优长之处，翻译本书时，我也努力学习《史记》中"太史公曰"的感觉，站在当代人的角度和原著作者一起梳理风投的历史，为读者提供不同的思考维度。

本书从19世纪的美国说起。独立战争以后，美国内需旺盛，人们将目光投向海上。鲸鱼浑身是宝，捕鲸回报可观，但需投入巨资，而且风险巨大。既然如此凶险，共担风险才是好办法。当时该行业发展了一种新颖的风险融资形式——支持一个专家船长装备一艘坚固的船，雇用最好的船员，并能在海上平均坚持3年半的时间。当船长带回一头鲸鱼时，投资者将会得到数倍于前期投入的回报。这样的机制与今天的风投非常相似。捕鲸业可观的回报，吸引了无数资金进入，成为19世纪美国五大支柱产业之一，高峰期美国的捕鲸船只数量占全球的八成之多。可以说，源自捕鲸业的资本大冒险，奠定了美国风投模式的经验基础。

石油的发现并广泛使用终结了美国捕鲸业的辉煌，煤油灯取代了鲸脂灯成为人们照明的首选。但美国的风险资本却活跃了起来，19世纪下半叶，从大修铁路到卡内基建立钢铁帝国，到查尔斯·弗林特成立IBM的前身CTR公司，再到爱迪生的电气革命，都有风险资本的影子，更不要提风投"圣地"——美国硅谷，还有谷歌、苹果、亚马逊、特斯拉、推特、脸书等这些为我们的商业和生活带来太多改变的大公司了。

观察风投的发展历史，我们会发现政府与行业互动、制定政策，极大地促进了风投行业的发展。第一个现代意义的风投公司是1946年成立的ARD公司。1958年出台的《中小企业投资法案》提供了很大的助力，该法案促成了中小企业投资制度的建立，风投的第一次浪潮应运而生。同样在1958年，第一家合伙制风投公司在美国诞生，这种形式很快被推广。1978—1981年，美国国会连续通过了一系列

译后记 443

具有重大意义的法案，其中很重要的一项是允许养老金进入风投领域。这些都加快了风投的发展。

作为世界上风投最发达的国家，雄厚的科技实力、政府的支持、良好的制度环境和法律环境、有效的组织形式、成熟的资本市场和经验丰富的风投家、良好的管理人员激励机制、紧跟市场的研究开发活动等，这些都是美国风投蓬勃发展的重要基础。

风投在美国产生、发展以后，很快在世界范围内产生了巨大影响。1985年1月11日，中国第一家专营新技术风投的全国性金融企业——中国新技术企业投资公司在北京成立。1998年3月，时任民建中央主席的成思危先生在全国政协九届一次会议上提交了《关于尽快发展我国风投事业的提案》，被列为"一号提案"，为我国风投行业的发展掀开了新的一页。

20世纪90年代，最早的一批风投家进入中国的时候，由于他们对中国市场还不是很了解，也不清楚哪些行业更具投资价值，因此直接复制了美国的硅谷模式，TMT（科技、媒体、通信）行业也随之成为他们最先青睐的目标。但渐渐的，随着中国风投不断发展，他们也开始形成基于中国市场的投资理念和投资风格，探索富有中国特色的多元化投资之路。

今天的中国出现了许多独有的商业模式，中国正成为风投和回报规模最大的国家。如果只看最近10年，中国有可能已经超越了美国，成为超级独角兽规模最大和数量最多的区域；从头部公司来看，中美已经没有明显差距。在科技及商业创新领域，中国正在为世界做出越来越多的贡献。

英国哲学家弗朗西斯·培根说"读史可以明智",唐太宗李世民说"以史为鉴,可以知兴替"。中国历代从政者,"皆据古鉴今,以立时治"。盖以史为鉴,可以明得失,致用于当世。对于本书的每一位读者来说,最主要的挑战是跳出自己所处的时代和身份,从一个更为广阔的视角感受本书作者对于两百多年来历史事件发展的描述和价值判断。都说历史大潮浩浩汤汤,我们每个人只是大海中的一滴水、沙漠中的一粒沙,虽然事实如此,那又如何,今天我们都在见证历史,我们也必定在创造历史。

中国的风投市场在 20 世纪 80 年代才姗姗起步。早期的中国本土风投在缺乏退出机制的情况下,满怀着对中国纳斯达克的期许白手起家,在早已沦陷在国外顶级风投手中的中国市场上开疆辟土,跌撞前行。2009 年,作为中国对纳斯达克的首次尝试,中国创业板开市。久旱逢甘霖,中国本土风投如雨后春笋般迅速崛起,在 2010 年更是掀起了全民风投的浪潮。短短数年时间,中国风投市场的投资金额已从可以忽略不计悄然跃升至世界第二位。

中国本土风投在市场的风雨变幻中不断学习,如今已逐渐形成了自己的特色。2019 年 7 月 22 日开闸的科创板,又为中国这个全球第二大的风投市场带来了全新的机遇与挑战。站在新的时代起点,如何继续完善专业化、规范化,用好中国思维、抓住中国机会、走出中国道路,是中国风投行业面临的全新挑战。

经济的起源是人心,所谓人心就是需求。虽然中美资本市场环境不完全一样,但人心是相通的,投资的底层逻辑也是相通的。充分了解美国风投的过去、现在和未来,在此基础上去伪存真、为我所用,在如今中国经济结构转型发展的大背景下，显得尤为重要。

在翻译过程中，在保证表述流畅的同时，我对原著的内容进行了验证。因此，希望本书比原著更加易懂，且更符合中国人的语言和阅读习惯。

当然，此书之所以能出版，首先要感谢中信出版社的编辑王律，在我因为其他教学、科研与行政事务繁忙而屡屡拖稿的时候，她给予了我最大的容忍。同时，我也要感谢我研究团队的成员赵影、张溪婷和杨元辰，她们为本书的翻译做出了很多辛勤的、基础性的努力。本书的翻译得到了国家自然科学基金委（项目号71790591、71825002、91746301）和北京市"卓越青年科学家"项目（项目号BJJWZYJH01201910003014）的资助。

由于个人水平有限，而且不是英语翻译科班出身，同时这也是我的第一部译作，所以翻译过程中一定会有错漏，尚祈读者诸君赐予宝贵意见，不吝指正。